FACTORES DE LA ENSEÑANZA QUE FAVORECEN EL APRENDIZAJE AUTONOMO

EDUCACION HOY
ESTUDIOS

VOLÚMENES PUBLICADOS

AEBLI, H.: *12 formas básicas de enseñar*
— *Factores de la enseñanza que favorecen el aprendizaje autónomo.*
AINSCOW, M.: *Necesidades especiales en el aula.*
ARDOINO, J.: *Perspectiva política de la educación.*
ARIZA, C.; CESARI, M.ª D. y GABRIEL Y GALÁN, M.: *Programa Integrado de Pedagogía Sexual en la escuela.*
AVANZINI, G.: *La pedagogía en el siglo XX.*

BANKS, O.: *Aspectos sociológicos de la educación.*
BISQUERRA, R.: *Orígenes y desarrollo de la Orientación Psicopedagógica.*

CAMPA, H. de la: *Diccionario inverso del español. Su uso en el aula.*
CISCAR, C. y URÍA, E.: *Organización escolar y acción directiva.*
CLEMENTE, A.: *Psicología del desarrollo adulto.*
COBO, J. M.: *La enseñanza superior en el mundo. Estudio comparado e hipótesis.*
CROSS, G. R.: *Introducción a la psicología del aprendizaje.*

DEARDEN, R. F.; HIRST, P. H. y PETERS, R. S.: *Educación y desarrollo de la razón.*
DELORME, Ch.: *De la animación pedagógica a la investigación-acción.*
DOCKRELL, W. B. y HAMILTON, D.: *Nuevas reflexiones sobre la investigación educativa.*
DUPONT, P.: *La dinámica de la clase.*

ESTEVE, J. M.: *Profesores en conflicto. Repercusiones de la práctica profesional sobre la personalidad de los enseñantes.*

FERMOSO, P.: *Manual de economía de la educación.*
FERNÁNDEZ, E.: *Psicopedagogía de la adolescencia.*
FOUREZ, G.: *La construcción del conocimiento científico.*

GARCÍA SÁNCHEZ, J. N.: *Manual de dificultades de aprendizaje.*
GONZÁLEZ, DE CARDENAL, O.: *Memorial para un educador.*
GRAS, A.: *Textos fundamentales. Sociología de la educación.*
GUTIÉRREZ ZULOAGA, I.: *Introducción a la historia de la logopedia.*

HAMELINE, D.: *La instrucción, una actividad intencionada.*
HARGREAVES, D.: *Las relaciones interpersonales en la educación.*
HERNÁNDEZ, P.: *Diseñar y enseñar. Teoría y Técnicas de la Programación y del Proyecto Docente.*
HERSH, R.; REIMER, J. y PAOLITTO, D.: *El crecimiento moral. De Piaget a Kohlberg.*
HONORE, B.: *Para una teoría de la formación.*
HUSEN, T.: *La escuela a debate. Problemas y futuro.*

HUSEN, T., y OPPER, S.: *Educación multicultural y mutilingüe.*

JUIF, P., y LEGRAND, L.: *Didáctica y renovación pedagógica.*
— *Grandes orientaciones de la pedagogía contemporánea.*

LÁZARO, A. y ASENSI, J.: *Manual de Orientación Escolar y Tutoría.*
LEIF, J. y JUIF, P.: *Textos de psicología del niño y del adolescente.*

MAQUIRRIAIN, J. M.: *Intimidad humana y Análisis Transaccional.*
MARTIN, M.: *Semiología de la imagen y pedagogía.*
McCLELLAND, D.: *Estudio de la motivación humana.*
MORA, J. A.: *Psicología básica.*

O'DONOGHUE, M.: *Dimensión económica de la educación.*

PALMADE, G.: *Interdisciplinariedad e ideologías.*
PERETTI, A. de: *Del cambio a la inercia. Dialéctica de la persona y los sistemas sociales.*
POEYDOMENGE, M. L.: *La educación según Rogers. Propuestas de la no directividad.*
POSTIC, M.: *La relación educativa.*
POSTIC, M. y DE KETELE, J. M.: *Observar las situaciones educativas.*

RODRÍGUEZ, A.; GUTIÉRREZ, I. y MEDINA, A.: *Un enfoque interdisciplinar en la formación de los maestros.*
ROGERS, C.: *Orientación psicológica y psicoterapia.*
ROSALES, C.: *Didáctica. Núcleos fundamentales.*
— *Evaluar es reflexionar sobre la enseñanza.*
RUIZ, J. M.ª: *Cómo hacer una evaluación de centros educativos.*

SCHWARTZ, B.: *Hacia otra escuela.*
SCOTT, M. D. y POWERS, W. G.: *La comunicación interpersonal como necesidad.*
SIMON, J. Cl.: *La educación y la informatización de la sociedad.*
STRIKE, K. A. y EGAN, K.: *Ética y política educativa.*

TEJEDOR, F. J. y GARCÍA VALCÁRCEL, A.: *Perspectivas de las nuevas tecnologías en la Educación.*
TENBRINK, T. D.: *Evaluación. Guía práctica para profesores.*
TITONE, R.: *Psicodidáctica.*

UNESCO: *Sobre el futuro de la educación. Hacia el año 2000.*

VILLUENDAS, M.ª D.: *La identidad cognitiva. Estructura mental del niño entre 4 y 7 años.*

WOOLFOLK, A. E. y McCUNE, L.: *Psicología de la educación para profesores.*

ZABALZA, M. A.: *Diseño y desarrollo curricular.*
— *Calidad en la Educación Infantil.*

HANS AEBLI

PROFESOR DE PSICOLOGIA PEDAGOGICA
UNIVERSIDAD DE BERNA

FACTORES DE LA ENSEÑANZA QUE FAVORECEN EL APRENDIZAJE AUTONOMO

NARCEA, S. A. DE EDICIONES
MADRID

1.ª edición: 1991
1.ª reimpresión: 1996
2.ª edición: 1997
3.ª edición: 1998

© NARCEA, S. A. de Ediciones
   Dr. Federico Rubio y Galí, 9. 28039 Madrid
   Internet: http://www.narceaediciones.es   E-mail: narcea@infornet.es

© By Ernst Klett Verlage GmbH u. Co. KG Stuttgart, 1987

   Título original: Hans Aebli, *Grundlagen des Lehrens*

   Traducción: Ricardo Lucio
   ISBN: 84-277-0938-2
   Depósito legal: M. 14.077-1998
   Fotocomposición: M.T., S.A. Av. Filipinas, 48. 28003 Madrid
   Impresión: EFCA, c/ Verano, 38 - Torrejón de Ardoz 28850 Madrid
   Printed in Spain

INDICE

11

PROLOGO

«Llega tarde», debo decir, desgraciadamente, de este libro, «pero llega», puedo, por fortuna, añadir. Los lectores de *12 formas básicas de enseñar* saben que con su aparición, en 1983, había yo anunciado que los *Factores de la Enseñanza,* el segundo tomo, debería estar preparado en unos dos años. Dos cosas me lo impidieron: hasta finales de 1985 estuve ocupado en un proyecto de investigación sobre la meta-cognición, cuyos resultados prácticos presento en el capítulo 12; cuando todo estaba listo, tuve algunos problemas de salud. Pero «hierba mala nunca muere»; por eso, hacia agosto de 1986, pude por fin dedicarme a la elaboración de este segundo tomo. Estuvo terminado al comenzar la primavera de 1987. Agradezco su paciencia a todos los lectores que, una y otra vez, habían preguntado por él y pido excusas por la demora...

No pude, sin embargo, cumplir una promesa hecha en el primer tomo. Quería escribir una introducción a las didácticas especiales; romper la brecha, por así decirlo, entre ellas y la didáctica general. Después de escribir un capítulo sobre la enseñanza de la lengua materna, me di cuenta de que no podría cumplir la tarea en el presente volumen. El asunto tiene tales especificidades, que no hubiera salido bien librado de aquí. No quiero, por otra parte, repetir el mismo error y anunciar un tercer tomo para el otoño de 1989. Si lo logro, está bien; si no, otro lo escribirá.

También esta vez he recibido mucha ayuda en el trabajo emprendido. La Dirección de Educación del Cantón de Berna me concedió un semestre libre durante el invierno de 1986/87, sin el cual el libro no estaría hoy. Una vez más, mis colaboradores se encargaron de mis asuntos, mientras yo me encontraba en Burgdorf, en mi mesa de trabajo: Ronald Rüegg se encargó de la dirección del Departamento de Psicología Pedagógica y Matthias Baer asumió mi carga docente. En la fase final, todos los colaboradores, entre ellos Martin Riesen y Fritz Staub, ayudaron con la lectura del manuscrito y la corrección de las últimas (?) imprecisiones. Martin Riesen elaboró el índice temático. Igualmente, había que escribir el libro. Martina Radicevic-Lucchetta y Brigitte Allimann no sólo lo hicieron, sino que realizaron la composición final; esta vez entregamos los originalese a la editorial Klett-Cotta en forma de diskettes. Quiero agradecer de todo corazón a todos esos colaboradores su entrega y el trabajo extraordinario que realizaron. Finalmente, tengo la suerte de que el trabajo en conjunto con la editorial Klett-Cotta funcionó, como siempre, con gran armonía.

Hans AEBLI
Berna/Burgdorf, 21 de marzo de 1987

Nota: La traducción al castellano ha sido realizada por el doctor Ricardo Lucio, estrecho colaborador del profesor Aebli, quien la ha revisado íntegramente antes de su muerte, acaecida el verano de 1990.

INTRODUCCIÓN

Factores de la enseñanza se articula, como segundo tomo autónomo, con *12 formas básicas de enseñar*. Los dos libros abarcan en conjunto lo que en la primera versión de «Formas básicas» estaba reunido en uno.

En *12 formas básicas de enseñar* me preocupé de las estructuras. Fue relativamente fácil, porque realmente sólo eran 12 formas básicas. Los capítulos sobre el currículo, los exámenes y las calificaciones en el tomo presente se encuentran reelaborados. Igualmente he tocado toda una serie de asuntos, tales como la problemática del plan de enseñanza y de los exámenes, que se refieren al contexto más amplio de la enseñanza. En cuanto a la cuestión de los objetivos educativos, he tratado de plantearla de una manera más profunda y sistemática.

En primer lugar, hay que preguntarse cómo se aprende en las situaciones de la vida y qué se necesita para aprender también en las situaciones escolares. La palabra clave es, en este caso, *actividad*; pero, ¿qué tipo de actividades? Sugiero una taxonomía de ocho tipos de actividad escolar. A ellos corresponden ocho ámbitos del aprendizaje. Entre todos ellos, el *aprendizaje social* requiere un tratamiento más profundo. Nunca me ha satisfecho lo que se lee en las llamadas «psicologías sociales pedagógicas». Hay que acudir a fuentes adicionales, si se quiere decir algo sustancial al respecto. Lo he intentado al describir el aprendizaje social en cuatro círculos vitales y establecer sus relaciones con la ética.

Se presenta entonces el *problema de la motivación para el aprendizaje y del aprendizaje de los motivos*, problema crucial para todo maestro y toda maestra[1]. (Me excusará Hans Schiefele por haber tomado prestado el título de su bello libro.) Intento mostrar cómo hay que abordar este problema, si se quiere encontrar verda-

---

[1] Al escribir este libro he tenido presentes, no sólo a los maestros, hombres como yo, sino especialmente a las maestras, que en muchos niveles escolares constituyen la mayoría del cuerpo docente; este pensamiento lo he traducido explícitamente en el lenguaje, cuando me refiero a «el maestro y la maestra». Sin embargo, en muchos lugares he dejado el término genérico (masculino), de «maestro» o «maestros», esperando que se entienda como una referencia neutral, a ambos sexos. Pido excusas a aquellas maestras que no aceptan sin más esta práctica lingüística, y espero que no lo consideren una ofensa. Notarán que me he tomado esa libertad especialmente donde lo que tenía que decir era menos halagüeño y en contextos de tipo técnico, en los que no interesa el sexo.

deras soluciones, y qué hay que hacer para interesar a los alumnos en la clase y despertar en ellos intereses y valores. El *problema del aprender a aprender* está estrechamente ligado al de la motivación. Conforma la cuarta parte del libro. También aquí se dan programas superficiales de aprendizaje. Mis sugerencias son más pretenciosas, pero realizables; no ciertamente en una sesión de dos días, dictada por un especialista en la escuela, y tras la cual las clases siguen igual. El aprendizaje autónomo debe ser cultivado en todas las asignaturas y por cada uno de los profesores. Cada trabajo individual y cada deber para casa son una oportunidad para ello.

También toco el tema crítico de la *autoridad* y de la *disciplina* en la escuela. No todos los lectores estarán de acuerdo con mis opiniones. Espero, sin embargo, que se me reconozca el que me haya enfrentado con él. Quizá este capítulo desencadene una discusión ulterior. En ese caso, habría cumplido su cometido.

Vienen luego las cuestiones concernientes a los *planes de enseñanza* y los *objetivos de aprendizaje*. Las respuestas se deducen de los capítulos precedentes. Sin este contexto quedan en el aire. El modelo de un doble hilo conductor, de praxis y teoría, con los campos de problemas y de aplicación en el primero y los campos de teoría en el segundo, intenta conciliar las posiciones opuestas de los planes de enseñanza y los objetivos de aprendizaje orientados por la acción, frente a los orientados por la teoría. En esta parte, el capítulo sobre la *preparación de clases* es nuevo.

El problema final se refiere a los *exámenes* y a la *asignación de notas*. Como en el caso de los objetivos de aprendizaje, el lector atento descubrirá algunos cambios en el énfasis, con respecto a la edición de 1976 de las «Formas básicas». La polémica en torno a los objetivos operativos de aprendizaje ha bajado de tono, y los adversarios comienzan a encontrar puntos de contacto. Yo mismo he llegado a la conclusión de que los exámenes deben estar mucho más orientados a los objetivos de aprendizaje, de lo que se viene haciendo hasta ahora. Pienso, además, que si las notas quieren decir algo, deben estar referidas a grupos. No hay otro camino. Quizá también aquí desencadene el libro alguna discusión fructífera. Con todo, es necesario que se hagan propuestas positivas en torno a la solución del problema de las notas, y no sólo que se investiguen —y se reniegue de— las deficiencias de los sistemas habituales de calificación. Con el descubrimiento de sus debilidades no se mejora el mundo.

¿A quién va dirigido este libro? Me imagino que, una vez terminados los cursos de didáctica general en las instituciones de formación de docentes, persiste la necesidad de tomar en consideración, más allá de la praxis inmediata de la enseñanza, los grandes nexos y las estructuras profundas de la institución «escuela». A esa necesidad podría estar orientado este libro. A la inversa, hay también muchos pedagogos y teóricos de la escuela que quisieran aproximarse a la praxis de la enseñanza. Quizá también encuentren útil el libro, ya que precisamente se sitúa en el umbral que media entre la didáctica y la pedagogía.

Espero con ello que pueda aportar algo a los dos: al educador interesado en la práctica y al interesado en la teoría. A ambos les plantea una tarea ulterior: el didacta tiene que concretizar las concepciones planteadas en el libro y el pedagogo debe profundizar en la reflexión sobre los fundamentos.

1
ENSEÑAR: CONDUCIR DEL HACER AL APRENDER

1. ACTIVIDADES VITALES Y ACTIVIDAD DE APRENDIZAJE

¿Es divertido aprender? ¡Quién lo duda! Basta sólo con observar a un pequeño que aprende a caminar, a un estudiante que aprende a nadar, o a un joven que aprende a conducir un coche. Al aprender vemos que avanzamos, que se nos abren nuevas posibilidades, que actuamos con más eficiencia, que nuestra mirada se amplía o profundiza. ¿No es esto divertido?

¿Es divertido enseñar? Para convencerse de ello basta con mirar a una madre que enseña a hablar a un niño, o a un padre que le explica a su hijo cómo se pone en funcionamiento el nuevo juguete de pilas. Con la enseñanza tomamos parte en el desarrollo del aprendiz, experimentamos de nuevo la aventura del descubrimiento, de la ampliación de las posibilidades de acción sobre el medio. Vemos avanzar al que aprende y avanzamos nosotros mismos un poco con ello.

Si esto es así, ¿por qué entonces resulta con frecuencia tan poco divertido para el alumno aprender y para el maestro enseñar? ¿Por qué aguardan con preocupación muchos alumnos al comienzo del año escolar, después de las vacaciones? ¿Por qué se ensombrece el gusto por la vida de tantos maestros, con los últimos días de vacaciones? Ambos, maestro y alumno, podrían alegrarse con el hecho de que la aventura de la enseñanza y del aprendizaje se inicia de nuevo. Por lo visto, no es para todos una aventura, que emprenden con agrado.

Cuando se pregunta a los maestros por las razones de sus sentimientos negativos, muchos se quejan de la presión y de las dificultades en que se encuentran. Los epítetos frecuentes son «presión del programa», «alumnos difíciles», «falta de motivación para el aprendizaje». Los alumnos se quejan de exigencias no superadas, de los temas, que no les interesan. También ellos hablan de «presión del programa». Existen sin embargo temas de los cuales se ocupan con agrado, temas que no presionan. ¿Quién que está aprendiendo a conducir se queja de que tiene que aprender cómo funciona el arranque o el embrague? La televisión tiene también sus «temas». ¿Por qué no se siente su presión?

No queremos multiplicar las preguntas, sino buscar respuestas. Quisiéramos saber cómo deberían configurarse escuela y clase, para que sean atractivas; y quisiéramos comprender qué papel y qué forma deben revestir los programas para que sean aceptados con entusiasmo por los alumnos. Con ello buscamos también entender qué queremos a fin de cuentas decir cuando hablamos de «contenidos» o temas. Y especialmente cómo se debe organizar el contexto del aprendizaje, para que sea atractivo a todos los participantes —profesores y alumnos—. Esta es la primera meta que nos proponemos en este capítulo.

Lo atractivo no es el contenido, sino la actividad

Los ejemplos de aprendizaje atractivo, que acabamos de dar, tienen un lenguaje claro: no es el «contenido del aprendizaje» lo que más atrae, sino la actividad. Andar, nadar, conducir un coche, poner a funcionar un juguete, hablar con un colega, son actividades. El aprendizaje se realiza en el proceso de su ejecución. Es, por decirlo así, un producto secundario de la actividad. El niño no pretende ante todo aprender, sino más bien dominar la actividad y lograr con ella un producto determinado: moverse más libre o más rápidamente, producir un resultado concreto. También con frecuencia busca el hombre simplemente una vivencia determinada: alternar tensión y distensión, movimiento y reposo, peligro y seguridad reencontrada. Con ello podemos afirmar que son atractivas todas aquellas actividades que conducen a un resultado predecible, a una ampliación de las posibilidades de acción o a la vivencia de alternar la tensión y el reposo. Esto presupone a su vez que una actividad, o bien tiene su orden intrínseco, o bien conduce a un orden o estructura superior (Aebli, 1980-81).

Para ello debe cumplirse, sin embargo, otro requisito: la actividad ha de tener éxito. Por lo menos debe acercar al aprendiz a su meta, y éste debe ser capaz de percibirlo. ¿De qué depende el éxito de una actividad? Del hecho de que el estudiante disponga de capacidades y medios adecuados a la tarea. Esta debe ser adecuada por tanto a su capacidad de rendimiento —decimos también: a su estadio de desarrollo—, no debe ser ni muy fácil ni muy difícil. Hablamos de la *adecuación óptima* de la tarea a los medios de solución.

Aquí se palpa también la importancia del orden. Una actividad exitosa ha encontrado su orden intrínseco. Fracaso implica siempre confusión, conflicto, contradicción. El orden intrínseco, la «buena conformación» (Köhler, 1921), proporcionan también las condiciones para que el movimiento y la tensión de la actividad sean siempre resueltos por la distensión y la seguridad. La tensión e inseguridad no son atractivas. Es la alternancia de las dos situaciones opuestas lo que atrae y satisface.

Partiendo de las características expuestas de las actividades atractivas, se podría llegar a la conclusión de que éstas no tienen nada que ver con la apropiación de contenido, lo cual, sin embargo, no es así. No se trata de erradicar de la escuela y de la clase los contenidos y de preocuparse sólo, por ejemplo, de los procesos; pero también es cierto que no se pueden transmitir contenidos puros. Deben venir en el contexto de actividades atractivas. Es necesario aclarar lo que esto significa. Con ello se plantea la tarea siguiente: elaborar un cuadro esquemático de las actividades en las que el alumno adquiere el saber y se apropia de los conocimientos que le abren al mundo moderno.

20

Una taxonomía de actividad y saber

Contemplamos por tanto ahora las actividades que tienen lugar en la vida de las sociedades modernas, y nos preguntamos qué tipo de saberes producen y presuponen. Si nuestras escuelas deben realizar sus funciones, y si éstas deben ser al mismo tiempo atractivas, entonces esas actividades, que tienen lugar en la vida de las sociedades modernas, deben de alguna manera tener un sitio en el contexto escolar, y deben producir el saber correspondiente. Desarrollamos entonces una taxonomía de actividades formativas y de su saber concomitante. Esta taxonomía nos permite definir objetivos en términos de actividades y de saber, por tanto, objetivos de aprendizaje.

Nuestra taxonomía tiene tres dimensiones, cada una con dos valores. Su producto (2 x 2 x 2) supone un cuerpo cúbico, compuesto de sub-cubos. Cada uno de éstos representa una determinada forma de actividad (figura 1).

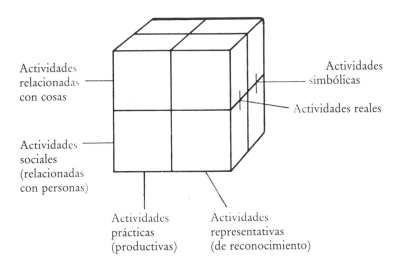

Fig. 1. *Tres dimensiones de la actividad en clase: 1) relacionada con cosas o social (relacionada con personas); 2) práctica (productiva) o representativa (de reconocimiento), y 3) real o simbólica. De la combinación de estas características resultan ocho subcubos, que corresponden a ocho formas de actividad. Es una taxonomía de las actividades escolares.*

Las actividades humanas se dirigen en parte a cosas, en parte a personas. Hablamos de actividades *relacionadas con cosas,* y de actividades *sociales,* es decir, relacionadas con personas. Poner en funcionamiento una bomba de agua es una actividad relacionada con cosas; solicitar información a un compañero es una actividad social, relacionada con personas.

Una *segunda dimensión* de nuestra taxonomía de actividades resulta de la siguiente reflexión. Las actividades pueden estar encaminadas a *producir* un producto, o a *reconocer* y *representar* una cosa o un procedimiento. A las actividades productivas las llamamos actividades *prácticas*. Las actividades representativas fundamentales son el *observar* y el *interpretar*. Llenar un recipiente de agua o escribir una carta, serían actividades *productivas;* la primera relacionada con cosas, la segunda con personas. Observar la disolución en un líquido de material o interpretar un acontecimiento histórico, serían actividades representativas (de reconocimiento).

Ambas clases de actividades suponen diversas variantes. Se dan también entrecruzamientos entre las dos áreas, y las fronteras no son nítidas en algunos puntos. Por ello añadimos algunas indicaciones. Una actividad práctica no produce necesariamente un objeto completo. Puede simplemente modificarlo, aun destruirlo. Esta modificación puede ser directa o indirecta, ya sea que la cosa sea afectada directamente, como cuando se sierra una tabla, o influenciada indirectamente, como cuando se riega o se abona una planta. En las acciones sociales el resultado puede ser una relación que establezco con una o varias personas, por ejemplo al cerrar un contrato o ingresar en una asociación. La asociación se modifica con mi ingreso y aun yo adquiero con ello una nueva característica (soy miembro de la asociación). Eso es lo específico de las actividades productivas: que generan realidades y hechos que antes no se daban.

Las actividades de representación (reconocimiento) modifican solamente al sujeto que observa o que interpreta. En él se produce una *imagen* de la cosa o persona observada, o del acontecer social o concreto observado. Estas, sin embargo, ni se producen ni se modifican. Observar, interpretar, comprender o aclarar son actividades *contemplativas.* No intervienen sobre la realidad, sino que la hacen objeto de su contemplación. Por ello se ha dicho siempre que la contemplación de la realidad sucede sin riesgo ni compromiso; cuando mucho, se puede uno engañar. Se trata de un proceso subjetivo sin riesgo objetivo. Por el contrario, el actuante es responsable por sus actividades que interfieren en la realidad y producen hechos nuevos. La seriedad de estas actividades es por tanto mayor que la de las actividades solamente representativas. (Reconocemos ya en este punto que se pueden diferenciar profundamente las proporciones entre actividades representativas y productivas, y con ello el grado de responsabilidad que debe asumir el que aprende, como también las oportunidades para su maduración personal en los diversos tipos de formación; basta con pensar en el aprendiz que es involucrado en procesos reales de producción, frente al alumno, al cual generalmente sólo se le «representa» el mundo. Con ello se aclara el predominio contemplativo de una secundaria «clásica» frente a la formación profesional.)

Nuestra taxonomía de las formas de actividad se ha dividido hasta aquí en estos cuatro campos:

1. Actividades relacionadas con cosas, de tipo productivo (práctico).
2. Actividades relacionadas con cosas, de tipo representativo (de reconocimiento).
3. Actividades relacionadas con personas (sociales), de tipo productivo (práctico).

4. Actividades relacionadas con personas (sociales), de tipo representativo (de reconocimiento).

Ya se puede prever en este lugar que estas cuatro formas de actividades corresponderán a cuatro grupos de objetivos de aprendizaje: objetivos de aprendizaje en el ámbito del actuar sobre las cosas, de tipo productivo (práctico) y representativo, y objetivos sociales de aprendizaje de tipo productivo (práctico) y representativo.

La *tercera dimensión* de nuestro modelo resulta de la distinción entre actividad real y simbólica. Las actividades reales manejan directamente la realidad, es decir, personas y cosas. Las actividades simbólicas están mediatizadas por signos —o símbolos—; entendiendo el concepto de símbolo en sentido amplio, que no solamente incluye el lenguaje natural, sino también los lenguajes artificiales (matemáticas, notación musical, etc.) y los medios figurativos de representación: esquemas, gráficos, dibujos y cuadros. Así se configura en nuestro cubo una capa anterior y una posterior. Las actividades reales, relacionadas con cosas, producen cosas concretas, o las representan en concreto. Así por ejemplo, la maestra de preescolar puede hacer con sus alumnos un pan, en primaria se puede construir un acuario o un terrario, y los alumnos de bachillerato técnico pueden tomar parte en un trabajo productivo real: todas ellas son actividades reales, relacionadas con cosas. Cuando por el contrario, en clase de geografía construimos la maqueta de una presa o en clase de química el modelo de una molécula, estamos representando otra realidad: la presa existente fuera, la molécula que está en el tubo de ensayo. Son actividades reales, relacionadas con cosas, del tipo representativo.

Podemos resumir brevemente el carácter de las actividades simbólicas. Son las que ocurren, por regla general, en la enseñana tradicional. Cuando en clase de geografía los alumnos reflexionan sobre la manera de unir dos regiones por carretera, o se hacen propuestas en clase de biología para prevenir la extinción de la selva amazónica, se trata de actividades relacionadas con cosas, de tipo productivo, que se realizan en un medio hablado, y por tanto simbólico (no se debería decir «que tienen lugar en el pensamiento», ya que en la construcción real también se piensa). Aún más frecuentes son las actividades de tipo representativo relacionadas con cosas, que usan el lenguaje y otros medios simbólicos: el maestro explica la diferencia de tonos, los alumnos reproducen un cuadro visto en un libro de física, o representan lo que han observado en una excursión. Estas actividades se relacionan con cosas, son representativas, y emplean medios simbólicos.

Las actividades sociales pueden ser reales y productivas: por ejemplo, cuando formamos grupos de trabajo y se producen entre los alumnos relaciones de cooperación real, decimos que producen estas relaciones. Sin embargo, muchas relaciones sociales son producidas por el lenguaje, por tanto por un medio simbólico. La lingüística moderna ha señalado que muchos actos del lenguaje sirven para establecer relaciones entre personas: alguien promete a alguien algo, otro consuela a su compañero, etc. Naturalmente, en la escuela también se representan con frecuencia procesos sociales. Se habla *sobre* un acontecimiento social. Toda la clase de historia y una gran parte de la de literatura representan procesos inter-humanos, individuales y sociales.

Ello sucede generalmente usando el lenguaje hablado, o sea como «actividad simbólica». Incluimos los instrumentos de representación, como se dijo arriba, entre los símbolos. De vez en cuando representamos también estos procesos con juegos de roles. Con ello, la representación del proceso social se convierte en real. Llamamos a ésta una actividad real, social (o relacionada con personas) de tipo representativo. El lenguaje juega naturalmente en ella también un papel importante. Pero es el lenguaje que se produce al servicio de una acción real, y no sólo como apoyo de la representación de un proceso pasado o que se realiza en otra parte.

Al inicio anotábamos que a las ocho formas de actividad de este sistema de orden corresponden también ocho formas del saber y del saber hacer. La capa horizontal superior del cubo corresponde sin duda al saber y saber hacer sobre las cosas, que el alumno logra con sus actividades relacionadas con ellas. La capa inferior representa el saber y saber hacer sociales, interpersonales. La capa izquierda, que se proyecta hacia atrás, representa el saber y saber hacer prácticos del alumno. Le posibilita actuar de una manera productiva. La capa que está a la derecha representa el saber que logramos *sobre* las cosas y los hombres. Se puede llamar el saber mundano de los jóvenes. La capa transversal anterior representa finalmente el saber y el saber hacer logrados en contacto directo con la realidad, mientras que la capa posterior representa el saber y el saber hacer logrados por medios hablados y simbólicos. Esto es lo que se llama en inglés *verbal knowledge*.

Con ello terminamos de describir el cubo, con cuya ayuda nos representamos las características de la actividad y del saber, y las ocho formas de actividad y de saber que resultan de sus combinaciones. El conjunto es una taxonomía, y por lo tanto un sistema de orden. ¿A qué viene este despliegue teórico? Veremos en el transcurso de este libro cómo es siempre necesario preguntarse qué hacemos fundamentalmente en la escuela, qué clase de actividades y de saberes son los que promovemos. Aun cuando planeemos nosotros mismos las sesiones de clase, es bueno examinarnos sobre el tipo de actividades y el tipo de saberes que desencadenamos y transmitimos. Idealmente, debería lograrse un equilibrio entre los ocho campos de la experiencia. Veremos que ello no es tan fácil, y que se dan desequilibrios de diversas clases. Estos afectan la motivación del alumno para el aprendizaje y las competencias con que se enfrenta a la vida.

El saber como base del comportamiento

Hasta ahora hemos hablado de las actividades que deben desarrollarse en la escuela, para que se produzca el aprendizaje. Pero, en última instancia, no se trata de que en la escuela funcione el molino de la actividad diligente. Los alumnos deben aprender algo. Deben lograr un saber. Tenemos que ver todavía cómo deben ser introducidos y orientados los procesos de aprendizaje. Desde ahora podemos decir cómo es el comportamiento mutuo entre saber y actividad. La conexión es simple: cada actividad realizada deja una huella en el organismo vivo. Es como si la realización de una actividad dejara un camino marcado en el sistema nervioso central, y ese

24

camino se ahondara con cada repetición, de tal manera que su seguimiento se hace más probable y más fácil con cada una de ellas. (Los esquiadores, o los que caminan por trochas campesinas, entienden bien esta comparación.) Este camino es significativo tanto en el campo de la acción productiva como en el de la observación e interpretación, que conduce a una representación del fenómeno contemplado. Cuando he accionado varias veces una bomba complicada, lo hago cada vez con mayor facilidad. He logrado una destreza. La llamamos un «saber hacer». Este existe naturalmente también en el ámbito de la acción social, y existe tanto en la forma indirecta, mediatizada por el lenguaje, como en la directa, lograda con el manejo físico. El que ha preguntado varias veces, en francés o inglés, por una calle, «sabe pedir información», posee un saber hacer, mediatizado verbalmente; y quien ha cambiado varias veces una rueda a un coche, «sabe desenvolverse». Posee el saber hacer necesario.

Lo mismo vale, exactamente, para las actividades de la contemplación e interpretación de objetos y procesos. Se condensan en el espíritu humano como representaciones y conceptos y, un poco más comprensivamente, como teorías. Este es el *saber sobre el mundo:* saber sobre cómo está constituido el mundo y cómo funciona, y ello en el ámbito de las cosas y de los hombres, individual y social. Este saber puede estar codificado verbalmente o con otro sistema de signos (matemático, músico, etc.); o puede también ser figurativo, cuando las representaciones correspondientes al sentido han sido tomadas de la cosa misma, y archivadas como imágenes. Por ello se habla también de *imagen del mundo.*

Hasta aquí hemos hablado de cómo la actividad productiva y la representativa se *condensan como saber* (y poder, o saber hacer). En sentido contrario, constatamos que este saber es el fundamento de nuevas actividades, sea que las reproduzcamos sin modificarlas, sea que combinemos elementos del saber en nuevas acciones y nuevos pensamientos. Por ello se llama al saber *la base del comportamiento.* Sin saber no hay actividad. Un organismo, en el cual las actividades pasadas no hubieran dejado huella alguna, o sea que no tuviera ningún tipo de memoria, no podría actuar, no podría contemplar ni interpretar nada, exceptuando quizá aquellos logros preconfigurados en su dotación genética. Se sabe, sin embargo, que ello representa una porción muy pequeña en el comportamiento humano.

Después de introducir el concepto de saber como base del comportamiento, reconocemos también que se dan relaciones estrechas entre el saber hacer y el saber sobre el mundo. Para activar correctamente mi bomba, debo saber también algo sobre su construcción: el saber hacer necesita del saber sobre el mundo. Viceversa, en el transcurso de mi acción sobre las cosas de mi medio consigo también saber (sobre el mundo) acerca de ellas. Veremos más adelante que precisamente este hecho tiene un alto significado didáctico, y que conduce a la «construcción en la acción» y a la importancia de la praxis en el conocimiento teórico.

También se detectan relaciones intrínsecas entre el saber sobre las cosas y el saber social (las dos capas horizontales de nuestro saber). Cuando un equipo de trabajo resuelve conjuntamente un problema práctico en una industria o desarrolla una actividad, saca a flote un barco encallado o prepara una representación teatral, entonces necesitan todos los participantes y, especialmente los jefes, tanto saber social como saber sobre las cosas. En un trabajo tal no sólo deben resolverse problemas con las cosas y observarse y producirse relaciones entre ellas, sino que también deben coordinarse entre sí reacciones y acciones humanas.

Pasamos finalmente a las caras anterior y posterior de nuestro cubo: las actividades reales, y las codificadas simbólicamente. También aquí se reconoce de inmediato un problema fundamental de nuestras escuelas: cuando esos dos mundos (el de la palabras y la observación, y el de los hechos prácticos) no están ligados entre sí, ambos se deterioran. El saber codificado simbólicamente se vuelve estéril, «verbal». Falta a los signos el fundamento precioso de los significados concretos y observables. En el caso opuesto también se ha visto siempre, que las observaciones sin conceptos (codificados verbalmente) son ciegas (Kant, 1781), y que una praxis no iluminada teóricamente se encalla pronto en los caminos de la rutina. Los sistemas de signos hacen posible el conocimiento teórico, la posibilidad de sacar conclusiones, la generalización y con ella la transferencia. La percepción inmediata y la acción real sobre la cosa misma nos posibilitan un conocimiento vivo y concreto de la realidad. Ambas cosas son necesarias. La teoría consigue la intelección de la realidad y de la acción humana; el saber concreto logra un sentido de identificación con la realidad de los procesos humanos y de las cosas.

Una posición en el mundo, un camino de acuerdo al propio plan de vida

Una mirada global a las actividades y al saber que constituyen y fundamentan la vida humana, sugiere también una reflexión sobre cómo se ordena el conjunto del hacer y del saber de un hombre. ¿Se reflejará en ello el pluralismo desorientado de nuestra cultura? ¿Desarrollarán nuestros alumnos, como reflejo fiel de ese pluralismo, una multiplicidad similar de actividades, y producirán un conglomerado semejante de saber? El yo del alumno no es ciertamente una instancia ajena o paralela a la base de saber de su acción y de su saber sobre el mundo. El hombre es lo que sabe y lo que hace (entendidos estos conceptos de la manera profunda y general, con que los hemos introducido). ¿Ayudamos con nuestra enseñanza a los jóvenes en desarrollo a dotar a su saber y a su actuar de un cierto orden, de una coherencia, unidad e «identidad» internas —aunque todavía no acabadas—? ¿Se hace poco a poco detectable en el conjunto de su acción un plan de vida (Spranger, 1921), y le ayudamos a desarrollarlo e instrumentalizarlo?

Algunos maestros dirán que ésta no es su tarea. No quisieran inmiscuirse en este espacio personal del alumno y de la familia. ¿Se trata de una posición respetuosa, o más bien un disfraz que oculta la incapacidad y la falta de voluntad frente a esta tarea educativa?

Opinamos que una escuela, que se precie de serlo, no debería perderse en la multiplicidad de la acción diligente; debería buscar dar un orden intrínseco al conjunto del saber mediatizado en ella. El saber del alumno sobre el mundo debería, al menos como perspectiva (puesto que se trata de un proyecto para la vida), convertirse en una *concepción del mundo*. Y a partir de las posibilidades de acción que el alumno va conociendo, debería comenzar a intuir paulatinamente, con ayuda de su educador, un *plan de vida*, una perspectiva futura para su vida personal y su medio social. En esta imagen del mundo debería reconocer progresivamente y configurar su *puesto en el mundo*, y su plan de vida le debería dar la posibilidad de comenzar a construir un camino de vida.

Asusta constatar cómo numerosos bachilleres abandonan la escuela sin tener la más mínima idea de cómo poder lograr un puesto en este mundo y hacer suya una tarea. No es de extrañar que con ello sufra también la conciencia del objetivo de los estudios. La duración cada vez mayor de las carreras universitarias es en parte la consecuencia de que los estudiantes no tengan una meta, un plan de vida ni una idea de su posible puesto en este mundo. No es raro que, en esa situación, se sientan también perdidos en la educación superior. Para que alguien se pierda, se necesita no solamente un medio ambiente no transparente, sino también un sujeto que no pueda ver más allá, al que le falte la perspectiva, el plan de vida.

De esta manera, el intento de mirar en su conjunto el saber y el hacer de un hombre nos conduce también a la importancia del desarrollo de una concepción del mundo y de la ubicación en él. Igualmente, vemos que las posibilidades de acción del joven pueden concretarse e implementarse en un plan de vida, plan que guía sus decisiones vitales y los pasos para su realización. También por esta razón es importante que la escuela no se limite a la mera entrega de representaciones no comprometidas de la realidad social, sobre las cosas y sobre la historia, sino que ofrezca también al alumno oportunidades de actuar práctica y cooperativamente. Con ello no sólo se encuentra éste con el mundo de las cosas y de los otros, de una manera viva y activa, sino que se conoce a sí mismo, sus posibilidades y sus límites. Con este hacer provisional, todavía orientado hacia el aprender, delinea su puesto en el mundo, y da los primeros pasos en un camino orientado por un plan de vida.

El «contenido» de la clase

Hemos mencionado algo sobre la escuela y la enseñanza en el aula. El concepto de contenido o tema de clase no lo hemos empleado todavía. Lo introducimos ahora. El camino nos lo señala el concepto del saber. El contenido de la lección es una descripción del saber, por tanto de los resultados de las actividades, que deben ser desarrolladas en clase. Hablamos entonces de una *descripción* del saber. El saber mismo se asienta, como hecho psicológico, en la mente del alumno; puede ser detectado en su memoria. Pero los alumnos necesitan programas de enseñanza, y los maestros diseñan planes de lecciones. En ellos se describe el saber que el alumno debe haberse apropiado al final de la lección: saber cómo se construye una casa, saber cómo se reproducen las ranas; el concepto de cooperativa, de legislación, de ecuación cuadrática, las pruebas del teorema de Pitágoras; pero también acciones: cómo poner un reloj en la hora correcta, cómo escribir una carta protestando por algo, etc. Esos son contenidos de clase.

Como primera medida reconocemos la necesidad de reformular el saber, que debe resultar de las actividades de clase. Quien opine que ello no debe hacerse, que «debe producirse en el proceso mismo de la clase», se asemeja a un viajero, que quisiera simplemente viajar sin rumbo fijo. Pudiera fácilmente suceder que, como producto de tal espontaneidad, no lograra conseguir ningún resultado, sino que terminara siempre por llegar al mismo punto. El inconsciente tiene también sus contenidos: eso lo hemos aprendido de Freud.

¿Por qué tienen los programas de contenidos un papel tan fatal en algunas escuelas, y por qué hablan maestros y alumnos tan fácilmente de la carga del programa y de la presión de los contenidos? Hay diversas razones. Parte de ellas radica en el tipo de recopilación de contenidos de los programas escolares, y parte en el tipo de apropiación de los contenidos. Hemos visto que los contenidos escolares representan descripciones del saber que debe ser adquirido en la clase. El gran peligro consiste en considerar a los contenidos de saber como independientes de las actividades de clase, en vez de considerarlos como su expresión y resultado. Son presentados sin mediación al estudiante, o dados a leer en un libro de texto. Este busca simplemente apropiárselos. Algunos se los aprenden de memoria, aun sin entenderlos. En la clase son recitados de nuevo, «vomitados de nuevo», como lo formuló acertadamente Montaigne (1580).

Hay que reconocer que listas de contenidos, o sea descripciones de saber, resúmenes de resultados esperados en clase, son peligrosos, en la medida en que no son reconvertidos en la clase en actividades que partan de problemas vitales y que impliquen la acción, la observación y la reflexión propias del alumno. El *cortocircuito didáctico* consiste en transmitir puros resultados y pensar que no se tiene tiempo o que es muy engorroso propiciar con los alumnos aquellas actividades de las que se derivan la intuición, la solución al problema, el concepto.

Por tanto, donde impera la presión de los contenidos, hay que atribuirlo al maestro, exceptuando los pocos casos en que los programas están previstos de manera tan estricta y los exámenes diseñados de manera tan exhaustiva y orientados a la repetición memorística del contenido, que al maestro no le queda otra alternativa que transmitir el contenido en detalle. La presión del programa surge cuando el maestro no logra (y también cuando maestro y alumnos no hacen los esfuerzos correspondientes) descubrir y realizar las actividades que supone el saber, que conducen a él. Aquí tienen lugar todos los problemas didácticos que tratamos en *12 formas básicas de enseñar*. Los mencionamos simplemente: las actividades deben ser introducidas con base en un planteamiento de problemas vivo e inteligible por parte del alumno; deben servir no sólo a la observación e interpretación de la realidad, sino que también deben incluir acciones prácticas; las acciones, las operaciones y los conceptos deben ser elaborados, es decir, sometidos a transformaciones múltiples e iluminados desde diferentes perspectivas, para que adquieran movilidad; después de su consolidación por medio del ejercicio, las acciones, las operaciones y los conceptos deben ser probados y aplicados en nuevas situaciones y con nuevos objetos y fenómenos; las representaciones simbólicas deben ser ligadas con acciones reales y observaciones directas; deben crearse situaciones de auténtica comunicación y cooperación.

Si cumplimos esos requisitos podemos evitar el «cortocircuito didáctico». El contenido se hace vivo en la mente del alumno. Se vuelve atractivo porque las actividades, en cuyo marco fue generado, son atractivas. En la medida en que construimos el saber buscando e investigando, y por tanto descubriendo, el contenido deja de ser las muletas con cuya ayuda nos proporcionamos una seguridad falsa, quizá también un instrumento de disciplina.

Esta última aplicación representa, por así decirlo, el último eslabón de un círculo vicioso. El maestro tiene la impresión de que los alumnos no se interesan por su clase. Comienzan a deteriorarse la atención y la participación. Con ello se siente el maestro inseguro y amenazado. En esta situación se aferra a los contenidos, tal como los traen los programas y los libros de texto. En la medida en que cumpla con el programa, tiene al menos el respaldo de las autoridades que lo contrataron. El libro de texto parece asegurar estructura y orden. Aparentemente, en él puede confiarse uno. La recopilación de «contenidos» puede servir, al mismo tiempo, como base para los exámenes. Algunos estudiantes aplicados, de alguna manera, se apropian de estos contenidos, lo cual hace que el maestro se sienta confirmado en su proceder. Sin embargo, no puede considerarse que la situación sea buena. El y sus alumnos son víctimas de una presión del programa, inducida por el manejo miope seleccionado.

Connotaciones de cotidianeidad práctica y de saber científico en las actividades de clase y en sus resultados temáticos

El cuadro de actividades de clase propuesto aquí ha permanecido hasta ahora relativamente indefinido. Ello tiene una razón sistemática. No hemos dicho todavía con claridad de qué manera debe explicitarse: desde el punto de vista científico, o del de la cotidianeidad práctica. Hasta el momento, la opción de nuestra escuelas es clara: se orientan por los contenidos del saber científico.

Esto tiene razones históricas y sistemáticas. Las históricas se basan en que, desde el renacimiento y el humanismo, casi todas las escuelas secundarias han sido escuelas para letrados y preparaban a los estudios universitarios. Por su parte, las escuelas primarias orientaban sus programas y su metodología a los de la escuela secundaria. La división por disciplina era y es prácticamente la misma. Piénsese, por ejemplo, en la clase de matemáticas o en la de idioma en la escuela primaria, en la secundaria y en la universidad; o en las aplicaciones prácticas poco convincentes de la clase de matemáticas, similares, hasta hace pocos años, para la primaria, la secundaria y los departamentos de matemáticas de las universidades. Piénsese también, que aunque en la primaria, en la secundaria y en la universidad hay clases de física y geografía, en ninguna de ellas se ofrece algún tipo de disciplina tecnológica, y que ni en las escuelas secundarias o primarias promedio se enseñan los más elementales conceptos sobre derecho y economía, por más que estas disciplinas

tengan un peso enorme en la cotidianeidad de la vida moderna. Sólo las escuelas norteame-
ricanas tienen un área de «ciencias sociales», que integra de una manera práctico-vital
conceptos de geografía, historia, civismo y economía.

Se puede por tanto afirmar realmente, que la estructuración y los contenidos de
enseñanza de nuestras escuelas corresponden ampliamente a un ideal humanista del
letrado. No es sorprendente que predominen en todos los niveles de la enseñanza las
actividades *representativas*. Es el primado de lo *contemplativo* de nuestras escuelas,
que corresponde de una manera consciente o inconsciente al estilo de vida del letrado
y del humanista. Sólo en parte ha sido suavizado este estilo en la escuela primaria,
mediante consideraciones relativas a la clase centrada en el niño. Pero, ¿qué significa
centrada en el niño? Las posiciones al respecto difieren mucho y están condicionadas
por todas las tendencias de moda posibles.

Creemos de gran utilidad el que nuestras escuelas tomen conciencia de que
«preparan para la vida», de que su actividad debe orientarse no sólo por las disciplinas
científicas, sino también por las grandes áreas de actividad de la vida extraescolar, en
los círculos vitales de la familia, el oficio y el estado. A partir de la consideración de
estos círculos vitales pueden y deben deducirse las ideas sobre la configuración de las
actividades de clase y sobre las características de los resultados que deben ser obtenidos. Las materias existentes en la escuela no deben ser abolidas ni modificadas
radicalmente. Es, sin embargo, necesario incluir en la enseñanza sistemática actividades y puntos de vista que se diferencien de la pura visión contemplativa de las ciencias
actuales, y que tengan como centro la acción práctica. Dewey (1916) ya había
propuesto con claridad y fundamentación este programa pedagógico a comienzo de
siglo. Está todavía pendiente de realización.

Para reconocer su justificación, basta con pensar en los problemas que se plantean los padres jóvenes en el ámbito *familiar*: problemas de tipo económico, tecno-
lógico, jurídico, psicológico y social. Hay que alquilar una vivienda (viene la pregunta de si su precio es adecuado a los ingresos); la compra de lo necesario para la casa,
o de un coche, plantea problemas económicos, tecnológicos y legales; en el contexto
del desarrollo y de la educación de los hijos se plantean problemas psicológicos y
pedagógicos. Es triste constatar lo poco que estas cosas se mencionan en clase.
Fácilmente podrían multiplicarse los ejemplos. Tal como están organizadas nuestras
escuelas hoy, es escaso lo que aportan a los jóvenes para prepararse a solucionar los
problemas que se presentan en el marco de la familia.

Pasemos ahora a las actividades en el trabajo. Aquí, naturalmente, surgen problemas de tipo técnico, que son también objeto de las materias escolares. Pero, ¡qué
grande es la diferencia entre los puntos de vista del mundo del trabajo y de la escuela!
En la vida laboral predomina la acción pragmática; en la escuela la contemplación
representativa. En la vida se plantean problemas tecnológicos, o sea prácticos; en la
escuela se transmite la teoría de manera descriptiva. Piénsese en el tipo y la temática
de los trabajos escritos que deben ser confeccionados en todos los niveles académicos,
y en el tipo de textos necesarios para la vida diaria: cartas, exposiciones, protocolos,
contratos, formularios, etc. Hablando lingüísticamente, se trata de producciones
similares al lenguaje verbal, que deben producir un efecto, tanto en el oyente como

en el lector *(12 formas básicas de enseñar,* 129 ss.). No es de extrañar el destino oscuro que tienen ese tipo de escritos en nuestras escuelas, con los cuales no se espera producir ningún tipo de efecto sino, cuando mucho, contemplar la verdad. Se puede objetar que no se sabe a ciencia cierta qué tipo de trabajo desempeñarán los alumnos en el futuro. Ello es verdad; pero, ¿acaso se sabe si van a usar en su vida posterior las enseñanzas sobre el plano inclinado, la oxidación, las declinaciones o la revolución francesa?

También en la vida laboral aparece la importancia de los problemas legales y económicos. También aquí se pregunta uno si la escuela no debería contribuir a ellos de una manera práctica. ¿Se puede, verdaderamente, dejar estos problemas al aprendizaje individual de cada persona? ¿Deben tratarse en la escuela exclusivamente temas tales como la precipitación atmosférica en los Alpes o la corriente marítima fría de El Labrador?

También el estado y la sociedad civil representan círculos vitales importantes. ¡Qué posición tan sombría la de la «educación cívica», comparada con la importancia de estas realidades! Naturalmente puede la historia contribuir al entendimiento del estado y de la sociedad, puesto que ambos tienen raíces históricas. Pero de nuevo debe plantearse la pregunta por el espíritu con que se enseña la historia. Ello sucede hoy frecuentemente sin relación alguna con el presente, y con los problemas que en él hay que resolver: la historia no es la configuración del presente, sino la contemplación de los fenómenos históricos, como si sólo por sí mismos fueran interesantes. Ello no basta cuando queremos ayudar al alumno a comprender y dominar los complejos problemas del presente.

Los resultados de la enseñanza escolar deberían tener aplicación también en la *vida cultural.* Con este concepto denominamos no sólo a la llamada «vida culta», que se relaciona generalmente con literatura clásica, artes plásticas o música. Más bien entendemos que el concepto debe ser ampliado en términos de la antropología cultural, de tal manera que abarque también el ámbito de la cultura cotidiana: las actividades del tiempo libre, la vivienda y el vestido, por ejemplo, como también la configuración de los momentos rituales de la existencia humana, tales como bautizo, cumpleaños, matrimonio y duelo. Aquí también se puede añadir que la escuela no busca en este ámbito precisamente ser útil, que su concepto de cultura se orienta ante todo al de la cultura superior, al cual permanece fiel. Tal vez. Pero también aquí tiene mucho peso el espíritu teórico y contemplativo. La escuela se comporta como si el hombre moderno en su tiempo libre sólo leyera libros, visitara museos, teatro, conciertos y quizá también exposiciones. Mientras que la verdadera vida cultural, en términos de tiempo libre, significa en gran medida actividad, no sólo lectura y contemplación. Por ello la escuela debe ante todo preparar a una vida cultural activa: no sólo botánica, sino también jardinería; no sólo geografía, sino también conocimiento del medio ambiente próximo o remoto; no sólo zoología, sino también cuidado de los animales y no sólo teoría e historia de la música, sino también su práctica y la participación activa en la vida musical.

Junto con la participación en la vida cultural se plantea también, para los bachilleres, la participación en la vida científica. También aquí debe definirse en qué forma puede darse. En parte consiste en que los bachilleres tengan la oportunidad de ingresar a estudios post-secundarios en un área de su elección (no sólo estudios universitarios, sino también formación tecnológica o profesional); pero, por otro lado, debe dárseles la oportunidad, por medio de la lectura y eventualmente de la práctica, de estar al tanto de los progresos de la ciencia aun fuera de su disciplina. También aquí se plantea la pregunta de si la escuela les proporciona los fundamentos para ello y los orienta en sus intereses ofreciéndoles, por ejemplo, el acceso a publicaciones de divulgación científica u orientándoles la lectura de artículos seleccionados de la prensa común y corriente.

No se trata de desmontar las disciplinas escolares clásicas. Hay también razones para continuar en el futuro, en cierta medida, con la clase orientada científicamente, de manera teórica y sistemática, ya que las posibilidades de generalización y transmisión de los conceptos científicos netos es mayor que la de sus aplicaciones. También los buenos libros de texto estarán en el futuro inmediato orientados fundamentalmente por el contenido científico y teórico. Con frecuencia, los buenos autores son autores interesados teóricamente, y los buenos alumnos son alumnos interesados teóricamente. Sin embargo, hay desafortunadamente prevención, por parte de muchos académicos en nuestra cultura, frente a las aplicaciones. Sólo puede esperarse que a medio plazo sean ofrecidos en el mercado de libros texto y publicaciones buenos, orientados por la praxis y la aplicación, a partir de las áreas vitales de la familia, el trabajo, el estado y la vida cultural concreta.

¿Qué puede hacer entretanto el maestro? Aquello que todavía no hacen los planes y medios de enseñanza: pensar en la forma probable de vida posterior de los alumnos, buscar pensar qué será de ellos en el futuro y cuáles serán sus intereses; y a partir de este saber desarrollar aplicaciones para los temas teóricos de clase, que re-construyan sus formas futuras de vida y de manera elemental los preparen a ellas, permitan conseguir las competencias y despertar los intereses correspondientes.

De antemano podemos afirmar que no basta con que clasifiquemos las actividades de enseñanza y el saber que resulta de ellas según las categorías psicológicas y antropológicas desarrolladas en nuestro cubo de ocho partes, y presentárselas así al maestro. Las actividades de la clase no deben ser trabajadas sólo científicamente; deben ser también pensadas y elaboradas tal como se encuentran acuñadas en las áreas vitales mencionadas. Sólo así lograrán adquirir las actividades de clase, junto con los contenidos que de ellas se desprenden, la manera de volverse atractivas para la mayoría de los alumnos y fecundas para su vida posterior.

2. TRES CUALIDADES DEL HACER

No quedaría completa nuestra descripción de las actividades de clase y del saber que resulta de ellas (que comprende también el saber hacer), si no definiéramos las cualidades que las hacen atractivas, en sentido más profundo. Los rasgos mencionados hasta ahora son de tipo más bien superficial: alternancia entre tensión y distensión, movimiento y reposo, riesgo y seguridad. Incluso las cualidades didácticas —el desarrollo de los resultados a partir de problemas comprensibles, la movilidad creciente de las acciones, operaciones y conceptos, su consolidación en el ejercicio y su efectividad en la aplicación— quedarían estériles, si no manifiestan tres cualidades antropológicas fundamentales: verdad, belleza y bondad.

Al tratarse de conceptos filosóficos bien antiguos, puede ser que no tengan resonancia en los oídos contemporáneos. Es necesario, pues, dotarlos de un significado moderno y práctico. Creemos que ello es posible.

Verdad

Los filósofos llevan más de dos mil años discutiendo lo que es la verdad. Ello ha conducido a dos definiciones clásicas: verdad como coincidencia de nuestro pensamiento con la realidad y verdad como ausencia de contradicción o consistencia de nuestro pensamiento y saber. No es éste el lugar para ponderar los pros y los contras de estas definiciones de verdad. Nos basta con indicar que preferimos la segunda aproximación al concepto. Pero ambas son iluminadoras.

El alumno que afirmara que todos los cisnes son blancos, no estaría diciendo la verdad, puesto que en Australia hay también cisnes negros. Quien dijera que el delfín es un pez, estaría igualmente equivocado, puesto que se sabe que el delfín da a luz su prole viva, tiene sangre caliente y respira por medio de pulmones, como los mamíferos. Estas proposiciones no corresponden por tanto a la realidad, no se adecúan a ella. La adecuación al objeto es por tanto una cualidad de las proposiciones verdaderas. Con respecto al pensar y al actuar como procesos, se podrían hacer reflexiones parecidas; los pensamientos y las acciones de un hombre pueden adecuarse en su conjunto a la situación en la que éste se encuentra, o pueden ser inadecuadas y por tanto carentes de efecto. Piénsese por ejemplo en los conocimientos y habilidades con que un trabajador social se acerca a la población de una cultura ajena.

Pero también la no contradicción es una característica de las proposiciones verdaderas. El alumno mencionado, a quien se le hubiera mostrado un cisne negro, habría tenido que conceder: «Ya he visto un cisne negro». Con ello se encontraría en contradicción con su afirmación de que todos los cisnes son blancos. De la misma manera, si le preguntamos cómo extraen los delfines del agua el oxígeno necesario para sobrevivir, tendría que contestar: «Por medio de agallas, y no con los pulmones característicos de un mamífero». Con lo cual entraría en contradicción al calificar el delfín como pez, puesto que éste no ostenta ni ésta ni otras de las características propias del pez. La definición de verdad como ausencia de contradicción tiene la ventaja de que también es aplicable en los campos de aquel saber que no se adquiere por medio de la observación; en las matemáticas, por ejemplo, pero también en la creación mental poética. Las proposiciones matemáticas son verdaderas, cuando carecen de contradicción. Quien afirmara que 7 y 5 suman 13, o que una ecuación cuadrática sólo puede tener una solución, caería pronto en más de una contradicción. Pero también una obra poética puede tener contradicciones, sin que fuera posible poder comprobar su no coincidencia con la realidad. Mencionemos por último otra forma de consistencia, que no es ausencia de contradicción en el sentido estricto de la palabra, sino que se refiere más bien a la ausencia de vacíos en los procesos del pensamiento. Los vacíos en el proceso del pensamiento son también indicativos de su falta de contenido de verdad. No sólo no convence quien se contradice, sino tampoco quien piensa «a saltos», con vacíos. Sus argumentos tampoco pueden ser seguidos, no son por tanto atractivos.

No sólo deben ser «verdaderas» las reflexiones y representaciones del alumno, sino también las del maestro, y no sólo en un sentido meramente abstracto, teórico. Deben más bien parecer consistentes *al alumno*. *El alumno* debe llegar a la impresión de que la representación o el argumento corresponden al objeto. Se trata por tanto de una nueva forma de consistencia: no en sí, sino para el alumno que participa en el proceso de pensar y aprender. El peligro no es sólo el error —aunque a veces se transmiten también errores a los alumnos—: más peligrosa parece una enseñanza donde las fronteras entre verdad y error, entre consistencia y contradicción están en penumbra permanente, de manera que el alumno nunca experimenta un proceso de pensamiento conducido de manera rigurosa y formulado con claridad. Si adicionalmente se induce a los alumnos (o aun si se la soporta) la formulación de proposiciones oscuras e inconexas, se producen daños de consideración en su desarrollo mental. En un medio intelectual de este tipo, sufren los buenos alumnos, los alumnos medios no aprovechan una experiencia importante y a los malos alumnos se les hace la vida todavía más difícil de lo que ya de suyo es para ellos.

Pero se trata, como se dijo, de algo más que de sobrevivir. Una clase clara y consistente es atractiva. Las actividades, en las que impera la claridad y el orden, son causa de contento. La luz del pensamiento claro hace que las personas se entiendan mutuamente y que el trabajo sea fértil. En la penumbra de la falta de racionalidad prosperan todas las formas posibles de prejuicio y de insinceridad. Es verdad que la sola razón no hace a los hombres felices; pero cuando falta puede estar contento el hombre pensante. El mundo necesita luz y claridad, para que puedan prosperar en él lo bello y lo humano. A estas otras dos cualidades nos dedicamos en seguida.

Belleza

Concebimos la escuela a la manera de Dewey (1916), como lugar de vida, no solamente como lugar de preparación para la vida. Aquí debe prevalecer por tanto una cualidad, que se aplica por igual a las actividades vitales en sus diferentes dominios. Es la cualidad de la racionalidad, es decir de la verdad; el pensamiento y la acción deben ser adecuados a la realidad y consistentes. Pero para estar a la altura de esa pretensión de verdad y de racionalidad, es necesario el esfuerzo. El yo débil lo veo como una carga y algo ajeno a su naturaleza más alemental. Así se origina la nostalgia por una cualidad del hacer y del vivir, que es más natural que la de la verdad y la racionalidad: la nostalgia de la belleza.

Este concepto es también fácilmente malinterpretado. Somos todos hijos de aquel espíritu, que Huizinga (1975) ve surgir en el umbral entre el renacimiento y los tiempos modernos, que superó sólo aparentemente la contraposición entre el Dios santo y el mundo pecador, para retomarla en realidad con la contraposición entre el arte sublime y la cotidianeidad banal. Así ven muchos todavía las cosas: existe una belleza sublime y una vulgar cotidianeidad, quizá no pecaminosa, pero sí el lugar donde predominan el espíritu del lucro y la presión por el rendimiento. En una vida cotidiana tal, necesita uno cada vez más libertad y tiempo libre, a fin de buscar una vida mejor, más «bella»: viajando y conociendo otros mundos, visitando lugares históricos, yendo a un concierto o visitando una exposición de arte...

No tenemos nada contra estas formas de experiencia de lo bello, ni contra las asignaturas escolares que les abren a los alumnos los ojos y los oídos para ello, pero cuando en el resto de la vida y en el resto de la actividad estudiantil dominan sólo el cálculo frío, el saber sin sentido, la presión por el éxito y la preocupación por seguir adelante y, finalmente, conseguir un título, hay algo que no cuadra; no hemos salido de la edad media, quizá hayamos vuelto a ella. Se necesita por tanto de una concepción de la vida escolar más humana, lo cual significa en este punto desarrollar actividades y conseguir productos que agraden, porque tienen un equilibrio interno, estimulan positivamente al que contempla, poseen una forma y muestran un ritmo que corresponde al pulso vital.

Lo que estamos tratando de hacer es una descripción de lo bello. Es tentativa e insegura, como se nota fácilmente, puesto que en este campo nos abandona la estética moderna. El lenguaje de las teorías del arte deja entrever que éstas son inseguras y se encuentran en crisis. Esa inseguridad se concretiza en aquellas exposiciones de arte, donde se exponen como objetos artísticos bloques de cemento, arena esparcida por el piso y ladrillos. El mundo se ha cansado del «arte solemne», pero éste no logra separarse del todo del mundo natural, sino simplemente cambia sus características y se convierte en «arte menor».

Por ello alabamos a la sencilla ama de casa, que adorna con flores las ventanas de su hogar, o que organiza un jardín que alegra la vida al que lo contempla; al orador de una celebración, que no solamente hace reír a los oyentes, sino que explica de manera agradable aquellas cosas serias que tiene que decir; a la secretaria que escribe una carta bien presentada; al constructor de un artefacto, que no sólo funciona, sino que es agradable de ver y coger. Todos éstos son ejemplos de actividades y sus productos, configurados estéticamente o, con otras palabras, en los que se ha hecho realidad la belleza, que también nos gustaría que se realizase en el aula y en sus actividades.

Para que ello suceda, la mirada y la atención del actuante deben ir más allá de la busca de la mera adecuación objetiva y la consistencia. En este caso sólo se trata de una cualidad fría de racionalidad y de eficiencia. Nos dirigimos a los «sentidos» del hombre o, más técnicamente, a su percepción.

Los sentidos humanos configuran un aparato de percepción que funciona según determinadas reglas. En todas las culturas se captan ciertas armonías como bellas y otras como desagradables, aunque en ello influye también algo el aprendizaje y la experiencia; con el transcurso de los estilos históricos y con las diferentes culturas el ideal de belleza experimenta variaciones. Sin embargo, es notorio el hecho de que el hombre contemporáneo tiene acceso a las creaciones artísticas de otras épocas y otras culturas y esto no sería posible si no existiera algo en común a todo hecho estético.

La consecuencia pedagógica es clara. Las actividades de enseñanza que mencionamos deben tener una cualidad estética. No se trata tan sólo de algunas asignaturas relativas al arte; en cada materia dedican maestro y alumnos una parte de su atención a la conformación estética de la actividad, a la manera (fonética, gráfica, temática) de hablar y escribir, a la presentación oral, cuantitativa y espacial de lo que han estudiado, a las acciones prácticas de tipo concreto y en forma simbólica, como también en la interacción humana y en la multiplicidad de signos intercambiados entre los miembros de un grupo, incluidos el vestido y los modales. Aún en el siglo XX existen hombres y mujeres estimulantes, cerca de los cuales se siente uno bien. ¿Está todo esto superado? Sólo piensan así los espíritus provincianos, temerosos de aparecer como tales, y que se disfrazan por ello de ultramodernos.

No se trata, pues, de pagar tributo individual a cada uno de los principios de la conformación estética de la actividad escolar. Más bien debemos contemplar ahora la más difícil de las tres cualidades (o «dimensiones») de las actividades de enseñanza, su bondad. Veremos que no se trata sólo de la pregunta por la moral, sino que aparece tras ella, de manera sorpresiva, el problema de los motivos del aprendizaje. ¿Qué será entonces una escuela en cuyas actividades se percibe algo «bueno»?

Bondad

La bondad es en primer lugar una cualidad moral. En su forma más elemental viene a darse en aquellas acciones donde los hombres actúan unos con otros, y el uno da a entender al otro que tiene «buenas intenciones» para con él. En su comportamiento es perceptible la buena voluntad con respecto a los demás. El otro lo nota, y no le queda más remedio que comprometerse un poco más amistosamente y devolver algo de esa buena voluntad. En la ética cristiana y judía se habla de amor al prójimo, el cual refleja en el ámbito humano el amor divino. Pero este concepto tiene tanto peso y es tan profundo, que en una didáctica sencilla sólo podemos tratarlo con cierta reserva.

Con menos pretensiones, entonces, afirmamos: quien tiene buenas intenciones para con el otro, toma en consideración su situación y sus necesidades, respeta su personalidad, integridad y dignidad, e intenta darle o hacerle lo que es bueno para él. Pero, ¿qué es bueno para el otro? Responderíamos que es aquello que le permite realizar su plan de vida y quizá también, añadiríamos, su definición. Al tomar en serio la personalidad de otro y respetar su dignidad, le posibilitamos desarrollarse y encontrar su camino. Siempre habrá algo que le falte, algo material o inmaterial; cuando se lo proporcionamos, le ayudamos a seguir adelante. En la vida escolar pueden ser cosas simples como prestar un objeto, dar (amigablemente) información, apoyar al que es inseguro, aceptarlo en el círculo propio en lugar de rechazarlo, no burlarse, no humillar. Apertura y respeto son parte de ello. La falsedad contradice el respeto a los demás. Quien miente a otro menosprecia su humanidad. Se trata aquí tanto de la relación entre maestro y alumnos, como de la existente entre los alumnos mismos. Puesto que este libro está escrito ante todo para los maestros, nos referimos más que nada a su comportamiento. En muchos casos las relaciones entre los alumnos reflejan las relaciones entre maestro y alumnos.

Se entiende inmediatamente que la cualidad moral, que llamamos «bondad», es importante en la vida y actividades de una escuela. Ello no tiene sólo un valor en sí mismo; también indica si la idea de actividad escolar es correcta. Si las escuelas estuvieran diseñadas sólo para transmitir contenidos, no tendrían por qué buscarse en ellas cualidades morales. Esto lo mantienen todavía algunos maestros, que opinan que la escuela debe girar sólo en torno al contenido y a las disciplinas; sin embargo, deberían darse cuenta de que también en ese tipo de escuelas existen relaciones inter-humanas, y que éstas tienen cualidades morales.

Hay, sin embargo, otras concepciones de lo bueno, que no necesariamente parten de la idea de la «buena voluntad» (del amor al prójimo), en sus diferentes formas de expresarse. Ya tocamos el problema, al preguntarnos qué es ese bien, que buscamos hacer al otro. También sobre ello han reflexionado los filósofos. Han visto al bien, en parte reducido como idea a un paraíso de ideas, en parte realizado en Dios. Los bienes presentes son en ese caso manifestaciones, reflejos del bien absoluto. Para nosotros, que ponemos en el foco de nuestra mirada la actividad del hombre —y del alumno—, se sigue de dichas concepciones que el hombre intenta por medio de estas acciones acercarse a la idea del bien, convertir su propio hacer en reflejo suyo.

En los tiempos modernos los filósofos colocan cada vez más como inicio de su filosofar la aspiración humana o el amor humano. El bien es en ese caso lo amado por excelencia (Brentano), lo más buscado por la aspiración humana (Spinoza); con lo cual el hombre que ama y que aspira puede encontrar también en este acto alegría y felicidad (Bentham). Una y otra vez se señala que el hombre busca algo perfecto, acabado (Leibnitz), que incluye también belleza y verdad y un orden apropiado, y una y otra vez se vuelve a contemplar este bien como una posibilidad intrínseca a la naturaleza y al hombre (Rousseau).

Son conceptos filosóficos, profundos y en parte difíciles. Pero, ¿no sería posible que también en la vida escolar se viera el influjo de estas cualidades, o por lo menos intentar darles vida, al menos parcialmente, en las actividades de una clase? ¿No caen en la cuenta los alumnos en los mejores momentos de reflexión y de atención, de que detrás de los objetos superficiales de la contemplación o de la actividad se oculta algo fundamental, importante, bello, un bien? Ello sólo puede ser esporádicamente verbalizado y fijado conceptualmente. (Quizá también lo intentamos muy poco). Sin embargo, es bien palpable la disponibilidad de los jóvenes para entusiasmarse con algo, amarlo, creer en ello. ¿Es que intuyen que existe un bien que da sentido a su hacer y a su aspirar? ¿Y no es igualmente cierto que los maestros, que intuyen algo de este bien y lo convierten en hilo conductor de su acción, desarrollan un poder de convicción y una irradiación, que hace más eficientes sus actividades? No se puede enseñar durante toda una vida sin que se entrevea algo de profundo, de importante, de bueno, en las múltiples actividades que se deben desempeñar. Cuanto más tengan conciencia de ello maestro y alumnos, tanto más ordenará su hacer, lo coordinará y le dará sentido. A su servicio puede allegar valor el hombre, aun en situaciones de crisis. Su orden protege contra la falta de medida, asegura por tanto la medida y la justicia.

Verdad, belleza y bien como fuerzas motivadoras

Se presenta así la tercera de las cualidades de la actividad escolar a la luz de la filosofía. La cuestión tiene también un lado psicológico. Cualquiera que tenga hoy que ver con la escuela, sabe lo importante que es la cuestión de la *motivación*, no sólo motivación del aprendizaje en el alumno, sino también motivación del maestro. Los alumnos deben querer aprender. Más sencillamente, podría decirse que deberían estar motivados en las actividades que les sugerimos. (En cuyo caso, el aprendizaje se da generalmente por sí mismo). Pero también el maestro debe encontrar a diario la fuerza para hacer su trabajo. También él necesita «motivación» para su actividad.

Precisamente los psicólogos han desarrollado muchas teorías sobre el surgimiento de los motivos y de la motivación. Han hablado mucho de las necesidades corporales elementales, tales como hambre y sed; han buscado comprender los motivos más elevados como sus sublimaciones, es decir, como ramificaciones y transformaciones de los motivos elementales. Todas estas teorías han ayudado poco al educador. ¿Se ha intentado entonces domesticar al caballo por el lado errado? Quizá deberíamos pensar en las fuentes de energía que surgen de la idea de algo bueno, bello y verdadero. ¿Hemos hecho el intento decidido, como maestros, de extraer de ellas nuestra fuerza y también nuestra poder de convencimiento? ¿Hemos intentado hacer que el alumno intuya que le estamos ofreciendo algo bueno, que buscamos despertar en la vida de la escuela y en sus actividades un orden y un espíritu

TRES CUALIDADES DEL HACER

de vida, que ante todo es atrayente, produce satisfacción y alegra? ¿Hemos intentado dar al contenido de nuestras clases algo de la irradiación de lo acabado? Cuando ello ha sido posible, hemos notado una y otra vez, cómo los alumnos se contagian de nuestro entusiasmo, de nuestro amor por el asunto. Ello, por supuesto, no nace espontáneamente. Los maestros debemos antes que nada dejarnos (con)mover. Motivación tiene precisamente la misma raíz que «moverse».

La queja actual sobre falta de motivación para el aprendizaje, por parte de los alumnos, tiene fundamentos más profundos. Radican en parte en cierto espíritu de los tiempos, carente de orientación y vacío de sentido. Pero la queja no conduce más allá. Comencemos entonces con lo que está al alcance de nuestras manos. Se trata de nuestras propias fuerzas motrices, de las ideas clave que nos mueven, de nuestras aspiraciones, de nuestro amor, que consigue lo bueno, lo hace perceptible. De nuevo se plantean aquí muchos problemas individuales, no solucionados con las reflexiones filosóficas anteriores. Regresamos entonces a la pregunta por la motivación del aprendizaje. Algo, sin embargo, intuimos ya: esta pregunta conduce a la pregunta por el sentido de nuestro bien hacer, que no puede ser solucionada con pequeñas recetas de tipo psicológico. Se trata de dar sentido al propio hacer, o de descubrirlo.

Con ello hemos completado el desarrollo de las nociones principales de la vida escolar y de las actividades que juegan en ella. Es la presentación de una actividad rica, orientada hacia las cosas y hacia los hombres, que produce realidad y representa realidad, real y simbólicamente. No nos representamos estas actividades en abstracto, sino relacionadas de una manera concreta con los círculos vitales de la sociedad: familia, ocupación, estado y cultura cotidiana. Para que estas actividades no se encallen en un activismo superficial, y para que permanezcan siendo en última instancia atractivas, «motivantes», debemos darles el orden correcto de la adecuación objetiva y de la consistencia, la forma correcta de la belleza y el espíritu de lo bueno.

© narcea, s.a. de ediciones

3. DE LA ACTIVIDAD AL APRENDIZAJE Y A LA ENSEÑANZA[1]

Hasta ahora hemos hablado poco del aprendizaje. El énfasis ha estado en la idea de las actividades que deben realizarse en la vida escolar. Se trata de la idea del pragmatismo de Dewey (1916): entender la escuela como un lugar de actividad, un mundo en pequeño, en el cual ocurren cosas semejantes a las del gran mundo. Como maestro y como pedagogo, puede uno pensar demasiado, o demasiado poco, en el aprendizaje. La escuela tradicional quería llegar directamente al aprendizaje. Olvidaba con ello que primero debía preocuparse por poner en funcionamiento actividades auténticas. El resultado eran formas contrahechas de actividad: demasiado énfasis en la actividad simbólica y relativa a las cosas y —por razones diferentes— un predominio de las actividades representativas. Puesto que no se plantea conscientemente la pregunta por el tipo de actividades que debía tener lugar en la escuela, se era poco consciente de este desequilibrio.

La pedagogía de los reformadores, especialmente en su acuño pragmático como *progressive education*, padecía del mal opuesto. Quería apartarse de la «escuela de aprendizaje». La vida debía incorporarse a ella. Los proyectos de Dewey, piénsese por ejemplo en el proyecto famoso del tifus (Dewey y Kilpatrick), eran empresas

---

[1] Introducimos en este tomo el concepto «actividad» como *terminus technicus* nuevo, y lo distinguimos del concepto de acción. Los diferenciamos de la siguiente manera: una acción tiene un objetivo del cual es claramente consciente el que actúa y hacia el cual dirige todas las acciones parciales. La actividad tiene también su objetivo, pero es con frecuencia inconsciente o parcialmente consciente. Ello sucede, en especial, cuando la actividad es inducida por otro y cuando se trata de actividades colectivas, en las cuales actúan diversas personas, como es el caso de una fábrica. En este caso, el actuante no es necesariamente consciente de la función global de las acciones individuales que lleva a cabo. Su motivación se refiere con frecuencia sólo a las acciones parciales por las cuales es responsable.

Con todo, las fronteras entre acción y actividad no son nítidas. En la medida en que el que actúa toma conciencia del objetivo global, lo asume y ordena sus acciones parciales a su consecución, la actividad se convierte en acción. Ejemplos de actividades serían la construcción de un terrario, planeado por el maestro y simplemente realizado por los alumnos, o también una sesión de clase en la cual los alumnos ejecutan lo que el maestro ordena. En ambas actividades realizan los alumnos acciones parciales: organizar la tierra, sembrar las plantas, en el primer caso; hacer operaciones matemáticas, leer textos o redactarlos, en el segundo. El proceso global puede representar para los alumnos individuales una actividad, pero no una acción. Cuanto más tomen parte en la programación de la actividad y cuanto más se identifiquen con sus objetivos y orienten sus acciones parciales a su consecución, tanto más se convertirá su actividad (su «hacer») en acción. Puesto que en clase los alumnos hacen muchas cosas, cuya función en relación con el aprendizaje sólo pueden conocer parcialmente, hablaremos más de actividades que de acciones.

prácticas, realistas, en cuyo marco se realizaban actividades interesantes, que entusiasmaban a maestro y alumnos: conocer las fincas campesinas afectadas, averiguar por qué el tifus era recurrente en ellas, hacer propuestas de saneamiento, llevarlas a cabo. Estas actividades desencadenaron con seguridad diversos tipos de aprendizaje. Pero éste fue tan complejo, que Dewey no quiso sistematizarlo (excepción hecha de la referencia a la solución de problemas). Igualmente en la enseñanza de las escuelas de la reforma nunca se delineó con claridad la conciencia sobre el tipo de procesos de aprendizaje, que en última instancia se querían suscitar. El aprendizaje era algo que, de alguna manera, se originaba con la realización de los proyectos. Se sabía tan poco sobre ello, como sucede con los padres y madres, educadores y animadores, que continuamente realizan actividades con niños y jóvenes, y siempre detectan con sorpresa que sus pupilos aprenden con ello.

En lo que sigue buscaremos por tanto obviar ambos peligros: el estéril aprendizaje «neto», sin suficiente conexión de acción, y el mero actuar, sin conciencia suficiente de los procesos de aprendizaje que se deben desencadenar.

Es por tanto claro nuestro procedimiento: evitamos el cortocircuito del mero aprendizaje de contenido, puesto que sabemos que el contenido representa tan sólo el resultado objetivado, por así decirlo «cristalizado», de la actividad. El aprendizaje se realiza por tanto cuando el maestro logra llevar a los alumnos a la actividad que está tras el contenido. Con ello se afirma también que debemos desarrollar una idea de aprendizaje que se acomode a las ocho formas de actividad de nuestro cubo: actividades relativas a cosas y sociales, reales y simbólicas, prácticas y representativas. Su conformación en las cuatro áreas vitales, donde se llevan a cabo en la vida real, no complica el cuadro, sino más bien abre posibilidades didácticas. Una pregunta interesante será cómo resultan los procesos de aprendizaje que, dentro de las ocho formas de actividad, manifiestan las tres cualidades de la verdad (adecuación objetiva y consistencia), la belleza (forma correcta) y la bondad (valor, sentido). Si queremos avanzar en estos planteamientos, debemos introducir una distinción fundamental. Se trata de distinguir el «aprendizaje estructural» del «aprendizaje de refuerzo».

Aprendizaje estructural

Toda actividad tiene su estructura. Hay que ligar observaciones con observaciones, observaciones con actividades y actividades entre sí. Observo un bulbo vegetal, cómo nacen primero hojas a sus costados, cómo se forma posteriormente en su vértice un nuevo bulbo pequeño y cómo éste finalmente se desprende del bulbo madre, echa raíces por su cuenta y se vuelve autónomo; son una serie de observaciones, relacionadas entre sí, que configuran un proceso de desarrollo. En una iglesia de estilo románico observo el coro elevado, descubro bajo él una cripta. También estas dos observaciones están ligadas entre sí. La cripta explica lo elevado del coro. Igualmente ricas son las relaciones entre observaciones y actividades, de «estímulos y reacciones», como se decía antes. Observo que el líquido de un recipiente comienza a hervir. Sé que debo disminuir enseguida el calor, o de lo contrario el líquido se derramará. Ligamos percepción con acción. Esta impide que el proceso observado se siga desarrollando de forma indeseada. U observo que dos interlocutores tienen un malentendido, eventualmente pueden comenzar una pelea. Intervengo y aclaro el malentendido, evitando de esta manera la posible pelea. Finalmente, tenemos la conexión de acciones parciales entre sí: en una carrera de observación camina un grupo a lo largo de un riachuelo, hasta un lugar donde lo pueda cruzar. La primera acción parcial, «seguir el riachuelo», posibilita la segunda acción parcial, «cruzar el riachuelo». En la construcción de una maqueta de hidroeléctrica en arena se represa primero el agua, para que en seguida el agua almacenada pueda ser conducida a las turbinas en el fondo del valle, conectadas a los generadores de energía. Las acciones parciales son aquí «represar el agua» y «conducirla a las turbinas». En realidad cada una de ellas, a su vez, comprende una cantidad de acciones parciales más elementales, ligadas entre sí. En matemáticas simplificamos un quebrado, a fin de poderlo dividir, o sumamos una serie de datos, a fin de poder dividir la suma por su número y obtener el valor promedio. Todos los anteriores son ejemplos de percepciones, acciones y operaciones ligadas entre sí y construidas unas a partir de las otras. La estructura de los procesos y acciones correspondientes se hace visible, cuando tomamos conciencia de cómo se ligan entre sí observaciones y acciones parciales, cuando reconocemos las relaciones que los conectan. Tienden a formarse mallas de relaciones, «redes» o «estructuras reticulares» de relaciones (Aebli, 1980-81), al interior de los procesos observados y de las acciones producidas. Pueden ser de tipo objetal o social, pueden ser observados y realizados realmente o sólo representados de manera simbólica (oralmente, con lenguaje matemático, etc.).

Ahora queda claro qué se llama aprendizaje estructural. Aprender significa aquí *construir una estructura* o, respectivamente, *reconstruir* el proceso u objeto a representar. Ambos son procesos constructivos. Su núcleo es la conexión de elementos de acción u observación en un todo complejo, precisamente en una estructura. El alumno puede lograr o no esta construcción; ante el recipiente, cuyo contenido comienza a hervir, ante la pelea en ciernes de sus dos compañeros o ante el quebrado, cuyo valor tiene que expresar, puede quedarse perplejo, no saber qué hacer o hacer algo incorrecto. (Queda también claro qué quiere decir en este contexto «enseñar»: orientar al alumno que no puede proseguir por sí mismo, para que observe y haga lo correcto). El rendimiento del aprendizaje exitoso consiste por tanto en generar en el proceso las conexiones adecuadas y construir con ello, paso a paso, la nueva actividad. El aprendizaje estructural es por tanto una actividad productiva, constructiva. Cuando el alumno la realiza autónomamente, la llamamos «solución de problemas». Cuando el maestro ayuda con su reflexión, lo llamamos «aclarar». Pero también puede el alumno lograr una nueva estructura pensada o una estructura de acción por medio de la «narración», o del «mostrar e imitar» (Aebli, 1983).

Aprendizaje de refuerzo

Distinguimos ahora del aprendizaje estructural el aprendizaje de refuerzo. Aquí no se producen nuevas relaciones entre observaciones y acciones. Más bien se refuerzan relaciones ya producidas —las llamamos en parte «asociaciones»—, de tal manera que fluyan con más fuerza, rapidez, seguridad y, a veces también, armonía. Estos procesos de aprendizaje no son de naturaleza productiva o constructiva. Simplemente se trata de consolidar lo que ya está estructurado. La teoría clásica del aprendizaje (Bower y Hilgard, 1983-84) ha estudiado primordialmente estos procesos y descubierto multiplicidad de leyes en este aprendizaje. Las hemos resumido en el capítulo sobre el «ejercicio» *(12 formas básicas de enseñar,* cap. 12), puesto que es precisamente el ejercicio el que tiende a la consolidación. Ella se logra por medio de la repetición adecuada y, ante todo, por el hecho de que el aprendiz perciba el efecto de su hacer. Por ello, estos efectos son llamados también «refuerzos». Son consecuencias del hacer, que refuerzan o debilitan una actividad o la tendencia a realizarla.

Estos refuerzos pueden tener lugar en todos los ejemplos de actividad, cuya construcción describimos antes. Cuando buscamos grabarnos el desarrollo mencionado de un nuevo bulbo o la construcción de la iglesia románica, nos colocamos una y otra vez ante cada una de las imágenes, de manera que con el tiempo las podamos reconstruir conjuntamente con el ojo interno. La sucesión de percepciones y acciones, de «estímulos y reacciones», podemos a su vez consolidarla de tal manera que el estímulo suscite la reacción con fuerza, prontitud y seguridad. Eso se llama «condicionar» una reacción. La percepción se convierte en «condición» para desencadenar la acción. La consecuencia positiva refuerza, la negativa debilita la tendencia a la acción. Lo mismo vale para la hilación de acciones parciales. Su ligazón debe ser consolidada para que se automatice el flujo completo de la acción. Podemos decir en general que la consolidación de cursos de acción y de procesos de pensamiento sucede gracias al ejercicio y la repetición. Esto sucede en las actividades sobre cosas y en las sociales (reducir el calor, evitar la pelea), en las actividades productivas y representativas (construir la hidroeléctrica, observar el bulbo) y en las actividades reales y simbólicas (cruzar el arroyo, calcular el promedio).

El aprendizaje estructural y el de refuerzo ocurren con frecuencia cuando se observa e imita un modelo de comportamiento. Se habla, por tanto, también de *aprendizaje por observación y por imitación.* Esta forma de aprendizaje tiene un gran significado práctico, pero no es una alternativa diferente del aprendizaje estructural y de refuerzo, sino una forma especial de producirlos. Volveremos a ellos cuando hablemos sobre las teorías del aprendizaje social.

Del aprendizaje a la enseñanza

¿Qué es entonces enseñar, desde este punto de vista? No es otra cosa que el desencadenar y guiar los procesos de aprendizaje, por parte de una persona competente. ¿Qué se necesita para ello? Evidentemente, un saber intuitivo y en lo posible también cimentado teóricamente, para poder «desencadenar» las posibilidades de que se efectúen procesos de aprendizaje en los alumnos, y orientarlos correctamente en su desarrollo, es decir «guiarlos».

¿Cómo puede un hombre desencadenar en otro procesos de aprendizaje? La pregunta puede ser respondida con diferentes niveles de profundidad. Las *12 formas básicas de enseñar* dan orientaciones al respecto: los alumnos están dispuestos a seguir una narración *interesante,* un *informe* vivaz, y con ello aprenden. En lugar de la representación oral puede usarse el texto escrito. Cuando éste cumple con determinados requisitos, aprende el alumno con su *lectura.* También la *demostración* de acciones y procesos puede desencadenar el aprendizaje. Ello será tanto más probable, cuando más interesante sea la demostración. ¿Qué significa esto? Son interesantes todas aquellas propuestas que responden a una pregunta del aprendiz, que solucionan un problema que lo cuestiona. Eso no vale sólo para narraciones y demostraciones, sino también para aclaraciones. En efecto, no es válido sólo para «propuestas» por parte del maestro, sino también para *acciones* y *observaciones desarrolladas autónomamente.* Mis preguntas y problemas me conducen a establecer observaciones y desarrollar acciones (mediciones, procedimientos, métodos), que solucionen mis inquietudes y problemas. Me apasiono por algo, cuando detecto que con ello me acerco a la respuesta a mis interrogantes, a la solución de mis problemas. El problema es el motor del pensamiento y de la acción, *le dynamognisateur de la conduite,* como dijo Claparède (1931).

Pero se dan ciertamente también aclaraciones, informes, demostraciones y aun soluciones de problemas que dejan fríos a los alumnos. Se puede por tanto intentar profundizar un poco más, y preguntarse qué cualidades deben tener las propuestas del maestro, para que lleguen y muevan a los niños y a los jóvenes. La respuesta que sigue se apoya en un pensamiento del psicólogo ruso Wygotski (1934-69). El dijo que existe, para cada niño en cada momento de su desarrollo, una «zona del paso siguiente en el desarrollo». Con relación a nuestro problema, ello significaría que son atractivas para el joven las propuestas que le posibilitan realizar el siguiente paso de su desarrollo.

Hay que suponer que estos pasos son diferentes para cada individuo. Ello contradiría sin embargo el hecho de que una clase entera, cuyos miembros individuales están ciertamente en momentos diferentes de su desarrollo, pueda reaccionar positivamente a propuestas determinadas. Esto no es, sin embargo, una dificultad fundamental. Deberíamos apartarnos definitivamente de la idea de un estado único de desarrollo, que caracteriza de manera unificada toda la personalidad y todas las capacidades de un niño, y suponer en cambio que en cada ser humano se llevan a cabo muchos desarrollos en diferentes áreas de su saber y de su poder. La configuración del desarrollo humano se asemeja más bien a una gran obra en construcción, en la cual se realizan simultáneamente los más disímiles procesos constructivos. Por ello se puede también pensar que una propuesta determinada, que de su parte contiene también diversos elementos temáticos y de orden emocional, desencadene en diversos niños en estadios diferentes una experiencia nueva, una nueva vivencia y una nueva intelección. Se sabe también que diferentes niños oyen y escuchan cosas diferentes en una misma historia. Lo mismo sucede cuando el maestro muestra algo; y no necesita ser diferente cuando el niño asume y soluciona una tarea. Pudiera también suceder que ciertas propuestas posibiliten al alumno avanzar a diferentes niveles, debido a que la propuesta es polivalente, o que tiene un amplio espectro de efectos posibles.

Resumiendo: es posible desencadenar aprendizaje en el alumno, porque éste es un ser vivo, está dispuesto a entrar en acción, porque detecta que la propuesta del educador le posibilita dar el paso siguiente en su desarrollo, al cual se encuentra preparado de acuerdo con su experiencia acumulada y su nivel de evolución. Se reconoce de inmediato que esto implica un hilar fino y una capacidad de observación por parte del maestro. Este debe detectar si su oferta llega al sitio donde, según el estado de su aprendizaje y de su desarrollo, se encuentra el alumno, y debe dosificarla permanentemente, de tal manera que represente siempre un incentivo que el alumno esté dispuesto a seguir. El problema conduce a una profundización adicional, si pensamos en la fuerza motivadora del bien.

Para ello confirmamos en primer lugar que enseñar significa poner a marchar el aprendizaje en el alumno, arte especial en el cual puede ciertamente prestar alguna ayuda el conocimiento psicológico, pero cuyos elementos decisivos deben ser detectados por el educador, caso por caso, a partir de la situación concreta.

Consecuentemente se trata de que éste, en el transcurso del proceso de aprendizaje, *guíe* de manera apropiada. Los niños, al igual que los adultos, conocen mal sus propios procesos de aprendizaje, aunque experimentan una y otra vez, que unas veces avanzan, mientras que otras se encuentran con dificultades y se estancan. Raramente tienen claridad sobre las razones de ello, y menos aún tienen la posibilidad en cada momento de encontrar por sí mismos las medidas necesarias para mantener activo y en la dirección adecuada el proceso de aprendizaje. Este proceso es bastante complejo. Hemos visto que tiene aspectos estructurales y aspectos de refuerzo, y sabemos que la motivación debe ser de alguna manera mantenida, es decir, correctamente dirigida. Esos son ciertamente los rasgos más generales del aprendizaje. Pensemos en las funciones del aprendizaje, descritas en *12 formas básicas de enseñar:* construir, elaborar, ejercitar y aplicar. Cada una de éstas debe ser puesta en práctica, a fin de que puedan surgir conceptos claros, operaciones móviles y esquemas de acción transferibles. El alumno no puede saber qué sea necesario para todo ello. Por eso, los aprendices de todas las épocas han buscado maestros, que les ayuden a seguir adelante. Aristóteles estudió con Platón; san Agustín acudió a la enseñanza de san Ambrosio; Kant aprendió de Hume; Bach de Vivaldi; Miguel Angel de Donatello; Picasso de Toulouse-Lautrec. Grandes instrumentistas continúan con horas de práctica, los grandes ajedrecistas y deportistas tienen su entrenador. Claramente, ellos tampoco se atreven a guiar completamente por sí mismos, de manera óptima, su proceso de aprendizaje. ¿Cómo entonces podría hacerlo el alumno?

Con ello reconocemos una de las características más importantes del maestro: debe ser un experto en el campo de los procesos de aprendizaje; debe haber educado y desarrollado, a partir de la observación inmediata, la capacidad de juzgar en qué momento del proceso de aprendizaje se encuentra el alumno, y cuál es el paso siguiente que puede y debe ser dado en él.

Reconocemos también ahora el error de aquellos maestros que se identifican simplemente como científicos, tecnólogos u organizadores, cuya única tarea consiste en presentar u ofrecer al alumno contenidos determinados. Su énfasis debería ser otro. Deberían pensar a partir del proceso de aprendizaje del alumno: a partir de éste se definen los procesos de la enseñanza. En este sentido, la didáctica es una psicología aplicada del aprendizaje.

¿Puede ser enseñado lo verdadero, lo bello y lo bueno? A pesar de lo rimbombante del enunciado, que recuerda la pregunta de Sócrates, se trata aquí de cosas muy prácticas. Nuestro objetivo es hacer atractivas a maestros y alumnos las actividades que éstos realizan en la escuela, y ello en un sentido profundo; de tal manera que estas actividades se afirmen por sí mismas, y no sean llevadas a cabo para lograr una recompensa extrínseca o para evitar una sanción. Aceptarán estas actividades cuando las experimenten como satisfactorias, cuando tengan la impresión de que en su realización se manifiestan como seres vivos, y avanzan. Para que ello sea posible, dichas actividades, lo hemos dicho, deben poseer tres cualidades. Deben ser verdaderas, bellas y buenas. Nos planteamos entonces la pregunta de si estas cualidades pueden ser enseñadas.

Aprender a actuar
de manera objetivamente adecuada y consistente

Para aclarar en qué medida una actividad puede ser «verdadera», traducimos esta expresión al concepto más moderno y técnico de adecuación objetiva y consistencia. Ya lo dijo claramente Kerschensteiner (1928 a,b): el alumno debe aprender a actuar de manera adecuada al asunto. Quería decirlo exactamente; por ello tenía tan mal concepto de los trabajos en cartón y engrudo. En el trabajo con madera, decía él, es posible un control exacto de las medidas, y puede ver uno con precisión si una construcción ha sido planificada y llevada a cabo de manera correcta. Cuando los alumnos construyen, por ejemplo, una jaula de madera, las tablitas deben estar unidas correctamente, sin dejar fisuras, y al final debe ser aceptada como vivienda por el animalito; con ello el trabajo resulta adecuado al asunto.

De manera análoga indica Kerschensteiner (1928 b) qué es una traducción adecuada al objeto. Debe ser adecuada al texto original, transmitir exactamente su sentido. Igualmente se puede ver aquí que un producto objetivamente adecuado también es consistente. En el primer intento de dar sentido a las palabras y las expresiones individuales del texto aparecen contradicciones con otros pasajes, o incoherencias, o carencia de sentido del conjunto. El primer intento se manifiesta entonces como falso. Un segundo intento soluciona la contradicción, sortea los baches de sentido, da un significado coherente al texto. El traductor se alegra de lograrlo, ahora entiende el texto.

Hemos visto una actividad práctica y una simbólica, las cuales así mismo son una productiva y la otra representativa (el traductor ha representado el texto en otro idioma). Nuestro objetivo pedagógico es, por tanto, desarrollar la capacidad y el deseo en el alumno, para que efectúe sus actividades de manera adecuada al asunto y consistente; ¿es ello enseñable y aprendible?

46

Esa era de todas maneras la opinión de Kerschensteiner. De nuestra parte, no tenemos razón alguna para dudarlo. ¿Cómo se logra? La razón fundamental es que la acción adecuada objetivamente sale airosa, mientras que la inadecuada fracasa. Cuando las tablas no se ajustan no se puede construir la jaula, y tampoco sirve cuando su apertura es muy pequeña o muy grande. La ventaja de la acción práctica consiste en que el éxito o fracaso es claramente perceptible. El problema de las escuelas es que estos criterios están con frecuencia ausentes, o que se hacen efectivos de manera sólo indirecta o tardía. Casi siempre el criterio es el maestro, que alaba o critica, en lugar de que la adecuación del trabajo al asunto pueda leerse en su producto. Por ello el aprendiz de un oficio vive en un mundo mucho más natural que el estudiante de bachillerato clásico. De aquí concluimos que el tipo de clase práctica, por proyectos, es muy favorable para la enseñanza y el aprendizaje de acciones objetivamente adecuadas.

El ejemplo de traducción mostró que también en la clase teórica se da una acción objetivamente adecuada. Pero aquí se trata preferentemente de mostrar al alumno la consistencia o inconsistencia de sus reflexiones. Esto se aplica especialmente en las ciencias exactas. Cuando he solucionado una educación, puedo reemplazar la incógnita por el valor encontrado y comprobar si a ambos lados del signo igual aparece el mismo valor. En caso contrario, habría producido un caso típico de contradicción. En las ciencias humanas son más débiles todos estos criterios. Pero también aquí se puede sensibilizar al alumno frente a los rasgos objetivamente malogrados e inconsistentes de su trabajo. Con ello lo sensibilizamos con su verdad.

¿Cómo ocurre esta sensibilización? Son necesarios dos elementos. Por un lado debe el alumno una y otra vez experimentar y vivenciar qué son pensamiento y acción objetivamente adecuados y consistentes. El modelo del maestro, su manera de hablar, de argumentar y de actuar, juegan un papel importante. El segundo elemento es la observación cuidadosa y crítica del trabajo propio, como retroalimentación y como comprobación del producto. También en este punto debería comportarse ejemplarmente el maestro, mostrar cómo él también contempla críticamente su propio trabajo y su propio producto (que ha desarrollado como demostración). Más tarde hablaremos del aprendizaje autónomo y mostraremos qué papel juega en este proceso de aprendizaje el pensar en voz alta del maestro.

Es posible dirigir la atención del alumno a estas cualidades formales de la actividad y sensibilizarlos ante ellas. Es condición para ello el que el maestro sea consciente de este aspecto de la actividad, que él mismo tenga una imagen viva de ello y que reserve tiempo y energías para este aspecto del trabajo. Por su parte el alumno, si ha experimentado en diversas instancias lo que es un trabajo objetivamente adecuado y consistente, desarrollará la idea y la capacidad de volver a vivirlo. Una vez más, nadie se contradice por gusto, y todo el mundo se alegra por un producto propio que sale airoso.

Aprender a configurar estéticamente las actividades

Acerca de la posibilidad de enseñar la configuración estética de las actividades humanas se pueden decir cosas semejantes a las de su configuración adecuada y consistente. Se trata de proporcionar a los alumnos imágenes directrices y darles la posibilidad de dar una buena forma a su acción. Aquí también son fundamentales el ejemplo del maestro y las medidas que tome para dirigir la atención y con ello sensibilizar al alumno. También es fundamental que el maestro tenga en alta estima esta meta.

Estas cosas no son tan evidentes en la escuela contemporánea, por razones diversas. Pensemos en que el mundo de la escuela se ha hecho muy autónomo en los países occidentales. Mientras que en la economía y en la esfera privada la configuración estética del medio y de los productos del trabajo ha adquirido un significado cada vez mayor —incluso a veces un poco exagerado— (pensemos por ejemplo en los embalajes, en el diseño de los automóviles, de las máquinas y aparatos, pero también en la configuración gráfica de las cartas de negocios, ofertas, etc.), vemos con frecuencia una tendencia inversa en la escuela, hacia la pérdida de la forma. Pensemos no sólo en el descuido de la caligrafía entre muchos maestros y alumnos, en la presentación personal intencionalmente descuidada, sino también en lo caótico e invisible de muchas salas de clase. Cuando se recuerdan los escritos de nuestros abuelos, que querían y podían escribir con bella caligrafía, cuando se piensa que en las oficinas casi todos los empleados entienden que su apariencia exterior juega un papel muy importante en el contacto con clientes y socios, y cuando se tiene finalmente presente, que también en la esfera privada, de la vivienda y del tiempo libre, se percibe en la mayoría de la gente una voluntad clara de dar una configuración estéticamente agradable a su círculo vital personal, entonces no se entiende muy bien por qué se procede de otra manera en la escuela. ¿Se trata de un ideal falso de *originalidad*? ¿Se quiere demostrar con ello el desprecio por lo externo? ¿Opinan quizá algunos estudiantes que parecen tanto más inteligentes cuanto más indescifrable sea su caligrafía, o algunos maestros, que sus lecciones son tanto más geniales, cuanto más caótico aparezca el encerado? No sabemos. Se necesitaría un psicoanálisis del desorden, para sacar a la luz los motivos inconscientes.

Pero quien esté convencido de que la escuela también en su forma externa perceptible debe reflejar la vida extraescolar y quien opine que los ideales vividos en un marco agradable deben tener validez también en el interior de la escuela, debe contemplar también como un objetivo importante de la enseñanza la configuración estética de las actividades y de los productos. Los textos se escriben para ser leídos por un destinatario, y una hoja bien conformada gráficamente agrada al lector y lo motiva positivamente a su contenido. Los alumnos emplean horas y días de su vida en un aula: ¿no debería respirarse allí el espíritu de la «buena forma»? Y, profundizando un poco, ¿no tienen las acciones de intercambio humano una forma, y no debería ella ser buena? En el siglo XVIII se hablaba de las «almas buenas». La gentileza en el comportamiento era un ideal. Cervantes describe a Sancho Panza, el sencillo escudero de Don Quijote, como «personaje gracioso». ¿Lo entendemos todavía? Y ¿no reaccionamos de manera agradable cuando conocemos una persona en cuyo comportamiento se percibe una huella de buenas formas, de gentileza?

Está claro que el maestro se enfrenta a las tendencias antiestéticas de la época. Pero la tarea no es imposible, con la condición de que él mismo haya reflexionado, con algo de distancia y de profundidad, sobre el problema. El primer efecto será el que intente encontrar la buena forma en su presentación personal. También podría conjuntamente con sus alumnos, tras una pausa en el trabajo, donde se han concentrado fundamentalmente en la corrección objetiva y lógica, hablar sobre la configuración estética del producto, no en teoría, sino sencillamente con la pregunta de si agradaría y en qué manera a un observador desprevenido del mundo extraescolar. Ello se puede intentar también de manera experimental, si los alumnos realizan pequeñas experiencias psicológicas y hacen calificar sus productos por diversos jueces del mundo intra y extraescolar, de acuerdo por ejemplo a una escala que vaya desde «agradable» hasta «desagradable», tal como lo hacen los sondeos de opinión y de mercado. Así puede producirse motivación para el proceso del aprendizaje estético. Cuando éste se haya hecho presente una vez, será fácil procurar las aptitudes necesarias. Si nuestros antepasados lo hicieron con éxito, ¿por qué no podremos lograrlo nosotros, ya en el umbral del tercer milenio?

Experimentar la acción buena

Con la tercera de las cualidades posibles de la acción entramos en el campo de la ética como problema práctico y no, primariamente, como teoría filosófica. Aunque también aquí hay un contenido de clase, que puede ser formulado, el inicio, sin embargo, es siempre la realidad del hacer. Parodiando una frase célebre de Erich Kästners («el bien no existe si no se hace»), diríamos: «No puede surgir concepto alguno de lo bueno, si uno no lo hace».

Nuestra idea clave es la siguiente. En la vida y en las actividades escolares debe palpitar un espíritu de buena voluntad mutua, de tener en cuenta al otro, de ayuda. Maestro y alumnos deben sentirse ligados y solidarios, a pesar de todas las pequeñas perturbaciones posibles de la vida cotidiana. Hemos visto cómo esta adhesión mutua se da allí donde el actuar y aprender en conjunto se basan en valores, convicciones y móviles comunes. Cuanto más cimentados estén éstos, mayor y más duradero será su efecto. En los mejores momentos verán claro maestro y alumnos que existe un bien fundamental tras las metas superficiales de la actividad, y buscarán acercarse a él. Este bien lleva consigo una motivación sólida para el hacer, que va más allá de la mera tensión generada por una pregunta abierta o por un problema no resuelto.

¿Cómo podemos propiciar esta experiencia en los alumnos? No es tan difícil como podría parecer. Cuando el alumno tiene la suerte de experimentar seguridad y respaldo en su familia, con una buena madre, un padre comprensivo y que irradie calor humano, ha desarrollado ya en su experiencia las condiciones que lo abren al contacto. Transmitirá los comportamientos correspondientes a sus compañeros y profesores, siempre y cuando éstos se adecúen a los esquemas que ya ha desarrollado en su familia.

Para ello se necesita algo más que actividad de enseñanza. La primera experiencia moral es la experiencia del amor o, más modestamente, de la benevolencia para con los otros. En esto debe ser el primero el maestro, para lograr que se genere una respuesta en el alumno. Eso no es tan obvio para el joven maestro, que tiende a sentirse inseguro y, en caso extremo amenazado, ante la nueva clase, ante la nueva tarea que debe cumplir. Intenta dominar la situación mostrándose fuerte, poniendo el énfasis en su severidad. Quizá sea ello necesario, pero no facilita al mismo tiempo mostrar benevolencia y bondad a los alumnos. Las primeras apariciones delante de una clase necesitan algo más que preparación didáctica. Se trata de generar las relaciones correctas. Por ello, además de comunicar el carácter consecuente e inexorable en la aplicación del orden correcto, debe hacerse perceptible la benevolencia del maestro y su oferta de trabajo en común. Pero eso son sólo promesas. Deben ser cumplidas consecuentemente por el maestro. Debe ser visible en sus acciones que, aunque sigue objetivamente las metas de aprendizaje y sabe lo que quiere y adónde intenta llegar, quiere igualmente desarrollar un buen ambiente el trabajo escolar, de tal manera que todos los participantes se sientan bien, ya que aceptan respetarse y ayudarse mutuamente, cuando es necesario. Para ello se necesita, inicialmente, fortaleza interior. Pero, por otro lado, el maestro también puede lograr con este proceder respuestas de buena voluntad por parte de los alumnos, que le ayuden a seguir por este camino. Cuando se logra, surge una comunidad auténtica.

Dijimos también que este espíritu de acción conjunta no crece solamente a partir de la bondad natural (Pestalozzi, 1801-1826) del hombre. El fundamento último es el compromiso de los hombres en tender hacia un bien común. Aquí nos enfrentamos a un problema profundo. El maestro debe encontrar, en el fondo de lo que propanga a los alumnos, un sentido que encadene cada propuesta individual a un bien —o valor— fundamental. Ello tendría como consecuencia que cada propuesta individual participe de la irradiación del valor que está tras ella. Cuando el maestro se encuentra lo suficientemente movido por él, se transmitirá su convicción al alumno y nacerá una comunidad de voluntades, que irá más allá del problema de encontrar interés en las lecciones de clase.

Los pedagogos siempre han reflexionado con sus discípulos sobre el espíritu que surge en sus contactos. Pestalozzi (1799) lo describe en su carta de Stans. Se ve en ella cómo los niños de ese asilo, manejado en circunstancias tan difíciles, detectan de qué trata Pestalozzi. Una vez vivida la experiencia práctica de la comunidad, fue necesario y posible también hablar sobre lo vivido. Ello sería la tarea de una asignatura de «vida comunitaria» o —como se llamaba antiguamente— de moral y costumbres; es decir, de la enseñanza de la ética cotidiana. Esta tarea no es más difícil que las correspondientes a las esferas de la configuración verdadera y bella de las actividades escolares. Para ello la ética suminista los conceptos. Cuando están respaldados por la experiencia y la vivencia crecidas en la práctica de la vida escolar, ya no se aplica más el saber común de que las palabras y los conceptos se quedan en la cabeza, sin producir eco. Ya que en la cabeza estaría algo que le da sustancia y vigor a la palabra y al concepto. Pero, puesto que un concepto comprendido y un motivo comprendido son más eficientes que uno simplemente experimentado, la reflexión correspondiente sobre la calidad moral del hacer lo retroalimentará y lo reforzará.

Resumen

Se han sentado con esto los fundamentos para el avance ulterior de este libro, que será más técnico y quizá también más práctico. Hemos intentado generar una imagen de una escuela, en la cual tienen lugar procesos de aprendizaje, los cuales implican reglas de juego y planificación del contenido por parte de maestro y alumnos. Hemos visto que estos requisitos se hallan formulados en los conceptos de los programas escolares. Ello es necesario y justo. Es al mismo tiempo peligroso, cuando maestro y alumnos no entienden que los contenidos no pueden ser simplemente transmitidos, sino que deben retrotraerse a las actividades vitales que están detrás. Estas son en primer lugar nuestras actividades en situaciones concretas y prácticas. Hemos intentado dar una organización de sentido a estas actividades, al distinguirlas desde tres perspectivas: actividades orientadas a cosas o sociales, actividades simbólicas o reales, actividades productivas (prácticas) o representativas. La escuela actual tiene el defecto de dar primacía a las actividades orientadas a cosas, simbólicas y representativas. De ahí que los programas escolares se asuman fácilmente desde el punto de vista oral-simbólico. Están orientados a cosas. Olvidamos fácilmente lo inter-humano, en el momento en que los alumnos se sientan con todo orden en sus bancos mirando al maestro, y creemos haber cumplido con nuestro deber, al describir y aclarar a los alumnos todo lo que se encuentra en el mundo: libros importantes, pruebas matemáticas, corrientes marítimas frías, sucesos históricos, desarrollo de las plantas, ley de la gravedad...

La taxonomía que hemos propuesto de actividades escolares encuentra su correspondencia en las actividades extraescolares que observamos. Hemos señalado en consecuencia que se configuran de manera específica en las esferas vitales de la familia, del trabajo, del estado y de la vida cultural, y esperamos que resulten de allí implicaciones en la configuración de los programas escolares. Hemos reconocido finalmente que estas actividades pueden poseer tres cualidades formales (es decir independientes de su contenido) fundamentales, que hemos descrito sirviéndonos de los tres conceptos filosóficos clásicos de verdad, belleza y bondad. Las ocho formas de actividad y las cualidades formales realizables en ellas conforman el contexto del aprendizaje estructural y de refuerzo, es decir, de la construcción y reconstrucción de estructuras de acción y pensamiento y de la consolidación de las estructuras construidas. Enseñar no es otra cosa que propiciar, desencadenar, y guiar tales procesos de aprendizaje. En *12 formas básicas de enseñar* los hemos señalado. Aquí hemos relacionado finalmente esos procesos de aprendizaje con las actividades verdaderas, es decir, que se prueban a sí mismas; con las bellas, es decir, configuradas agradablemente, y con las buenas, es decir, realizadas con espíritu de benevolencia y calor humano.

2
APRENDIZAJE SOCIAL: EL TRATO CON EL OTRO, CON EL GRUPO Y CON LAS INSTITUCIONES

4. APRENDIZAJE SOCIAL EN LA ESCUELA

Se ha dicho que el hombre es un «animal social», un ser social. Lo cual no es sólo una afirmación filosófica, sino también un reconocimiento del pensar cotidiano. Cuando en el trabajo se contrata un nuevo compañero, cuando en un grupo o en una asociación es aceptado un nuevo miembro, cuando entra al cuerpo docente un nuevo colega, la primera pregunta es «¿qué puede hacer y qué sabe el candidato?». Pero muy pronto la pregunta también se convierte en «¿qué clase de persona es? ¿Se puede trabajar con él? ¿Puede uno entenderse con él? ¿Se adaptará a nuestro círculo?». Se trata de preguntas que se relacionan todas con su comportamiento social, con sus características de trato con los demás. Es también interesante cómo la opinión más común es que estos rasgos, y no su saber y saber hacer, caracterizan al *hombre*. Parece que concebimos el carácter social como lo fundamental del hombre, y su saber y saber hacer como rasgos superficiales. Tal suposición se encuentra apoyada también por numerosas experiencias. Estas radican en que cualquier actividad de un hombre de nada aprovecha, si no se entiende con su medio, es una persona difícil o egoísta. (Sin embargo no debe olvidarse, en tales experiencias, el hecho inverso: que las cualidades sociales, la disposición a la cooperación y el buen trato tampoco sirven de nada, cuando el implicado no tiene las cualificaciones correspondientes en el área). Por tanto, podemos señalar las cualidades sociales de una persona como condiciones necesarias, aunque no suficientes, para que desempeñe su función en una comunidad de trabajo. En este capítulo se trata de la cuestión del contenido y métodos del aprendizaje social en la escuela, y de cómo este aprendizaje, por medio de medidas apropiadas en la enseñanza, puede ser desencadenado y orientado por el camino correcto.

Formas de lo social en la escuela

Lo primero es aclararnos sobre las formas como se manifiestan las relaciones y actividades interhumanas en la clase. Con las reflexiones que siguen retomamos la taxonomía de las actividades que desarrollamos en el capítulo 1. Recordamos que tenía sentido subdividir las actividades en reales y simbólicas, y en productivas y representativas. ¿Qué quiere decir eso, en relación con las actividades sociales?

Simplificando algo podemos decir, de manera provisional, que en la escuela hay una acción real entre maestros y alumnos, entre los alumnos mismos y, siempre y cuando proveamos lo necesario, también una acción real de maestros y alumnos con personas del medio extraescolar. El tratamiento de la acción social propia y ajena puede también producirse de manera simbólica, sea por ejemplo que la clase hable y reflexione sobre su propia vida, sea que en materias como historia, geografía y lengua materna, como también en ética o civismo, vengan a cuento relaciones y comportamientos interpersonales. De hecho la clase de historia versa casi exclusivamente sobre acontecimientos entre los hombres, lo mismo que la llamada geografía humana (por contraposición a la geografía física) trata actividades culturales y económicas de los hombres, que son siempre actividades sociales. Si nos preguntamos finalmente por el contenido de los materiales literarios, que se leen en clase de lengua materna y se trabajan en las redacciones, reconocemos pronto que una buena parte se refiere a problemas inter-humanos. Es también claro que materias como ética y educación cívica, desarrollan a fondo el mismo tipo de problemas. Es, sin embargo, importante para nuestra sistemática, que casi todas estas formas de tratamiento de los problemas y relaciones inter-humanas sean de naturaleza simbólica, es decir, en gran medida verbales. Formulándolo a grandes rasgos, aquí no se actúa realmente, sino se habla sobre ello. Eso implica tanto posibilidades como peligros.

Distinguimos entonces la *producción* y cultivo de relaciones sociales en las acciones reales y simbólicas, de la *representación* de las relaciones y acontecimientos sociales (de la sociedad, históricos, tomados de la vida escolar). La distinción decisiva atañe al papel de alumnos y maestros en este procedimiento. Cuando las relaciones sociales se producen en acciones concretas, están implicados y comprometidos maestro y alumnos. Hacen algo y les sucede algo a ellos. Su experiencia es personal. Cuando informan de ello pueden decir: «Esto o aquello lo hemos emprendido *nosotros*. Hemos adquirido la experiencia de...». Lo expresamos con la fórmula abstracta de que maestro y alumnos son *sujetos* y/o *objetos* de tales acciones. Muy diferente es su papel cuando contemplan y elaboran representaciones de procesos sociales no vividos por sí mismos. Su papel allí es el del *espectador*, no necesariamente imparcial, pero de todos modos no directamente implicado. La actividad es cognitiva. El resultado es un *saber* sobre hechos representados. Cuando las cosas andan bien, es posible que los alumnos desarrollen también una actitud al respecto. La efectividad de su acción es, sin embargo, siempre dudosa, puesto que hay un largo camino de los sentimientos y la opinión del que contempla sus acciones reales. Es la experiencia de todo aquel que ha intentado motivar a los otros a la acción.

Desde un punto de vista sistemático es fácil ver que la acción social *productiva* por regla general es una acción *real*, y que por otra parte las actividades *representativas*, en el plano social, suceden generalmente de manera *simbólica*. Puede por tanto uno preguntarse, si se da también una acción social productiva en un medio simbólico y una acción social representativa en un medio real, enactivo. Pueden darse ambas. Para convencerse de la existencia de acciones simbólicas de tipo productivo, basta con pensar cómo muchas de las relaciones entre las personas no se producen por medio de interacción real entre ellas (apoyar al otro, pelear con otro, etc.), sino que acontecen por medio de «actos orales», hablando, como prometer algo al otro, acordar algo, etc. La acción social es en muchos casos *interacción simbólica*. A la inversa, las relaciones sociales pueden ser también representadas en la acción. Ello sucede en la dramatización, en la representación de roles con alumnos de primaria o, con más pretensiones, en el teatro. En todos estos casos la situación o el acontecimiento es representado actuando, y no sólo con palabras.

Corresponden así a las cuatro partes de la banda de actividades sociales de nuestro cubo taxonómico (figura 1 situaciones escolares reales). Son situaciones de producción y cultivo de las relaciones interhumanas por medio de acciones reales y con ayuda de medios orales simbólicos, y son situaciones de contemplación y representación de hechos sociales por medio de acciones reales y simbólicamente, con ayuda de palabras. Nos parece importante que el maestro tenga en cuenta estas cuatro posibilidades, si piensa en el aprendizaje social en su clase. ¿Qué relaciones se originan en las acciones reales de nuestra vida escolar? ¿Qué relaciones producimos con nuestras palabras, con la manera como hablamos unos con otros? ¿Qué situaciones sociales representamos por medio de la dramatización y el juego de roles? Y, ¿sobre qué problemas sociales (en la sociedad, históricos, en la vida diaria) hablamos unos con otros, a fin de aclararlos y representarlos con claridad en nuestra mente?

Si pasamos ahora a intentar responder qué tipo de realidades sociales debe conocer el alumno, necesitamos de nuevo dos grupos de diferenciaciones. En primer lugar, se trata de un *poder* (saber hacer), de un *saber* y de un *querer*. En segundo lugar, no se trata sólo de tener en cuenta las relaciones inter-humanas de tipo informal, sino también las *formalizadas*, tal como se nos presentan en el marco de las instituciones. Las dos subdivisiones no son del todo obvias, ambas nos abren perspectivas para objetivos importantes de enseñanza.

Poder, saber y querer en el ámbito social

Poder (saber hacer) en el ámbito social es lo que los anglosajones llaman *social skills*. Más que de «destrezas sociales» deberíamos posiblemente hablar de *capacidad de juzgar y de actuar socialmente*. Se trata de que los jóvenes examinen correctamente las relaciones interpersonales y actúen consecuentemente. «Conocimiento pragmático del hombre», podría llamarse. No caer en las redes del adulador, percibir la necesidad del otro, poder entender su problema, serían ejemplos. Por ello hablan los psicólogos sociales también de «percepción social». No se trata simplemente de los rasgos del otro ni de los prejuicios posibles con relación a estos rasgos («los profundos alemanes», «los locuaces franceses», «los subversivos de izquierda», «los explotadores capitalistas», etc.), sino ante todo de una percepción y juicio sobre situaciones y procesos globales, en los cuales se encuentra involucrado el mismo que juzga. Por ello este tipo de juicio se prolonga de manera inmediata en el actuar social. Se trata de que el joven aprenda, a partir del juicio correcto sobre la situación, a actuar correctamente. Por ello hablamos de un poder, de poder actuar correctamente.

Veremos que no se puede aprender a partir de recetas. Libros al estilo del de Dale Carnegie, *Cómo ganar amigos e influir sobre las personas,* se quedan cortos. La capacidad de juzgar y de actuar socialmente toma en cuenta la totalidad de la personalidad del hombre.

La capacidad de juzgar y de actuar socialmente se basa especialmente en un *saber sobre asuntos humanos.* Este saber se puede conseguir en clases de literatura y de historia, a partir de acontecimientos históricos o de obras de ficción. Existe el peligro, sin embargo, de que se quede abstracto y ajeno a la realidad. Debería añadirse un saber producto de la vivencia personal. Este se produce allí donde uno se compromete en acciones concretas, donde uno establece y cultiva relaciones por sí mismo. A la inversa, es importante que lo experimentado por sí mismo sea también procesado correctamente y «conceptualizado». Todos los alumnos experimentan multitud de problemas en su vida informal en común, camino a la escuela y en los recreos. El procesamiento es con frecuencia superficial y el resultado por tanto limitado. Se necesitan las dos cosas: una vida escolar social, que le proporciona vivencias al alumno, y su reflexión, que arroja un saber tematizado al respecto. A ello se pueden superponer las intuiciones de las clases de historia y literatura, con lo cual una cosa iluminará y enriquecerá a la otra.

Si la cosa funciona, tales experiencias y la reflexión sobre ellas arrojarán un poder y un saber sobre asuntos humanos. La pregunta entonces es si, y en qué medida, ello condiciona el actuar del hombre. Es la pregunta por la efectividad práctica del saber y del saber hacer sociales. Todo lo que sabemos al respecto, nos deja un poco escépticos. Para que del poder y del saber resulte un hacer, debe aparecer la *voluntad.* Las capacidades son meros instrumentos en el comportamiento de los hombres. Estos deben querer emplearlas, de lo contrario no sucede nada. Es bueno y correcto que un alumno haya visto cómo se le explica a un niño extranjero algo que éste no entiende. Que de hecho esté dispuesto posteriormente a ayudar a un extranjero, es algo que queda totalmente abierto. Decimos que es cuestión de motivación. Según la antigua terminología psicológica, que experimenta hoy un nuevo renacer (Heckhausen, 1980, 1986; Kuhl y Waldmann, 1985), es una cuestión de voluntad.

Debemos lograr que los alumnos también quieran hacer el bien. Los valores correspondientes deben haber sido construidos en ellos y puestos a funcionar. Determinadas normas deben comenzar a guiar su comportamiento, no precisamente como barreras limitantes al estilo de «no debes...», sino especialmente con sentido positivo: «Quisiera hacer esto» y «es bueno (importante, necesario) que yo haga esto o aquello». Con relación a las instituciones, de las cuales hablaremos a continuación, se trata de la construcción de actitudes correctas. Es deseable que los jóvenes aprendan a amar a su país, no sólo de manera arrogante, sino más bien en la disponibilidad de asumir tareas en su contexto, o de participar en la vida pública civil.

Esta es la diferencia entre la adquisición de capacidades y la voluntad de usarlas. Es la diferencia entre la adquisición de un saber y un saber hacer y la de un querer; en términos psicológicos, entre el aprendizaje en el área de lo instrumental y en el área de lo motivacional. El último plantea problemas mucho más difíciles que el primero.

Comportamiento social informal
y las instituciones

Cuando los psicólogos hablan hoy de comportamiento social, piensan la mayoría de las veces en el comportamiento informal, privado, de las personas entre sí. Así se ha visto también el aprendizaje social en la escuela. En él se busca ayudar al niño tímido a establecer contactos, mitigar la agresividad del agresivo, posibilitar la integración a la comunidad escolar del aislado, hacer que el alumno sobresaliente desarrolle consideración y capacidad de ayuda. Son metas educativas importantes. Problemas similares han sido contemplados en la formación de maestros y se han hecho sugerencias para su educación continuada (Lucht, Muenkemueller y Oelkers, 1978). El procesamiento y solución de conflictos ha sido investigado para todos los niveles escolares, también para la educación superior. La interacción centrada temáticamente de Ruth Cohn (1975) jugó en este punto un papel importante durante mucho tiempo (ver, por ej., Oelkers, 1978). Ciertamente es importante el comportamiento social «privado» mencionado aquí; se puede plantear con Pestalozzi (1801, 1826) la hipótesis de que todo aprendizaje social debe empezar en los «círculos íntimos» de los contactos humanos inmediatos.

Sería sin embargo un error pretender que lo social se limitara a estas formas. Nos convertiríamos con ello en víctimas de cierta tendencia actual de apartarse una y otra vez del orden institucional, a fin de tomar en cuenta y cultivar sólo las relaciones privadas. Un cuadro realista de las necesidades de formación debe incluir también los órdenes institucionales. El joven debe comprenderlos, debe encontrar en ellos su rol y su puesto. En especial la economía y la política se reflejan en instituciones estructuradas: en la empresa y en el estado, tomado éste a un nivel de comunidad, regional y nacional. A su vez poseen estas unidades órganos complejos para cumplir con sus funciones, del mismo modo que los grandes consorcios empresariales están organizados en filiales. En las instituciones, las relaciones y procedimientos interpersonales han encontrado su forma, por así decirlo, cristalizada, hasta cierto punto rígidamente estructurada, con todas las posibilidades y peligros que esta fijación y reglamentación implican. Una crítica superficial tiene en cuenta solamente las debilidades de las instituciones. Sólo quien ha visto países donde las instituciones funcionan mal, puede comenzar a darse cuenta de que éstas son de importancia vital para los hombres.

De aquí se siguen metas importantes para el aprendizaje social. El alumno debe conocer también la vida institucional, y debe atesorar sus primeras experiencias de comportamiento propio en el marco institucional. Lo cual no resulta difícil, ya que la escuela misma es una de tales instituciones. Es por tanto posible aclarar a los alumnos el funcionamiento de la institución escuela y guiarlos a un comportamiento responsable en su contexto. Ello comienza con cosas bien simples, tales como el trato a las instalaciones y materiales que están a su disposición. Se continúa con una reflexión sobre la organización escolar que comprende, entre otras cosas, diversos tipos de escuelas. ¿Qué sabe el alumno medio de un tipo de escuela (ya sea pública o privada, urbana o rural, de tipo clásico u orientada al trabajo) sobre las otras clases de escuelas? Casi nada. Las consecuencias son prejuicios y miedo al contacto, no sólo entre los alumnos, sino también entre los maestros. Problemas similares se plantean en el ámbito de las instituciones políticas y económicas. Estas observaciones sumarias permiten ver con claridad que el aprendizaje social en la escuela debe ampliarse del ámbito privado-informal al público y económico. La tarea más complicada consiste en detectar también en sus estructuras cristalizadas las funciones humanas básicas, en mostrar a los alumnos que las instituciones están formadas por hombres y que están destinadas a satisfacer necesidades humanas, a velar por la educación (escuela), legalidad (justicia), salud (sistema público de salud) y por el trabajo y la prestación de servicios (instituciones económicas).

Por otras razones es también importante ocuparse del orden social institucional. En los contactos privados de las personas entre sí no resulta con frecuencia perceptible, o sólo lo es de manera poco precisa, el aspecto material, objetivo, de las actividades. Las instituciones de la economía y del estado están para cumplir con una tarea. Vemos en ellas cómo las relaciones humanas son organizadas para el cumplimiento de esas tareas objetivas, y cómo el comportamiento al interior de ellas está siempre determinado tanto por la solución de estas tareas concretas, como por las relaciones humanas. Eso es una situación realista. Es relativamente fácil configurar relaciones humanas sin compromisos materiales muy estrictos. El peso real de los problemas resulta cuando surgen tareas objetivas exigentes, que deben ser solucionadas en conjunto. Entonces se hace crítica la cuestión del trato mutuo entre los hombres, de qué reglas deben seguir, de si en tales casos deben imperar también disposición a la ayuda, tomar al otro en cuenta y voluntad hacia la comunidad. Las reglas y los valores sociales deben ser puestos a prueba en las difíciles confrontaciones materiales y objetivas. En este sentido la escuela es, naturalmente, un medio poco favorable. Muy pocas tareas se cumplen en ella con las exigencias objetivas y materiales que rigen para el mundo extraescolar. En última instancia, se trata siempre del aprendizaje de los alumnos. Pero quizá pudiera pensarse en cambios. Por un camino diferente llegamos también aquí a la demanda de inclusión de actividades prácticas y de trabajo en forma de proyectos. En su contexto se ligan puntos de vista sociales y materiales; así, se hace posible el aprendizaje social en un contexto realista.

Frente a estos interrogantes, ¿debe fomentarse también un saber y un saber hacer, y vale también aquí estimular normas y valores, es decir, no querer? Ciertamente. Lo que hemos dicho antes concierne en primer lugar a un saber sobre asuntos escolares, públicos y económicos; entender cómo está organizada la escuela, cómo funciona; entender las instituciones estatales; entrever cómo surge y funciona una empresa industrial. Pero no se trata sólo de contemplación y representación. Hemos indicado ya que el alumno debe aprender a comportarse correctamente en una institución de ese tipo. Eso no significa sólo adaptación pasiva, sino ante todo vigilancia crítica, civismo y acción, donde se descubran puntos débiles. Finalmente, todo ello no debe darse a un nivel puramente instrumental, frío. Una comunidad, una nación, un estado organizado según principios de derecho, y que respeta la dignidad humana, merece nuestro amor y nuestra colaboración activa. En otras palabras, representa un valor. ¿Cómo pueden asegurarse la justicia y dignidad humanas en un estado, donde los ciudadanos sospechan de él y lo menosprecian? El estado justo es un valor. Sus normas deben guiar también nuestro comportamiento en su contexto. Lo mismo debería decirse de una economía que respete la justicia y la dignidad humanas. Si no lo hace, debemos hacer algo para cambiarla. Ello a su vez supone creer en un orden humano justo. De una u otra forma, la educación en los valores es necesaria también en el ámbito del pensamiento y de la acción institucional. Su objetivo es desarrollar en los hombres la ciudadanía correcta y la voluntad de comportamiento correcto frente al estado y a las empresas económicas.

5. APRENDIZAJE SOCIAL EN 4
CIRCULOS VITALES

Ya hemos indicado en la presentación inicial de las actividades escolares, que las ocho actividades fundamentales, organizadas por nosotros en forma de cubo, no pueden ser realizadas de manera abstracta. Más bien deben estar configuradas de la misma manera que se presentan en los grandes ámbitos de la vida. Esta exigencia es especialmente importante en las actividades sociales. Ya quedó claro en las reflexiones del capítulo anterior, cuando afirmábamos que nuestros alumnos no deben conocer sólo reglas e ideas directrices para el trato privado e informal, sino también con respecto a los órdenes institucionales y a su comportamiento en ellos. Con ello tocábamos lo concerniente a la concreción de la vida social en los ámbitos vitales escolares y extraescolares.

Ahora veremos la situación de alumnos y maestros, bajo la perspectiva de los círculos vitales. El alumno vive en dos mundos: el de la *familia* y el de la *escuela*. Bastante desconocido se presenta todavía el mundo del *estado* y de la *política* y el mundo de la economía y de las *actividades laborales*. Pero sabe que algún día ingresará en esos círculos. Como consecuencia, la escuela se plantea la tarea de configurar el aprendizaje social en contacto con la familia, y hacerlo de tal manera, que prepare al alumno para asumir su papel en el estado y en la economía.

Escuela y familia

El mundo de la escuela y el mundo de la familia se relacionan de manera compleja. El punto de contacto es inicialmente el alumno. Este vive en ambos mundos; expresado en tiempo, unos seis séptimos en la familia y un séptimo en la escuela. (La semana tiene 168 horas, 24 horas de clase por semana representan un séptimo. Naturalmente se trata de cálculos muy aproximados, puesto que no tienen en cuenta ni las horas de sueño, ni la vida extrafamiliar y extraescolar). El alumno está en la escuela bajo la supervisión y responsabilidad del maestro, en casa bajo la de los padres. Las reglas y objetivos del comportamiento en cada uno de los círculos se diferencian, en primer lugar, por las funciones distintas de familia y escuela. Adicionalmente pueden darse diferentes concepciones y posiciones pedagógicas. Por parte de los padres, éstas no son formuladas con frecuencia consciente y explícitamente; pero lo son parcialmente por parte del maestro. El alumno, que pertenece a ambas instituciones, tiene naturalmente la tendencia a transferir a una de ellas, modos de comportamiento y actitudes adquiridos en la otra. Y, puesto que los procesos de aprendizaje social se inician en la familia, con una anterioridad de seis a siete años frente a los de la escuela, y también debido a que ocupan más tiempo y a que el contacto con los padres es más directo que con el maestro (dos padres de promedio para uno o dos niños en la familia, frente a un maestro para veinte alumnos en la escuela) y tiene lugar en actividades de carácter más serio o vital, resulta por todo ello bien claro, que los *procesos de transferencia* de la familia a la escuela juegan un papel mayor que los procesos en sentido contrario. El niño transfiere por tanto para con el maestro o maestra comportamientos y actitudes desarrollados frente a los padres, y para con sus compañeros comportamientos y actitudes desarrollados ante sus hermanos. No puede hacerlo de otra manera, puesto que tiene que dominar la nueva situación de la escuela con su repertorio de comportamientos, desarrollados en el trato con padres y hermanos.

De ahí surge una conclusión importante para el aprendizaje social en la escuela. El alumno no es ninguna hoja en blanco. La oferta de aprendizaje social de la escuela se encuentra con un rico repertorio de comportamientos ya adquiridos. Es una gran suerte cuando coinciden reglas y actitudes de la familia y de la escuela. Cuando no, sea porque son extrañas la una a la otra, o sea porque se contradicen mutuamente, resultan para el alumno y la maestra problemas significativos, en parte difíciles de solucionar. Sin embargo, en la mayoría de los casos, la situación no es desesperada. Se puede hacer algo para que padres y escuela miren en la misma dirección. Volveremos a estas posibilidades. Antes de hacerlo, señalemos otra relación entre el aprendizaje social en la familia y en la escuela. Se refiere a sus objetivos.

Los niños que, como maestros, tenemos por delante, son a su vez futuros padres, al menos una mayoría de ellos. En todos los casos, excepción hecha de unos pocos huérfanos, viven en una familia. Las formas, reglas e ideas clave sobre la convivencia humana, como también sobre formas de organización de la vida comunitaria, que aprenden en la escuela, deberían por tanto aportar algo a su vida familiar, no sólo a la presente de hijos, sino también a la futura de padres. Lo que postulamos aquí en abstracto, puede verse con más claridad si contemplamos a los niños socialmente desfavorecidos. Imaginemos un niño que no ha aprendido en casa cómo se soluciona un conflicto, cómo se las arregla uno en un trabajo o cómo se comparte algo. Es claro que prestamos un servicio grande a este niño cuando le aportamos eso en la vida social de la escuela. Si se logra, aportará algo de ello en casa y buscará aplicarlo allá. Quizá más tarde él mismo, convertido en padre, intentará comportarse tal como lo ha vivido en la escuela. No necesariamente tiene que ocurrir esto en las situaciones sociales más desfavorables. Una vida social desarrollada en la escuela es de todos modos un enriquecimiento para la familia, especialmente también porque en la escuela las cosas, además de ser ejecutadas en la práctica, son formuladas y hechas de manera consciente y explícita.

La consecuencia es clara. El maestro y la maestra deben hacerse continuamente la pregunta de si la vida social escolar, su espíritu y sus formas, han sido diseñadas de tal manera que pueden también transferirse a la familia, y que esta transferencia representa un enriquecimiento para la cultura familiar. Es un pensamiento sencillo. Pero sus efectos en la escuela pueden ser dramáticos, puesto que su perspectiva no es muy obvia. Es el pensamiento de que las imágenes clave de una buena vida familiar mueven también la vida en la comunidad escolar. Las conclusiones saltan a la vista, si pensamos en que el tipo de trato en la clase escolar también podrá ser ejemplar, para cuando el alumno a su vez busque encontrar su desenvoltura como padre o madre, esposa o esposo. Con ello no queremos afirmar que la escuela, además de sus múltiples tareas, debe solucionar también todos los problemas del hogar y de la familia del niño, y además desarrollar formación de padres. Queremos simplemente decir que el pensamiento de una buena vida comunitaria en la familia también debe guiar a la escuela, y que en este caso la escuela puede realizar un buen aporte al comportamiento familiar presente y futuro del niño.

De estas reflexiones se deducen también conclusiones referentes al contacto entre maestros y padres. Ya que los influjos en ambas direcciones, de la familia paterna hacia la escuela y al revés, se desarrollan favorablemente cuando se dan contactos vivos y naturales entre ambas. Recomendamos por tanto encuentros regulares y reglamentados entre maestros y padres. En la quinta parte de este libro exponemos la manera de lograrlo.

La escuela y el mundo del trabajo y de la economía

En las conversaciones del maestro con los padres juega naturalmente un papel importante la orientación vocacional. ¿Cuál va a ser el futuro del niño? Para lograr este objetivo, ¿qué otras fases de estudio debe emprender? También hablará de este problema con sus alumnos en la clase. La oportunidad la dan las actividades escolares: ¿por qué procedemos así o así? ¿Cómo son las actividades correspondientes en el mundo del trabajo y de la economía? ¿Qué exigencias hacemos consecuentemente a un trabajo escolar y al «trabajador», es decir, al alumno? Con ello se conectan el aprendizaje social del alumno, que vimos en principio como un aprendizaje entre familia y escuela, con otro ámbito de vital importancia, el del trabajo y la economía. Ya no se trata aquí de que el maestro converse sobre estas cosas con los padres del alumno. Buscará en la clase que salga una y otra vez a relucir la realidad laboral y económica, y buscará producir con los alumnos, «simular», las situaciones correspondientes, que veremos más adelante.

Esta sería por tanto la nueva perspectiva: en el pensamiento y en la experiencia activa del alumno tener en cuenta la realidad de la vida laboral y económica. ¿Es posible? Y ¿cómo podría hacerse? Como posibilidad, manifestamos en primer lugar que se trata de un complejo de tareas de la escuela, para cuyo cumplimiento hasta ahora nos estamos preparando de una manera algo modesta, de acuerdo con la dotación y con los materiales de apoyo que tenemos a disposición; hasta el presente, la tarea no ha sido tomada en serio por las escuelas de los países occidentales. Ello no era necesario, mientras la escolaridad obligatoria estaba limitada para la gran mayoría de la población a ocho o nueve años. La tarea definida aquí fue acometida con mucho éxito por la formación profesional. Los pocos estudiantes que asistían doce o trece años a la escuela (hasta el bachillerato), representaban en el pasado a los futuros letrados, los juristas y los médicos. Los primeros no necesitaban ninguna formación práctica, y la formación práctica de los abogados y médicos se realizaba en la universidad y en la formación *in situ*, concluidos los estudios. El hecho de que muchos jóvenes de entonces ya desde su formación podían, observando a sus padres y parientes, conocer la práctica de los oficios de médico y de jurista, facilitaba todo.

Desde entonces ha cambiado radicalmente la situación. La participación en la educación superior se ha incrementado considerablemente en los países occidentales, en la segunda mitad del siglo XX. Entre el 15 y 20 % de los jóvenes de las naciones europeas asisten a la escuela durante doce o trece años, y a continuación un buen porcentaje de ellos asiste a la educación superior. Al mismo tiempo se han disminuido bastante las posibilidades de los jóvenes para captar y participar en actividades laborales y en los procesos sociales. Cada día hay menor número de pequeñas empresas cerca del lugar donde vive la familia. Los padres tienen que viajar varios kilómetros para llegar al trabajo. Los mismos procesos económicos se han hecho más complicados. A muchos padres ya no les gusta informar a sus hijos sobre lo que hacen en su trabajo. Resulta también difícil explicarle a un joven de diez o quince años qué sucede en el departamento de divisas de un gran banco, en una fábrica procesadora de metales, que produce componentes para instalaciones grandes, o en la administración de impuestos de una ciudad intermedia. La consecuencia es que los jóvenes crecen desconociendo aquellas actividades que atañen al fundamento económico de sus vidas. No es de extrañar que con este vacío irrumpan todo tipo de ideologías y de imágenes falsas.

Pero ahora, cuando retenemos durante veinte años o más fuera del mundo del trabajo y de la economía a una buena parte de la generación joven, debemos emprender algo en la escuela para llenar ese vacío. Debemos procurar que en la clase se verbalicen problemas que transmitan a los alumnos saber sobre el mundo, y debemos además proporcionarles experiencias activas tocantes a ese mundo. En otras palabras, la escuela debe cambiar radicalmente su actitud frente al mundo del trabajo y de la economía (Aebli, 1985). Especialmente las escuelas de secundaria no debieran seguir comportándose como si solamente tuvieran ante sí el 1 ó 2 % de la población, que quieren ser letrados, abogados o médicos. Ello plantea naturalmente, en primer lugar, el problema de la formación del profesorado, especialmente para la secundaria. Las facultades de filosofía, que forman la gran mayoría de los futuros profesores del bachillerato clásico, cumplen en muy poca medida con esta tarea, y continúan formando letrados y maestros para escuelas de letrados. En el futuro esta formación debería dar cabida también a la realidad de la vida laboral y económica y permitir a los alumnos experimentarla en alguna medida.

Si se tratara simplemente de hablar y de leer algo al respecto, sería todo muy sencillo. Pero se necesita más. Hemos dicho que debemos intentar desencadenar algún aprendizaje social, que proporcione a los alumnos experiencia activa en este área. Nos preguntamos de nuevo: ¿es ello posible?

No queremos presentar simples utopías. Presentamos por tanto una serie de pasos sucesivos realizables, por medio de los cuales puede ser introducido en la escuela el aprendizaje social de tipo laboral y económico.

Nivel I:
Presentación y estudio de la interacción humana en el trabajo y en la economía

En clases teóricas pueden ser presentados problemas del trabajo. Aquí la actividad del alumno es meramente reconstructiva, de comprensión. Oye y lee sobre lo que sucede en la estación de transporte, con el trabajador en una fábrica, en una oficina de la administración. Ello ha sido realizado siempre en los primeros niveles de primaria en ciencias sociales, y tiene su valor. Estos contenidos de clase han sido relacionados también con paseos y excursiones de clase, y se ha procurado complementar lo tratado teóricamente con algunas observaciones. Ello también tiene su valor. Conduce a algún saber acerca de la actividad laboral y económica. Es también posible mostrar aquí la interacción entre diferentes tipos de trabajo y entre los trabajadores que los ejecutan. Lo cual, sin embargo, requiere una decisión consciente por parte del maestro, de mostrar procesos de trabajo no sólo individuales, sino también cooperativos, y hablar sobre su problemática. Si el maestro durante su formación ha experimentado en carne propia algo de esos problemas, y si los medios de enseñanza permiten plantearlos, pueden entonces surgir las primeras intuiciones. Reconocemos, sin embargo, que en este procedimiento permanece el alumno mismo como un aprendiz eminentemente teórico. En el mejor de los casos, se hace a una *contemplación* viva de los procedimientos laborales tratados y comprende sus nexos intrínsecos.

Nivel II:
Solución de problemas en el marco de situaciones de acción ficticias pero realistas

La sugerencia siguiente es plantear determinados problemas en el contexto de la vida laboral y económica activa, y hacerlos resolver por los alumnos. También aquí podemos encontrar puntos de apoyo en la clase, tal como se ha manejado hasta ahora. Pensamos ante todo en las llamadas *tareas de aplicación* en clase de matemáticas, en algunas materias prácticas y también en la clase de lenguaje. En los ejercicios de cálculo de los textos de primaria se encuentran artesanos por todas partes. Esporádicamente aparecen problemas prácticos en las lecciones de física, química y geografía, problemas de producción industrial o del tráfico, por ejemplo. Igualmente los alumnos de todos los tiempos han redactado cartas de negocios, que están relacionadas con supuestas situaciones prácticas: responder a un anuncio en la prensa, solicitar un empleo, pedir información sobre productos ofrecidos. La clase moderna de lenguaje requiere en general redactar textos a propósito de situaciones definidas. Esas situaciones podrían provenir de la vida laboral y económica.

El alumno asume en esas situaciones imaginarias un papel determinado y formula su texto desde él. Si estas tareas se plantean de manera adecuada, el alumno soluciona un problema parcial, en representación de una de las personas implicadas en el texto. (Falta, sin embargo, en muchas de las tareas de aplicación precisamente ese actor, con lo cual no es clara la necesidad de solucionar el problema en la situación descrita). En el mejor de los casos asume el alumno un papel en la acción descrita en el texto. Si ésta es presentada de manera realista y concebida en forma cooperativa, puede entonces el alumno captar algo de las interacciones entre los hombres, que se dan en los procesos laborales. Pero para ello es necesario, o bien que el maestro reelabore conjuntamente con los alumnos la descripción sucinta de la tarea, con el fin de bosquejar un cuadro perceptible y realista de la situación de la acción, o bien que los problemas mismos planteados en nuestros libros de texto sean modificados, y se hagan más ricos en contenido. Ello significa textos más amplios, con más información sobre el asunto, la situación y lo que sucede en ella (Aebli, 1987).

Opinamos que con la solución de ese tipo de tareas el alumno ejecuta determinadas actividades de solución de problemas en un contexto de acción codificado verbalmente. En el mejor de los casos será complementado por medio de figuras y gráficos, tal como se le presentan a quien soluciona sus problemas en la mesa de trabajo. La aproximación a la realidad de estas tareas ha aumentado, pero todavía no podemos hablar de actividades sociales reales.

Nivel III:
Simulación de acciones laborales y económicas
en el juego estratégico y de roles

La sugerencia que sigue es *simular* tales actividades y representarlas distribuyendo los roles. Los anglosajones hablan también de *gaming*. En alemán se habla más bien de juego estratégico *(Planspielen)* (Thiemann, 1978[2]; Lehmann, 1977). Esas simulaciones de situaciones de acción tomadas de la vida laboral y económica son aplicadas aún hoy especialmente en la capacitación y actualización de los cuadros empresariales. La idea puede, sin embargo, generalizarse con facilidad. Consiste en que las situaciones de acción no sean simplemente descritas a los alumnos, tal como lo supusimos en el primer nivel de nuestra presentación, ni en usarlas sólo como meros marcos —igualmente descritos— para determinadas soluciones de problemas, como hemos indicado en el segundo nivel, sino hacer asumir realmente los roles a los alumnos, en el interior de una situación cooperativa y/o competitiva, y encargarles la tarea de analizar las situaciones problemáticas, llevar a cabo las estimaciones necesarias, redactar los textos y, especialmente, tomar decisiones y *actuar*. Con ello surgen problemas nuevos y muy interesantes. Si los alumnos tienen que actuar en determinadas situaciones, deben conocer con precisión dichas situaciones y sus posibilidades. Ello implica preparación cuidadosa y prolongada. Las acciones desencadenan posteriormente en las situaciones fingidas *efectos,* que son reportados a los participantes. Cuando los efectos se dirigen a otros participantes, responden éstos complementándolos. Se aceptan o rechazan ofertas, se convienen acuerdos, se distribuyen encargos. Las negociaciones preparan estas acciones, y deben a su vez ser preparadas. En todo ello cada parte debe arreglárselas con sus propios medios y posibilidades; quien no lo hace se arriesga al fracaso, lo cual, en el ámbito económico, significa bancarrota.

¿Cuáles son los temas posibles? Deben estar tan cerca como sea posible al dominio de la experiencia de los alumnos. Pensamos, para niños de 10 a 13 años, en transacciones, como por ejemplo las que ocurren entre los clientes, un restaurante y sus proveedores. Los de 14 a 17 años pueden jugar a la «renovación del edificio escolar», para lo cual la comisión escolar debe interactuar con los arquitectos, los maestros de obras y los obreros; mientras que los de 17 a 19 años fundan una empresa o gobiernan y administran una pequeña ciudad ficticia, con sus ingresos por concepto de impuestos, sus inversiones en infraestructura, como también sus problemas con las organizaciones obreras y patronales y las agrupaciones ciudadanas.

Con frecuencia deben ser incluidos en los juegos estratégicos informes y acciones de participantes, cuyos roles no han sido asumidos por los alumnos mismos. En estos casos, hay dos posibilidades: o bien sus efectos son comunicados por el o los directores del juego, según reglas determinadas, o bien los efectos son estimados en un programa de ordenador y dados a conocer a los participantes. Existen, en efecto, programas que ofrecen a un participante o a un grupo de jugadores una situación problemática y les permiten planear y desarrollar consecuentemente sus acciones.

En el ámbito de habla alemana el programa de simulación más conocido ha sido desarrollado por Dietrich Dörner y su grupo de investigación en las universidades de Giessen y Bayreuth (Dörner *et al.,* 1983). Se llama *Lohhausen,* y simula una pequeña ciudad alemana ficticia de 3.372 habitantes. El jugador encuentra en la ciudad una fábrica de relojes relativamente vieja, un banco, restaurantes y almacenes. Hay escuelas, una piscina pública, una asociación deportiva con campo de fútbol y, naturalmente, un ayuntamiento. La ciudad está al final de una ramificación secundaria de la red de ferrocarril.

Al jugador se le encarga gobernar como alcalde la ciudad, con plenos poderes, durante 10 años. Puede influir sobre el monto de los impuestos, los ingresos, sobre los bienes de la administración pública y la construcción de viviendas. Son también posibles medidas concernientes a la economía, especialmente a la fábrica de relojes. Finalmente puede determinar las políticas financieras del banco.

La experiencia no está concebida con fines propiamente didácticos, sino más bien en el campo de la psicología del pensamiento. Podría, sin embargo, ser usada tal cual, con pretensiones didácticas, puesto que el grupo experimental aprende mucho en las ocho sesiones de dos horas cada una. En particular, el jugador debe tomar una serie de decisiones al final de cada sesión, que son suministradas al ordenador. Al inicio de la sesión siguiente se le comunican los efectos de dichas sesiones. Según sea la bondad de éstas progresa la ciudad de Lohhausen, o se desarrollan problemas sociales y económicos. En el peor de los casos, debe hacer frente a su ruina.

Programas similares existen en el comercio y podrían ser manejados con ordenadores personales. Con su disponibilidad en las escuelas se incrementará con toda seguridad la oferta en programas de simulación durante los próximos años. Sin embargo, sentarse al frente de un monitor, leer descripciones de situaciones, reflexionar sobre ellas y devolver decisiones, a fin de seguir reflexionando sobre los efectos reportados en la pantalla de las acciones propias, y con base en ello tomar nuevas decisiones; todo ello no puede ser equiparado sin más al proceso clásico del aprendizaje social. Aunque se sabe que dichos programas han sido concebidos de manera muy realista y que pueden dar mucha claridad al jugador sobre los efectos de sus acciones.

Pensemos ahora en otro tipo de juegos estratégicos. No son orientados por un programa de ordenador, sino por el maestro mismo, como coordinador del juego. Debe tenerse en cuenta que un buen juego no es fácil de inventar ni de preparar. Pueden prestar ayuda la multitud de juegos publicados, que pueden ser adecuados a las características locales (Lehmann, 1977; Thiemann, 1978[2]; Megarry, 1977).

En el caso de que el maestro o la maestra, de acuerdo con el transcurso de su clase, concluya que es oportuno organizar un juego estratégico con su grupo, es aconsejable que los alumnos hayan tomado parte antes, como jugadores, en un juego de ese tipo. Eso se puede hacer en un curso de actualización pedagógica, donde se ofrezca este tipo de entrenamiento. Jones (1980) y, con una perspectiva más general, Ellington *et al.* (1982) ofrecen orientaciones prácticas al respecto.

El juego se organiza en un *período preparatorio,* en cuyo transcurso se elabora el saber técnico necesario que debe aportar cada uno a la situación de juego. El juego se desarrolla en las siguientes fases: *cuatro a seis sesiones de juego,* de la duración aproximada de una sesión de clase cada una, además de una *fase de sensibilización* y *una de evaluación* y —según las circunstancias— sesiones de clase donde se solucionen los problemas prácticos aparecidos y se amplíe la información. Al final tiene lugar una *post-sensibilización* intensiva. En conjunto, se prevén de 10 a 20 sesiones de clase (o su equivalente en tiempo) para un juego estratégico. Con frecuencia, se programan éstas de manera concentrada, o en convivencias en el campo. Puede sin embargo organizarse también en sesiones normales de clase. Thiemann (1978[2]) describe fases más cortas.

No es necesario que el maestro determine en todos sus detalles la situación de partida. La clase y cada uno de los grupos de juego pueden aportar por sí mismos suposiciones específicas acerca de la situación inicial. De alguna manera debe formalizarse la comunicación entre los grupos participantes. Se hace con frecuencia por escrito al final de cada período de trabajo, por intermedio de los moderadores que también pueden ser alumnos, y por duplicado, para que ellos se queden con una copia. Lo mismo sucede cuando un grupo toma una decisión importante (adquisiciones, cambio en la producción, elevación de los salarios, medidas de protección ambiental, etc.). Ello permite a los moderadores determinar los efectos de esas medidas y comunicarlas al grupo al inicio de la siguiente sesión. Se pueden dar también interacciones importantes verbalmente, con participación de la clase entera, en las cuales la coordinación se hace cargo de que se desarrollen ordenadamente (negociaciones entre patronos y empleados, asambleas comunales con votación por diferentes grupos y partidos, trámites judiciales, tal como sucede en el juego de roles).

Algunas cuestiones importantes conciernen a los criterios de logro. Distinguimos entre criterios generales y criterios específicos de grupo. Los criterios generales pueden ser la calidad de vida en el mundo hipotético del juego, la carga de los impuestos, la eficacia de los servicios públicos, el nivel de ingresos, la situación ocupacional. Algunos grupos buscarán optimizar el logro económico, otros su aceptación por la población, y otros el desarrollo del trabajo sin fricciones entre las partes. Para todos son importantes la armonía interna de los grupos y las buenas relaciones entre los grupos. El resultado financiero de ninguna manera debe ser el único criterio de logro. En todo caso deben determinarse algunos efectos de acuerdo a reglas objetivas, a fin de no dar la impresión de que han sido asumidos de manera arbitraria. Por tanto, los moderadores del juego deben fundamentar con frecuencia la manera como establecieron los efectos que reportan al grupo.

Los juegos estratégicos se asemejan así a los trabajos de grupo. Se diferencian de éstos, en que los grupos no sólo buscan desarrollar conocimientos, sino también tomar decisiones y desarrollar acciones hipotéticas orientadas hacia los otros grupos y hacia el sistema global, y en que éstas acciones tienen efectos que vuelven de nuevo a los grupos y sirven de base para decisiones ulteriores.

La elaboración de estos juegos es exigente, y en parte también su práctica. Podemos suponer que varios maestros pueden cooperar en ello preparando en conjunto, por ejemplo, durante un curso de perfeccionamiento docente, los materiales necesarios y desempeñando en común el papel de moderadores del juego. Queremos decir que ello es valioso para el maestro y su formación ulterior, especialmente en lo tocante a sus conocimientos sobre el mundo de la economía y del estado. Debería ser también de interés para las instituciones financieras o económicas el que se amplíe en la escuela la información sobre sus asuntos. Por todo ello, suponemos también que los representantes de la economía y de las comunidades están por su parte dispuestos a colaborar en estos cursos de perfeccionamiento docente.

Cuando se preparan y se trabajan bien los juegos estratégicos, no sólo pueden los alumnos lograr una comprensión importante de la realidad de la vida económica y pública, y por tanto del campo de aplicación de la enseñanza escolar, sino que también se les proporcionan oportunidades de aprendizaje social. El objetivo no es ciertamente la mera optimización de cualquier logro financiero, sino también la calidad humana y social de la actividad.

Naturalmente puede suceder que algunos jugadores limiten su perspectiva y sólo consideren los efectos materiales, que asuman el juego como competencia, que quieran ganar a toda costa. Cuanto más comprensible sea ese impulso, tanto más debe ser tarea del maestro contrapesar esas limitaciones. Esa es precisamente la debilidad en el comportamiento de muchos «jugadores» en los trámites económicos reales, que sólo ven el lucro (capitalista) o el cumplimiento (socialista) del plan económico, pasando por alto los efectos secundarios de sus acciones, de tipo humano, social y ecológico. Por otra parte, es también fácil juzgar todas esas tendencias desde el palco del espectador no comprometido (o del burócrata de carrera). Los juegos de roles, descritos aquí, ligan la motivación realista del jugador comprometido y la contemplación de los efectos más comprensivos del juego. Son situaciones reales. Cuando se logra entrelazar la perspectiva de la optimización material con la de la optimización de las calidades humana, social y ecológica, se realiza un verdadero trabajo educativo. Estimulamos el aprendizaje social en el marco de objetivos realistas de acción.

Nivel IV:
Aprendizaje social en la interacción real
con contrapartidas extraescolares

Mencionamos finalmente un cuarto nivel del aprendizaje social. Se logra cuando las acciones no solamente son simuladas, sino que maestro y alumnos se ponen en contacto con las realidades laborales, económicas y estatales de fuera de la escuela. Siempre han buscado este efecto las prácticas extraescolares. El sistema dual de formación profesional, que mezcla la formación en la empresa con la formación en el instituto de capacitación profesional, plantea una solución clásica a este problema. La idea de la formación politécnica (Beck, Ipfling y Kupser, 1984; Frankiewicz, Rothe y Viets, 1986) busca procesos de aprendizaje similares. Mientras que el énfasis de la formación profesional está en la capacitación en la empresa y el instituto de formación tiene sólo una función complementaria, el énfasis de la formación politécnica está en la escuela, con función complementaria de la práctica extraescolar. En ambos se integra el alumno o aprendiz a procesos de trabajo reales. Se es consciente de que existen fundamentos teóricos y contextos globales, que en el simple trabajo práctico no se presentan, o se hace con poca claridad, al alumno o aprendiz. Esa es la tarea de la escuela: consiste en reelaborar reflexivamente el trabajo práctico y hacer patente al alumno los supuestos de su acción.

Sería utópico que sugiriéramos aquí que las escuelas medias de las naciones occidentales aceptaran y pusieran en práctica los fundamentos de la formación politécnica. A ello se oponen, desafortunadamente, demasiadas tendencias. La formación politécnica se identifica todavía con el sistema económico socialista —lo cual de ninguna manera debería ser motivo de prejuicio, puesto que la idea se encuentra ya en Pestalozzi (1781). Además influye todavía en el pensamiento pedagógico occidental el antiguo dualismo de trabajo útil frente a ciencia y formación libres, herencia de la estructura social griega, en la cual trabajaban los esclavos y los estratos sociales superiores libres se dedicaban a la ciencia y al arte (Aebli, 1981, 375 f.). Deberíamos superar este dualismo en las postrimerías del siglo XX e intentar comprender, que no sólo el lenguaje (Hörmann, 1976) sino también el pensamiento es la continuación de la acción (y del trabajo) con otros medios. Acción y trabajo sin pensamiento es rutina y ajetreo, pensamiento sin trabajo ni praxis es un juego de fantasía. El aprendizaje social debe realizarse en un contexto de trabajo y de pensamiento.

Pero, como dijimos antes, ni hoy ni mañana vamos a presenciar tales transformaciones en nuestras escuelas, especialmente las intermedias. De ahí la pregunta, de si es posible realizar en su contexto una conjunción de actividad y aprendizaje social. Ello no es fácil en el nivel IV, que definimos con las interacciones reales de maestro y alumnos con contrapartidas extraescolares. Sólo puede tener lugar en situaciones seleccionadas, por ejemplo, cuando los alumnos realizan una excursión o un campamento, o cuando la administración escolar, maestro y alumnos se dedican a ciertos proyectos reales, como la confección de un jardín escolar, de un terrario o a creaciones más' exigentes, como la de un microscopio o una calculadora. Tales acciones exigen contactos, entrevistas, correspondencia, estimaciones y decisiones. Cuando son complementadas con trabajo corporal, como el traer tierra para el terrario, tanto mejor. Con ello ganan las interacciones de los alumnos y las oportunidades de aprendizaje social.

Se debe tener en cuenta que, con esto, las fronteras de las disciplinas se hacen rápidamente cuestionables. La realización implica en una escuela organizada en disciplinas el *Teamteaching* o, al menos, la coordinación entre maestros de diferentes disciplinas. Como se sabe, esto no se logra fácilmente. A la dirección escolar se le plantean problemas interesantes, tales como animar y reunir a los colegas para la realización de un proyecto.

Con la estructura actual de las escuelas sólo pueden emprenderse estos proyectos con cierta intermitencia. Sin embargo, si los maestros han conducido la idea del aprendizaje social a un contexto de trabajo práctico, económico y laboral, sabrán aprovechar estas oportunidades. En los tiempos intermedios podrán influir también los fundamentos pragmáticos correspondientes en las clases tradicionales, y orientar el aprendizaje social en los niveles I, II y III.

Resumen

Nuestras escuelas deben ser conscientes de la realidad del mundo laboral y económico. Deben tender a ubicar el aprendizaje social de los alumnos en situaciones pertenecientes a los ámbitos vitrales importantes de la actividad económica y pública; no con el fin de rendir homenaje al utilitarismo estrecho ni de convertir en criterio único de la acción la ganancia material o el cumplimiento externo de algún plan económico, sino más bien con el objetivo de hacer también valederos en el trabajo y la actividad económica los valores humanos y espirituales. Con ello queremos impedir que en el mundo y en la conciencia de los hombres se distancien lo económico y lo moral-espiritual. Buscamos más bien acercarlos, de manera que las perspectivas éticas y culturales controlen las actividades laborales y económicas, proporcionándoles al mismo tiempo una justificación más profunda. Con ello impedimos también que el pensamiento espiritual y ético se alejen de la realidad y se vuelvan ineficaces.

Con la mira puesta en este objetivo hemos descrito cuatro niveles del aprendizaje social en un contexto laboral y económico, definiéndolas de la siguiente manera:

I) Representación y estudio de la interacción humana en el mundo del trabajo y de la economía.
II) Solución de problemas en el contexto de situaciones de acción laboral y económica, ficticias pero realistas.
III) Simulación de acciones laborales y económicas en juegos de roles.
IV) Aprendizaje social en la interacción real con contrapartidas extraescolares.

Aprendizaje social en el ámbito político y estatal

La actividad económica apunta a un resultado material y, puesto que éste tiene un precio, podríamos decir que su objetivo es el «lucro». Pero éste es sólo una parte de sus objetivos. Los hombres también encuentran en su trabajo satisfacción y alegría, y el trabajo es atractivo cuando les procura contactos y relaciones interpersonales. No es gratuito que se hable del síndrome del jubilado: para algunos hombres son vitales, en sentido literal, los estímulos y contactos personales que les proporciona el trabajo.

¿Cuál es el sentido de la actividad política? ¿Para qué está el estado? Y, ¿qué clase de aprendizaje social implican y posibilitan estos ámbitos de la actividad humana? Se ha dicho siempre que con el estado y con la política la cuestión es el poder; que los políticos buscan el poder, que el estado encarna el poder y su función es la del dominio de los hombres. Ello es tan falso como cuando se afirma que la actividad laboral sólo es concebible por razón del dinero y del lucro material. Los motivos de la actividad política y los objetivos del estado son también múltiples. Nosotros mismos somos estado, en la medida en que investimos nuestra vida en común de un orden legal y de derecho. Heinrich Pestalozzi (1815) lo dijo de manera lapidaria: «Nosotros, ligados unos a otros por medio de la ley y el derecho, somos nuestro mismo estado». Es superficial y miope identificar al estado con sus órganos, y es todavía más falso afirmar que todos sus órganos están poseídos de la voluntad de poder y dominio. Existe también el concepto del servicio del estado. Se trata de servicio a las personas. Y el maestro que no esté muy convencido de ello debería pensar que la escuela también es un órgano estatal, y que tampoco le gustaría que le atribuyeran, como motivos de su acción con los alumnos, sólo el hambre de poder y el ansia de dominio.

Debemos por tanto mirar también el aprendizaje social en un contexto estatal y político. Ese ligarse unos a otros, de que habla Pestalozzi, no es ningún producto natural, debe ser aprendido. La democracia, especialmente, es una forma difícil de estado. La capacidad de mantener un orden democrático y de organizar la vida propia en la libertad exige un aprendizaje social permanente e intensivo. Es por tanto necesario que dediquemos algunas reflexiones a esta esfera del aprendizaje social.

Una rápida mirada a nuestras escuelas nos muestra que el aprendizaje social en su connotación estatal y política es buscado y realizado directa e inmediatamente sólo en muy pocas ocasiones. Ciertamente se dan escuelas de espíritu democrático, en el sentido de que se respeta la dignidad de los alumnos, no domina la arbitrariedad sino que administración, maestros y alumnos se someten por igual a las reglas, y tanto la administración como los maestros desempeñan su oficio de manera responsable. En algunas escuelas más avanzadas existen también parlamentos escolares, o instituciones parecidas de participación escolar, que funcionan bien. Son todos elementos de un orden democrático, que tienen con seguridad efectos educativos en los alumnos.

Adicionalmente existe la clase de educación cívica, y también la clase de historia puede producir conocimientos y conceptos relativos al pensamiento político. En especial la historia de los tiempos contemporáneos, las ideas de la revolución francesa y las fundaciones de los estados liberales del siglo XIX ofrecen la oportunidad de comprender mejor el estado en que vivimos. Las crisis estatales del siglo XX y las guerras que desencadenaron pueden, por su parte, prestar claridad. Pero con ello nos encontramos sólo en los niveles inferiores del aprendizaje social que describimos anteriormente, en el nivel de *representación y estudio de la interacción humana en la política y en el estado.*

Si avanzamos de manera paralela a como lo hicimos en el aprendizaje laboral y económico, tenemos que plantearnos la pregunta de si se da aquí también una *solución de problemas en situaciones de acción política y estatal, ficticias pero realistas,* y si ello puede aportar algo al aprendizaje social. Opinamos que sí. Debemos recordar, sin embargo, que la actividad estatal y política no apunta a resultados materiales, sino a ordenar legalmente y según el derecho la vida en común, o a restablecer el orden y encontrar soluciones legales a los conflictos, allí donde amenacen el desorden y el conflicto. La solución de problemas no debe verse en este caso como algo matemático o de las ciencias naturales. Se trata de problemas entre las personas y entre grupos de personas; del problema, por ejemplo, del cuidado de los ancianos (seguridad estatal o atención privada), del desarrollo del tráfico (por carretera, con motores de combustión, o sobre rieles, con motores de combustión o eléctricos), o de cómo obtener la energía necesaria, y cómo cobrarla. Se trata también del problema del castigo a personas y empresas que infringen la ley y el derecho cuando, por ejemplo, contaminan el ambiente o atropellan a otros en sus vehículos (derecho penal, derecho de tráfico). También se trata de problemas tan simples como la planificación de los barrios y las normas de construcción, de manera que una vivienda no perjudique a la del vecino; problemas éstos por los cuales se pelean con frecuencia las personas. Aquí es función del estado y de la justicia y el procurar la paz. También se trata de la forma como el estado contemple la defensa de su soberanía: si son necesarias las armas, y de qué tipo, a fin de garantizar la paz; son preguntas de la política de defensa.

Las clases de lenguaje, de historia, de geografía y de educación cívica tratan precisamente estos problemas. No sólo se los relataremos a los alumnos, sino que se los plantearemos, a fin de que encuentren soluciones autónomas, con ayuda del saber adquirido y de los conceptos aprendidos. Se trata de argumentar en pro o en contra de determinados objetivos estatales y políticos, de encontrar soluciones en situaciones determinadas y de conformar los valores y objetivos correspondientes. Con este propósito se tratarán también, a partir de la lectura en común del periódico, temas sobre la política cotidiana, e incluso se pueden trabajar por escrito en clase de composición. En clase de historia se transmitirán conceptos y saber técnico que permita al alumno tomar posición frente a cuestiones históricas. Se organizará también la clase de cívica de manera tan práctica, que los alumnos aprendan a actuar en situaciones problemáticas concretas; esbozarán, por ejemplo, una protesta oral contra un plan de vivienda, una pancarta a favor de un partido político o una votación en una asamblea municipal. No estamos hablando de otra cosa que de una *enseñanza por medio de la solución de problemas en situaciones de acción realistas de tipo político y estatal,* el nivel II del aprendizaje social.

Ello nos lleva naturalmente al nivel III, la *simulación de acción política en el juego de roles.* Si los alumnos han confeccionado ya textos auténticos referidos a situaciones de acción, podrán desarrollar los argumentos aducidos en el juego de roles, y a partir de las exposiciones enfrascarse en discusiones vivas. Es importante también aquí que la preparación en torno a los asuntos concretos sea suficiente y sólida. Los partidos políticos manejan asuntos concretos. El discurso maneja estos contenidos desde la perspectiva de intereses muy concretos. Los defensores e impugnadores hablan desde el punto de vista de su conocimiento del tema, y en la perspectiva de sus intereses. Ello debe ser tenido en cuenta por los juegos de roles que organicemos en la escuela. En muchos casos puede incluso pensarse en que los problemas ya tratados desde el punto de vista económico, pasen a manejarse ahora a nivel político y estatal; ése sería el caso, por ejemplo, de la fundación de una empresa en una comunidad ficticia, donde existen puntos de vista políticos diversos (permiso de construcción, aportación municipal a la infraestructura de transporte, reglamentación de los desagües, impuestos, etc.). También se trata aquí de que el alumno sepa que, por un lado, en cualquier debate político hay diferentes intereses en juego: de las partes directamente interesadas, del estado, de los partidos y de las diferentes asociaciones; pero que, por el otro, se debe buscar en toda confrontación el interés global, en este caso de la comunidad. A fin de cuentas el bien de individuos y grupos depende del bien común.

¿Es igualmente posible introducir y realizar *interacciones políticas reales con contrapartidas extraescolares* (nivel IV)? En este punto la actividad escolar tiene una serie de limitaciones, puesto que, tratándose de una institución estatal, debe ser políticamente neutral. Aun así es posible pensar en que una escuela, con ocasión de las elecciones, establezca contactos con los diferentes partidos y sus representantes, o invite a una charla a los representantes del estado elegidos por la comunidad. No se trata de actividades políticas de gran envergadura; pueden, sin embargo, ser fructíferas si, por ejemplo, los alumnos se preparan con preguntas y, en un caso dado, con propuestas concretas para hacer a los representantes de la autoridad.

Nos movemos, hay que reconocerlo, en el terreno sugerido por el gran pedagogo norteamericano John Dewey (1916), como proyectos de los *social studies.* Europa tendría aquí la oportunidad de desarrollar su propio concepto de formación política, que refleje la riqueza de su vida y de su tradición políticas. El aprendizaje social en este contexto gana en contenido cercano a la realidad y denso en ideas, que pudiera servir de modelo al resto del mundo. El aprendizaje social consiste en algo más que unos métodos para la solución de conflictos prácticos; consiste en que los ciudadanos, conscientes de que, al estar ligados por la ley y el derecho, conforman ellos mismos el estado, aprendan a asumir la responsabilidad que este papel implica.

6. CONTENIDO Y OBJETIVOS DEL APRENDIZAJE SOCIAL

Las reflexiones emprendidas hasta aquí nos han proporcionado alguna claridad sobre las formas del comportamiento y aprendizaje social. Para ello han sido de utilidad las distinciones psicológicas entre acción real y simbólica, y entre representación (contemplación) y producción de relaciones y contactos sociales. También vimos que el aprendizaje social debe proporcionar un saber hacer y un saber, y que no es menos importante la conformación de valores y la representación de objetivos, puesto que éstos motivan a los jóvenes a comportarse de una manera determinada. Hemos referido estas distinciones tanto al campo de la vida privada como a la vida en las instituciones, a los ámbitos de la familia, de la acción económica y al de la política. El aprendizaje social prepara al joven a encontrar su puesto en el marco de esos ámbitos. Simplificando las cosas, podemos decir que nos hemos acercado al aprendizaje social desde dos perspectivas, la psicológica y la social.

Pero todavía nos falta un elemento en nuestro cuadro de la actividad y del aprendizaje social: los contenidos y objetivos concretos. Debemos ahora llenar ese vacío. Una aportación importante a este tema puede suministrarla la ética y —más modestamente— la ciencia de las virtudes humanas. Vamos a organizar nuestra presentación, por decirlo de alguna manera, de abajo hacia arriba; comenzamos con los comportamientos y virtudes más elementales, bastante neutrales desde el punto de vista moral, para llegar finalmente a las ideas cruciales desarrolladas en la antigüedad y en la ética judeo-cristiana. Somos conscientes de que tocamos aquí cuestiones fundamentales sobre la existencia humana, acerca de las cuales no es fácil establecer consenso. Tampoco es necesario apresurarse en ello. Lo primero es que el educador tenga frente a sí, con toda claridad, las grandes opciones. En cada caso es él mismo quien debe elegir.

El comportamiento social es el comportamiento humano, en cuya realización juegan un papel activo o pasivo otro hombre, uno o varios grupos. El comportamiento social no necesita estar orientado directamente hacia el otro o hacia el grupo, como sucede, por ejemplo, cuando pedimos ayuda o nos solidarizamos con un grupo. Puede darse comportamiento social también en la solución de un problema objetivo, en el cual cooperan varias personas. En el desarrollo de una acción relacionada con cosas, de tipo técnico por ejemplo, otra persona puede resultar «afectada», sin que haya sido el objetivo consciente de la acción. Un ejemplo sería el podar el césped, que «afecta» al vecino con el ruido producido. Cualquiera que sea el papel que juegue la otra persona, el comportamiento social demanda que el actuante no perciba la situación únicamente desde su perspectiva propia, sino que sea consciente de la manera como los otros ven y vivencian las cosas.

Sentir con el otro (empatía)

Comencemos con el tipo de comportamiento que todavía no tiene que ver con el bien y el mal: el ponerse en la situación o «asumir el papel» del otro. Es fundamental dondequiera que se encuentran los hombres, bien sea para el trabajo en común, o bien cuando chocan y deben afrontar un conflicto.

En ambos casos es necesario, aunque de ninguna manera obvio, que quienes cooperan o se enfrentan se *entiendan*. Para que resulte bien un trabajo común, cada uno debe saber qué hace el otro. Lo mismo pasa con los enfrentamientos: tanto si se busca vencer al contrario (como en el ajedrez), como si se pretende llegar a un acuerdo, deben conocerse las situaciones y los intereses mutuos.

En psicología este ponerse en la situación de otro se llama *asumir el papel*, expresión que no es muy feliz, puesto que para entender a otro no es necesario asumir activamente su papel y realizar el juego. Se trata ante todo de *ver la situación con los ojos del otro* y de compenetrarse (tener empatía) con él.

Este concepto de *empatía* involucra un segundo aspecto del entendimiento. En efecto, comprender el punto de vista de otro tiene tanto un lado intelectual como uno afectivo. Ponerse en la situación de otro supone por lo pronto cierta madurez intelectual; determinados razonamientos deben ser aplicados de una manera correcta. Piaget (1949) lo mostró con ayuda de su famoso experimento de las tres montañas: frente a una maqueta de las montañas se coloca una pequeña muñeca, una vez en el lado donde se encuentra el niño, luego en el lado opuesto, después en el derecho, y finalmente en el izquierdo; los niños pequeños creen que las montañas se ven (se dibujan o se fotografían...) siempre de la misma manera, tal como se ven desde su perspectiva. Son «egocéntricos». Entre los ocho y nueve años comprenden que las relaciones delante-detrás e izquierda-derecha cambian con la perspectiva del observador. Han «descentrado» su juicio, como dice Piaget. Hoy se añadiría: se han vuelto capaces de asumir el papel del otro observador (Aebli, Montada y Schneider, 1968; Flavell, 1975; Monika Keller, 1976; Edelstein y Keller, 1982). En la última antología citada se encuentra una serie de aportaciones de otros investigadores al respecto.

Pero, según se dijo, el problema tiene también un aspecto afectivo, que es con frecuencia decisivo en la práctica. Los sentimientos y las vivencias juegan un papel importante en las acciones sociales. Si se quiere tener éxito en la cooperación y mantener una buena relación con el otro, debe uno ser capaz de comprender el estado de ánimo del otro (recuérdese la poda del césped). Por eso hablamos de empatía. Ya desde pequeños son capaces los niños de darse cuenta cuando algo preocupa a la mamá; y cuando en medio del juego, uno de ellos comienza de pronto a llorar, los otros muestran sentimientos claros de pesar e intentan consolarlo.

¿Quieren decir estos ejemplos que la comprensión del punto de vista del otro y la empatía con los sentimientos ajenos es parte de la naturaleza humana, y no necesita por tanto de educación o adiestramiento? Las cosas no son tan simples. Se necesita sólo viajar y abrir bien los ojos para darse cuenta de que muchas reacciones de comprensión hacia el prójimo y hacia los animales, que nos parecen obvias, de ninguna manera constituyen la regla. Todavía en los albores de este siglo se atormentaba y fastidiaba a los niños pelirrojos, para no hablar de discriminación racial, que todavía permanece al orden del día. En *El Quijote* de Cervantes (1605 y 1615) se burlan muchos del desajuste mental de Don Quijote, quien es golpeado una y otra vez. Aunque la obra es sólo de tipo poético, es, sin embargo, histórico el hecho de que infinidad de lectores no se han disuadido de este comportamiento típico del medio, sino que se han mofado también de la torpeza del pobre bufón. El comportamiento con los animales ha sido también muy diverso, en las diferentes épocas y culturas.

Estas reflexiones y observaciones simples muestran que la empatía y el asumir el rol del otro, en sus formas más elevadas, son producto de la educación. Deben ser aprendidos. Pensamos que en el aprendizaje escolar debe ser ejercitado continuamente el asumir la perspectiva del otro. El alumno debe aprender a superar su egocentrismo y a percibir con los ojos de los otros participanetese las situaciones sociales en que se encuentra. El modelo del maestro juega aquí un papel importante. Actitudes correspondientes en los alumnos son reforzadas por él.

Autocontrol (reflexividad) y firmeza (asertividad)

Más elemental que la empatía es, si se quiere, el *autocontrol* o reflexividad del niño en las situaciones sociales. El opuesto es la *impulsividad,* el actuar según impulsos rápidos e intensos y el reaccionar con rapidez a los estímulos del medio, que aparta de objetivos comportamentales de más largo alcance y más ponderados. Los niños impulsivos no comprueban a fondo las circunstancias de una situación ni planean suficientemente sus acciones. Si han realizado algún plan, se dejan distraer fácilmente de él.

La impulsividad es un comportamiento psicológico incorrecto, bien conocido hoy día, y se sabe que puede ser corregido, al menos parcialmente (una síntesis se encuentra en Harter, 1983). Un papel importante en ello lo desempeñan las reglas formuladas verbalmente, que el niño mismo puede repetir; las llamadas autoinstrucciones. («No involucrarse inmediatamente, considerar las cosas con calma..., ¿qué clase de problema es?, ¿cómo se plantean las cosas?... hagamos un plan...»). Procedimientos de este tipo pueden ser ejercitados. Ayuda mucho pensar en voz alta, según patrones determinados de comportamiento. La imitación por parte de los estudiantes conduce a mejoras.

Ayuda al alumno en el control de sus acciones el juicio tranquilo y comprensivo de las situaciones de problema, la planificación de reacciones y acciones, la orientación de los propios motivos y la autorrecompensa. Esto es para él especialmente importante cuando aprende a imponerse metas a más largo plazo y logros orientados hacia el futuro. En relación con las actividades sociales estará pendiente el maestro de que los alumnos se sobrepongan a las tendencias a la impulsividad y desarrollen una actividad favorable al autocontrol y a la reflexividad.

Con la reflexividad se relaciona otra actitud, la de la *asertividad,* que significa *el hacer valer, sin herir a los demás, el punto de vista propio.* Abreviadamente hablamos de la «firmeza pacífica». Puede sorprender que en un capítulo dedicado al aprendizaje social hablemos de hacer valer los derechos propios. Generalmente se habla como si, para el desarrollo de las relaciones interpersonales y de las comunidades, lo único válido fuera el desinterés y la disposición al sacrificio. Eso es falso. Tal concepción parte de que todos los hombres poseen un espontáneo amor propio y la capacidad correspondiente de velar por sus propios intereses. Ello no es así. A algunas personas, adultos y niños, les resulta difícil defenderse. Les faltan las motivaciones y/o las capacidades correspondientes. Las relaciones interpersonales positivas, la buena cooperación y un buen espíritu grupal pueden también ponerse en peligro cuando algunos de los miembros no pueden hacer valer sus derechos, o no lo hacen de manera adecuada. En otras palabras, les falta la «asertividad» necesaria. No pueden manifestar oportunamente sus sentimientos de desventaja, no pueden reaccionar adecuadamente a los atrevimientos de los demás y tienen dificultad en solicitar algo de otros. Estos también tienen necesidad de un tipo especial de aprendizaje social, que se ha llamado «entrenamiento en la asertividad». Pero los niños y jóvenes normales también pueden sacar provecho de estos ejercicios, ya que quizá tampoco sea para ellos tan fácil percibir sus derechos de una manera que no hiera a los demás, que sirva a la armonía mutua. Consideramos que el problema es nuevo y de tal manera importante, que le hemos dedicado un capítulo corto (capítulo 18). Puesto que atañe tanto al cuerpo docente como a los alumnos, lo colocamos en la parte del libro que se refiere al problema de la autoridad y de la disciplina en clase.

Las convenciones del comportamiento y de la apariencia

En todas las sociedades existen normas sobre el comportamiento y la apariencia externa de las personas que, tal como los rasgos y actitudes de carácter tratados hasta aquí, no tienen nada que ver con lo bueno y lo malo y, sin embargo, son importantes para el funcionamiento de las relaciones humanas. Mientras que más adelante hablaremos de las normas de la moral, aquí lo haremos de las de las *costumbres.* Las costumbres se pueden modificar de cultura a cultura, y en la historia (la «historia de las costumbres»). Lo cual muestra que no están fuertemente enraizadas en la naturaleza humana. Por esa razón, tampoco son consideradas seriamente por aquellos contemporáneos que buscan ver lo fundamental en todo. En efecto, muchos intentan probarse a sí mismos y al mundo que son modernos, en la medida en que desprecian estas reglas. Pensemos, por ejemplo, en la limpieza, en la puntualidad, en el orden y en los modales. Reglamentan el comportamiento de las personas, la configuración de su ambiente personal (vivienda, puesto de trabajo...) y su apariencia.

Una y otra vez se siguen confundiendo estas normas de las costumbres con las normas de la moral, es decir con lo bueno y lo malo, y considerando malos a los hombres desordenados. Eso es por supuesto falso. Pero la conclusión contraria de que, debido a que no hay conexión necesaria entre costumbres y moral, las primeras sean despreciables o aún dañina su observancia, es igualmente falsa. Significaría que en asuntos humanos sólo importa lo moral; sería por tanto un moralismo radical. Los valores morales, como lo veremos, son importantes. Pero los principios morales no pueden ni establecer normas para preparar una buena comida, ni determinar cómo se debe comer. Tampoco dicen nada sobre cómo debe ser la apariencia en un puesto de trabajo, ni cómo presenta uno a un amigo o a una amiga a una tercera persona.

Esta es precisamente la función de las reglas a las que nos referimos aquí: facilitar, admitiendo su superficialidad, los contactos y el entendimiento humano. Dondequiera que los hombres conviven, las necesitan. Permiten predecir las acciones del otro y acoplar a ellas el comportamiento propio. Cuando acordamos encontrarnos a una hora determinada, es conveniente para ambos acudir al sitio y a la hora acordados. Eso se llama puntualidad. El orden por su parte sirve a la eficiencia en el trabajo. Permite al trabajador tener una perspectiva global de la situación. También es perceptible para los colegas. Nada es más enojoso que tener que buscar algo en el puesto de trabajo de un colega desordenado. La limpieza, por su parte, favorece la higiene. Europa la descubrió en los siglos XVII y XVIII. Entre otras cosas, ayudó a disminuir la mortalidad infantil.

¿Cómo deben juzgarse las normas tocantes a la apariencia externa y los llamados modales? Son convenciones. Entre aproximadamente 1850 y 1950 se conservó el uso, en ciertos oficios, de corbata para los hombres y falda para las mujeres. Hoy no sucede lo mismo. A pesar de ello, también existen hoy convenciones. Eso se puede notar con más claridad precisamente en los llamados grupos inconvencionales. Aquí es especialmente fuerte la presión del grupo por la observancia de ciertas normas en el vestido y en la apariencia. Quien no se atiene a ellas, es tenido en seguida por extraño. Los hombres necesitan normas sobre la apariencia y el comportamiento, a fin de señalarse mutuamente su pertenencia común y poder significar, sobre la base de un comportamiento y una vestimenta normatizados, situaciones de excepción, tales como el luto, o la celebración de algo. En las comunidades urbanas modernas muchas de esas costumbres ya no se usan. La gente, sin embargo, va de vacaciones al campo, donde las costumbres y las usanzas todavía están vivas. ¿Por qué lo hacen?

Hemos tratado algo extensamente este asunto, debido a que quizá estas ideas puedan servir aquí o allá como argumento al maestro y educador. De hecho existe hoy día una especie de contracultura difundida frente a estas normas, que se manifiesta con cierta agresividad. Es por tanto útil que se haga claridad sobre lo que son las costumbres y lo que no son. No se buscará entonces un significado en ellas, que no lo tienen, especialmente uno de tipo moral, y se mantendrán y defenderán cuando cumplan verdaderas funciones. Se trata de funciones simbólicas; signos que se dan los hombres sobre su solidaridad y pertenencia a grupos determinados, y sobre los valores e ideas representados por éstos. Signos que son necesarios para que pueda darse la comunicación (Watzlawick *et al.*, 1972, 1980; Postman, 1983[2]).

Es claro que también en la vida de los grupos escolares desempeñan un papel las normas. Tanto más, cuanto más rica sea la vida social y las actividades comunitarias de una escuela. En este caso la vida de la escuela es similar a la vida real. Para que las actividades tengan éxito, se necesitan reglas tales como puntualidad, lealtad y orden. Y para que funcione la comunicación entre los alumnos y entre maestros y alumnos, se necesitan también reglas sobre el trato mutuo y sobre la apariencia externa. El hecho de que en muchas escuelas maestros y alumnos se aproximen de una manera tan amorfa, es signo de que no existe una verdadera comunidad entre ellos. Con ello no quiero salir a la defensa de la corbata de seda ni del maletín del ejecutivo. Se trata de otra cosa.

¿Cómo se pueden transmitir reglas semejantes? Lo importante es que el mismo maestro esté convencido de que son importantes. Para ello son necesarias algunas consideraciones, similares a las que empleamos para introducirlas. En primer lugar deben ser definidas las reglas, y hacerse comprensibles a los alumnos. Algunos no traen consigo, de la familia, la experiencia pertinente. Se debe mostrar a los pequeños cómo se organiza la cartera de libros y se mantiene en orden. A otros habrá que aclarar cómo hace uno para estar a tiempo en el lugar convenido. Muchas cosas que parecen mala voluntad o negligencia, son simplemente no saber o no saber hacer.

Lo siguiente es el ejercicio en el cumplimiento de las reglas. Estas pueden ser automatizadas y convertirse en una «segunda naturaleza». Ello ahorra energías y concentración (Aebli, 1983). Para que pueda lograrse, debe el maestro mismo ser consciente del orden. El autor recuerda cuánto trabajo le costó esto cuando empezó a dar clase. Comprendió que en primer lugar debía aprender él mismo el orden, según el cual se desarrollaba la vida escolar. Cuando lo ha asimilado conscientemente el maestro, podrá también imponerlo, no por la fuerza, sino siendo capaz de percibir las desviaciones y de enviar oportunamente una pequeña señal, necesaria para restablecer el orden.

En todo esto es necesario que las reglas, que son moralmente neutras y por tanto ni buenas ni malas, se muestren atractivas a los alumnos. Se debe enfatizar su atractivo y buscar convencer de él a los estudiantes. Puede hacerse por contraste, haciendo ver a los alumnos que, en medio del desorden y de la carencia de modales, finalmente nadie se siente bien. Naturalmente, también aquí juega un papel decisivo la autoridad y el atractivo de la personalidad del maestro; cuando la persona del maestro o maestra es atractiva, los alumnos asumirán las reglas que éste o ésta encarnan (Bandura, 1969). De ninguna manera deben ser impuestas estas reglas con violencia o por medio de castigos, puesto que no deben revestirse del sabor a lo inhumano. Precisamente porque así se hacía con frecuencia en el pasado, se da hoy esa contracultura, que pretende haber logrado una victoria para el progreso con cada destrucción de una norma de comportamiento.

En conjunto tienen su aplicación aquí principios didácticos simples. La dificultad no reside tanto en su transmisión, cuanto en que el aprendiz se convenza de su sentido.

Comportamiento social
en órdenes jerárquicos

En la mayor parte de las instituciones y de las agrupaciones informales de personas (y de animales) existen relaciones de supra y subordinación, «relaciones verticales», y se dan relaciones de nivel equivalente, «relaciones horizontales». Llamamos también a las verticales «órdenes jerárquicos». *(Hieros,* en griego, quiere decir «sagrado»; *arkon* es el que rige. La expresión deriva de una generalización de la jerarquía sacerdotal, tal como la practica por ejemplo la Iglesia católica). En los estados feudales de la Europa medieval estaban bien marcados los órdenes jerárquicos, y eran muy claros los derechos y deberes de cada parte; los estamentos de arriba asumían para sí la autoridad, o sea el derecho de ordenar, pero tenían al mismo tiempo el deber de velar por los subordinados; el deber de éstos era la obediencia, su derecho el de protección, cuidados y apoyo en situaciones de emergencia. La revolución francesa alteró fuertemente este ordenamiento social y estatal, no sólo de hecho, sino también en la conciencia de los hombres. Se acentuaron las relaciones igualitarias, o sea las horizontales, y fueron presentadas como modelo de relaciones humanas. La consigna es conocida: «Libertad, igualdad, fraternidad». Desde entonces puede observarse en cada vez más ámbitos de la sociedad occidental, incluso en los de la escuela y la educación, el desmontar los órdenes jerárquicos. Los movimientos antiautoritarios son simplemente expresiones de este proceso.

Sin embargo, determinadas instituciones y agrupaciones informales de la actualidad requieren una mezcla de estructuras verticales y horizontales, con los derechos y deberes correspondientes. Difícilmente podría imaginarse un cuerpo de bomberos organizado sólo de una manera igualitaria, cuyas decisiones fueran todas discutidas y llevadas a cabo por todos sus miembros, en igualdad de condiciones. Igualmente es necesario que en una intervención quirúrgica exista un médico jefe y un grupo de colaboradores que siga sus instrucciones. La cuestión no reside en si debe haber sólo relaciones jerárquicas o sólo igualitarias; más bien corresponde a cada grupo humano decidir cuánto de subordinación y cuánto de igualdad debe imperar, quién deba asumir cada posición y cómo deban ser definidos los derechos y deberes correspondientes.

Por tanto, el aprendizaje social significa también que los jóvenes aprendan cómo se comporta uno en una posición superior o subordinada, cómo cumple en ella sus deberes y percibe sus derechos, cómo se toman medidas y se dirige su cumplimiento, cómo se aceptan órdenes y se ejecutan. Son procesos de aprendizaje en órdenes jerárquicos. Igualmente debe el joven aprender a comportarse entre iguales, compañeros y amigos: nivelar los intereses de manera correcta, controlar impulsos egoístas, compartir, ayudarse mutuamente y ser solidarios. Especialmente en un orden económico liberal es definitivamente importante que los hombres aprendan el comportamiento competitivo correcto, puesto que la economía de mercado, que es regla general en Occidente y a la cual retornan hoy diversos sectores del mundo socialista, exige un equilibrio entre los impulsos de vencer al competidor y los de solidaridad y comportamiento correcto con respecto a él. Estas actitudes no son innatas. En la jungla impera la ley del más fuerte. Sólo por medio de la educación, es decir del aprendizaje social, podrá ser superada esa jungla e imperar la sociedad humana.

Se nos plantea con ello la pregunta de si la escuela puede y debe colaborar en este punto. De nuestra parte, lo deseamos. Pero la situación es similar a la de las otras áreas del aprendizaje social; no se pueden despreciar estos tópicos durante años y pretender de pronto, a partir de una edad determinada, transmitir el saber y el saber hacer necesarios. Así como uno no puede no comunicar (Watzlawick *et al.*, 1972[3]), así tampoco puede un alumno no aprender socialmente. Si no lo hace conscientemente, lo hace de manera inconsciente. Los resultados, desafortunadamente, son con frecuencia desastrosos. En una escuela imperan sólo relaciones jerárquicas carentes de sentido; se habla sólo de los deberes del alumno, sus derechos no se mencionan. En la otra no se definen claramente los deberes y los derechos, e impera la arbitrariedad. En una tercera se pretende seguir una ideología igualitaria, pero bajo la superficie se desarrollan relaciones incontrolables de dependencia y falta de libertad.

¿Cómo aprende el alumno a mandar y obedecer, dirigir y ejecutar en situaciones de supra y subordinación, y cómo aprende a compartir, ayudar y ser solidario y a competir de manera correcta? Veremos a continuación dos grandes campos de experiencia.

En primer lugar, todo comportamiento educativo es un comportamiento de niveles de competencia, y en ese sentido de supra y subordinación. Maestro y maestra tienen su misión, de cuya ejecución son responsables. Para que puedan llevarla a cabo les han sido concedidos ciertos derechos. Dicen cómo debe marchar la clase y establecen objetivos a las actividades. Lo cual no significa que los alumnos, en situaciones determinadas, no puedan aportar sus opiniones y preferencias. Pero, en última instancia, la responsabilidad, y con ella el derecho de mando, está en el enseñante. El alumno debe reconocer su autoridad y mostrar obediencia. A cambio, tiene derecho a esperar que el enseñante haga todo lo posible por apoyarlo y ayudarlo a avanzar. Pero el alumno debe esperar del enseñante algo más que esta disposición de ayuda. Debe también experimentar cómo éste usa su autoridad, en la medida en que se respeta su dignidad. Sería pensar superficialmente, si uno esperara experimentar el respeto por la dignidad del otro sólo en estructuras igualitarias. En ese contexto los problemas se solucionan fácilmente. El problema más importante está en guiar y mandar de manera tal, que se tenga en cuenta la dignidad del subordinado. Ello debe experimentarlo el alumno en el comportamiento de su maestro y maestra. Entonces será alta la probabilidad de que él mismo, en una posición de dirección, reproduzca esta actitud y se convierta en un superior respetable. Llamamos a este proceso el aprendizaje por observación (Aebli, 1983).

Los comportamientos de los dirigidos también deben ser aprendidos: recepción atenta de las órdenes, comprensión de su sentido, ejecución no ciega sino de acuerdo al sentido, rendición de cuentas. Eso lo aprende el aprendiz en la empresa en la cual está integrado. La escuela debe proporcionar a los alumnos oportunidades similares de experiencia y aprendizaje. Pero, en muchas partes, es poco lo que hacen.

El alumno debería aprender cuáles son las aportaciones del ejecutante para la solución de una tarea conjunta. Cuando se identifica con el objetivo de una actividad y realiza su trabajo con atención e interés, realizará observaciones y experiencias que conducen a sugerencias de mejoramiento. En la industria juega un papel importante el sistema de sugerencias. Funciona donde los jefes están abiertos a las sugerencias, las comprueban desprevenidamente y no las toman como crítica a sus disposiciones. La industria japonesa es famosa por lo bien que funciona su sistema de sugerencias.

La escuela debe aprender de estas experiencias. También el maestro puede animar a los alumnos a hacer sugerencias para el mejoramiento de las actividades escolares. Esto concierne naturalmente, en primer lugar, a las actividades prácticas, puesto que las de más alto nivel, concernientes al aprendizaje, son difícilmente comprensibles por el alumno. Aun así también se puede pensar que hagan sugerencias para la elaboración de los ejercicios y las aplicaciones. Lo importante es la actitud fundamental con que se desarrolle el trabajo de clase. El alumno debe aprender a actuar bajo dirección, con sentido y conciencia del objetivo, identificarse con la tarea y hacer sugerencias para el mejoramiento, cuando ello sea posible y tenga sentido.

Pero el papel del alumno no debería ser siempre el del subordinado que ejecuta actividades. Debe también tener desde temprano la oportunidad de planificar un trabajo y guiar a un grupo en su ejecución. Para ello está el trabajo de grupo, realizado no sólo en organización igualitaria con igualdad de condiciones para todos los miembros, sino también de vez en cuando de manera que algunos alumnos tomen la responsabilidad de la planificación y la ejecución de una tarea. Conocen de esta manera los problemas del liderazgo, y se ejercitan en ello. Naturalmente hay que tener aquí cuidado en no exigir a los alumnos más de lo que puedan dar y en ajustar los contenidos de las tareas, así como la composición del grupo, a sus posibilidades. Para ello es esencial que los problemas que se planteen sean formulados y considerados conjuntamente. Ayuda especialmente la reflexión posterior a la ejecución de una tarea. Debe tocar no sólo los problemas técnicos de contenido encontrados en la ejecución, sino también los problemas de mutuo comportamiento de los miembros del grupo, y especialmente los problemas del comportamiento directivo del alumno que desempeñó ese papel. Si saben los alumnos que todos tienen oportunidad de asumir y ejercitar tales roles, criticarán también de manera comprensiva y positiva al que los desempeña en un momento dado. Se trata de aprender el comportamiento directivo.

Comportamiento social
en órdenes igualitarios

La otra parte de la tarea atañe al aprendizaje de comportamientos en grupos organizados igualitariamente. Aunque no debe olvidarse que incluso en tales situaciones algunos alumnos se destacan con rapidez y asumen el liderazgo. Aun así, pueden enfatizarse las relaciones igualitarias y convertirse en objeto del ejercicio

(Gordon, 1981). El pre-debate procurará que eso suceda, y en el post-debate se reflexionará en qué medida se ha logrado desarrollar igualdad de derechos y de aportaciones al grupo. Aquí tocamos cuestiones relativas a la actitud de compañerismo, de la justa nivelación de intereses y de la autoayuda. Hacia afuera se trata de la coherencia interna y de la solidaridad. Es claro que el maestro no puede intervenir y dirigir aquí de una manera inmediata. Lo siguiente, sin embargo, es posible. En la preparación del trabajo pueden ser tratados los problemas que surgen con la forma igualitaria del trabajo común. Los alumnos han tenido muchas experiencias sobre los problemas tratados, en sus juegos comunes. El maestro los conoce, por trabajos y proyectos de grupo anteriores. Con ello la discusión inicial busca sensibilizar sobre los problemas que se presentarán. Invitamos a los alumnos a prestarles atención continua en la ejecución del trabajo. Un miembro del grupo puede ser encargado de observar y llevar una especie de acta sobre la forma del trabajo en común. De nuevo se tratan estos problemas en la post-discusión, se diagnostican los resultados y se sacan las conclusiones necesarias. Con frecuencia puede hacerse un trabajo, con contenidos semejantes a uno ya hecho, pero esta vez con el objetivo explícito de mejorar el comportamiento social.

En el marco de tales actividades juegan también su papel las *leyes y reglas*. Estas pueden ser impuestas a los alumnos desde fuera. Pensamos por ejemplo en el caso de que, para ejecutar un trabajo, tengan que dirigirse a alguna parte en bicicleta o usar el transporte público. En segundo lugar, naturalmente tiene también cada escuela y cada clase sus reglas, bien sean éstas impuestas por el maestro o por la clase misma. En tercer lugar, los alumnos, que ejecutan determinadas actividades comunes, establecerán reglas *ad hoc* para su ejecución: leemos tanto tiempo en libros o textos, planificamos luego el trabajo, cada uno ejecuta su parte, y finalmente organizamos las diferentes partes (como en el caso de la construcción de un globo o de la preparación de una exposición). Cualquiera que sea la manera como se hayan impuesto las leyes, reglas y planes, y quienquiera sea el que las haya impuesto, las leyes deben ser acatadas y los planes y reglas seguidos y tomados con seriedad. Esto no es tan obvio. Implica siempre autodisciplina y la comprensión de que ayudan al asunto, y no sólo de que «limitan el margen de libertad».

Por eso también buscamos el objetivo de concientizar a los alumnos sobre la importancia de la observancia de las leyes y reglas. Para que sea posible, deben en primer lugar captar su sentido. No tiene que ser de manera teórica. La comprobación práctica de las consecuencias de su no observancia puede ser igualmente efectiva. Naturalmente debe estar claro que el maestro también toma en serio dichas normas. Los alumnos tienen un agudo sentido para captar la posición del maestro. Si se establecen leyes, deben ser acatadas. En caso extremo, se aplican sanciones. En ello también es importante, una vez más, que la mayoría de los alumnos esté convencida de que son justas.

En algunas escuelas, en el contexto de la participación de los alumnos en su dirección, los alumnos mismos, o un órgano escolar cuasi jurídico, ejercitan la vigilancia y la sanción a la violación de las reglas. Puede ser muy provechoso, pero requiere una preparación y ejercicio cuidadosos. Lo decisivo es que en la vida escolar surja un consenso fundamental sobre los objetivos y las formas y normas para lograrlos. Con ello serán acatadas tanto las órdenes de los maestros como las reglas mismas que se establezcan.

7. VIRTUDES CLASICAS Y CRISTIANAS EN EL COMPORTAMIENTO SOCIAL

Hasta aquí hemos considerado desde abajo, por así decirlo, las características del comportamiento social deseable, a partir de los fundamentos neutrales (empatía, asunción del rol, autocontrol, firmeza pacífica) y de las reglas más elementales del trato en comunidad (limpieza, orden, puntualidad). Para terminar, nos encontramos con características del comportamiento, en relación con los órdenes sociales jerárquicos e igualitarios, de más profundo alcance y que tienen que ser fundamentadas más radicalmente: responsabilidad y obediencia, identificación con el grupo y misión, solidaridad y camaradería.

Hemos realizado todas estas consideraciones de una manera más bien práctica. Pero también los filósofos, y parcialmente los teólogos, han reflexionado sobre problemas similares. Por nuestra parte, cuando reflexionemos con los alumnos —y no sólo con los de más edad o más dotados— sobre los problemas de la vida en común, como lo sugerimos aquí, tropezaremos una y otra vez con las preguntas relativas al *fundamento* y *justificación* de las reglas y de los objetivos. En ese caso es deseable que nosotros, maestros, sepamos algo acerca de los trasfondos de dichas preguntas y podamos velar por que los debates de clase ganen en profundidad. Los alumnos nos lo agradecerán, y nosotros como maestros también sacaremos provecho de ello, puesto que arrojan alguna claridad sobre el sentido de nuestro trabajo.

Como resultado de la reflexión sobre la convivencia humana surgió la parte de la filosofía que llamamos ética (de *ethos*, que quiere decir costumbre en griego) o moral (de *moralis*, que en latín corresponde a las costumbres, *mores*). A las características de las personas y de su comportamiento, presentadas en este contexto como deseables, las llamamos «virtudes», concepto que podemos volver a usar al final del siglo XX, después de haber sido evitado durante largo tiempo, debido al uso superficial que se le dio. No es naturalmente posible aquí ni siquiera ofrecer un bosquejo de la ética. Nos limitamos a hacer algunas anotaciones sobre las cuatro virtudes cardinales de la ética clásica y el concepto fundamental de la ética judeo-cristiana, el amor al prójimo. En nuestra presentación seguimos de manera amplia la presentación que hace Ritter (1972) en su diccionario histórico de filosofía.

Desde Platón (429-347 a. C.) se señalan el *valor*, la *mesura*, la *justicia* y la *sabiduría*, como las cuatro virtudes cardinales *(cardo*, significa en latín gozne de puerta; se trata, pues, de los elementos cruciales de la ética). Desde Moisés, o sea desde el siglo XIII a. C., han contemplado tanto el Antiguo como el Nuevo Testamento al *amor* como la virtud fundamental del cristiano. Si no estamos de acuerdo con Rousseau, quien opina que el niño es un ser amoral hasta los 15 años, y que a partir del 16 aparece repentinamente la moral como consecuencia de un proceso de maduración, aceptamos más bien con Piaget (1932-1983²) un desarrollo moral que comienza desde la primera infancia. Como consecuencia, las virtudes tienen también sus antecedentes en el comportamiento infantil y juvenil, y la escuela debe preocuparse por contribuir a su desarrollo. De hecho, tanto Piaget (1932-1983²) como Kohlberg han mostrado que el concepto de justicia del niño sufre una evolución prolongada, y no tenemos motivo para dudar que lo mismo ocurra con las demás virtudes.

No obstante, nuestro conocimiento global del desarrollo moral se limita prácticamente al desarrollo del concepto de justicia, y de las nociones relacionadas con él: responsabilidad, culpa y expiación. Piaget (1932-1983²) encuentra que estos conceptos se desarrollan espontáneamente, siempre que se les dé a los niños y jóvenes oportunidades de cooperación autónoma, no influida por los adultos. Si ello fuera así, no se necesitarían por supuesto maestros ni se daría ningún tipo de educación moral, sino sólo la maduración moral espontánea del niño.

Kohlberg, sus colaboradores y seguidores (ver, por ejemplo, Oser, 1976) no son tan pesimistas. Contemplan posibilidades de intervención, especialmente con la reflexión y la enseñanza. Volveremos después a estos procedimientos de aprendizaje. Aquí se trata ante todo de hacer un bosquejo más amplio de la ética y de sus fundamentos y de explicitar lo que significan las virtudes dentro del contexto de la vida social escolar. En otras palabras, la argumentación que sigue es ante todo filosófica, y no psicológica.

Valor (firmeza)

La primera virtud cardinal es el valor o, en palabras de Platón, la consistencia o firmeza humana. Döbert y Nunner (1983) hablan de lealtad, como una acción de acuerdo con las convicciones morales. Reconocemos con ello un rasgo característico que habíamos observado en conexión con la asertividad. Desde Platón se ha reconocido que la firmeza humana está amenazada, tanto desde dentro como desde fuera. En el interior están los deseos que impulsan a la persona en uno u otro sentido, por fuera están los incentivos y atractivos de todo tipo, de los cuales hay que aprender a defenderse. Vimos que la asertividad aspira a defender tranquilamente los intereses y derechos legítimos. La alusión a la legitimidad de éstos no busca simplemente evitar que se pretendan exigencias indebidas; su comprensión proporciona también la fuerza para hacer valer el derecho propio. Esto es exactamente lo que nos dicen los filósofos: el valor y la firmeza presuponen que el hombre sabe lo que es esencial, y que tiene conciencia clara de su derecho y del del otro. Esta comprensión era lo que

87

caracterizaba al hombre sabio, en la filosofía clásica. En la escuela no tenemos pretensiones tan elevadas. Pero el pensamiento base es válido para cualquier nivel del aprendizaje y del desarrollo: que valor y firmeza se producen a partir de la fuerza del convencimiento y de la conciencia clara de lo justo.

No se trata simplemente de que en la escuela aconsejemos a los alumnos ser firmes y colocarse al lado de lo justo. Debemos reflexionar con ellos sobre qué es justo, y transmitirles conceptos claros. No es sólo cuestión de hablar; en la medida en que el alumno se incorpora a una comunidad, procede en ella correctamente (con justicia) y se respeta la dignidad de la persona, y él mismo respeta los derechos de sus condiscípulos, desarrollará un concepto de lo correcto que hay que defender y encontrará para ello la fuerza necesaria en los momentos decisivos. Tener claridad sobre ello y saber algo de su trasfondo filosófico puede aportar algo. Aquí se puede ver la relación que existe con el concepto de justicia, que trataremos más adelante.

Mesura

También nos hemos encontrado ya con la virtud de la mesura. En el lenguaje moderno de la psicología se llama autocontrol. ¿Qué es lo que se controla y se mantiene con mesura? Según Platón es nuestro propio apetito. Deseos y afectos incontrolados producen la falta de mesura. Estos pueden deberse a que no se reconocen las reglas y normas fundamentales del comportamiento. Pero también pueden deberse a que niños y jóvenes no han aprendido a reaccionar sensatamente. En ese caso hablamos de impulsividad.

El filósofo Hegel dice que la mesura y la forma van juntas. Nos recuerda que la mesura no sólo debe determinar el comportamiento social de los hombres, sino que también el trabajador y el creador necesitan una mesura visual correcta, tanto exterior como interior. ¿Cómo se logra esto? Pestalozzi (1799) aportó sus observaciones. Le fueron confiados niños en las condiciones más envilecidas, en parte toscos, impertinentes y salvajes. Con los términos actuales hablaríamos de la impulsividad de dichos niños. ¿Qué hizo Pestalozzi? En primer lugar, buscó darle un orden y un ambiente de familia a la institución que dirigía. Los niños deberían experimentar que él cuidaba de sus necesidades materiales y espirituales. Después intentó «crear representaciones y nociones del deber y de la obligación» en sus mentes, basadas en observaciones y experiencias cotidianas. Ello abarcaba también la reflexión sobre los fundamentos y las reglas del nuevo orden introducido. Finalmente estableció con los niños «ejercicios de autodominio» y de atención acumulada. A ello contribuyeron períodos de silencio. El logro fue estimulante, a pesar de las condiciones adversas.

Captamos aquí el intento de ayudar a los niños, a quienes les falta equilibrio interno y autocontrol, a superar su impulsividad y a introducir mesura y forma en su comportamiento: una terapia del abandono. En la mayor parte de las escuelas afortunadamente la situación no es tan complicada. Los procesos de aprendizaje social son sin embargo los mismos. Pueden ser resumidos en: 1) satisfacción de las necesidades fundamentales, materiales y espirituales, de los niños y los jóvenes;

2) instauración de un orden comunitario que funcione; 3) reflexión sobre sus reglas, y 4) reducción de los ejercicios de autocontrol.

Justicia

En la filosofía clásica la justicia es ante todo una virtud, o sea un rasgo deseable del individuo. En consecuencia se extiende el concepto también a la comunidad humana. Según Kant la justicia es una condición de la sociedad, una característica de su orden. En las tradiciones judía y cristiana la justicia se fundamenta en la orientación de la comunidad humana según el orden divino. Su plenitud tiene lugar en el reino de Dios. Los romanos tienen un concepto preciso de justicia: se logra allí donde cada parte obtiene lo que le corresponde. Esta definición tiene sus problemas, puesto que se plantea de inmediato la pregunta sobre qué le corresponde a la persona involucrada en una situación dada. Habría que suponer que existen reglas para estimar las necesidades y las aportaciones. Cuando ello se da, puede lograrse la *justicia distributiva*, en la que se distribuye de tal manera el bien, que las partes equivalen a «lo que le corresponde a cada uno». También cuando los hombres han nivelado entre sí sus intereses, las soluciones justas se caracterizan porque se logra un equilibrio entre las pretensiones diferentes, según necesidades y aportaciones. En este caso se habla de *justicia equitativa* o *conmutativa*.

La noción de justicia siempre ha despertado el interés de las ciencias sociales. Según Hume, con ella se garantizan la felicidad y la seguridad de los hombres. Los filósofos y psicólogos de nuestro siglo estiman que la sociedad justa se realiza cuando los hombres conviven en armonía y cuando son posibles encuentros reales entre ellos.

En lugar del concepto de encuentro, Habermas emplea el de comunicación: los miembros de una sociedad justa desarrollan todo su potencial expresivo y comunicativo. Pueden aprender a encontrarse a sí mismos, manejar sus propios conflictos y solucionar conjuntamente los conflictos comunes, es decir, en el proceso de construcción de una voluntad colectiva (Habermas, 1975).

Una comunidad escolar también puede ser ordenada de manera justa. Con ello realiza uno de los valores más elevados. En última instancia, sin embargo, la justicia es una cuestión del comportamiento correcto individual. Cualquier cosa que digamos sobre la estructura de las clases escolares o de las sociedades globales, ningún sistema y ningún cambio de sistema puede pasar por alto el hecho de que la justicia solamente se realiza allí donde se vivencia en el comportamiento individual. Se plantean con ello de nuevo los interrogantes sobre si los miembros del grupo habrán aprendido a distribuir de forma justa los bienes materiales e inmateriales, si lograrán encontrar soluciones justas frente a intereses encontrados, en situaciones de conflicto (Oser, 1981).

Eso es por un lado una cuestión de saber hacer, por el otro una de querer. El saber hacer puede ser aprendido por medio del ejercicio. Con este objeto se realizarán situaciones de acción y proyectos, en cuyo transcurso sean equilibrados intereses divergentes y deban ser distribuidos obligaciones y bienes producidos o adquiridos (materiales y otros). Lo segundo es más difícil: se trata de despertar en los alumnos también la voluntad de proceder justamente. Sólo hay una posibilidad, la convivencia y el trabajo común justos deben volverse atractivos. Los alumnos deben vivenciar lo bien que se sienten en un orden tal, que están contentos consigo mismos y con sus compañeros y que algo se logra con ello. Si esta experiencia es real, podrá ser también reflexionada, formulada y «asumida conceptualmente». La experiencia de la justicia en el acontecer interpersonal da sentido al concepto correspondiente.

Sabiduría

Los filósofos han entendido la sabiduría de diferentes maneras. Para algunos consiste simplemente en el resumen de las tres virtudes consideradas hasta aquí, firmeza, mesura y justicia. Otros le añaden una connotación autónoma, con lo cual la entienden como *comprensión*. Comprensión es algo más que razón o intelecto. Intuye la esencia de las cosas, no sólo su superficie, y las intuye en sus grandes nexos, en vez de perderse en los detalles.

Para nosotros se plantea la pregunta de si definimos la sabiduría como una virtud especial del comportamiento social y la postulamos como objeto de aprendizaje. No vemos motivo para ello. En la medida en que hemos indicado siempre que las experiencias de la convivencia y de la cooperación deben ser profundizadas, contempladas en sus nexos fundamentales y apropiadas conceptualmente, aportamos todo lo posible para que el alumno llegue a la comprensión del acontecer social. Si hacemos eso de una manera consecuente y duradera, las probabilidades son más de que el alumno gane cierta perspectiva y entendimiento sobre los nexos intrínsecos del acontecer interpersonal. Ello podría representar un inicio de sabiduría vital. Exigir más sería irreal.

Amor y amor al prójimo

Amor es una palabra tan amplia y el concepto del amor al próximo tiene tal peso en la ética cristiana, que uno pudiera preguntarse si tiene sentido y se justifica definir un objetivo del aprendizaje social con ayuda de estos conceptos. ¿No bastarían los conceptos cercanos de la solidaridad o del comportamiento prosocial? Quizás. Pero de todos modos deberíamos ponernos de acuerdo sobre el significado básico de estos conceptos. Deberíamos preguntarnos, por ejemplo, qué es lo que nos mueve a sentirnos solidarios con los demás. ¿Tal vez un propósito común? En ese caso deberíamos volver a preguntarnos de qué tipo, puesto que con frecuencia compartimos determinados propósitos con los demás, sin que por ello nos sintamos solidarios ¿Y qué pasa cuando la tarea ha sido realizada? ¿Vuelven de repente a sernos indiferentes los hombres, con los cuales nos sentíamos inicialmente solidarios? ¿Se trata de una solidaridad temporal? Con ello habríamos conformado, cuando mucho, una asociación de intereses. Hay que reconocer que, aun cuando hablemos sólo de solidaridad, se entrevé un significado más profundo. ¿Tendrá éste algo que ver con el amor al prójimo?

Y ¿qué dice el concepto de comportamiento prosocial, introducido en los últimos años por la psicología norteamericana social y del desarrollo (Radke-Yarrow, Zahn, Waxler y Chapman, 1983)? El comportamiento prosocial es un comportamiento en favor *(pro)* del próximo *(socius)*. ¿Qué quiere decir aquí «pro»? ¿Quizá «por el bien de»? Entonces podríamos traducir comportamiento prosocial como «comportamiento benevolente». Con ello nos encontraríamos muy cerca del concepto de amor al prójimo.

Ya hemos tocado más de una vez los problemas prácticos. En una sociedad escolar justa los conflictos ocasionados por intereses encontrados serán solucionados de manera armónica («justicia equitativa»). Cada uno da paso en dirección al otro, cada uno aporta un cierto sacrificio. Ello podría suceder gracias a un bien entendido interés personal, y tener poco que ver con la benevolencia y el amor al prójimo. Pero cuando podemos distinguir en qué casos son viables tales soluciones, y en cuáles se hacen imposibles y desembocan en disputas sin salida, descubrimos entonces de inmediato que las soluciones equitativas pueden tener éxito si entre las partes reina algo de simpatía; y eso es una variante de la idea del amor al prójimo.

Lo mismo ocurre en el caso de la ayuda y preocupación por el otro, o sea de la actitud de responsabilidad. Se ha dicho siempre que la pura ayuda no tiene lugar, si se hace pensando en la gratitud que esperamos con ella. Incluso Kant desechó expresamente la esperanza en la recompensa como motivo de la buena acción. Esta debe tener lugar sólo por buena voluntad, y el principio de la buena acción debe ser de tal manera definido, que su motivación pueda ser válida para todos los hombres («que la máxima de tu acción pueda convertirse en regla general», dice el «imperativo categórico». Kant, 1785). Si no busco recompensa alguna por mi buena acción, ¿por qué razón la ejecuto entonces? Es entonces necesario que me apropie de una cierta actitud hacia el prójimo o hacia la sociedad en su conjunto. ¿No deberíamos llamarla una actitud de amor al prójimo?

Finalmente, se ha señalado una y otra vez el signifiacdo fundamental que tiene la manera como los hombres se encuentran, maestros con alumnos, alumnos entre sí. Pretendemos respetar la dignidad del otro, hacer justicia a sus necesidades e intereses en nuestras acciones, tenerlo en cuenta, aceptarlo. Tausch y Tausch (1976[6]) siempre lo han exigido, siguiendo en parte la psicología social y educativa norteamericana (Rogers, 1961, y un resumen en Harter, 1983). Todos esos autores también establecen que el *desarrollo de la autoestima* depende de que el niño experimente respeto y consideración por parte de sus semejantes, especialmente de sus padres y maestros. Pero, ¿qué clase de actitud es ésta, que consiste en respetar la dignidad del otro y tener en cuenta sus necesidades? ¿Qué nos mueve a aceptar al prójimo y no rechazarlo? Ello necesariamente está relacionado con el amor al prójimo.

La *historia de las religiones* muestra con claridad cómo se ha desarrollado la idea del amor al prójimo. En el pueblo judío el prójimo es en primer lugar el miembro del clan y de la tribu, al cual uno pertenece. Pero ya en el Antiguuo Testamento se había extendido la propuesta del amor al prójimo en parte también hacia el de fuera; hacia el extranjero, como diríamos hoy. Este pensamiento fue posteriormente formulado de una manera clara por Jesucristo: el prójimo es quien necesita ayuda, del cual no puede esperarse reciprocidad alguna, como sucede con los amigos, parientes y con los que tienen algo en común. La parábola del buen samaritano responde con claridad a esta pregunta (Lucas 10, 29-37).

Las reflexiones teóricas y filosóficas de los siguientes dos mil años han girado en torno a la pregunta de si el amor al prójimo tiene sus raíces en la naturaleza humana y si es por tanto legítimo encontrar en el amor por el otro satisfacción y felicidad personal. San Agustín (354-430) es de esa opinión. Para él la tendencia al amor es la expresión vital más elemental del ser humano. En el amor se encuentra un elemento legítimo del amor por sí mismo. Por otro lado, el amor al prójimo se origina en el amor de los hombres a Dios. Este amor involucra también un elemento cognitivo; el hombre busca también conocer al objeto amado. (Pestalozzi hablará en este sentido de «amor vidente», Meier, 1987). *El amor busca* al otro, pero busca también *conocerlo*. Y a aquellos con quienes tenemos benevolencia, buscamos también llevarlos al camino de ese bien que reconocemos.

> Pero ya en la alta edad media, concretamente en el siglo XII, se suscitaron fuertes controversias acerca de la legitimidad de la afirmación agustiniana del amor de sí mismo y de la búsqueda de la felicidad en el amor. Bernardo de Claraval (1091-1153) la defiende, pero su infeliz contemporáneo y oponente Pedro Abelardo (1079-1142), rector de la universidad de París y maestro de retórica hasta su precipitada caída a causa de su amor por Eloísa, la niega. Así aclara sus convicciones con respecto al amor divino: Dios debe ser amado sólo por sí mismo, no a causa de sus beneficios. Aquí se halla ya insinuado lo que encontramos en Kant como imperativo categórico. La buena acción debe surgir sólo de la buena voluntad, no de la esperanza en la recompensa. Lutero precisó el asunto. Se plantea la pregunta sobre qué está al principio, si nuestro deseo de felicidad, a consecuencia del cual podemos buscar al otro, o el amor al otro, a consecuencia del cual podemos experimentar la felicidad. Lutero rechaza la primera opción, puesto que se asemeja a una negociación con Dios y con el prójimo; como diríamos hoy día, el amor debe estar motivado intrínsecamente.
>
> Finalmente, en el siglo XX se ha elaborado con claridad la relación entre amor y comunicación (Rahner, 1965) y entre amor y solidaridad (Hartmann, 1962[4]).

¿Qué aportan estos pensamientos teológicos y filosóficos al esclarecimiento de la pregunta educativa, que nos hicimos al comienzo de esta parte? Recordemos que nos preguntamos si la justicia equitativa, la voluntad de resolver armoniosamente los conflictos, podrían ser entendidas como formas de amor al prójimo; o, formulada con más precisión, si esta voluntad podría surgir del amor al prójimo. Hemos visto que la idea del amor se ha inspirado una y otra vez en la idea de un mundo en paz y en armonía. La justicia equitativa produce esa armonía. Donde impere se pueden encontrar de nuevo antiguos enemigos. Es una forma de manifestación del amor al prójimo.

Nos preguntamos también en qué se basa la voluntad de ayudar al otro, hacerse cargo de él, apoyarlo y sentirse responsable por él. Vemos ahora que se trata de la forma básica del amor al prójimo. Su forma clásica se halla en la parábola del buen samaritano. Debemos pensar que esa actitud no se refiere sólo al pobre y al enfermo, sino también al niño y al joven. También ellos dependen de nuestra ayuda, llamada educación. Ellos, a pesar de toda su vitalidad, son débiles para encontrar por sus propios medios el camino hacia la madurez y el desarrollo. Debemos ayudarlos a recorrer ese camino, desde el punto de vista cognitivo, afectivo y de la construcción de los valores. Agustín nos indica la manera: acompañándolos por el camino del conocimiento y de las vivencias correctas (de la «felicidad», *beatitudo)*. Estarán dispuestos a seguirnos, ya que la tendencia al conocimiento y al amor está en ellos.

Mencionemos finalmente el respeto por el otro, sea éste niño o adulto, y la capacidad de aceptarlo. Los filósofos judíos y cristianos han subrayado siempre que ésta se basa en el hecho de que veamos en los demás la creación y la imagen de Dios. Si ello es así, amamos entonces en los demás algo que trasciende su figura finita. Ello debería ayudarnos a aceptarlos y soportarlos, aun cuando nos resulte con frecuencia difícil, a causa de sus posibles debilidades. Buscamos entrever y aceptar en ellos un germen de personalidad que refleja la perfección de su creador.

La contemplación de las virtudes clásicas y modernas no es ningún lujo para el educador, aun en el caso de que de ella no se deriven conclusiones precisas. Cuando nuestra vida transcurre en la escuela, y emprendemos diariamente la difícil tarea de la educación y buscamos salir airosos en ella, necesitamos entonces puntos de orientación que están más allá de lo finito. Su función es la de orientarnos en las aguas turbulentas de la lucha cotidiana y la de indicarnos dónde estamos y hacia dónde queremos ir. Aunque nunca logremos hacer justicia plena a las grandes ideas de la ética y nos demos cuenta de que andamos muy lejos de su realización, siguen siendo sin embargo necesarias y útiles. Tampoco el navegante llega a la estrella polar. Pero la necesita para seguir su curso. El educador se asemeja a un navegante.

8. TEORIAS DEL APRENDIZAJE SOCIAL
Y DEL DESARROLLO SOCIAL

El punto clave del capítulo anterior era desarrollo de una presentación concreta de los procesos sociales, que deben realizarse en la escuela moderna. Lo primero es que una maestra o un maestro tenga una idea clara de lo que es posible en su escuela. ¿Cómo podrían realizarlos, si ni siquiera son capaces de representárselos?

De esa manera hemos intentado ver cómo se realizan los procesos sociales y sus órdenes: allí precisamente donde se encuentran autónomamente las personas, a su vez autónomas (o en proceso de serlo) y solucionan sus problemas comunes de manera justa, construyendo con ello comunidades justas. En ese proceso manifiestan mesura y firmeza. Lo importante es que en sus encuentros con el otro y en sus actividades comunitarias y generadoras de orden estén movidos por aquella fuerza que Pestalozzi llama el «amor vidente»; o sea, la fuerza para contemplar la realidad desprevenidamente y en sus grandes nexos —lo que también se ha llamado sabiduría— y la capacidad para aportar al prójimo benevolencia y calor humano, es decir, amor.

En el transcurso de nuestra presentación de estas reflexiones clave hemos señalado una y otra vez formas y posibilidades de su realización didáctica y pedagógica. Se trató más bien de sugerencias heterogéneas necesarias, puesto que el acento yacía en los objetivos y los contenidos. Por ello queremos ahora volver a colocar los procesos de aprendizaje en el centro de nuestra consideración e intentar mostrar sistemáticamente cómo se da el aprendizaje social y cómo esos procedimientos de aprendizaje pueden ser desencadenados y orientados con medidas pedagógicas y didácticas. Esbozamos, en otras palabras, una pequeña teoría del aprendizaje social y sacamos de ella las consecuencias pedagógicas y didácticas. Al mismo tiempo revisamos las teorías del desarrollo social, puesto que en su contexto se ha logrado cierto tipo de comprensión, que no ha visto con claridad la psicología del aprendizaje. A pesar de ello, se da una unidad interna entre teorías del aprendizaje y teorías del desarrollo; ya que, de manera algo simplificada, se puede entender el desarrollo como la suma de los procesos de aprendizaje que realizan un niño y un joven. (La simplificación parte de no considerar los procesos de maduración, que están en juego en el desarrollo).

Debemos tener en cuenta que los procesos sociales son muy diversos. Lo son debido a su *complejidad,* ya que el aprendizaje social, por un lado, se da en la relación binaria (es decir entre dos) del lactante con su madre; pero, por otro, se da también el aprendizaje extremadamente complejo de instituciones enteras, como en el caso del cambio en una situación social o económica, lo mismo que, por ejemplo, cuando una escuela privada es oficializada, o cuando se fusionan en una sola institución una escuela de secundaria con una de formación profesional. Pensemos además, que por un lado podemos simplemente *representar* las actividades sociales, con el objeto de que los alumnos aprenden a entenderlas, mientras que por el otro *producimos* procesos en el juego de roles; son dos actividades fundamentalmente diferentes, como lo hemos visto. Adicionalmente, no en todos los casos se trata de procesos sociales en el sentido estricto de la palabra, como el desarrollo de una revolución (representación) o la realización de un proyecto (realización), sino que puede tratarse también del estudio o de la formación de *actitudes* y *características* sociales, tales como la disposición a la ayuda o la solidaridad. Consideremos finalmente que todos esos procesos no se desarrollan simplemente entre personas, sino que incluyen también contextos objetivos relativos a las cosas, que el alumno por su parte debe aprender a conocer y entender.

No debemos esperar por tanto que haya una teoría simple del aprendizaje social, ni que las regularidades, que consecuentemente iremos a enumerar, se apliquen de igual manera a cada uno de estos procesos. A pesar de ello, es posible mencionar algunas formas y leyes básicas del aprendizaje social (véase también Straka y Macke, 1979).

Reacciones sociales innatas y aprendidas

Antes de contemplar los procesos del aprendizaje social, delimitémoslos de un grupo de procesos que no son aprendidos, puesto que son innatos a los hombres. Eso es necesario, puesto que siempre se traza de manera diferente la frontera entre las características y formas humanas de comportamiento innatas —y por tanto inmodificables— y las aprendidas —y por tanto modificables—. Los «innatistas» (del latín *natus*, nacido) han tendido a dar más importancia que los empiristas (los empiristas son filósofos de la experiencia) al aspecto de los rasgos innatos en el hombre. De esa manera, mientras que para los unos son innatas características tales como el liderazgo o la agresividad de las personas, los otros las contemplan como un producto de la experiencia y el aprendizaje; son con frecuencia bien difíciles de distinguir las experiencias, especialmente las de la primera infancia, de los rasgos innatos. Nosotros nos inclinamos del lado de los empiristas, no porque sepamos distinguir en cada rasgo del carácter humano si es, y en qué medida, condicionado por la herencia o por el medio; lo hacemos porque consideramos un buen método y actitud educativa asumir en primer lugar su educabilidad y modificabilidad, e intentar aportar al joven lo que todavía no tiene, en vez de asumir apresuradamente que no se puede hacer nada, porque el rasgo implicado es innato y la persona involucrada ya está condicionada en determinada dirección.

Aun así tenemos también el convencimiento de que se dan en las personas algunas disposiciones muy generales, acuñadas en su naturaleza, que juegan un papel en el desarrollo y en la adquisición de comportamientos sociales. Decisiva es, con seguridad, la *necesidad vital de actividad* de la persona, especialmente del niño. Un niño sano es un ser activo. Está deseoso de poner sus energías en actividad, y agradece cuando le damos la oportunidad para ello. Se puede decir adicionalmente que a todo niño normal le proporcionan alegría los *contactos sociales* y las *interacciones*. Ya el pequeño en la cuna se interesa por los rostros humanos más que por los objetos inanimados que le damos, y si interactuamos con él, jugando por ejemplo al escondite, encuentra en ello más placer y motiva más su participación activa que si sólo tiene que entretenerse con juguetes. Naturalmente, habrá después personas más «introvertidas» y personas más «extrovertidas» o más predispuestas a los contactos humanos. Pero eso es una cuestión de medida. En lo fundamental está el hecho de que el hombre es un ser social, que busca los estímulos en la interacción con sus semejantes y que en esta interacción es donde mejor se desarrolla y realiza. Por eso es de tanta importancia que la enseñanza escolar saque a relucir las relaciones sociales y no se base meramente en la idea del aprendizaje individual.

Con la naturaleza social del hombre se relaciona su receptividad para con *la dedicación de los otros y el calor humano*. Numerosas investigaciones han mostrado que se logra más con los otros cuando se muestra interés por su bienestar y cuando se les manifiesta benevolencia. En la psicología del desarrollo se ha notado que cuando los niños crecen en una atmósfera cálida y saben que son aceptados por sus semejantes, ante todo naturalmente por sus padres, se desarrollan más favorablemente que los niños rodeados de educadores fríos y distantes. Su desarrollo no es sólo más favorable en lo tocante al comportamiento interpersonal, sino también en los aspectos concernientes al logro intelectual, la estabilidad y la capacidad de aguante. De ello concluimos que el hombre tiene una necesidad básica del calor y la atención de los otros. Esto debemos tenerlo en cuenta también en los contactos escolares.

Mencionemos finalmente una tercera reacción que juega un papel importante en los contactos interpersonales: el *miedo*. Hombres y animales reaccionan con miedo ante la amenaza. Esta puede movilizar fuerzas momentáneas que, por ejemplo, pueden fomentar la tendencia a la huida. Pero, con frecuencia también, el miedo cohíbe a la persona. En la escuela existe también más miedo del que se piensa; miedo a los exámenes, miedo al fracaso, miedo a los maestros y compañeros y, en parte, miedo generalizado a la escuela. El maestro debe saber esto. Se trata aquí de una reacción humana general, innata, que es por tanto natural. Lo cual no quiere decir ni que uno se lave las manos y no haga nada, ni mucho menos que se utilice el miedo como motivación para los logros de los alumnos. Existe, como se sabe, toda una *didáctica de la motivación por el miedo*, orientada a presionar al alumno al trabajo. Se trata de una didáctica del desespero. Se aplica allí donde los maestros han fracasado en interesar a sus alumnos por las cosas, y donde no han logrado interesar a los alumnos en el hecho de que son esenciales y necesarias ciertas reglas de la convivencia. No pretendemos desarrollar aquí tal tipo de reflexiones, sino simplemente constatar que el miedo es una reacción universal de los hombres ante la amenaza. No se trata de pretender ahorrarle al alumno toda experiencia de miedo o angustia, puesto que él también debe aprender a manejarlas. Pero el miedo no debe convertirse para él en el pan de cada día, puesto que ello perjudica su aprendizaje y el desarrollo de su personalidad.

Las controversias más frecuentes han girado en torno a la cuestión de si la *inteligencia* está condicionada por la herencia o por el medio (Aebli, 1969, 1986). No necesitamos discutir este problema exhaustivamente en el contexto del aprendizaje social. Basta con señalar que en toda actividad humana juega un papel determinado su dotación intelectual, pero que su aprendizaje y su experiencia, que tienen lugar desde el nacimiento, están involucrados en cada logro. La relación no es por tanto de tipo aditivo, sino más bien multiplicador. Podemos representarnos cada logro como la superficie de un rectángulo, determinada tanto por su largo (la experiencia) como por su ancho (la dotación). Ello implica, afortunadamente, que también personas débilmente dotadas son capaces de aprender. Aunque su aprendizaje cuente con límites más estrechos que el de los más dotados, dentro de esos límites pueden aprender y mejorar su adaptación y la calidad de sus vidas. Lo que tenemos que decir, como consecuencia, sobre el aprendizaje social es tan elemental, que es válido para todos los alumnos, los más dotados y los menos dotados, los más jóvenes y los de más edad.

Aprendizaje por medio del refuerzo

El proceso de aprendizaje más elemental consiste en el refuerzo de las tendencias comportamentales existentes por medio del premio y, en general, por medio de resultados favorables de las acciones efectuadas. A partir de la experiencia cotidiana, estaríamos tentados de mencionar también la posibilidad de su debilitamiento, por medio del castigo. Esto, sin embargo, es sólo parcialmente verdadero. Por eso, contemplemos primero el proceso positivo. Un niño dice una ocurrencia en el círculo de sus coetáneos, quizá también en presencia del maestro, ante la cual, posiblemente de manera totalmente sorpresiva para él, todos se echan a reír. El efecto es que intentará repetir en la siguiente oportunidad su ocurrencia. Expresándolo técnicamente, aumenta la probabilidad de que se produzca la reacción. La reacción ha sido «reforzada» mediante el éxito. El principio es semejante al del adiestramiento: cuando el león hace lo que el domador espera de él, recibe inmediatamente un pedazo de carne. Con ello se refuerza la reacción correspondiente. Skinner (1938, Bower y Hilgard, 1981-1983) lo ha llamado *shaping*, conformar una reacción. En ella se realizan, por medio de la recompensa, aproximaciones sucesivas a la forma deseada. El organismo, que modifica su comportamiento bajo el influjo de la recompensa, *aprende*.

Reconocemos aquí que el aprendizaje es entendido en su forma más simple, como mera modificación de la conducta. En los seres humanos pueden presentarse adicionalmente procesos conscientes, explicitación de las intenciones y razones para la modificación comportamental. Pero no necesariamente. El procedimiento elemental del refuerzo funciona incluso sin estas manifestaciones de pensamiento concomitantes.

Sin embargo, se necesita un requisito para que ocurra el aprendizaje por refuerzo: el refuerzo debe ser atractivo. El caso más simple ocurre cuando el organismo que aprende tiene necesidad de la recompensa. Los perros de Pawlow y las ratas y palomas de Skinner, por ejemplo, están hambrientos en el momento de participar en los experimentos. Por eso sirvió el alimento como «refuerzo». En nuestro ejemplo anterior también es claro que los niños consideran un éxito el hacer reír a sus compañeros o al maestro. También muestra claramente este ejemplo que los premios no necesitan ser de tipo material o satisfacer las necesidades biológicas. Se sabe hoy que para los hombres, y especialmente para los niños, la dedicación y la atención son refuerzos muy efectivos. ¡Cuántas cosas no hacen los hombres por llamar la atención! Incluso tonterías, que acarrean castigos, sirven a los alumnos para llamar la atención de sus compañeros y del maestro. Las actividades preferidas son también refuerzos importantes. Eso lo sabe cualquier profesor de gimnasia, cuando dice: «Si hacéis bien los ejercicios, podréis jugar al final de la clase diez minutos de fútbol». Eso funciona. El fútbol es un «refuerzo».

Puede ser también que el refuerzo en sí mismo tenga poco o nulo valor, pero proporcione acceso a alguna cosa o actividad atractiva. En este sentido el dinero es un *refuerzo secundario,* puesto que puede ser permutado por cosas interesantes. Por eso se han introducido en muchos institutos de psicoterapia las llamadas fichas, especie de dinero de plástico, que son adjudicadas por el personal sanitario en casos como el de un paciente esquizofrénico poco comunicativo, cuando establece un contacto con otro. Aquí es importante el principio de la *recompensa inmediata.* También se han ensayado en las escuelas, especialmente con los niños más pequeños, sistemas de *modificación de conducta,* en parte con éxito. Aquí también se presentan algunos problemas, que no podemos tocar por el momento (véase Lepper y Greene, 1978).

En el aprendizaje social también son efectivos los refuerzos. Lo fundamental es que el comportamiento se encuentre al menos insinuado, para que el proceso de aprendizaje con refuerzo pueda efectuarse. Es el caso frecuente con las conductas más elementales, que el alumno ya domina, pero que no aplica con regularidad. Hemos visto, por ejemplo, que en el trato con los demás juegan un papel las formas externas y los modales. Maestro y maestra se preocupan, por tanto, de que se den tales conductas (saludar, tener en cuenta al otro, no interrumpir, no quitar sino pedir prestado). Con tal objeto alaban el comportamiento en ese sentido, y lo refuerzan mediante atención y aprobación.

El procedimiento inverso, del castigo, es más problemático. La razón es que, aunque se puede debilitar con el castigo una tendencia reactiva no deseada, el alumno puede con ello sin embargo, por una parte, aprender agresividad —cuando en el castigo se trasluce un elemento de agresividad— y, por otra, no querer y/o no estar en la posibilidad de producir la reacción deseada, después de eliminar la reacción no deseada. Pensemos por ejemplo en el alumno que golpea a los otros cuando se ríen de él. El golpear puede ser eliminado por medio del castigo (aunque, precisamente podría notarse aquí, que se le está dando un modelo de agresividad, si se le castiga corporalmente). Pero, aunque se logren eliminar las reacciones agresivas, no con ello se ha resuelto su problema. Debe aprender a defenderse con medios diferentes a los golpes, cuando se burlen de nuevo de él. Eso implica un segundo proceso de aprendizaje. No basta con eliminar la reacción no deseada por medio del castigo.

Muchos refuerzos son proporcionados de manera *inconsciente* por los educadores. Ello no es deseable, pues puede conducir a efectos incontrolables. Cada educador debe ser consciente de que la cantidad y clase de refuerzos que aplica representan una parte importante de su *estilo educativo*. Una de las características más importantes de su comportamiento es el grado de dirección y control que aplica a sus pupilos. ¿Qué cosas les confía? ¿Qué intentos propios les estimula? Los maestros y educadores temerosos controlan demasiado, los ligeros e indiferentes muy poco. En cualquier caso debe saber que una parte esencial de su dirección y control la representan sus refuerzos a comportamientos determinados. Haría por tanto bien en preguntarse cómo y con qué medios controla y dirige las conductas de sus alumnos, y en qué grado lo hace (Dubs, 1978).

Es también importante que una y otra vez haga el educador un balance entre su comportamiento positivo, estimulante, y el negativo, de censura, crítica y —en caso extremo— de castigo. La balanza debe inclinarse a favor del positivo y estimulante. Debe encontrar siempre la energía para orientar a sus alumnos por el camino correcto con calor y dedicación. El «refuerzo» es un elemento esencial de una buena atmósfera en el aula. (El lector atento habrá notado que tras este «refuerzo positivo» está algo fundamental, la benevolencia para con el que aprende).

Se ha dicho que el *miedo* es un impulso *(drive)*. De hecho los hombres buscan evitar situaciones de miedo tanto como situaciones de hambre o de sed, llamadas precisamente «situaciones-impulso». Por eso es posible lograr cosas, que de otra manera quizás serían inalcanzables, sirviéndose de la tendencia del alumno a evitar el miedo. Ya hemos mencionado cómo algunas escuelas y maestros hacen trabajar a sus alumnos valiéndose solamente de la amenaza de los exámenes y, en última instancia, de la expulsión del plantel. Se trata naturalmente de una triste forma de motivación. No sólo porque en ella entran en juego todos aquellos mecanismos negativos anotados con respecto al castigo; a ello se añade el que toda la actividad de aprendizaje y la transmisión del patrimonio cultural, incluido el de la escuela misma, adquieren connotaciones afectivas de tipo negativo. ¿La escuela como lugar del miedo? ¿Las situaciones de aprendizaje como situaciones de amenaza? ¿El educador, quien debía apoyar el progreso del joven, como una figura evocadora del pánico? ¡No! Cualesquiera que sean sus potencialidades de rendimiento, debería el alumno ver siempre en el aprendizaje un proceso atractivo y en el maestro su amigo y apoyo. Con eso se echarían los cimientos para que el alumno, aunque ya no esté presionado a ello por la escuela y la clase, siga aprendiendo por sí mismo. Ello no sucederá si convertimos el aprendizaje en un proceso productor de miedo y angustia. También el maestro debería reforzar positivamente el aprendizaje, de tal manera que el alumno lo experimente como algo atractivo y útil; tanto, que quiera seguir experimentándolo una vez abandonada la escuela.

Una observación final a propósito del *autorrefuerzo*. Cuando hablamos de «refuerzo» pensamos generalmente en una persona o en un acontecimiento que retroalimenta al que aprende después de un intento exitoso de aprendizaje. Este descubre su éxito y es reforzado por él en el camino iniciado. También se ha descubierto que el que aprende se puede reforzar a sí mismo, alabándose, animándose o recompensándose por el rendimiento logrado, o tan sólo por haber hecho el intento de lograrlo. Meichenbaum (1977) aduce unos bellos ejemplos: «¡Bien! ¡Lo he logrado!». «Aparentemente he tomado la sartén por el mango». «Sabía que lo podría hacer». «Todavía no le digo al maestro que lo pude hacer esta vez». Darse fuerzas puede también consistir en que el que aprende se concede una pausa, un pequeño paseo, una taza de café o algo de música. Eso no sólo tiene que ver con el darse fuerzas, sino también con el *manejo de la motivación propia*. Más adelante regresaremos a técnicas relacionadas del manejo del aprendizaje.

La psicología del aprendizaje ha estudiado a fondo durante varios decenios las leyes del refuerzo. Se apoyan en el aprendizaje humano y se refieren a comportamientos de complejidades diferentes. Estas leyes son válidas tanto para el pequeño que hace reír a sus compañeros como para el encumbrado político, que se siente confirmado por su éxito y aprende con ello a decir y hacer lo que llega a la opinión pública. Cuando orientamos a nuestros alumnos hacia el aprendizaje social, hacemos bien en tener en cuenta las leyes del refuerzo.

Aprendizaje por observación e imitación

En el aprendizaje social, y no sólo en éste, desempeña un papel importante la apropiación de comportamientos observados. Hemos visto que el refuerzo sólo obra donde se da ya un comportamiento inicial. Por medio de la observación el que aprende incorpora nuevos comportamientos a su repertorio. En las empresas se ha observado que los subordinados eligen con frecuencia la marca de cigarrillos del jefe, en las universidades ocurre más de una vez que los asistentes hablan y piensan de modo parecido a sus profesores. Los niños imitan a sus padres, y naturalmente el maestro y la maestra son también modelos importantes de comportamiento. La imitación no se refiere simplemente a «la manera de carraspear», sino también a patrones complejos de comportamiento, como por ejemplo la manera de empezar y dirigir una reunión, de presentar una propuesta o de convencer a otro de ella. Precisamente en el ámbito del aprendizaje social, en el cual se realizan pocos esfuerzos conscientes de aportar algo a los alumnos (excepción hecha, quizás, de ciertos entrenamientos de cuadros o de vendedores) puede suponerse que la mayor parte de los procesos de aprendizaje han sido desencadenados por medio de la observación y la imitación.

Técnicamente, se habla de la apropiación de una conducta a partir de un «modelo de comportamiento». En Norteamérica se le llama *modeling*, formación del comportamiento a partir del modelo. El gran teórico de este proceso es Albert Bandura (1969, 1973-79, 1977). También Piaget se refirió inicialmente al significado de la imitación en el desarrollo (Piaget, 1945-69), aunque sólo a sus límites. Conductas que sobrepasan con mucho el nivel del comportamiento propio no pueden ser imitadas, y por tanto no pueden ser apropiadas a partir de la observación. Nosotros mismos (Aebli, 1983) hemos indicado que ello puede estar relacionado con el hecho de que en la observación de un modelo de comportamiento tiene lugar un proceso de imitación interna. El observador debe poder reproducir internamente la actividad que se requiere aprender, para que consecuentemente pueda ser imitada externamente.

Existen naturalmente relaciones entre el aprendizaje por observación y la *apropiación de la perspectiva de otro,* que a su vez presupone la *empatía.* Aprender de otro, observándolo en una actividad, implica naturalmente que uno «se pone en su lugar», es decir, se compenetra afectiva o cognitivamente con su actividad.

N. y S. Feshbach (1979) desarrollaron en los Estados Unidos un proyecto peculiar de *Empathie-Training,* durante el cual los alumnos aprenden, por medio de ejercicios preconcebidos, a ponerse en la situación de otro y a sentir lo que éste siente. Los niños deben aprender a percibir diferenciadamente los sentimientos del otro y, a partir del resultado de la empatía producida con ello, a reaccionar correctamente frente al otro. Opinamos, sin embargo, que lo principal no es realizar tales ejercicios aislados del resto del aprendizaje, sino más bien convertir la apropiación de la perspectiva del otro y el prestarle atención, en una actitud básica que informe el trabajo cotidiano.

Como maestros debemos tomar conciencia de las posibilidades y peligros del aprendizaje por observación. Las posibilidades consisten en la transmisión por medio de observación e imitación de conductas sociales complejas, comprendidas teóricamente sólo en parte. Con ello es también posible convertir en observables procesos *interiores,* tales como la reflexión y el análisis de situaciones, por medio del *pensamiento en voz alta,* y posibilitar su apropiación por parte del alumno, por medio de la observación. Más de una vez nos hemos remitido al procedimiento aportado por Meichenbaum: el maestro o el alumno reflexiona en voz alta sobre un problema, permitiendo con ello que los otros piensen con él y reconstruyan su proceso.

El *juego de roles* permite también el aprendizaje por observación. Cuando algunos alumnos representan una escena ante la clase, no sólo ellos aprenden; también aprende el grupo que observa la escena, en la medida en que reconstruyen internamente el acontecimiento. Eso sucede en parte automáticamente. Pero se puede también solicitar a los alumnos reconstruir consciente e intensivamente lo que los otros dicen y hacen delante de ellos en el juego de roles.

Además debe pensar el maestro que también sus acciones frente a la clase son observadas e imitadas. Ya hemos llamado la atención sobre el castigo agresivo. Con él ofrece el maestro un ejemplo de comportamiento agresivo, que puede ser imitado. Pensemos también que las acciones del maestro, dirigidas a un alumno o a un grupo determinado, son observadas por el resto. Así tenga razón en determinadas situaciones y, pensando que «a pillo, pillo y medio», se comporte duramente con determinado alumno; no queremos excluir que excepcionalmente ello pueda hacerle bien al alumno específico; pero el maestro debe ser consciente de que la observación y reconstrucción interior de este procedimiento puede despertar en un alumno sensible una angustia que pasa completamente inadvertida. Al menos el castigo corporal habría provocado la compasión de los no involucrados. Generalizando, se puede decir que las acciones del maestro son observadas continuamente por los alumnos, y producen en ellos efectos de modelo.

Obviamente, no toda conducta es imitada en la misma medida. Los rasgos del modelo que incitan a la imitación han sido conocidos con relativa exactitud, gracias sobre todo a los trabajos de Bandura y sus colaboradores. Así, sabemos hoy día que desempeñan un papel importante el prestigio, la competencia y el poder del modelo, como también su relación con el que observa. Precisamente por ello un maestro o maestra queridos por los alumnos son patrones de comportamiento especialmente eficientes.

Aprendizaje estructural

El aprendizaje estructural significa la construcción, consolidación y transformación de las estructuras de la acción y del pensamiento. Mientras que en el aprendizaje por refuerzo una reacción se hace más pronta, más usual y más permanente, o sea que se modifica cuantitativamente, la modificación en el aprendizaje estructural es cualitativa. En el caso extremo surge un nuevo esquema de acción o de pensamiento. Tal sucede cuando los alumnos aprenden a organizar un viaje o un programa de vacaciones (semana de campo, campamento vacacional, etc.). Los elementos de la acción deben ser ubicados en el orden correcto. Hay que pensar qué acciones parciales tienen a otras como presupuesto (no se puede organizar la correspondencia si no se conocen antes las direcciones).

Una forma importante de construcción y/o transformación de las estructuras del pensamiento es la *solución de problemas*. Muchas soluciones de problemas se realizan en forma cooperativa. Ello puede lograrse cuando un grupo de expertos —o de alumnos— reflexiona sobre un problema, desarrolla un procedimiento o planea una empresa. Pero también sucede cuando simplemente las personas trabajan en conjunto durante cierto tiempo, y de cuando en cuando encuentran mejoras en sus procedimientos y las incorporan a los procesos grupales. Así puede uno imaginarse que los procesos y aparatos aplicados en la agricultura no fueron «descubiertos» de un día para otro, en un procedimiento de solución de problemas propiamente tal; sino que, por décadas y siglos, experimentaron un proceso de desarrollo paulatino, en el cual fueron aplicadas mejoras sucesivas logradas por algunos, las cuales —una vez comprobadas y ensayadas por los demás— fueron imponiéndose de manera general. Así también evolucionó el carruaje con ruedas fijas a ejes que giran con ellas, al carruaje con ruedas que giran en ejes fijos. El primer tipo de carruaje se había difundido ampliamente por la Europa medieval, y puede ser visto hoy sólo en el norte de

España. El segundo tipo es el más común en la actualidad. El ejemplo muestra también con claridad que las llamadas transformaciones requieren por regla general *reestructuraciones* del pensamiento.

No siempre es necesario que el aprendizaje estructural se realice a partir de la fórmula sencilla de planificación y solución de problemas, esbozada hasta aquí. Puede realizarse también de manera *dialéctica*, por medio del paso de la *tesis* a la *antítesis* y a la *síntesis*. Este procedimiento fue subrayado en los últimos tiempos por Piaget, así como por Riegel (1980). Piaget habla de la *equilibración* de concepciones en principio contradictorias, y asume que estas contradicciones y su ajuste en una nueva situación de equilibrio pueden presentarse también al interior de grupos cooperativos y de discusión, entre cada uno de sus miembros y sus aportaciones. La relación con la construcción es muy clara en Piaget.

> En sus ejemplos famosos, por ejemplo en el del desarrollo del concepto de invarianza (Piaget y Szeminska, 1941; Piaget e Inhelder, 1941), asume que los niños ven inicialmente sólo un aspecto de un proceso, por ejemplo que el nivel del agua *sube* al verter el líquido de un recipiente ancho a uno más angosto, o que en ese mismo proceso el diámetro del recipiente *disminuye*. La tesis es por tanto: «hay más agua, porque el nivel ha subido», y la antítesis: «hay menos agua, porque el nuevo recipiente es más angosto». La síntesis resulta de ligar o coordinar ambos reconocimientos: «queda la misma cantidad de agua, puesto que el nivel ha subido, pero el recipiente es más estrecho». Con eso realiza el niño un proceso de construcción. Ha relacionado los dos elementos parciales, la modificación de las dos dimensiones del recipiente, a fin de lograr una comprensión de nivel superior.

Lo relatado aquí ha sido postulado por Piaget como proceso en el pensamiento individual. Pero también nos lo podemos presentar como proceso entre proponentes y oponentes, o sea entre representantes de la tesis y de la antítesis. Un tercer solucionador de problemas podría estar en capacidad de intermediar entre las opiniones contrapuestas, aportando la síntesis entre ellas. De manera semejante, en la historia de la física ha tenido lugar una larga controversia entre los representantes de las teorías ondulatoria y corpuscular de la luz, unificadas finalmente por De Broglie al final de los años veinte de este siglo, en una teoría de síntesis. El proceso de la equilibración no ocurre únicamente en el pensamiento de las ciencias naturales. También en las ideas morales se ha notado que una y otra vez chocan intereses contrapuestos y que deben ser conducidos a una solución de compromiso. En este contexto hemos sugerido el juego de roles, en el cual los alumnos deberían representar una vez un partido específico con sus intereses propios, y luego el otro partido con sus intereses contrapuestos. Con ello vivencian en carne propia el conflicto de intereses. Cuando todo marcha bien, logran «equilibrar» las contraposicones y encontrar una solución que satisfaga a ambos partidos. (La historia y sistematización del concepto de dialéctica, puede consultarse en el artículo «Dialéctica» de Ritter, 1972; desde el punto de vista de la psicología general, Klaus Riegel, 1980; y desde el punto de vista de la psicología del pensamiento, Aebli, 1981).

Hay, por tanto, un aprendizaje estructural individual y uno colectivo. En este capítulo nos interesa especialmente el último. Hemos constatado que se da también en el contexto del trabajo cooperativo. Un papel fundamental lo desempeñan las discusiones de grupo. Un problema común es algo vivo en la mente de todos los miembros del grupo. Cada miembro produce reflexiones tendentes a la solución, y las expresa. En el intercambio mutuo, colisionan en parte estas reflexiones entre sí, pero en parte también se complementan y pueden combinarse. El intercambio de ideas es por eso fundamental. Presupone que los miembros del grupo piensan no sólo en su contribución personal, sino que también están dispuestos y capacitados para prestar atención a las de los demás y para combinar unas ideas con otras. Cuando se hacen propuestas opuestas, deben ser analizadas y juzgadas. Eso requiere a su vez criterios comunes, que resultan por regla general del planteamiento del problema, o sea de las exigencias de la solución. Con frecuencia, sin embargo, se toma conciencia de esas exigencias sólo cuando se presentan determinadas propuestas de solución. Con ello se desarrollan paralelamente la solución del problema y el perfil de exigencias orientadas al objetivo. Lo cual quiere decir, que simultáneamente vamos precisando y solucionando la tarea.

Esos son los procesos esenciales que entran en juego al planear y realizar proyectos reales y simulados. Nos orientan en la realización de discusiones y trabajo en grupo. En *12 formas básicas de enseñar* hemos presentado una descripción más detallada. Aquí es importante que reconozcamos la relación estrecha que existe entre el manejo del asunto concreto y el aprendizaje social. Cuando una clase o un grupo de clase trabaja en conjunto un problema objetivo, los miembros del grupo interactúan simultáneamente entre sí. Aprenden no sólo a solucionar el problema concreto, sino también a cooperar y a discutir en conjunto.

En relación con tales actividades, se presentan también problemas *morales.* Conciernen, en primer lugar, al comportamiento grupal con respecto a las partes externas. Es el caso, por ejemplo, cuando una clase y su maestro se preguntan si deben aportar, y en qué medida, a una actividad de la escuela. Pero, por otro lado, el problema puede tocar también el comportamiento de los alumnos entre sí, como por ejemplo, cuando se trata de asignar y asumir roles de prestigio y de poco prestigio, o cuando algunos no pueden con la tarea asignada y necesitan de ayuda, y finalmente también cuando algunos miembros entorpecen el trabajo grupal, debido a falta de capacidad, de empeño o a características personales especiales. En ese caso es necesario que el grupo mire más allá de los objetivos inmediatos de aprendizaje y de trabajo, y se dé cuenta de que en una escuela se trata de brindar a cada uno la oportunidad de aprender; de que, con otras palabras, se debe optimizar no sólo el resultado del trabajo propuesto, sino el logro de aprendizaje de cada uno de los miembros del grupo.

Todos esos procesos de aprendizaje no se realizan simplemente en forma espontánea, de manera que sólo tengamos que dejar hacer a los alumnos lo que les parezca correcto. El aprendizaje social es un proceso complejo, su dominio requiere una buena dosis de competencia fáctica y social. El papel del maestro es cuidar de que sean correctamente configurados tanto la estructura real de las cosas, como el proceso grupal. Buscará por tanto orientar por el camino correcto el aprendizaje estructural en las áreas técnica e interpersonal, de tal manera que al final los alumnos no sólo hayan aprendido algo sobre los ejes y los carruajes, sino también sobre el trabajo común y el aprendizaje común.

Internalización e interiorización de acciones y actitudes: el camino hacia la autorregulación y la autonomía

El largo título se refiere a un grupo relacionado de procesos del aprendizaje social. El proceso comprensivo global es el de la *internalización*. El joven, que emerge a la vida de una sociedad, se apropia paulatinamente de formas de pensar y hacer que percibe en su medio y en las cuales participa cada vez más. Más aún, se apropia también de motivos, intereses y valores; es decir, de las actitudes que impulsan el hacer en su medio. Podemos entonces decir que toma para sí y se apropia de las estructuras y actitudes, que inicialmente le eran desconocidas y extrañas, que estaban, por así decirlo, fuera de su pensamiento y acción. Eso se llama «internalización».

Cuando los jóvenes aún no han internalizado las imágenes y actitudes de su medio, son dirigidos por múltiples sanciones, desde fuera —el sociólogo norteamericano Riesman (1950) le ha dado el nombre de «dirección de la tradición». Con la internalización de imágenes, procedimientos y actitudes va parejo un hacerse autónomo. Al niño pequeño se le dice: «¡Coge el tenedor con la izquierda y el cuchillo con la derecha!». «¡No tomes la leche tan rápido!». «¡Di gracias, cuando recibes algo!». Más tarde habrá «internalizado» la manera occidental de comer con cuchillo y tenedor y, si las cosas marchan bien, habrá también asumido actitudes de autocontrol y de agradecimiento ante un favor. En este área específica será «autónomo», es decir, capaz de dirigir por sí mismo su comportamiento.

La capacidad de autodirección y la autonomía están estrechamente relacionadas, como lo hemos visto. Lo cual no sólo es válido para cosas sencillas, como los modales en la mesa. Con la apropiación de una concepción determinada del mundo y de las actitudes de valor, que guían las acciones, el hombre se independiza de los impulsos momentáneos que influyen en él. Sigue su propia ley, es «auto-nomo» (*auto* es en griego sí-mismo; *nomos*, ley).

Ese es el proceso global del desarrollo. Lo encontramos de nuevo en los pequeños pasos del aprendizaje. En ellos se hace patente que, al comienzo del proceso de aprendizaje, el que aprende tiene que estar sujeto, en la realización de su actividad, al apoyo externo. Al internalizar el procedimiento se independiza de ese apoyo; puede ser desmontado. Así, apoyamos, aun en sentido literal, físico, al alumno que aprende a nadar; ponemos la mano bajo su cara para asegurarnos de que no trague agua; al mismo tiempo repetimos las indicaciones relativas a los movimientos que debe realizar. Con ello «apoyamos» el comportamiento correcto. Con eso estamos reconociendo un proceso de aprendizaje importante, aunque poco tenido en cuenta por los psicólogos del aprendizaje; lleva de la realización con apoyo de una actividad a su realización autónoma. Es un proceso de autonomización. Ahora podemos preguntarnos cómo se hace posible la realización autónoma de la actividad. La respuesta corriente, que en cierta medida deja muchas preguntas por responder, es la

105

siguiente: por medio de la *autorregulación*. Los psicólogos rusos Wygotski (1969) y Luria (Luria y Judowitch, 1970) van un paso más allá; piensan que la autorregulación, por lo menos en las fases más tempranas, implica la *autoinstrucción* del que aprende. En vez de que el maestro le diga lo que tiene que hacer, se lo dice a sí mismo. De hecho, se ha podido probar que autoinstrucciones adecuadas ayudan con frecuencia al que aprende a realizar correctamente una actividad compleja. De esta manera, puede decirse a sí mismo el aprendiz de conductor, cuando aprende a arrancar en una cuesta: «1.° embragar; 2.° dar encendido; 3.° acelerar un poco; 4.° soltar el freno; 5.° acelerar más a fondo y soltar el embrague». Las actividades de cooperación pueden ser también dirigidas con la autoinstrucción de los miembros del grupo; pueden decir, por ejemplo: «1.° hacer un plan; 2.° distribuir las tareas individuales; 3.° realizar las tareas individuales; 4.° informar sobre los resultados; 5.° discutir los resultados; 6.° formular el informe para el plenario». Se puede reconocer un nuevo significado de la internalización. Las instrucciones, dadas originalmente por un agente externo, son apropiadas por el aprendiz y dirigidas a sí mismo en forma de autoinstrucciones. La instrucción externa ha sido internalizada como autoinstrucción.

No hay que confundir con la internalización la *interiorización*, aun cuando existan relaciones entre los dos procesos. Por interiorización entendemos el paso de la realización efectiva de una acción u operación a su realización pensada. Más sencillamente, es el paso del actuar al pensar. Wygotski (1969) y Piaget (1936, 1947) son los representantes más importantes de la teoría de la interiorización. El autor de este libro la analizó didácticamente (Aebli, 1951-1973[5], 1983). Cuando hablamos de interiorización, pensamos en primer lugar en ejemplos matemáticos. Así, el procedimiento de la medida se realiza inicialmente como una acción efectiva; seguidamente realizamos la operación de medir sólo en el pensamiento, y finalmente la transformamos en una operación de cálculo. También se pueden interiorizar las acciones sociales. La reconstrucción interior de la acción de otro es ya un ejemplo de ello. También la planificación no es algo distinto de la previsión pensada de aquello que pensamos luego realizar efectivamente. La mayor parte de las acciones sociales que realizamos en la escuela, e incluso que interiorizamos, no están orientadas a capacitar a los alumnos para actividades prácticas; más bien les permiten experimentar y saber cómo se construyen. Por ello propusimos ejercicios como el de cocinar juntos, con niños pequeños; no para formarlos como cocineros, sino para comunicarles la imagen de la actividad cooperativa, y las implicaciones físico-biológicas de la acción de guisar los alimentos. En otras palabras, pensamos que tras la realización efectiva de la actividad puede el alumno también realizarla internamente, de manera representada, o sea que desarrolla una imagen de «cocinar alimentos». Ese paso de la realización efectiva a su representación es un proceso de interiorización.

En este contexto hay que indicar que se ha comprobado que la pura acción interior es menos efectiva que la acción interior *acompañada del lenguaje* (Bandura y Jefrey, 1973). Debemos formular oralmente lo que hacemos, primero de manera efectiva y luego interiorizada, representada. Con ello está dada la relación con la autoinstrucción mencionada antes. Si pensamos adicionalmente, que la participación del joven en las actividades de la sociedad que le rodea tiene frecuentemente la forma de acción efectiva, y que como consecuencia de las actividades correspondientes extrae un saber sobre el mundo y un saber hacer, vemos entonces que la interiorización puede verse siempre como un subproceso del proceso más comprensivo de la internalización.

¿Qué consecuencias se siguen para la didáctica? Hay dos que parecen fundamentales. Por un lado debemos buscar, dentro del marco de las posibilidades, desencadenar procesos de internalización; además, debemos cuidar que la interiorización sea guiada cuidadosa y paulatinamente. ¿Cómo puede hacer la escuela para que tengan lugar procesos de internalización? No es fácil, precisamente porque la escuela es una institución artificial, aislada de las actividades vitales reales. En una escuela sucede muy poco; se trata inicialmente de un edificio vacío con bancos y encerados, apenas habitada luego por los alumnos, que deben aprender, y profesores, que deben enseñar. Otra cosa totalmente distinta es cuando un aprendiz ingresa una empresa; se le integra en el flujo de trabajo, que existe antes de su ingreso. Puede tomar parte en dicho flujo, y aprende con ello. En la escuela, por el contrario, el asunto es otro; se trata de dejar su contexto estéril algún día, para encontrarse con el mundo de las actividades vitales. Este hecho hace de nuevo ver la necesidad de las prácticas y de la formación politécnica. No bastan las visitas a empresas, ya que la internalización no se puede lograr de manera instantánea; aun así, son mejores que nada. Las simulaciones y las descripciones de las actividades sociales reales reemplazan la participación en las actividades reales; también eso es mejor que nada. Pensemos, en tercer lugar, que sería de importancia decisiva el hecho de que el maestro tuviera un conocimiento vivo de lo que sucede por fuera de la escuela; en ese caso, al menos podría informar una y otra vez sobre lo que pasa en el «mundo real» y, lo que es igualmente importante, impulsaría el trabajo escolar del momento, con un espíritu semejante al que impera en el trabajo de la sociedad.

Hemos hecho referencia exhaustiva en *12 formas básicas de enseñar* a las etapas de la interiorización; repetimos por tanto aquí sólo los enunciados. En una primera etapa de la interiorización miramos retrospectivamente, apenas terminada la actividad real, al trabajo producido *(consideración retrospectiva de la tarea realizada)*. En una segunda etapa nos imaginamos el curso de acción con base en la imagen de una o varias de sus fases. En la tercera etapa reconstruimos el curso de acción o de la operación *a partir de notas verbales* (palabras clave, etc.). En la cuarta etapa reproducimos el proceso global de manera pensada, *sin apoyo externo*. Si es cierto que el pensamiento tiene su origen en la acción, entonces el camino va fundamentalmente de la actividad práctica a la representación interior y al pensamiento, y la escuela debe con razón recorrerlo cuidadosa y completamente.

Desarrollo social

Hemos comentado arriba que el desarrollo social es la suma de los procesos de aprendizaje social que realiza el joven. A eso hay que añadir que el organismo, en el cual tienen lugar esos procesos de aprendizaje, se encuentra a su vez inmerso en un proceso de maduración, y que por tanto se modifica no sólo a partir del aprendizaje, sino también por causa de los procesos de maduración que funcionan en él. Es bien difícil estimar qué es lo que se debe, en el ser humano, a la sola maduración. Simplificando algo se podría decir que, si bien la maduración del sistema nervioso central abre *posibilidades* cada vez más amplias de actuar y de pensar, de valorar y de sentir, sin embargo prácticamente todos los avances en el desarrollo deben *realizarse y aprovecharse,* por tanto, gracias al aprendizaje y a la experiencia. Con ello volvemos al punto de partida: el desarrollo social es la suma de los procesos de aprendizaje social.

Los psicólogos del desarrollo, especialmente el ginebrino Jean Piaget, han realizado una serie de observaciones sobre el desarrollo mental del niño, que no han sido tenidas en cuenta por los psicólogos del aprendizaje. En su trabajo acerca del juicio moral en el niño (Piaget, 1932-1983) acuñó conceptos que son también importantes para el esclarecimiento del aprendizaje social.

Ya hemos conocido el proceso de la superación del egocentrismo en favor de formas «descentradas» de mirar, que tienen en cuenta la perspectiva del otro. El aprendizaje y el desarrollo social consisten esencialmente en que el niño aprenda a colocarse en el lugar del otro y representarse cómo ve aquél una situación dada o planteada, una acción en proceso o acabada. El punto de mira deja con ello de ser el propio yo, su posición y sus intereses. El pensamiento se «descentra».

Este progreso está relacionado en Piaget con un desarrollo fundamental, en el cual el pensamiento del niño se sistematiza paulatinamente; se vuelve cada vez más complejo, añadimos hoy. La imagen del mundo adquiere nexos cada vez más interrelacionados.

Piaget afirma que en el interior de tal saber se hace posible la *movilidad.* Esta no significa ciertamente otra cosa que la capacidad de realizar un curso de pensamiento de una forma y con una dirección no necesariamente determinados, sino variados y puestos en marcha partiendo de puntos diferentes. Si somos capaces de ello, podremos también asumir el punto de vista de otro y tener en cuenta su perspectiva y sus intereses en nuestra acción.

Lo que aquí se trata de manera general, lo relaciona Piaget especialmente con el juicio moral del niño y del joven. Kohlberg (1974) y Oser (1976, 1981) han retomado y precisado en parte esas ideas. Se concentraron más que todo en el *concepto de justicia.* La imagen clave es la de la «comunidad justa» *(just community),* apoyada en los ciudadanos autónomos y dispuestos a cooperar, que no actúan de manera oportunista sino por principios morales. Son capaces de regular sus problemas y conflictos posibles por medio de la mutua armonía, de la equilibración de los intereses («justicia conmutativa»). Cuando contemplan las acciones de los demás, se fijan ante todo en su *intención* y no en su resultado externo; lo cual, naturalmente, es importante cuando una acción debe ser castigada o alabada. Piaget hubiera hablado de una *moral de la interioridad,* y la hubiera distinguido del «realismo moral», que juzga los actos por su resultado externo. Tanto en el premio como en el castigo rige el principio de *equidad.* Tras estos conceptos yacen imágenes determinadas del aprendizaje social. Es un aprendizaje que conduce al hombre de la heteronomía, es decir, de la dependencia de castigos y premios previstos por el medio, a la *autonomía.* Esta se fundamenta en la internalización de las reglas morales o, más globalmente, de las reglas del comportamiento interpersonal. De ahí viene el *comportamiento con base en principios (principled behavior);* Riesman (1950) le había dado el nombre de comportamiento *dirigido desde el interior.* Hombres autónomos, capaces de encontrar entre ellos soluciones racionales para los conflictos, tampoco consideran las reglas y estructuras de la sociedad como algo inmodificable, establecido de una vez por todas. Las consideran como algo en devenir, y que necesita de ulterior desarrollo, y entienden que ellos mismos toman parte en ese desarrollo. Se asumen a sí mismos, por tanto, no como meros objetos producidos por la historia, sino como sujetos soberanos, co-formadores de su mundo; como «causantes», al decir de De Charms (1968). Es un proceso de aprendizaje de *ilustración,* un proceso de la comprensión profunda del mundo y del significado profundo del papel propio, autónomo y soberano, en el mundo. En este sentido, podemos llamar «ilustradora» a la teoría del aprendizaje y del desarrollo de Piaget y Kohlberg; en última instancia, está determinada por procesos intelectuales; la razón asegura la moral; se trata de un racionalismo psicológico del aprendizaje y del desarrollo.

La gran aportación de Piaget y Kohlberg es haber mostrado que el desarrollo social y moral —y los procesos de aprendizaje que posibilitan— contienen un elemento cognitivo. La reflexión también es necesaria en el área del comportamiento interpersonal. Debe lograrse comprensión, y ésta puede ser expresada conceptualmente. El aprendizaje social no es por tanto una mera cuestión de la praxis, ni tampoco de la interacción sin contenido y de la experiencia lograda en ella. Eso es sumamente importante para el educador. Abre literalmente la posibilidad, más aún, la necesidad, de realizar aprendizaje social *con las oportunidades de acción referida al mundo de las cosas.* No se necesita una asignatura adicional que se llame «interacción social». Se necesita sólo la voluntad y la capacidad, en el trabajo común, de tener en cuenta la manera como interactúan los participantes; y se necesita una visión del mundo que, en medio del interés por los procesos objetivos, no olvide a las personas, a la sociedad y a las instituciones que los soportan.

En un punto, no obstante, vemos las cosas de manera diferente a Piaget y Kohlberg. El aprendizaje y el desarrollo social no son sólo cuestión del desarrollo de la interacción de los niños y de los jóvenes entre sí. Hemos repetido constantemente que el educador, el medio social y cultural, en el cual crecen los jóvenes, desempeñan un papel fundamental en su aprendizaje social. Son fuentes poderosas de refuerzo. A partir de ellas se producen los efectos de modelo. Posibilitan el estímulo y la dirección del aprendizaje estructural. Pero, en última instancia, todos estos procedimientos sólo son eficaces cuando los jóvenes intuyen al mismo tiempo que en la persona del educador encuentran un ser que tiene buenas intenciones hacia ellos, está dispuesto a darles algo de sí mismo, a dedicarse a ellos y a aceptarlos. Es el efecto más profundo del educador y del medio. No es de tipo instrumental; tiene el carácter de lo gratuito.

3
MOTIVACION PARA EL APRENDIZAJE Y APRENDIZAJE DE MOTIVOS

9. LA MOTIVACION Y LOS MOTIVOS
DE NIÑOS Y JOVENES

En muchas escuelas impera una situación paradójica; los alumnos se quejan de que la clase es poco interesante, y el maestro se queja de la falta de interés de los alumnos. Cada uno busca el fallo en el otro. En realidad, se trata de un hecho único: de falta de motivación para el aprendizaje. Se da allí donde las actividades que intenta estimular el maestro en la clase, no encuentran eco en los alumnos, no los «mueven», no los motivan (*movere* significa mover en latín). Donde falta la motivación para aprender, no tiene lugar el aprendizaje. Maestro y alumnos pierden el tiempo. Sería mejor que se dedicaran a hacer otra cosa.

Pero la motivación para el aprendizaje no es sólo una condición indispensable para que los alumnos aprendan. Concierne también al maestro. Cuando esta motivación no está presente en los alumnos, enseñar se convierte en un tormento; agota sus fuerzas. El maestro necesita que su oferta tenga un eco positivo. Cuando éste se da, su actividad adquiere alas, le fluyen fuerzas insospechadas. Encuentra de repente tiempo y hace cosas que están fuera de su obligación. No existe satisfacción más grande que la de experimentar que su oferta es recibida por la otra parte. El ánimo estimulado lo retroalimenta. La espiral, que en caso de falta de motivación gira hacia abajo, se mueve ahora con ritmo ascendente.

Siendo eso así, se justifica entonces que dediquemos un capítulo a la motivación para el aprendizaje. Pero hay algo más; la motivación no es sólo necesaria para que se dé un aprendizaje exitoso y fértil; tenemos también la tarea de despertar y afianzar en los alumnos motivos duraderos. La formación de motivos, es decir la formación de intereses y valores, es un objetivo importante del aprendizaje. Para convencerse de ello basta pensar en concreto qué es lo que finalmente perseguimos con la enseñanza. Por ejemplo, la maestra que enseña a leer a los alumnos más pequeños, ¿acaso no debe esperar, no sólo que lean correctamente cuando se les pide, sino también que encuentren placer en la lectura y que, por tanto comiencen a leer sin que se les pida, por iniciativa propia? «Hallar placer en la lectura» es tan sólo otra manera de decir que los niños están motivados para leer. Su motivación se manifiesta en la lectura por cuenta propia.

O pensemos también en el maestro de los cursos avanzados de una escuela primaria, que observa con sus alumnos las plantas y los animales, haciendo incursiones con ellos en el área de las relaciones ecológicas. Lo que espera no es sólo que los alumnos demuestren algún conocimiento de botánica y zoología cuando se les pide en los exámenes, sino que abran los ojos al mundo de la naturaleza y descubran en él algo de lo que les ha aportado la clase. Y, como resultado de las reflexiones ecológicas puestas en común, esperará el maestro que hagan y dejen de hacer de acuerdo a la comprensión lograda. Si ello ocurre, la enseñanza entonces no sólo habrá informado, sino también motivado. La información se ha convertido en relevante para la acción.

Podemos prolongar las reflexiones y referirnos ahora a la clase de idiomas extranjeros. Después de años de aprendizaje del francés o del inglés, ¿comprará y leerá el alumno un periódico francés o un libro en inglés? ¿Se pondrá en contacto, de una u otra manera, con el área cultural respectiva? Si nada sucede, hay algo que no funciona en la clase del idioma correspondiente. Los pocos conocimientos y habilidades adquiridos se olvidarán pronto. Sólo donde se ha despertado el interés, permanecerán con vida en el desarrollo autónomo posterior de las actividades relacionadas con ello.

Podemos decir, generalizando, que los objetivos de la educación y de la formación no son sólo el saber y el saber hacer, capacidades instrumentales, sino también la formación de motivos, es decir de intereses y valores. La idea del mundo que transmitimos necesita de una tercera dimensión, como lo formuló acertadamente Schiefele (1978[2]): la dimensión de los intereses y de los valores. De la imagen plana del mundo debe surgir un *relieve de significado;* determinados puntos y regiones deben sobresalir de la superficie, puesto que son interesantes y tienen valor, proporcionan sentido y significado al joven y lo estimulan por tanto a la actividad espontánea y a la acción y decisión concretas. Tenemos que hablar entonces algo sobre el aprendizaje de los motivos, esto es, sobre el despertar intereses y el formar actitudes de valor.

El capítulo está construido de la siguiente manera: en la primera parte, predominantemente psicológica, aclaramos el concepto de motivación y mostramos cuáles son los motivos fundamentales del hombre, y por tanto de nuestros alumnos. Con ello veremos igualmente en qué medida intereses, valores y normas son motivos, y qué papel desempeñan en el comportamiento humano. Referimos estas consideraciones a las «actividades vitales naturales», tal como se realizan por fuera de la escuela. Consideramos luego la escuela. Aquí encontramos actividades «programadas» y vemos cómo se «suministran» alabanza y reprimenda, reconocimiento y crítica. Se trata de medidas necesarias en el ámbito del problema motivacional. Son, sin embargo, características del mundo artificial de la escuela. El ideal sería que las formas de motivación del trabajo escolar se asemejaran a las de las actividades vitales naturales, y que en ella se formaran también motivos, tal como ocurre en el ámbito extraescolar. En una tercera parte sacamos las conclusiones didácticas, curriculares y pedagógicas, concretas y prácticas. El objetivo es claro: buscamos posibilitar en la escuela la motivación para el aprendizaje y el aprendizaje de motivos, no porque ello sea conveniente para el éxito de nuestras lecciones, sino porque le ayuda al maestro a desempeñar su difícil tarea, y al alumno le permite aprender y desarrollarse, y porque le asegura a la sociedad ciudadanos que no sólo son receptores de órdenes, sino también co-formadores activos y satisfechos de su destino.

La motivación en las actividades vitales naturales

El hombre no es un ser natural sino cultural. Debe relativizarse por tanto la noción de «actividades vitales naturales». Nos referimos con ello no a las actividades que están más allá de toda cultura, por así decirlo en el «salvajismo primitivo», sino sencillamente a las actividades que tienen lugar fuera de la escuela o de otro tipo de institución educativa. Se podrían citar como ejemplo las actividades de niños y jóvenes que juegan y se ocupan de sí mismos cuando preparan una representación teatral para padres y familiares, construyen una choza en un árbol o cuando nadan o leen. Pensemos también en las ocupaciones del tiempo libre de los adultos, en jardinería, en el mantenimiento del automóvil o de la moto, en el alpinismo o el ajedrez. ¿Qué observamos en esas actividades?

En primer lugar, que se realizan de manera libre, espontánea. Habiendo satisfecho sus necesidades, el hombre no se encuentra del todo tranquilo. La imagen de la serpiente que, habiendo saciado su hambre, permanece quieta y no emprende nada más, hasta que no ha digerido el conejillo y es impulsada de nuevo por el hambre, no se aplica al hombre (tampoco, dicho sea de paso, a las especies animales superiores). El hombre permanece activo, aun cuando sus necesidades elementales hayan sido satisfechas. Es más, la actividad misma es para él una necesidad fundamental. La vida es actividad. El hombre sano es activo, y esto se aplica especialmente al niño y al joven. Para convencerse, basta con mirar a un pequeño de tres años en la playa o en el cuarto de jugar. Aun en el sueño, tal como lo sabemos hoy, tiene lugar una cantidad asombrosa de actividad.

Sin embargo, la activación humana ocurre de manera ondulada, alternándose períodos de gran actividad con otros de tranquilidad. Es como un pulso que funciona al compás de un ritmo interno. Sin embargo, lo que se presenta como quietud e inactividad no es muchas veces otra cosa que desplazamiento de la actividad de un ámbito a otro; el niño abandona su osito de felpa o su muñeca, para observar la abeja en las flores o para construir imaginariamente un castillo encantado. Cambios súbitos de actividad se dan también con frecuencia. El niño ha construido una montaña de arena, y después quizá la destruye. Luego charla o riñe con sus compañeros. Después recoge agua y forma un laguito en la arena. Si el columpio está libre, se entretiene un poco en él. Con los adultos sucede algo parecido en los días de descanso. Podríamos decir que se realizan, una después de otra, actividades diferentes. Es como si la energía vital fluyera a diversos sistemas de acción, y los fuera activando.

Naturalmente, las condiciones externas tienen influencia en el nivel de actividad, tanto de niños como de adultos. Por un lado, los niños y los adultos se contagian mutuamente del activismo. Allí donde reina una atmósfera estimulante, el recién llegado se impregna de ella; pronto participará de la excitación. Pero también influyen las dificultades y el éxito de las actividades. Cuando la dificultad es de tal manera

115

adecuada, que plantea pero no hace insoluble el problema, estimula la participación. Para que la actividad se mantenga durante un tiempo prolongado, es necesario que se den resultados parciales periódicos y que sean posibles las vivencias de logro correspondientes. Al mismo tiempo, cada paso resuelto debe hacer perceptible el siguiente problema parcial.

Desde un punto de vista sistemático, afirmamos que inicialmente actividad y motivación son una sola cosa; la actividad es actividad motivada, y no hay motivación sin contenido de actividad; la motivación induce a la actividad.

El fin activa los medios

La imagen que hemos presentado de actividad motivada, se puede observar más nítidamente en los niños. También es válida en ciertas actividades de tiempo libre de los adultos, como cuando se toca un instrumento musical o se conversa con una persona simpática. Pero, ya en el transcurso del segundo año de vida, como lo ha mostrado Piaget (1936), se lleva a cabo una diferenciación importante en la actividad infantil. Ciertas actividades se convierten en simples medios, y por lo tanto intercambiables, si otra parte de la actividad se convierte en fin. De esta manera, puede el niño descubrir en la piscina que puede usar un recipiente como ducha, lo cual es divertido y le proporciona sensaciones agradables. Lo llena de agua una y otra vez, a fin de vertérsela, desde lo alto, sobre cabeza y hombros. La actividad-objetivo es regarse con el recipiente, la actividad-medio es ir al agua y llenar el recipiente. La activación parte de la actividad-objetivo que es la fuente de la satisfacción. La energía fluye de la actividad-objetivo, o de su representación, es decir, de la representación del objetivo, a la actividad-medio. Esta no es en sí misma interesante; si el niño descubre un método más sencillo de echarse el agua, cambia la actividad-medio. En los medios se hace una especie de cálculo entre el costo (esfuerzo) y el beneficio, lo cual no ocurre con la actividad-objetivo: ésta vale por sí misma; diríamos que es *intrínsecamente* interesante. La actividad-objetivo y su percepción concomitante está motivada intrínsecamente. La actividad-medio recibe su interés del objetivo; sólo es interesante en la medida que sirve al fin; es *extrínsecamente* motivada.

Las acciones complejas se caracterizan porque no contienen *una* sola actividad-medio que conduce a un fin, sino porque son necesarias actividades intermedias de segundo, tercero y enésimo grado, para lograr el objetivo. En el ejemplo de llenar el recipiente, debe el niño primero entrar al agua de la piscina. Para ello debe ir a la piscina, etc. Si se piensa en la cantidad de cosas que debe hacer un alumno, por ejemplo para desarrollar una construcción geométrica o resumir (como tarea para la casa) un texto, se reconoce entonces cuán complejas son las jerarquías medios-fin de las acciones humanas, y cómo pueden también frustrarse su planificación y su ejecución.

Si se dibuja una estructura semejante, aparece un flujograma donde varias ramificaciones de acción convergen en un objetivo. En *12 formas básicas de enseñar* mencionamos un ejemplo, concerniente a la fabricación de queso. En el libro *Den-*

ken: das Ordnen des Tuns [el pensamiento como ordenador de la mente] (Aebli, 1980-81) profundizamos en la idea de la estructura de la acción.

En el contexto presente es importante que la motivación fluya a partir del objetivo propiamente dicho, intrínsecamente interesante, a través de la jerarquía medios-objetivo, hasta llegar a aquellas acciones iniciales, que son inmediatamente realizables teniendo en cuenta los elementos disponibles (Aebli, 1984, 1987b). No debemos pensar que en todos los casos el objetivo representa un resultado concreto de acción. En los ejemplos citados, puede ser que la construcción geométrica solicitada por el maestro o el resumen del texto de lectura no interesen en nada al alumno. Pero estas actividades y sus resultados son para él actividades-medio necesarias, para lograr una buena nota, y ésta a su vez es condición para el ingreso en el nivel siguiente, lo que igualmente es prerrequisito para que el alumno pueda aprender el oficio que le interesa. Puede también suceder que su motivo sólo sea agradar a sus padres, o eventualmente la alabanza y atención del maestro o maestra. Sería interesante estudiar desde esta perspectiva las jerarquías de motivos de los alumnos, a fin de determinar qué ideas y qué situaciones de objetivos intrínsecos se encuentran en su cima.

Las consideraciones anteriores están fundamentadas en el presupuesto de que la persona que actúa busca realizar una imagen activada del objetivo, una imagen que vibra o «chispea» en su espíritu. Cuando en la mente de un joven centellea la idea de que, cual otro Robinson, está en su árbol-casa y contempla su reino, desencadenará consecuentemente las acciones-medio de consecución de los materiales, de la planificación y de la construcción. La acción-objetivo motiva las *acciones constructivas* que conducen al fin. La acción-objetivo activada puede sin embargo tener otro efecto: el *acercamiento* al objetivo. De hecho, no todos los objetivos se realizan por medio de acciones constructivas. Muchos objetivos ansiados por los hombres implican el contacto con un objeto interesante o amado. El peregrino medieval quería visitar Roma o Jerusalén y besar allí el suelo. El aficionado a los fósiles se alegra de tocar y manipular las piedras prehistóricas. El violinista quisiera tener algún día en sus manos y poder tocar un Stradivarius o un Amati, y el fanático de los coches quisiera poder ver un Ferrari y, si no puede conducirlo, tocarlo al menos. También el amor busca el contacto con la persona amada; el niño con la madre, el amante con la amada. La representación del objetivo desencadena no sólo acciones de construcción, sino también acciones de acercamiento. Estas últimas incluyen no sólo desplazamientos espaciales, sino también *acciones de adquisición;* al comprar el objeto interesante (el violín, el coche, la mesa de cobre), lo tengo cerca y a mi disposición.

Los hombres hablan con frecuencia de su interés por *determinadas cosas.* En sentido provisional, es legítimo hablar del interés por las cosas. Pero si miramos detenidamente los casos, nos damos cuenta de que el interés en sí concierne más bien al *tratamiento* de la cosa. En el fondo, el amigo de lo artístico no busca la mesa de cobre, sino el *placer de su contemplación,* una actividad de percepción. Tampoco el automóvil es el objetivo, sino *conducirlo.* Lo mismo puede decirse del violín Stradivarius; el violinista busca contemplarlo, oírlo, tocarlo. Sólo en una segunda instancia se proyectan estas vivencias al objeto mismo, convirtiéndolo en objeto del interés.

De tal manera que la motivación fundamental sigue siendo la representación, amada y amante, de una actividad y la vivencia que dicha actividad proporciona a la acción.

En el transcurso de estas reflexiones sobre la jerarquía medios-fin hemos reconocido un hecho adicional, que las actividades son *estructuradas*. Las actividades tienen su construcción. Los fines parciales corresponden a las acciones-medio. El fin último está encima de toda la jerarquía. Hay que llenar varias condiciones para que el efecto deseado pueda ser alcanzado. Esta estructuración interna de la acción lleva también a la diferenciación de las fases de la formación y de la realización de la intención, y con ello de la voluntad consciente y de la posibilidad, relacionada con ella, de la educación de la voluntad (véase Heckhausen *et al.*, 1986 y Heckhausen, 1986).

En resumen, podemos establecer las definiciones siguientes:

Un *motivo* es una representación del objetivo, con un contenido que desencadena acciones conducentes a su realización (acciones constructivas, interacciones) y al establecimiento de contacto con el objetivo (acciones de aproximación, de apropiación, actividades perceptoras).

Por el contrario, entendemos por *motivación* la activación general, que nos presentamos carente de contenido. Puede por lo tanto fluir en diferentes esquemas de comportamiento y representaciones, y darles vida, convertirlos en motivos (en el sentido descrito arriba) o representaciones del objetivo.

Expectativa de éxito, miedo al fracaso y el «efecto Pigmalión»

La reflexión conducida hasta aquí puede resumirse en la fórmula de que las actividades vitales naturales son motivadas, orientadas a un fin y estructuradas. El fin es la fuente de la activación, que fluye a las acciones-medio. Un medio se hace interesante cuando el actuante reconoce que es condición para lograr un objetivo intermedio o final. Lo motiva a ejecutar las acciones-medio o a obtener las cosas que le sirven de medio.

Una cuarta característica de las actividades vitales se deriva del hecho de que el hombre tiene la capacidad de prever la ocurrencia de los sucesos deseados, y por tanto puede formarse *expectativas* sobre su ocurrencia. Ello es especialmente importante allí donde el éxito de su acción no está asegurado de antemano. En tal situación de inseguridad puede esperar el éxito de su acción, o temer por su fracaso. La expectativa de éxito y el *miedo al fracaso* son nociones complejas. Tienen un aspecto cognitivo (intelectual): el que actúa debe estimar qué puede o debe pasar como consecuencia de su acción. Pero la expectativa del éxito tiene también ciertos matices emocionales. Una sensación de confianza y de gozo anticipado por el buen éxito de la empresa activan al actuante. Lo contrario sucede con el temor por el fracaso. Aquí también se ha calculado el resultado posible de la empresa, lo cual es un proceso intelectual. Pero, además, se añade un aspecto emocional negativo. El resultado previsto deprime, el actuante se siente amenazado, teme por ello (Heckhausen, 1980).

Hasta aquí hemos puesto el énfasis en la estimación del éxito o del fracaso posible, o sea en el cálculo de la «probabilidad de éxito». Sin embargo, para el desarrollo de la personalidad del niño o del joven es importante saber que la expectativa de éxito y el temor al fracaso se desarrollan por regla general como actitudes globales, independientes del cálculo específico, en cada caso, de la probabilidad del éxito o fracaso. Unas personas son optimistas, otras pesimistas; lo cual quiere decir que están motivadas predominantemente por el éxito o el fracaso.

¿Cómo se producen tales actitudes generales? Pocas cosas se saben con certeza acerca de ello. Parece probable que no son meramente innatas, sino más bien una suma de experiencias del niño o del joven en desarrollo, especialmente las que provienen de la primera infancia, en las cuales juega un papel importante la elaboración de la confianza en el éxito o del miedo al fracaso; experiencias que no tienen que ver únicamente con los resultados de las acciones propias, sino también con las reacciones del medio, especialmente de padres y educadores, cuyas expectativas son *internalizadas* por los niños y los jóvenes.

En ello se basa el llamado «efecto Pigmalión (o Andorra)»[1]. Niños que habían sido seleccionados al azar entre sus compañeros de clase, pero que fueron presentados al maestro como «adelantados», es decir, como niños cuyo desarrollo se produciría más rápido que el del resto, resultaron de hecho desarrollándose más favorablemente que sus compañeros (Rosenthal y Jacobson, 1968; una crítica se encuentra en Elashoff y Snow, 1971, y una confirmación en Scherrer, 1972; Heckhausen, 1976, 1980 y Dweck, 1986). Estos efectos hay que atribuirlos, sin duda alguna, a que los alumnos asumieron las expectativas de éxito de sus maestros y —como lo postula adicionalmente Heckhausen— sus fracasos no fueron atribuidos a falta de talento, sino a que su esfuerzo había sido insuficiente. Se habían apropiado de las expectativas de éxito de sus maestros.

Lo que motiva la actividad de los niños y de los jóvenes

¿Cuáles son los motivos fundamentales que mueven a los hombres? ¿Hay motivos innatos, anclados a la naturaleza humana? Ello ha sido tema de reflexión, durante siglos, para filósofos y poetas. Se ha hablado de «pan y diversión», de «amor», de «placer», de «poder». Es difícil juzgar qué de todo ello es verdadero, por las razones que siguen. En el niño recién nacido los motivos pueden expresarse, de acuerdo a su naturaleza, sólo de manera imperfecta. Con el desarrollo, precisamente cuando sería en principio posible identificar los motivos que maduran, se han acti-

---

[1] De acuerdo con la narración de Ovidio, Pigmalión, rey de Chipre, se apasionó perdidamente por la estatua de una muchacha, que él mismo había esculpido. Accediendo a sus ruegos, Afrodita le dio vida, y la tomó por esposa. En *My fair Lady* se le da al tema un tratamiento moderno.

vado entonces procesos de *aprendizaje de motivos,* siendo prácticamente imposible distinguir si lo que se percibe son motivos innatos o aprendidos.

Nos limitamos entonces, en este libro de índole pedagógica y didáctica, a enumerar un grupo de motivos que son fundamentales e importantes en las situaciones educativas; dejamos con ello abierta la pregunta de si son innatos o adquiridos en el transcurso del desarrollo. En un capítulo posterior regresamos a la cuestión de los procesos de aprendizaje en los cuales surgen los motivos.

Motivos sociales del yo

El niño pequeño busca el contacto con su madre y con su padre, en el sentido concreto del contacto corporal. Calor y seguridad son los motivos fundamentales del niño. Con ello está ligada la conciencia de la aceptación y, con ella, el disfrutar de seguridad con sus padres. El niño transfiere estas necesidades a la maestra y a otras personas de su medio social. Salen a relucir también en relación con los logros en el mundo objetal, que el niño debe producir en la escuela. También aquí se plantea la pregunta de si el maestro los acoge con calor y benevolencia y de si los acepta. De la aceptación y valoración positiva de sus logros deduce el alumno la aceptación y valoración positiva de su persona. Lo cual influye a su vez en su autovaloración.

Una ampliación de la necesidad de aceptación es el *motivo de pertenencia (need for belonging,* Murray, 1938). El joven desea incorporarse a un grupo y ser aceptado por él. Todos conocen la triste experiencia del niño que no es aceptado en un grupo de juego o que es echado de él. El motivo de pertenencia se dirige a los coetáneos. El *motivo de afiliación* se orienta por el contrario a las personas de más edad y de autoridad. Es el motivo por ligarse a una persona de la que se puede aprender, y que también puede ofrecer seguridad; el antiguo motivo que fundamentó las relaciones sociales feudales. El joven debe superar durante el transcurso de su desarrollo esa posición de «menor de edad». Pero en la edad en que necesita apoyo y debe aprender, son tan legítimos el motivo de pertenencia como el de afiliación. Un paso adicional lo constituyen la *necesidad de reconocimiento* y de ser *tenido en cuenta,* sobre la cual escribió el psiquiatra Alfred Adler (1912). Ser alguien, ser respetado, tenido en cuenta, no ser ignorado; en todo ello aparecen, naturalmente, problemas de medida. Pero, ¿a quién no le hace bien, ya sea adulto o niño, ser respetado y tenido en cuenta? ¿A quién le resulta indiferente, o no le hace daño, ser tomado como un trapo, precisamente por aquellos que son importantes para él?

Motivos prosociales

A medida que el niño se hace más autónomo y capaz de actuar, madura de su papel puramente receptivo. Se hace capaz de construir y mantener relaciones de amistad y compañerismo. En ese sentido se amplía la necesidad de pertenencia a la capacidad y la necesidad de construir junto con otros un grupo y de mantenerlo activo. En la clase se hacen grupos de estudio con amigos y compañeros, y ciertos grupos escolares adquieren un «espíritu de clase», es decir, se convierten ellos mismos en grupos internamente consolidados y solidarios. Necesidades similares en los niños y adultos se han llamado *motivos prosociales* (en sentido literal del término). El presupuesto es que el otro necesita ayuda o que la coexistencia armónica no es automática, y requiere por tanto acciones prosociales conscientes. Al primer grupo pertenecen todas las acciones de ayudar, apoyar y consolar; al segundo las acciones de consolidación justa y amigable de los intereses. De ello hablamos ya. Es nueva, sin embargo, la afirmación de que estas acciones corresponden a motivos fundamentales de los hombres. Lo cual no quiere decir que sean innatas; probablemente no lo son. Pero cuando los niños han sido educados en cierta manera correctamente, traen estos motivos consigo a la escuela, y ésta tiene la tarea y la posibilidad de asumirlos y desarrollarlos ulteriormente. Arriba dijimos que se trata de ayudarse mutuamente, mostrar solidaridad, repartir justamente las cargas y los bienes, tener consideración unos por otros, tener en cuenta las necesidades de los otros, ser mutuamente benevolentes.

En la medida en que estos motivos se fundamentan profundamente en la cosmovisión del hombre y han sido elaborados de manera abstracta y objetivados como ideas («amor», «justicia», etc.), podemos hablar no sólo de motivos, sino también de *valores*. Estos, a su vez, sirven para juzgar las acciones propias y ajenas, no sólo como medidas, sino también como guías de acción. Las dos son funciones importantes de los motivos y los valores en el comportamiento humano. Si los valores se aplican como medida para juzgar las acciones propias y ajenas («¿actué dispuesto a ayudar?», «¿tuvo en cuenta a sus compañeros?», «¿de qué manera sucedió eso?»), el valor se convierte en *norma*. Las normas no son otra cosa que valores que aplicamos como medida frente a las acciones propias y ajenas, a fin de poder formarnos un juicio sobre ellas. Finalmente, damos el nombre de *conciencia* humana a la suma de nuestras normas morales. No se trata de una instancia especial, casi judicial, que exista en la mente humana, sino de la suma de las normas que aplicamos a nuestro comportamiento, con la consecuencia de que podemos reconocerlo como moralmente correcto o falso, a la luz de nuestros ideales.

La formación de los valores implica, por tanto, la *formación de la conciencia;* nuestra reflexión sobre las acciones propias y las de los demás, a la luz de las normas morales, quiere decir *ejercicio de la conciencia,* es decir, ejercicio de su instancia práctica ante cuestiones concernientes a la bondad moral de nuestro actuar.

Motivos individuales del yo

Ya desde el inicio del desarrollo del niño se puede observar otro grupo de motivos. A medida que aprende a valerse por sí mismo y a dominar las acciones necesarias para ello, comienza a rechazar, cada vez con más frecuencia, la ayuda del medio. «Yo solo», repite continuamente. Quiere llevarse por sí mismo la cuchara a la boca, vestirse o desvestirse, llevar su sillita a la mesa. El hacer las cosas por sí mismo se le presenta como un valor. Lo cual significa que la *autonomía* es el contenido de un motivo individual, fundamental, del yo. Tampoco es eso válido sólo con los niños pequeños. Los de más edad, que se desarrollan normalmente, se muestran orgullosos de todo aquello que pueden realizar por sí mismos. La autonomía es atractiva, porque implica simultáneamente libertad.

Un derivado de este motivo es la necesidad de ser el *causante* o *iniciador* de acciones y decisiones. El psicólogo norteamericano De Charms (1968, 1973) mencionó este motivo. A nadie le gusta ser utilizado como un peón de ajedrez, de manera meramente pasiva y servil. Todos quisieran desencadenar por sí mismos y dirigir los procesos que son importantes para ellos. Se llama el *motivo de ser el causante*. La afición de los jóvenes por los medios de locomoción, tales como coches y motos, se basa en este motivo: conducir por sí mismo, decidir adónde se marcha, y autovivenciarse en esta actividad. Naturalmente, se dan también muchas formas falsas de autonomía, y muchos jóvenes no saben qué hacer con la libertad que se les ha concedido. Pero eso no contradice el motivo de autonomía. Eso indica sólo que a los jóvenes también se les debe decir qué pueden y deben emprender con esa autonomía, y con las crecientes posibilidades de actuar.

Con el motivo de ser el causante se relaciona estrechamente el *motivo de autocontrol* y el de *competencia*. Control significa en este caso dirección. Se trata del asunto de si uno es dirigido por los otros, o se dirige a sí mismo. Sólo que la perspectiva es más global; no se trata de las acciones individuales que el hombre pudiera iniciar de manera autónoma, sino más bien de la necesidad de manejar con los propios recursos la vida propia y de dominar con los propios medios y según reflexiones y criterios propios, las situaciones a que uno se enfrenta. El caso opuesto lo constituye la persona que está siempre en búsqueda de dependencia, de afiliación, que quiere ser siempre protegida y servida; lo cual es un falso desarrollo de la personalidad.

Un derivado del mismo tema lo representa el *motivo del logro* (Heckhausen, 1980). Heckhausen lo entiende como la tendencia a demostrarse la capacidad propia frente a situaciones difíciles. La dificultad de las situaciones es tal, que en ellas se puede fracasar, que tan posible es el éxito como el fracaso. Esto, a su vez, se calibra frente a una medida de bondad, a una norma, como lo dijimos. Encontramos aquí de nuevo el hecho de que los hombres fijan metas a sus acciones, y que no les es indiferente si las logran o no. Cuando lo hacen y, especialmente, cuando las logran mejor que otros, colocados en una situación de competencia, reaccionan con satisfacción, y en caso extremo con triunfo. Cuando no lo consiguen, esto es, cuando fracasan, dan muestras de turbación y abatimiento, se sienten desilusionados y desalentados. La teoría y los experimentos acerca de la motivación por el logro han sido precisados excepcionalmente, gracias a los trabajos de McClelland (1951, 1961), Atkinson y Birch (1972), Atkinson y Raynor (1974), y Heckhausen (1964, 1974, 1980). Un factor importante lo representan las valoraciones del sujeto y sus expectativas de éxito o fracaso.

No es éste el lugar para explicar los experimentos y teorías al respecto; puesto que, a pesar del interés que se merecen, los presupuestos de esas experiencias no son tan realistas como lo desearía el educador. Especialmente porque en el comportamiento del niño no es tan usual, como parece asumirlo la teoría de la motivación por el logro, ni una fijación explícita de metas, ni una comparación explícita entre los logros reales y esa fijación de metas. Cuando los logros no se pueden medir, también es por regla general difícil hablar de éxito o fracaso, en el sentido de alcanzar o no un objetivo. Surge también la pregunta de si, detrás de la motivación por el logro no entran en juego motivos más profundos, como por ejemplo la necesidad de valer o de superar al rival. Pero también esa pregunta puede ser planteada a muchos otros motivos tratados aquí.

Lo que sí es cierto es que tanto jóvenes como adultos, en determinadas situaciones y frente a retos determinados, hacen manifiestos sus motivos por salir airosos; que el nivel de exigencia de sus logros puede ser alto, y que cuando consiguen alcanzar los objetivos impuestos reaccionan con alegría y satisfacción. En caso opuesto reaccionan con sentimientos reprimidos o, en caso extremo, con desilusión y apabullamiento. La escuela especialmente tiene toda la razón en tomar en serio este motivo, no para exigir irreflexivamente, sino para evitar que, por medio de la aplicación incorrecta de exámenes y medidas similares, se generen perjuicios con el mecanismo de la motivación por el logro y de su frustración.

Existe adicionalmente una serie de motivos ligados superficialmente a la personalidad humana. Nos referimos ante todo a los *motivos* intelectuales *de la comprensión* y del *orden.* ¿Son innatos? Eso podría hacer pensar en su universalidad. Pero, el hecho de que manifestación sea tan diversa en las diferentes culturas implica que en su conformación es significativa la participación del medio y de la educación. Por tanto, estos motivos deben también ser fomentados en la escuela. Debemos hacer todo lo posible para que el joven tenga la vivencia de la comprensión y mostrarle la satisfacción que produce este estado de la mente. Aeschbacher (1986) lo ha mostrado, sirviéndose de muchos ejemplos educativos. Lo mismo vale con el motivo del orden. Este debe convertirse también en necesidad humana. Volveremos a este punto, al tratar el problema del aprendizaje de los motivos.

Motivos intrínsecos del yo,
motivos derivados (extrínsecos)

Hasta ahora hemos tratado los motivos llamados «del yo», sin justificar todavía el apelativo. Con esta expresión estamos señalando dos cosas. En primer lugar, no se trata aquí de necesidades cualesquiera del hombre (como de una golosina, de ver una película interesante...), sino de necesidades fundamentales, que conforman el núcleo de su personalidad, el yo. Desempeñan un papel importante en su vida, especialmente cuando se enfrenta a decisiones. Al fomentar la conformación de dichos motivos apuntamos también a la formación de la personalidad, puesto que ésta se caracteriza precisamente por la *estructura estable de motivos* del hombre.

En segundo lugar, se da el hecho de que los motivos tratados hasta aquí en gran medida son *intrínsecos;* es decir, que no están supeditados a motivos fundamentales ni son sus derivados. Por lo menos para el adulto son correctos y atractivos por sí mismos. Puede que ello no sea siempre el caso con el niño, al no haberse completado el proceso de su internalización. Por eso se mezcla con frecuencia la expectativa por el premio o por el reconocimiento, cuando el niño «se porta bien». Pero hay que tener en estos casos la meta de que el motivo se convierta en intrínseco, por medio de un proceso que Allport (1939) llamó «el hacerse-autónomo del motivo». Es autónomo cuando ya no necesita ser reforzado extrínsecamente, con el premio, sino que se ha convertido en un valor, que no necesita fundamentación ulterior.

10. MOTIVOS DE APRENDIZAJE, FORMACION EN INTERESES Y VALORES

El lugar del aprendizaje planificado es la escuela. En ella (como lo hemos visto) no sucede nada sin las ofertas de enseñanza de parte del maestro. Recordamos también que en las empresas comerciales o industriales, donde entra un aprendiz, «algo sucede»: los procedimientos de trabajo en curso, a los cuales se le integra. Ese también es el caso de la familia como unidad económica, de la cual procede; allí se compra, se cocina, se limpia y se lava, las cosas se mejoran se reparan, etc. En la escuela intentamos algo difícil: desencadenar directamente el aprendizaje, sin el recurso a las actividades genuinas. Por tanto, el alumno debe estar motivado directamente hacia el aprendizaje, lo cual, otra vez, es una tarea difícil. Es relativamente fácil motivar a las personas para una actividad; pero, ¿lo es también motivarla para el aprendizaje?

Hemos visto que las actividades vitales están orientadas por un objetivo. Tienen su estructura interna. El hombre activo espera un resultado de su actividad, el cual generalmente ocurre. Frecuentemente se trata de un objeto que se produce, o de una situación que se modifica. La torta horneada por el ama de casa puede ser admirada, olida y consumida. El jardín que ha limpiado el hombre, se ve ahora bien organizado. Cuando se ha construido una casa, puede uno mirarla, caminar a su alrededor, entrar en ella, mudarse a ella y vivir en ella. Cuando hemos escrito una carta, podemos regocijarnos por su forma externa, leerla de nuevo y enviarla; produce también un efecto en el que la recibe. Todos esos son resultados concretos de actividades. Producen también su efecto en el actuante. Su logro refuerza la actividad, la apoya.

El aprendizaje no es ninguna actividad simple, en el sentido descrito, y la motivación para el aprendizaje es algo diferente a la motivación para la actividad. Aprender es un proceso de segundo orden. Lo llamamos metaproceso. La actividad produce un resultado concreto. El aprendizaje produce una modificación de la actividad, la mejora. Ante todo, se trata de un proceso invisible, realizado en la mente del que aprende. Se hace perceptible cuando la actividad se repite y se compara con la ejecución original. Pero eso no es, con frecuencia, tan fácil de realizar. ¿He leído el texto mejor que la primera vez? ¿Tengo ahora más claro su contenido? ¿Puedo expresarlo mejor ahora? ¿Pero, fue buena la primera exposición? Si no la escribí, la comparación es difícil. Aun teniendo ante mis ojos los dos escritos, se requiere algún esfuerzo para compararlos y establecer el progreso. Lo mismo podría apreciarse en todas las disciplinas. ¿Entiendo mejor el concepto de quebrado, después de algún período de tiempo? ¿Mi manejo del concepto se ha hecho más flexible? Lo mismo podríamos preguntarnos por cualquier concepto en las ciencias naturales o sociales, por el de la oxidación y reducción, por el de la fotosíntesis o por el concepto del mercantilismo, de la economía planificada y del valor del dinero. Si distinguimos provisionalmente, *grosso modo*, entre progreso cuantitativo y cualitativo, reconocemos de inmediato que casi sólo los progresos cuantitativos en el aprendizaje pueden ser observados sin problema. Pero ésos son precisamente los progresos que, por regla general, no abarcan los procesos estructurales de aprendizaje decisivos, sino sólo su consolidación y automatización. Todos los progresos mencionados arriba contienen progresos cualitativos de aprendizaje. ¿Cómo detectarlos? ¿Cómo lograr que influyan en la motivación y la mantengan, suponiendo que ésta se haya dado?

Reconocemos ahora el doble problema de la escuela. En primer lugar, estimular actividades que sean motivadoras. Sólo cuando ello ocurra, puede uno fijarse la segunda meta: preocuparse por el mejoramiento de la actividad, es decir por el aprendizaje, y porque éste a su vez produzca y mantenga la motivación. Con ello entendemos por qué los maestros manifiestan siempre que la motivación para el aprendizaje es problemática.

Motivación para los avances cuantitativos y cualitativos en el aprendizaje

Rara vez se da un aprendizaje exclusivamente cuantitativo. La mayoría de las veces se trata de modificaciones cualitativas. Pero muchas actividades y resultados de actividades son, de una u otra forma, *medibles,* y la medida lograda es la que muestra el avance cuantitativo del aprendizaje. Ante todo en el deporte: el esquiador hace el segundo descenso en menos tiempo que el primero, y en menos aún el tercero. Eso se debe, naturalmente, a toda una serie de modificaciones cualitativas como son mejor conocimiento de la pista, reacciones motrices más adecuadas, mayor seguridad y por tanto mayor capacidad de riesgo, etc. Pero estas cosas son difíciles de captar, mientras que resulta fácil activar el cronómetro a la largada y detenerlo al cruzar por la meta. Con ello captamos la actividad global sólo desde un punto de vista, con ayuda de una medida única, la de tiempo. La empleamos como símbolo del logro realizado.

Además, vemos en el ejemplo que el aprendizaje es una mejora del logro; al calcular la diferencia entre descensos sucesivos obtenemos una medida del progreso en el logro. Interpretamos el aprendizaje a partir de la reducción del tiempo de descenso. Puesto que los niños están ya familiarizados con tales operaciones de medida y es fácil para ellos la comparación de cifras, en este caso de los tiempos empleados, les es fácil por tanto la captación de los avances en el aprendizaje y con ello la generación de motivación.

Pero, aun en este ámbito ocurre que los motivos de los niños, jóvenes y adultos no están dirigidos primariamente a avances en el aprendizaje. Lo que la gente quiere ver no es cómo el deportista X mejora su logro anterior, sino cómo logra superar al deportista Y. Eso se aplica también en la escuela, cuando se organizan competiciones. Aquí tampoco se trata de avanzar en el aprendizaje, sino de vencer al adversario. Hay que reconocer el precio que hay que pagar por este procedimiento; con ello se convierten en motivos extrínsecos la realización correcta de la actividad y el aprendizaje. Por el contrario, la victoria y el prestigio alcanzado con ella están intrínsecamente motivados. Pronto descubrirá también el niño que detrás de la victoria se oculta el dinero y el disfrute material. Aunque eso no lo experimenten al principio en persona, lo aprenden «en cabeza ajena», al ponerse en la perspectiva de los héroes del deporte. Por eso deberíamos tener cuidado y manejar con reserva los ejercicios competitivos (véase *12 formas básicas de enseñar,* y Dweck, 1986).

No hay que rechazar la medición de los logros por sí misma. Pero se deben fijar límites. La cifra del resultado es sólo un signo externo de las modificaciones cualitativas logradas en la realización de la actividad. La ventaja de la medida es su objetividad y viabilidad. Pero siempre se arriesga con ella a pasar por alto lo esencial. Tal ocurre con el alumno que intenta, contra viento y marea, mejorar su tiempo de descenso. Lo mismo ocurre con el que pretende, sólo a base de esfuerzo, lograr resultados altos en la prueba de aritmética o en la composición escrita. Con ello pueden pasarse por alto los procesos decisivos de aprendizaje, pueden incluso adquirirse procedimientos y actitudes desfavorables.

A medio plazo sólo sirve una cosa, y es poner atención al desarrollo de la actividad, observarse a sí mismo, notar a qué obedecen las mejoras cualitativas en los logros. La mejora cuantitativa se convierte entonces en un producto secundario. Lo cual también puede ser divertido: experimentarse a sí mismo en la realización de la actividad, alegrarse del logro, de la mejor coordinación, del transcurso armónico; que lo que se hace se entiende mejor y con ello el logro se mejora intencionalmente, en vez de ciega y forzadamente. Eso significa tener puesta la mirada en el interior, y no en el reloj, ni en la nota que pone el maestro al final del trabajo. Descubrimos, tras los avances cuantitativos y superficiales en el aprendizaje, los cualitativos. Nos descubrimos a nosotros mismos, a nuestro hacer y a nuestras vivencias.

El aprendizaje cualitativo, o mejor diríamos «estructural», construye por tanto nuevo saber y nuevo saber hacer, y los modifica al diferenciarlos y descomponerlos. En *12 formas básicas de enseñar* hemos distinguido cuatro funciones al interior de los procesos estructurales de aprendizaje:

1. La construcción orientada por el problema.
2. La elaboración.
3. El ejercicio.
4. La aplicación.

Desde el punto de vista psicológico se trata de:

1. La construcción del nuevo pensamiento o de la nueva acción.
2. La flexibilización de los conceptos y operaciones.
3. Su consolidación.
4. Su incorporación a nuevas situaciones y objetos.

El aprendizaje por refuerzo, mencionado en este libro, tiene que ver ante todo con el ejercicio. El aprendizaje por observación es por regla general una forma del aprendizaje estructural, que no se desencadena ni se dirige gracias al mero ensayo y error propios, sino por medio de la observación de un modelo de comportamiento. A continuación consideramos los procedimientos de la motivación para el aprendizaje en el marco de las cuatro funciones del proceso de aprendizaje cualitativo o estructural.

Motivación en la construcción por solución de problemas

El núcleo del aprendizaje estructural es la construcción de un pensamiento o de una estructura de acción; entender qué es una frase relativa, captar cómo se llegó a la desmembración de los Estados Unidos del Imperio Británico, comprender los motivos de Hamlet o de Don Quijote, entender las relaciones históricas entre Japón y China, conocer qué efectos tiene la intromisión humana en el ecosistema de la selva amazónica, representar algebraicamente un lanzamiento inclinado, entender qué quiere decir simplificar un quebrado, qué es un cociente diferencial. Además apropiarse de un poema, reconocer la elaboración de una sonata, poder dibujar correctamente la perspectiva de una calle. Finalmente también diseñar un plan, facilitar la integración en clase del hijo de un extranjero, organizar la producción y venta de un periódico escolar, organizar un día de puertas abiertas para los padres. Reconocemos de nuevo aquí los cuatro grandes grupos de actividades, que ya hemos tratado. Al captarlas en el pensamiento y plasmarlas conceptualmente, realizamos construcción de conceptos.

¿Qué significa aquí aprender y qué significa motivación para el aprendizaje? Aprender significa construir a partir de elementos el nuevo pensamiento, la nueva acción, o desarrollarlos a partir de la diferenciación de un concepto previo o de una idea de acción provisional y todavía inacabada. La clave del proceso es la concatenación de los elementos, la creación de nuevas relaciones, la diferenciación de la estructura. ¿De dónde sale la motivación para lograr eso? ¡Del problema! Hemos subrayado siempre que el problema surge del intento de dominar una situación nueva con los medios disponibles y de la experiencia de que todavía no se ha logrado. De ahí la importancia de un marco comprensivo de actividad para los objetivos específicos del aprendizaje. Idealmente, en su contexto se presentan los primeros intentos, aún insuficientes, de solución. La dificultad captada en el pensamiento es el problema. Puesto que la dificultad se presenta en el intento de hacer algo o de aclarar algo mentalmente, detrás de la dificultad está una intención, un planteamiento de objetivos, que inicialmente no acertamos a realizar. La intención es parte del gran marco mental o práctico: poder comunicarse por escrito, y por tanto poder construir correctamente las frases; entender la relación especial de los Estados Unidos para con Inglaterra y el antiguo continente, y con ello reconstruir el proceso de desmembración; entender a Hamlet o a Don Quijote, y con ello analizar el famoso *to be, or not to be* o clarificar la cosmovisión del Quijote; también establecer un nexo entre la escuela y la casa paterna, para presentar con claridad el día de puertas abiertas. Debemos derivar la fuerza de la motivación para el aprendizaje de una corriente poderosa de pensamiento y de acción, tal como las grandes personalidades de la historia del pensamiento y de la política han sacado fuerzas de una visión grandiosa de su misión, de un «proyecto», al decir de Julián Marías (1985).

Son naturalmente representaciones ideales. Formas más modestas de planteamiento de problemas se relacionan con la experiencia y las actividades vitales cotidianas; es el caso de comprender cómo se desarrolla un ser vivo, disfrutar de una pieza musical y preguntarse cómo está compuesta.

Allí donde se plantea un problema, se está próximo a intentar una primera solución valiéndose de los medios disponibles. El fracaso relativo proporciona el punto a partir del cual pueden aportarse soluciones mejores. Con ello se percibe un progreso en el aprendizaje estructural. Hay que establecer por tanto la insuficiencia de los primeros intentos de solución: no entendemos aún las fuerzas motoras en Don Quijote. Tan sólo se nos presenta como fuera de lo común, excéntrico, ridículo; sin embargo, notamos que es algo más que ridículo. En cierta manera nos impresiona también. ¿Qué es entonces lo que nos impresiona?

Lo que sigue es la solución, paso a paso, del problema. En *12 formas básicas...* hemos mostrado cómo sucede. Aquí sólo subrayamos que el alumno debe captar que avanza. Debe notar un progreso en su comprensión, una profundización de su intuición. En caso ideal se produce una vivencia del «¡ajá!» (Bühler, 1907). En ese caso se puede experimentar con claridad el avance en la comprensión. En los demás casos debemos traer conscientemente a la memoria cómo vimos inicialmente la solución, y qué fue lo que no nos satisfizo.

Aquí se plantean problemas complicados en torno al *hacer perceptible el avance* en la intuición y en la comprensión. Para ayudar en ello a los alumnos, se requiere que el maestro entienda bien los procesos del pensamiento que se realizan en la clase. Pero esa comprensión no se logra momentánea y automáticamente. En el examen reflexivo del trabajo realizado pueden tenerse en cuenta los caminos recorridos e intentar reconstruir el progreso conseguido.

Es relativamente fácil la percepción del progreso, cuando se trata del desarrollo de procedimientos prácticos, acciones y operaciones. Intentamos realizar la acción o la operación, y no lo hemos logrado, ni siquiera en el pensamiento. No hemos ganado en claridad sobre el día de puertas abiertas o sobre la manera de hacer un periódico escolar orientado al lector. Finalmente se planea el día de puertas abiertas, y se lleva a cabo. Se imprime el periódico de la clase, y se vende. La *verificación,* en el sentido clásico del pragmatismo, es en este caso posible. Se puede percibir el avance. El logro motiva el seguir actuando y seguir aprendiendo.

Ese tipo de comprobación no es tan fácil, cuando se trata de comprender fenómenos interiores. Obviamente, puede comprobarse una aclaración de un fenómeno. Para ello hay criterios precisos en las ciencias exactas; si mi concepto del cociente diferencial sirve de algo, puedo usarlo en mis cáculos. Pero en las ciencias del espíritu y, en general, en todos los dominios cualitativos del pensamiento, eso es difícil. ¿Cómo sé en qué momento he comprendido exactamente a Hamlet? ¿Es

129

mejor mi formulación actual de su significado, que mis primeras aproximaciones? De alguna manera debería ensayar el alumno los pensamientos recién desarrollados; lo mejor sería con alguien totalmente ajeno al tema. Le podría explicar la figura literaria, el proceso histórico o geográfico, y preguntarle luego si eso le aclara algo, o si con ello entiende mejor el argumento. Pero todo eso no es fácil de hacer. El maestro puede hacer entonces sus veces, haciendo que el alumno le explique de nuevo el argumento; debe mostrar que hará el intento de seguir el curso de pensamiento del alumno; le dice dónde no encuentra claridad y dónde sí lo convence lo que dice el alumno. Eso no es tan fácil de hacer, ya que el maestro ha colaborado también a la elaboración de la solución. Pero puede, de alguna manera, representar el papel del lego y del excéptico. Los alumnos pueden aprender a hacerlo por su cuenta, y representar mutuamente el papel de interlocutores para las explicaciones elaboradas. La idea básica de todo ello es la simulación, en el ámbito de la clase, de la comprobación por parte de un interlocutor ajeno a ellas de las soluciones elaboradas.

En este contexto nos referimos de nuevo a las posibilidades del aprendizaje por observación. El alumno puede aprender también por observación un pensamiento nuevo, un proceso nuevo. Por regla general, el modelo de comportamiento es el maestro. Este puede mostrar claramente al comienzo (aunque sea de manera simulada, ya que conoce la solución correcta) de qué manera los primeros intentos de solucionar y dominar el tema son insatisfactorios. Después de que ha mostrado, con la acción o con el pensamiento en voz alta, una solución mejor, muestra también con claridad sus ventajas, y manifiesta con ello su satisfacción, tal como lo menciona Meichenbaum. Los alumnos no sólo reconstruyen internamente la solución, sino que también experimentan vicariamente el progreso en el aprendizaje y la satisfacción que éste conlleva.

En general puede decirse que la *motivación* contagia. Eso es fácilmente comprensible si recordamos que motivación significa activación y que los hombres se contagian fácilmente de cualquier tipo de estimulación. Piénsese sólo en la generalización del pánico entre las masas. Aquí tenemos frente a nosotros una variante más agradable y menos peligrosa de un proceso similar. El interés y la activación correspondiente en el maestro, y de los primeros alumnos contagiados por él, se comunican al resto de los alumnos. No es casual observar que muchas veces se interesan los alumnos por aquellas materias cuyos maestros son también interesantes. No se trata sólo de que el maestro dé lecciones buenas y ricas en contenido; se trata sencillamente de que la motivación del maestro o de la maestra se traslade a los alumnos, en un proceso de contagio. Se deduce entonces cuán importante es la formación y actualización del maestro, y cuánto influye el que se éste cultive y desarrolle sus intereses. ¡Ay del día en que no se interese más por su materia!

Motivación del aprendizaje
en la elaboración y el ejercicio

La elaboración hace móviles y aplicables las operaciones y conceptos. El proceso, el pensamiento deben liberarse de las impurezas que lo atan al contexto específico en que fue introducido. Por ello contemplamos un asunto desde puntos de vista diferentes, le damos la vuelta por uno y otro lado, hasta que estamos completamente familiarizados con él. Variamos de muchas maneras una operación, a fin de conocerla «por dentro y por fuera». Este proceso lo notamos a propósito del ejemplo del cálculo de la superficie del rectángulo (Aebli, 1951-1973[5]).

Con la elaboración debemos motivar a los alumnos al dominio flexible del concepto y de la operación. ¿Cómo hace el alumno para saber qué significa manejar flexiblemente un concepto o una operación? Es más fácil en el caso del ejercicio. En éste el objetivo consiste en que un procedimiento se realice inmediata, segura y rápidamente. Eso lo entiende el alumno. ¿Puede ser una ayuda el medir la rapidez: cuánto necesito para solucionar 50 multiplicaciones? Aeschlimann (1983) utiliza un relojito de arena, que le permite controlar de una manera sencilla y agradable la rapidez en las operaciones elementales. También puede plantearse: ¿puedes repetir de nuevo el poema, esta vez sin equivocarte? ¿Cuántas veces podéis botar la pelota en un minuto? Se trata de medidas conocidas por el alumno de resultados en el deporte, con lo cual es fácil motivarlo hacia logros similares. Sin embargo, como lo hemos señalado, se dan también efectos de aprendizaje más sutiles, cualitativos, en el campo del ejercicio y la repetición. El alumno elabora varias veces un pensamiento fundamental. ¿Con qué seguridad lo puede reproducir ahora? ¿Olvida un elemento esencial? Organiza varias imágenes en papel sobre un cartón.. ¿Lo hace mejor ahora? Toca varias veces un instrumento musical. ¿Su presentación se hace más impactante, más autónoma?

En aquellos avances del aprendizaje que no son muy claros para el alumno, se pueden tomar dos tipos de medidas. Por un lado, se puede *mostrar* cómo se presenta un manejo flexible de una operación o de un concepto, y decir: «Eso lo podéis aprender también vosotros». La dificultad estriba en que el maestro mismo se presenta como modelo de comportamiento, y los alumnos podrían decir: «Claro, eso es fácil para el maestro que sabe; ¿cómo podría hacerlo un principiante?». Otros alumnos podrían participar como modelos. Pero, ¿cómo hacen ellos a su vez para lograrlo? El alumno más débil tiene la tendencia a atribuir los logros de los más aventajados a su talento, y a no creer que él mismo, con la elaboración y el ejercicio, puede conseguir resultados iguales. De todos modos puede el maestro animar y asegurar que ello es posible.

De ahí se desprende el otro grupo de medidas, *hacer perceptible* al alumno su progreso. El asunto es simple, en el caso del ejercicio con resultado fácilmente medible. Ponemos al alumno en la situación de registrar por sí mismo los adelantos conseguidos con su ejercicio. Sirve, por ejemplo, el pequeño reloj de arena de Aeschlimann. Los avances más sutiles requieren medidas especiales, diferentes para cada caso. Es importante hacia dónde se dirige la atención del alumno que actúa; debe aprender a observarse, a observar su manera de trabajar, a tener en cuenta las características del proceso y su propio funcionamiento. Se trata por tanto de la autoobservación. La estimulamos en la medida en que se la mostramos al alumno y que le reforzamos su disposición hacia ella.

En casos particulares le plantearemos tareas especiales que le hagan visible el estado de su movilidad y de la consolidación por el ejercicio. Es el caso, por ejemplo, de que inicialmente le hagamos resolver grupos de tareas similares, para cuya realización sólo son necesarias modificaciones limitadas. Después le planteamos tareas cada vez más diferentes, como el cálculo del área de un rectángulo, luego el cálculo del ancho con un largo y un área dados, en seguida el cálculo del largo para determinada área y ancho, de nuevo la superficie, etc. O presentamos soluciones a los alumnos: «¿Cuánto tardáis en reconocer si esta respuesta es correcta o no?». «¿En qué?».

De acuerdo a nuestras observaciones, es perfectamente posible llevar a la conciencia de los alumnos la calidad de su pensamiento y de su trabajo. Simplemente se trata de una necesidad el que les planteemos claramente ese objetivo y el que los apoyemos y animemos en la observación del trabajo propio desde cualquier punto de vista. Con ello ganará la motivación para el aprendizaje.

Motivación del aprendizaje en la aplicación

Cuando ya hemos avanzado lo suficiente como para poder aplicar en nuevas situaciones, o ante nuevos objetos, un concepto nuevo o un procedimiento nuevo, el problema de la motivación para el aprendizaje se simplifica. Ello se debe a que una situación de aplicación es de nuevo una situación problema, que incita a su dominio. Por supuesto, se dan tipos diversos de situaciones de aplicación. Cuanto más natural y vivencial sea la situación, tanto más se interesarán en ella los alumnos. Además, es preciso que el alumno tenga conciencia de que podrá manejar la nueva situación. Para ello debería al menos intuir que se trata verdaderamente de una situación de aplicación, es decir, que la puede manejar con ayuda de los conceptos y/o procedimientos adquiridos en la lección.

Se dan ciertas diferencias entre la aplicación reconocedora y la realizadora (Aebli, 1983). Recordemos que hablamos de *aplicación reconocedora*, cuando *contemplamos* un nuevo objeto y lo clarificamos con ayuda de los conceptos e ideas adquiridos; o sea que lo «reconocemos». Supongamos que hemos elaborado a partir de un caso específico el concepto de nudo o entrecruzamiento de vías de comunicación. Ahora los alumnos contemplan en el mapa un nuevo nudo, con la tarea de plantearse por sí mismos las preguntas relevantes («¿qué líneas férreas, carreteras, vías fluviales se cruzan aquí?». «¿Por qué precisamente en este punto?». «¿Hay indicios de que aquí hay concentración industrial?». «¿Cómo se veía el lugar antes de que aparecieran las vías?», etc.). La *aplicación realizadora* aplica los conceptos y procedimientos elaborados a fin de producir un objeto en una situación «vacía». Así, después de que los alumnos aprenden en geometría a trazar una tangente a dos círculos dados, les damos dos nuevos círculos; la tangente debe ser «realizada», producida. Después de que aprenden cómo un grupo de trabajo asume, planea y realiza su trabajo, les damos un nuevo encargo para que lo planeen y lo realicen. El objeto no es algo dado que se reconoce (se analiza, se aclara, se describe); es algo producido en la nueva situación.

Se reconoce de inmediato que es la aplicación realizadora la que más motiva a los alumnos. Se produce algo que antes no se daba. Si el resultado es visible, la fuerza de la motivación es grande; se puede observar cómo se produce. Al concluir todos se regocijan, cuando lo tienen ante sí y pueden contemplarlo. Cuando el resultado no es visible, todo depende de si el grado de dificultad del problema está correctamente adecuado: ni muy fácil ni muy difícil. De todos modos, los alumnos experimentan la posibilidad de hacer algo. Eso los motiva.

En el caso de la aplicación reconocedora es fácil motivar a los alumnos cuando se trata de un resultado claramente cierto o falso. Si ése no es el caso, hay que procurar que el resultado sea evaluado cuidadosamente. ¿Cómo lo hemos conseguido? ¿Estamos ahora capacitados para ver o decir algo, que no habíamos podido ver ni decir antes?

Con frecuencia es bueno que el producto de la aplicación tenga un destinatario. Con ese objetivo los grupos de trabajo presentan sus resultados a los condiscípulos. También puede sugerir el maestro que el resultado sea llevado a los padres. Freinet (1979[2]) hacía que los trabajos de los alumnos se imprimieran y fueran distribuidos a diferentes destinatarios, incluso a otros establecimientos escolares.

La aplicación de conceptos y procedimientos elaborados es una de las formas de trabajo más agradecidas y motivadoras, ya que las situaciones de aplicación tienen el atractivo de la novedad, la tensión del éxito o fracaso, la satisfacción de lograr o de producir un nuevo conocimiento y un nuevo producto. Pero debe tenerse en cuenta que el progreso mismo del conocimiento no es fácilmente perceptible. Nuestro objetivo último es hacer más claro y aplicable el concepto, la operación, el método, el procedimiento práctico aplicado. La motivación no se origina tanto de la expectativa de dicho progreso en el aprendizaje, cuanto de la expectativa en el resultado de la aplicación. Si con ello se modifican en el sentido correcto el pensamiento y la acción del alumno, puede ser suficiente en muchos casos, aun cuando no sea consciente de ello. Aun así, de vez en cuando le señalaremos lo que sucede en el transcurso de la aplicación: que ahora puede trabajar con su concepto o con su procedimiento, y que con ese trabajo ha progresado su comprensión. Confluyen, por tanto, en este caso, *motivos de aprendizaje* y *motivos de competencia*.

El psicólogo norteamericano White (1959) dijo con razón que un motivo básico en el hombre es el aumentar su competencia y comprobarla en nuevas situaciones, para influir en ellas y experimentar a partir de ellas retroalimentación. Eso es precisamente lo que hacemos, cuando conformamos correctamente los procesos de aprendizaje. La motivación para aprender es al mismo tiempo motivación para hacerse más competente y eficiente. En eso consiste también el mensaje del pragmatismo (Dewey, 1919), en aprender a actuar, para probarse ante nuevas tareas y experimentarse a sí mismo en ello.

Formación de intereses y valores

No se trata sólo de motivar a los alumnos al aprendizaje. Educar quiere decir además transmitir determinados contenidos, y dichos contenidos deben jugar no sólo un papel instrumental para los alumnos que los utilizan en la medida en que los necesiten, pero que por lo demás los dejan indiferentes. Educar significa también mostrarles metas, cuya realización vale la pena. Enseñar y educar significa también, en otras palabras, aprendizajes de motivos, formación de intereses y de valores.

Se plantea así la pregunta de si es posible transmitir en la enseñanza escolar motivos, intereses y valores, y cómo. Eso es un planteamiento nuevo. No se trata ahora de averiguar por los motivos universales, que mueven la acción y el juicio de los hombres, tales como la necesidad de atención, de valer o de actividad. Tampoco se trata de indagar por los mecanismos fundamentales que desencadenan la disposición a aprender. Se trata ahora, por ejemplo, de cómo lograr que una clase escolar se interese por la historia de su patria, por la conservación de los monumentos históricos, por la protección de los bosques circundantes. Se trata también de saber cómo se motivan para conocer autores como Shakespeare, Hemingway o Cervantes. O de la cuestión de si es necesario que al final de la secundaria clásica un promedio de 50 a 80 % de los bachilleres opinen que las matemáticas son una materia con la cual es mejor no tener mucho que ver.

Eso ha sido planteado ya por las concepciones didácticas tradicionales. Nosotros pensamos adicionalmente que el aprendizaje social de los alumnos debe tener como consecuencia que las formas de la cooperación y de la convivencia no deben ser tomadas sólo como conocimientos fríos, ni que sólo se deba transmitir eventualmente una competencia social correspondiente, como posibilidad instrumental de acción. Queremos adicionalmente aproximar a los alumnos a los valores correspondientes, de tal manera, por ejemplo, que se presente como deseable el entender a un compañero, interesarse por sus asuntos y quizá ayudarlo, si fuera necesario. Se trataría de hacer atractivos valores tales como la consideración, el respeto por la dignidad del otro, la tolerancia, como también la autonomía, el coraje y la voluntad de respaldar una buena causa. ¿Cómo puede eso llevarse a cabo? Se trata, de nuevo, de la formación de motivos, intereses y valores.

Antes de intentar responder, planteémonos todavía otra cosa. No se trata de despertar, en el pensamiento y vivencias de los hombres, un conjunto caótico de valores. Es precisamente un problema de nuestro mundo pluralista el que todas las instancias posibles compiten por los intereses de los jóvenes, y que desde las más diversas posiciones se busca ganárselos. Organizaciones juveniles, grupos de intereses económicos, agrupaciones políticas, incluso sectas de todo tipo tienden sus redes a la generación joven e intentan ganar adeptos, clientes, aportantes.

Frente a una tal situación no sólo es crucial la pregunta por los intereses y valores

134

que intentamos transmitir, sino también por la *estructuración* que deben mantener unos con otros. Puesto que no todos ellos tienen el mismo rango, se plantea la pregunta por la *jerarquía de intereses y valores*.

Escuelas y maestros tienen sus sistemas de valores

Cada escuela posee, sin duda alguna, un estilo propio. Este se transmite a los alumnos con tanto mayor eficiencia, cuando mayor sea el apoyo que reciban en ello de los motivos conscientes e inconscientes de la casa paterna y del resto del medio ambiente.

Weinert (1981) pudo mostrar que en la segunda mitad del siglo XIX lograron las escuelas superiores inglesas quitarles el gusto por lo empresarial, por la tecnología y por la industria, precisamente a los hijos de los empresarios responsables de la revolución industrial, que habían hecho de Inglaterra una nación industrial avanzada. Los ideales de estas escuelas correspondían a los de una clase noble desocupada: el ocio, el distanciamiento aristocrático, la superioridad sin esfuerzo y los nostálgicos ideales del terrateniente. La dedicación al trabajo, la eficiencia y los oficios correspondientes, tales como el de ingeniero, químico o director fabril, eran tenidos por poco nobles. De esta manera se pre-programó en las escuelas superiores, desde el siglo XIX, el descenso en la actividad industrial y en el nivel de vida británicos (Bernheim, 1986). Este desarrollo de Inglaterra debe dar qué pensar a Europa continental al final del siglo XX. ¿Qué estilo predomina en el bachillerato clásico, opción que todavía toma un alto porcentaje de la generación joven? ¿Qué ideales palpitan en ese tipo de escuela? ¿Qué desarrollos para el siglo XXI se están pre-programando aquí?

La transmisión de valores por medio de la escuela y de la clase es entonces algo que no necesitamos probar. Cada maestro, cada hora de clase contribuyen a ello, de manera positiva o negativa. En eso son definitivos los motivos y las actitudes de valor al maestro. Este libro no los puede influenciar sustancialmente. Partimos entonces del presupuesto de que el maestro sabe cuáles son los motivos, intereses y valores que quisiera despertar en sus alumnos, y que se pregunta cómo debería comportarse para lograrlo. Algunas intuiciones psicológicas pueden servir para ello.

Comenzamos con una reflexión previa: no se puede fabricar motivación; lo cual afortunadamente no es necesario. La motivación es el impulso original hacia la actividad de todo hombre o animal viviente, especialmente del joven. Se da en nuestros alumnos. Aprendizaje de motivos no quiere por tanto decir otra cosa que guiar el flujo de la activación por la vía correcta, es decir, por el contenido correcto. En principio tampoco es difícil. El joven está dispuesto a ocuparse de algo, busca incluso la oportunidad para ello. Donde se la ofrezcamos, colabora con gusto. Los maestros deben por tanto procurar esas oportunidades a los alumnos. ¿Qué quiere decir eso? No se trata naturalmente de despertar un activismo superficial. Menos aún es posible preguntar a los alumnos qué quieren hacer, o decirles que pueden hacer lo que quieran. Es bien conocida la pregunta de los niños, cansados de tal libertad sin atractivos: «¿Otra vez tenemos que hacer hoy lo que queramos?».

Las soluciones auténticas de problemas apuntan a que se construyan con los alumnos formas de actividad y de pensamiento o, más sencillamente, a aprender

135

cosas, en cuya realización caigan en cuenta de que son activos, que producen un resultado y obtienen una retroalimentación. Deben ser actividades y reflexiones que se desarrollen exitosamente. El «éxito» no debe entenderse de una manera extrínseca. No se trata del reconocimiento, ni siquiera de ventajas externas conseguidas para sí. «Exito» quiere decir aquí acceder a resultados atractivos. Y lo son porque el que aprende se da cuenta con ellos de que ha salido adelante. Cuando ello sucede, tiene lugar también una transformación del pensamiento y/o de la actividad. El que aprende sabe que ahora un dominio del mundo le es familiar. Lo buscará de nuevo con agrado. El autor de este libro no había logrado todavía muchas cosas como maestro novato; pero sus clases de gimnasia eran siempre atractivas y agradables. En las muchas suplencias que tuvo que hacer al comienzo, sucedía siempre lo mismo. Después de dos o tres semanas notaban los alumnos que con él «había algo» en la gimnasia, que tenían la oportunidad de moverse de forma estimulante y de aprender algo. Por ello venían con agrado a la clase de gimnasia, y se sentían decepcionados cuando había que cancelarla.

Pero, tal como se dijo, no en todas las materias conseguía el autor despertar el mismo entusiasmo. Finalmente, se le aclaró cómo debía proceder; cada alumno debería tener claro que hay allí una oportunidad para él, que tiene éxito en las actividades, que logra un resultado y que éste, ya sea porque es perceptible o porque provoca reacciones de parte de los demás, conduce a actividades y conocimientos adicionales.

No debemos olvidar en ello que el alumno asume tales ofertas de una manera global. La personalidad del maestro que las ofrece entra también en el juego. Este no puede hacer nada al respecto. Si se trata de una persona en la que vivencian los alumnos algo atractivo, cuya cercanía buscan porque les agrada, entonces tiene suerte. Pero hay algo que sí puede el maestro aportar de manera consciente. Puede procurar mantener una buena relación con los alumnos. Esta se da cuando notan que los respalda y que quiere apoyarlos; es una actitud básica que de ninguna manera excluye el que pueda exigir algo de ellos y que pueda mostrar en el lugar adecuado consecuencia y rigor.

Buscar los valores tras los contenidos

Buscaremos adentrarnos también en los motivos profundos de los alumnos. Los alumnos deben sospechar que también las cosas cotidianas tiene su trasfondo, que son manifestaciones ejemplares de algo fundamental y lleno de sentido. El aprendizaje reviste en ese caso una fuerza profunda de atracción. El alumno, lo mismo que el adulto, busca un sentido a su actividad. Quisiera orientar su vida, saber que su trabajo, y por tanto él mismo como trabajador, *están para algo*. Esta conciencia no la puede desarrollar por cuenta propia. Chocamos aquí con los límites de la autonomía. El maestro debe darle esa conciencia. Puede hacerlo en la medida en que haya reflexionado sobre el significado profundo de aquello que transmite en su enseñanza. Con ello adquiere un nuevo sentido el concepto de verificación, que hemos usado repetidas veces. No se trata del pequeño resultado. El alumno debe adquirir la impresión de que los objetivos a los cuales se dirige proporcionan a su actuar un orden conveniente a su vida, puesto que es humano, es decir, adecuado para él como persona humana.

Eso puede naturalmente inquietar al maestro; ¿de dónde sacará la sabiduría para darle esa profundidad a las actividades y cursos de pensamiento que desencadena y pretende orientar? ¿No sería necesario ser un Sócrates o un Pestalozzi? No queremos aligerar el peso de la tarea. Con algunas tretas psicológicas no se puede solucionar verdaderamente el problema de la formación de valores. Pero el maestro en forma-cion puede consolarse con el hecho de que no es necesario ser perfecto con respecto a estas demandas. No es necesario conocer los fundamentos filosóficos de cada actividad ni de cada idea. Basta con que el alumno capte que el maestro está en búsqueda de lo fundamental, y que está abierto a tales planteamientos. Ello significa, por ejemplo, que ha reflexionado sobre el sentido humano y social de los fenómenos tratados en las asignaturas de ciencias y que está abierto a conversar de ello con los alumnos; que en las materias de idiomas muestra cómo, detrás de los fenómenos y de los productos lingüísticos singulares, está la palabra, y con ella el hombre y la sociedad, que con ella se comunican y actúan. Es también necesario que, en clase de matemáticas, vaya más allá de las operaciones y de los conceptos particulares y vea el pensamiento matemático y la explicación matemática de la realidad, y por encima de éstos, quizás, también la idea matemática atemporal. Igualmente, tras los proble-mas cotidianos del comportamiento social, de la convivencia y la cooperación huma-nas, están los grandes problemas de la comunidad y de la ética humana.

Sin embargo, al hablar de los «problemas» que hay tras los contenidos tratados, no deben quedar sólo cuestionamientos confusos que nos dejan a la deriva. Deben hacerse patentes unos inicios de solución, unas direcciones en las que debemos buscarla. Aun en este campo debe desarrollar el alumno la esperanza de que no es imposible acceder a un orden y a unos resultados profundos, que son atractivos porque satisfacen al hombre y están adecuados al hombre, a él mismo.

No olvidemos que todo esto no puede surgir en la escuela mágicamente, de la nada. En el mundo del alumno están activas muchas tendencias positivas. Existen también determinadas prácticas familiares, que pueden servir de punto de partida. En casi todos los grupos hay padres que tendrían cosas interesantes de que informar a los alumnos. (Por su parte, el maestro debe ser lo suficientemente abierto y de iniciativa, como para establecer contacto con dichos padres, y traerlos a la escuela). Los medios masivos tienen también cosas que no siempre son malas; proporcionan elementos que pueden ser ulteriormente desarrollados. La formación de valores no es una cuestión aislada. Tenemos éxito como maestros en la medida en que, partiendo de nuestro conocimiento de los valores presentes en el mundo del niño, los ligamos al lugar y a la situación oportuna. Pero para ello debemos conocer ese mundo, lo cual requiere que nos atrevamos a introducirnos de alguna manera en él.

Hemos dicho finalmente que no pretendemos transmitir sólo una cantidad desordenada de intereses y valores. Hablamos de una cosmovisión con sentido, de un «relieve de significado» (Schiefele, 1978). No se pretende, de todos modos,

MOTIVACION PARA EL APRENDIZAJE

proporcionar a los alumnos una cosmovisión completa y acabada. ¿Quién la tiene? Pero, en la medida en que buscamos lo fundamental tras los objetivos inmediatos, la diversidad de objetivos comienza a organizarse; en la historia, por ejemplo, sale a relucir una y otra vez el motivo del estado justo y del bienestar de los ciudadanos. En las asignaturas de ciencias se trata de la unidad profunda de los procesos físicos, químicos y biológicos, y de su significado para el hombre. En el idioma encontramos los problemas fundamentales de la sociedad, que busca darles expresión y hacerlos inteligibles. Tales ideas clave reducen la multitud de objetivos particulares en la enseñanza. Se plantea luego la pregunta de si se logrará relacionar dichas ideas entre sí, de tal manera que surja un *ordenamiento de valores,* aunque no se trate todavía de una jerarquía única de valores.

Nadie se atrevería hoy a proponer una jerarquía completa y exclusiva de valores. Tampoco se necesita hacerlo de una manera sistemática, ya que primero está la realidad de una jerarquía *implícita o vivida* de valores. En la medida en que elegimos, en la medida en que con nuestro lenguaje o nuestras acciones nos entusiasmamos por algo, mientras que permanecemos fríos o indiferentes por lo otro, estamos expresando nuestro orden de valores, estamos mostrando cuál es para nosotros su rango de prioridades. Lo cual tampoco quiere decir que no debemos buscar su conceptualización y expresar lo que tenemos adentro. Un ideal que podamos nombrar es más eficiente, en nuestra acción propia y en el trato con los demás, que una idea inconsciente no formulable.

11. ÉXITO Y FRACASO, CONFIANZA Y MIEDO EN LA COTIDIANEIDAD ESCOLAR

En los dos capítulos precedentes subrayamos las características fundamentales. Sin embargo, al práctico se le plantean multitud de problemas particulares en torno a la motivación de la actividad y del aprendizaje. Los vamos a tratar brevemente en lo que sigue.

Pretendemos con nuestra enseñanza que cada alumno tenga éxito, que logre los resultados y detecte con ello que sale adelante. Que el maestro o maestra consiguiera esto con grupos de 40 niños en la escuela primaria, que era lo usual en la Europa de 1950, era prácticamente imposible. La situación es mucho más favorable hoy día, cuando las clases son menores. Hoy es posible que el maestro o maestra tengan una visión de conjunto de la manera como cada alumno experimenta la clase. Para ello sería de desear que hiciera una evaluación de los resultados aportados por cada alumno en particular. ¿Qué significa eso?

Evaluaciones individuales: efectos en la autoimagen del alumno

Tanto en la lección magistral, como en la grupal o en la individual, planteamos de seguido problemas a los alumnos, que éstos logran dominar de manera más o menos satisfactoria. Cuando, por ejemplo, se hacen ejercicios de cálculo aritmético, algunos alumnos encuentran con rapidez el resultado. Al leer comprenden algunos el texto inmediatamente, mientras otros necesitan más tiempo. Algunos dan respuestas equivocadas, que son pasadas por alto o son corregidas. Lo mismo ocurre en el trabajo grupal y en la solución individual de problemas. En este punto debe tomar conciencia el maestro y la maestra de que cada hora de clase, cada día, cada semana o cada año de trabajo escolar tiene para el alumno un resultado final de éxito o fracaso. Teniendo presente esta idea se verá inmediatamente cómo estos balances individuales pueden ser diversos, aun para los alumnos de un mismo grupo escolar. Los alumnos que más necesitados están de éxito y estímulo son precisamente los que salen peor librados. Estaría uno tentado de decir: «A los que tienen se les da; a los que no tienen, se les quita».

139

Fend y Helmke (1981) han examinado las consecuencias de esta situación. Han podido mostrar que el éxito y el fracaso influyen mucho en la *autoimagen* de niños y jóvenes, especialmente en lo concerniente a su talento y capacidad de éxito. Estos a su vez influyen en la *confianza en sí mismo*. Quien tiene éxito en la escuela y logra el reconocimiento del maestro, confía en sí mismo. Está convencido de que puede manejar su destino y que puede dominar las situaciones de problema con que tropiece. Este *convencimiento de la capacidad de control* (que tiene aquí el sentido de manejo controlado) trasciende los problemas escolares inmediatos. Se generaliza en la convicción de poder realizar los propios planes de acción futuros, y está relacionado con la confianza en poder salir adelante (asertividad, Filipp, 1979). La confianza en sí mismo está relacionada a la vez con el comportamiento social y con los comportamientos orientados al logro. Los niños y los jóvenes con alto grado de confianza en sí mismos aspiran con más frecuencia a carreras y profesiones más exigentes. En sus contactos sociales tienen más iniciativa y —gracias a su confianza en sí mismos— tienen también más éxito.

Estos mecanismos son especialmente poderosos con los niños de estratos sociales más sencillos, puesto que el éxito o fracaso son la única información que tienen ellos y sus padres sobre su comportamiento en la escuela y sobre sus posibilidades profesionales; el juicio del maestro y los resultados en los exámenes son tomados con más seriedad por sus padres, que en el caso de niños cuyos padres mismos han tenido estudios superiores, quienes relativizan esta información y saben que puede ser corregida. Precisamente entonces, los niños que experimentan con más frecuencia el fracaso están más indefensos ante éste, que los niños que tienen éxito; su capacidad de defensa frente a los fracasos escolares y la confianza en salir adelante a pesar de las dificultades y fracasos es menor.

Resumiendo, Fend y Helmke han establecido que en la formación de la propia imagen y de la confianza en sí mismo son cruciales el campo inmediato de experiencia del alumno, concretamente lo que sucede en la escuela, el éxito escolar y el reconocimiento del maestro; y que éstos, reforzados en su significación y valor por la familia, llegan a ser esenciales en el desarrollo de la personalidad. Eso debe saberlo el maestro. Por ello debe aspirar a que en su clase no se quede ningún alumno sin encontrar el éxito y el reconocimiento, sino más bien diferenciar las exigencias de tal manera, y extender su reconocimiento hacia características personales tan diferentes, no sólo aquellas relacionadas con el éxito, que cada alumno pueda desarrollar la conciencia de poder hacer algo, y de ser alguien. Esta es la condición de posibilidad para que pueda explotar al máximo su potencial de aprendizaje, y para que tome conciencia de que no está condenado por el resto de su vida a la impotencia, insignificancia y desesperanza, sino que puede mirar con confianza al mundo y al futuro.

Diferenciación interna

No queremos proceder como si fuera siempre fácil proporcionar al alumno un balance positivo de su logro/fracaso. Al intentarlo tropezamos con problemas de la psicología social y de la didáctica. Se trata, en primer lugar, de la amplitud y diversidad de las exigencias que plantea la enseñanza en clase. Maestros y maestras deben procurar diferenciar de tal manera las tareas y su dificultad, que tanto los alumnos sobresalientes como los menos dotados tengan una oportunidad de hacer una aportación positiva. La consigna se llama *diferenciación interna.* Consiste en que, tanto en la clase tradicional como en la enseñanza por proyectos, se realicen tareas y procedimientos con diferentes niveles de dificultad. Estos pueden ser planteados y resueltos en una misma hora de clase. También podría pensarse que algunos grupos de alumnos tengan que emplear más tiempo en las tareas y procedimientos con diferentes niveles de dificultad. En la realización de proyectos más amplios se tendrá en cuenta plantear no solamente tareas que impliquen un manejo estricto con un sistema definido de signos (lingüísticos, matemáticos), sino también trabajos manejados simbólica y prácticamente.

En este contexto desempeña también su papel el comportamiento social. Deben tenerse en cuenta cualidades tales como compañerismo, lealtad, profundidad y perseverancia; características que permiten tener éxito en la vida extraescolar a muchos alumnos que son tenidos como mediocres y débiles en las disciplinas teóricas. Dondequiera que trabajen juntos los alumnos y se presenten situaciones de competencia —y éste es el caso de la clase magistral de tipo oral, donde se hacen preguntas a toda la clase y se reciben respuestas— debe intentar el maestro controlar de tal manera el comportamiento de los alumnos más eficientes, que se contengan un poco cuando se le dé una oportunidad a los más débiles. Se inducirá así mismo a los alumnos más capaces a que asuman este comportamiento en ausencia de control directo por parte del maestro, como, por ejemplo, cuando trabajan en grupos.

Los problemas mencionados aquí se hacen más agudos en los *ejercicios de competencia,* de los cuales hablamos ya en *12 formas básicas se enseñar.* Motivos fuertes de rivalidad, de sobrepasar y vencer al contrario, tienen como consecuencia el que los alumnos vivencien de manera marcadamente dramática el éxito y el fracaso. Se debe por tanto tener mucho cuidado con los efectos en la conciencia de los alumnos individuales, y buscar una «justicia distributiva». No basta para ello el renunciar a la competencia individual y reemplazarla por la competencia entre grupos; puede suceder fácilmente que, en el interior de los grupos, los alumnos débiles sean tenidos como lastre en la competencia. Lo mejor es introducir algún elemento de azar que corrija en parte la mera comparación de resultados y, al mismo tiempo, ayude a generar cierta atmósfera emocionante, que no dramatice ni la victoria ni la derrota.

En general, debe reconocerse que una clase homogénea, tal como las que ha posibilitado la diversificación de los últimos años de educación secundaria, tiene tanto sus ventajas como sus peligros. Es naturalmente más fácil dar clase a un grupo cuyas capacidades de realización son homogéneas. Aquí, sin embargo, podría notar con frecuencia un observador externo cómo se desaprovechan las oportunidades de lograr niveles comparativos de rendimiento en las clases, al dejar acumular los fracasos y sus efectos desmotivadores; de tal manera que, por ejemplo, en las clases de matemáticas o de lenguas extranjeras en el bachillerato clásico se presentan de nuevo marcadas discrepancias.

A pesar de eso, el grupo de clase de rendimiento homogéneo ofrece grandes ventajas a la enseñanza. El maestro puede mantener un nivel medio de exigencia, más o menos alcanzable por toda la clase. Pero, por otro lado, podemos ver con más claridad los peligros. Con la ficción de que el rendimiento de todos los alumnos debe ser igual, se crean unos parámetros de referencia para comparar los logros, frente a los cuales, necesariamente, aparecen unos alumnos como más exitosos y otros como inferiores. Si el maestro, ante esta situación, juzga y valora a sus alumnos exclusivamente desde el punto de vista de un rendimiento escolar definido intelectualmente, se presentan entonces dos consecuencias posibles. O bien es él una personalidad atractiva, amado por la mayoría de los alumnos, y entonces generará con su actitud una conciencia elitista entre los alumnos de alto rendimiento; y miedo a la escuela y resignación, o resentimiento y rebeldía entre los que fracasan. En el caso de que no caiga a los alumnos, tanto los que rinden como los débiles, lo rechazarán a él y a su materia. Tenemos, pues, toda la razón para procurar que, gracias por un lado a la diferenciación de las actividades y sus exigencias de realización y, por el otro, a la introducción de proyectos más complejos de aprendizaje que motiven las diversas cualidades de los que aprenden, cada alumno tenga una oportunidad de hacer una aportación positiva, de probarse a sí mismo y con ello desarrollar la autoconfianza y el sentido del propio valer.

Miedo a los exámenes, miedo al rendimiento que se le exige, miedo a la escuela

¿Cómo reaccionan los alumnos ante exigencias frente a las cuales no se sienten preparados? ¿Cómo se comportan en los exámenes? La reacción clásica es el miedo. El miedo es la reacción natural del hombre ante la amenaza, y la amenaza es la expectativa de perder algo necesario para el bienestar propio. El alumno que no satisface las exigencias de la escuela sabe que, al final, lo amenaza la expulsión de ella, o al menos de su clase. Eso es un paso hacia lo desconocido, que amenaza su seguridad. Sabe también que su maestro y su maestra se alegran por sus buenas realizaciones, que los premian con atención y reconocimiento (alabanza, interés...). Las malas realizaciones no tienen como consecuencia, con todos los maestros, el mismo grado de pérdida de atención o reconocimiento; la tienen, sin embargo, en promedio. Es por tanto una reacción natural del alumno débil, el que lo haga con miedo en situaciones de fracaso. Hay ciertamente grandes diferencias entre individuos. La reacción puede ser parcialmente innata, pero las experiencias extraescolares con la familia y con el medio social desempeñan también su papel.

Pero también muchos alumnos medios, y aun de los que están por encima del promedio, suelen tener miedo, por lo menos ante situaciones de examen, o ante otras tareas similares a exámenes (exposición ante la clase, lectura en voz alta, hacer un ejercicio en la pizarra...). No se habla, por tanto, sólo de *miedo a los exámenes (test anxiety)*, sino, más en general, de *miedo a la escuela* y de *miedo ante el rendimiento* (Sarason *et al*, 1960-1971; un resumen en Helmke, 1983). El miedo a la escuela tiene dos componentes esenciales: excitación y preocupación *(worrying)*. Este último implica duda de sí mismo y expectativa de consecuencias negativas, tal como lo hemos descrito. Se trata de pensamientos que giran alrededor del yo, de su bienestar o malestar (Helmke, 1983).

¿Cómo reaccionan los alumnos ante las exigencias de rendimiento? La reacción deseable, desde el punto de vista natural y pedagógico, consiste en que el alumno se plantee la tarea, perciba sus datos y las preguntas, y busque entonces posibilidades de solución a partir del propio repertorio mental (conceptos, representaciones, operaciones, procedimientos, métodos...); que intente dominar la tarea, solucionar el problema, encontrar una respuesta que satisfaga el estado de las cosas. Los investigadores finlandeses Olkinuora, Salonen y Lehtinen (1984) llaman a esto, juntamente con Nicholls (1979) y otros, *orientación hacia la tarea (task orientation;* véase también Lehtinen, Olkinuora y Salonen, 1986).

La noción de «orientación hacia la tarea» implica que existen otras maneras de intentar dominar una situación *(coping strategies).* Los niños temerosos se apartan de la tarea y se dirigen al maestro, y adoptan hacia éste una actitud destinada a despertar su protección y apoyo. Lo miran temerosos, intentan adaptarse a él y adivinar qué tipo de respuesta quiere oír. Están pendientes, angustiosamente, de cualquier señal de aprobación, y respaldan con vehemencia cualquier cosa que diga el maestro. En situaciones no escolares se dan dos clases de tales alumnos: los unos buscan la proximidad y contacto del maestro o maestra, por ejemplo en el recreo; los otros evitan su proximidad *(approachers y avoiders,* Wade, 1981).

Lo importante es que con su actitud abandona el alumno su orientación hacia la tarea. No se plantea más su contenido objetivo. En vez de orientarse «hacia la tarea» se orienta «hacia el maestro», a quien trata como al «hermano mayor», o al menos busca inconscientemente asignarle ese papel. Lehtinen, Olkinoura y Salonen (1986) hablan de *social dependence orientation.* Todo ello tiene como consecuencia que no se da ni reflexión genuina ni búsqueda de solución a la tarea. Más bien busca el alumno adivinar en qué respuesta piensa el maestro, y está pendiente de la menor señal de su parte, que le insinúe la respuesta correcta. Sobra decir que esta estrategia de manejo sirve poco o nada, y mucho menos cuando el maestro no se deja envolver en el juego del alumno ni le manifiesta la respuesta. Sobra decir también que el alumno se enreda con esto en un círculo vicioso; puesto que, en la medida en que se aparta del problema y se dirige al maestro, pierde también la oportunidad de solucionar verdaderamente el problema planteado y de realizar el progreso en el aprendizaje. Después, ante problemas construidos a partir de los resultados de la tarea anterior, sus oportunidades de solucionarlos serán aún menores y mayor será el intento de salir adelante con el método de la adivinanza.

Impotencia aprendida
en los alumnos

Aun en el caso de que el alumno no renuncie, de esta manera extrema, a la auténtica reflexión, ni se dedique a la estrategia de adivinar, los efectos de la «orientación hacia el maestro» son desfavorables para el éxito en el aprendizaje. Debe recordarse aquí que los contenidos de las disciplinas pueden ser entendidos con diferente profundidad. Una comprensión profunda consiste en que el alumno busca captar las interrelaciones esenciales y ganar comprensión en la red de relaciones (Aebli, 1980-81). Pero también puede buscar salir del asunto notando solamente las características importantes del objeto de aprendizaje. En caso extremo, podría retener las frases de la explicación, y repetirlas más tarde de memoria (Aebli, 1951-1973[5]). En vez de entender cómo se relacionan entre sí el clima, las características del suelo y la economía en el norte de Suecia y de Finlandia, se fija en los hechos aislados y desconexos: «clima subpolar, vientos atlánticos, restos de glaciares primitivos, bosques, pantanos, industria maderera, producción de papel». El miedo y la orientación hacia el maestro generan un comportamiento primitivo de aprendizaje. En caso extremo pierde el alumno cualquier esperanza de estar a la altura de las exigencias de la clase. Desarrolla una actitud llamada *impotencia aprendida* (Seligman, 1975-1979; un resumen en Heckhausen, 1980).

> Esta reacción especial ante problemas insolubles fue originalmente observada en perros, que no podían mitigar determinados efectos dolorosos. Puestos más tarde en situación de escapar al dolor, saltando de un lado a otro de su jaula, no aprendieron esta reacción de escape, sino que se mantuvieron echados en el suelo, gimiendo y soportando el dolor. Habían «aprendido la impotencia» (Overmier y Seligman, 1967).

Las personas que experimentan una y otra vez cómo fracasan ante tareas planteadas pueden adquirir un sentido similar y aprender la impotencia. Se resignan, no intentan nada nuevo para dominar el problema y encontrar una solución. ¿Qué les falta? ¿Voluntad o aptitud para aprender? ¿Se trata de falta de motivación o de un trastorno emocional (excitación, miedo obstaculizante...), que debilita la voluntad o trastorna la capacidad de aprender? Estas preguntas se encuentran todavía sin respuestas. En los hombres, niños y adultos, juegan un papel importante el tipo de situaciones y las aptitudes propias (Bandura, 1986). «Soy incapaz de solucionar las tareas de esa clase», o «no puedo con esta asignatura (matemáticas, lenguas...)». Si el maestro no se preocupara, valiéndose de la expresión externa, de que el alumno haga de alguna manera su trabajo, abandonaría éste finalmente la actividad. Es lo que puede observarse, tan pronto como el alumno sale de la escuela. En la medida en que es obligado a participar, buscará medios y caminos para disminuir las exigencias de las tareas, para sacarles el cuerpo si es posible, y buscará justificar su fracaso, ante sí mismo y ante sus padres y compañeros, con explicaciones reales o ficticias y, en casos extremos, buscará pasarse de listo con ocurrencias tales como perturbar la sesión de clase, dar respuestas cómicas, etc. Los investigadores finlandeses llaman a esto reacciones de autoprotección o de defensa del yo *(ego-defensive reactions)*. Tras estas conductas se esconde por lo menos la desesperación, incluso también la desesperación de la impotencia.

¿Qué puede hacerse en esos casos? En primer lugar, es posible mitigar la presión por resultados, renunciando especialmente a acontecimientos incontrolables, tal como exámenes no anunciados. También es importante tener en cuenta la relación del maestro con el alumno; puede intentar rehacerla positivamente y hacer caer al alumno en la cuenta de que se interesa por él y de que está dispuesto a ayudarlo a superar las dificultades. En tercer lugar, debemos señalar también aquí los peligros del aprendizaje competitivo y del pensamiento ligado a él. Muy en general, debe evitarse proponer siempre los patrones de rendimiento de la clase, frente a los alumnos que padecen angustia ante los exámenes o la escuela. Es mejor presentar a este tipo de alumnos patrones individuales para medir su rendimiento (Rheinberg, 1982); es decir, mostrar a cada uno el rendimiento obtenido hasta el presente y solicitarle que se imponga una nueva meta para mejorarlo. También se ha comprobado que son de gran ayuda medidas sencillas, tales como la discusión individual de los trabajos escolares, durante la cual puede comunicar el alumno sus experiencias.

Con todo, no es posible evitar todos los fracasos y los miedos. Tampoco es necesario, ni siquiera deseable, puesto que la vida a su vez proporcionará también fracasos y miedos a los alumnos. Dos cosas son, sin embargo, importantes. En primer lugar, no permitir que tales acontecimientos sean frecuentes, que el alumno pierda el ánimo y se rinda. Por ello hemos dicho que el balance global de éxitos contra fracasos debe ser positivo para cada alumno. Pero también, en segundo lugar, debemos mostrarle al alumno cómo puede reelaborar sus fracasos con éxito. Puede lograrlo en la medida en que, en última instancia, se sienta aceptado por su maestra o maestro, incluso por encima de sus realizaciones; y cuando éstos dan a entender que también son humanos, que conocen el éxito y el fracaso, y que se dan procedimientos con los cuales se puede combinar el éxito y el fracaso. En última instancia, se trata de comprender el carácter de inacabado que tiene cualquier acto humano, que se aprende a trabajar y a aprender, aun cuando se sabe que el resultado tendrá siempre sus límites.

Resumen

En la tercera parte del libro nos hemos ocupado de la motivación para el aprendizaje y del aprendizaje de los motivos. Para ello ha sido necesario clarificar primero las nociones de motivación y de motivo. La idea fundamental era que la motivación está presente en toda actividad viviente. La motivación no es algo que se añada desde fuera al comportamiento. Los organismos vivos, especialmente los jóvenes, son activos de acuerdo a sus características; esto es, están motivados para la actividad. Por ello, la escuela no necesita producir motivación. Puede limitarse a dirigirla hacia sus propósitos. Esto significa, en concreto, que las actividades orientadas a metas y resultados concretos (actividades de primer grado) y las actividades de aprendizaje, orientadas a la mejora de las actividades de primer grado (actividades de segundo grado), deben ser estimuladas y orientadas en la escuela de tal manera, que la energía de la activación fluya en ellas. Es el caso cuando el alumno detecta que con la actividad produce resultados que son atractivos, porque son perceptibles y son fuente de retroalimentación, y que con esta actividad avanza, esto es, amplía su competencia y sus posibilidades de experiencia.

Para ello las actividades desencadenadas por la escuela deben apelar a los motivos profundos de los alumnos. Los hemos dividido en motivos sociales y motivos individuales del yo. Entre los primeros se cuentan la necesidad de afecto, de dedicación y de seguridad, la necesidad de pertenencia y —especialmente con los niños más pequeños— de afiliación y la necesidad de reconocimiento y de valer algo. A éstos se añaden los motivos prosociales de ayudar y apoyar, de tener en cuenta y de respetar. Entre los motivos individuales del yo hemos colocado la necesidad de autonomía, de iniciativa propia (de «ser causante»), de competencia y rendimiento, de comprensión y de orden. Si en la escuela aspiramos, por una parte, a la motivación para el aprendizaje y, por la otra, a la formación de motivos, intereses y valores, debemos tener en cuenta los motivos fundamentales del alumno. Eso significa que les proporcionemos la oportunidad de ser activos, de encontrar en esa actividad las condiciones que necesitan para sentirse bien. En otras palabras, una escuela necesita actividades objetales y sociales atractivas. Forzarlas no ayuda en nada, y las llamadas al cumplimiento del deber no conducen muy lejos. Los resultados de la actividad y del aprendizaje deben parecer atractivos a los alumnos. Deben buscarlos, tal como busca y ejercita el adulto en sus ratos de ocio la actividad que le dice algo.

Esto no significa, en manera alguna, que en la escuela se deba practicar un activismo superficial. Este pierde rápidamente su atractivo, tal como lo hace la personalidad del maestro, que sólo busca congraciarse. El alumno debe detectar en la actividad que ésta satisface sus necesidades fundamentales. Si éste es el caso, sus motivos se relacionarán con lo fundamental, dándole sentido a la actividad. Con ello no transmitimos intereses y valores aislados, sino estructuras de valor, organizadas en parte jerárquicamente.

El hablar y el argumentar ayudan a esclarecer y conceptualizar lo que ya está presente en la realidad viva. En sí mismo, el hablar no produce valores ni intereses. son decisivos su personificación creíble por parte del maestro y la experiencia del alumno de que en las actividades desencadenadas por la enseñanza consigue resultados atractivos y profundiza en su competencia y en sus vivencias. Si le posibilitamos esto, no sólo estamos educando al individuo, sino que desencadenamos también aprendizaje social e impulsamos el desarrollo global de la personalidad del alumno.

Para terminar, tratamos algunas cuestiones particulares de la práctica escolar. Es necesario y posible, en clases pequeñas, que el maestro establezca un *balance individual* sobre el rendimiento de cada alumno. Este debe ser positivo. Las exigencias planteadas al alumno deben estar de tal manera dosificadas, que sus éxitos pesen más que sus fracasos y que éste pueda desarrollar una imagen de sí mismo a partir de la confianza en sí y del convencimiento positivo de su capacidad de control. La *diferenciación interna* de las exigencias de realizar y de aprendizaje contribuye a este objetivo.

Buscamos también impedir que, por causa de la experiencia del fracaso, los alumnos desarrollen miedo a los exámenes, y al rendimiento en las tareas que se les exigen. El alumno debe trabajar confiadamente, y «orientado hacia la tarea», en lugar de disimular su impotencia (aprendida) con la «orientación hacia el maestro». Ayudan a este objetivo una relación positiva entre maestros y alumnos y un patrón individual de normas. Si, a pesar de todo, se dan fracasos, ayudamos al alumno a procesarlos de verdad y con éxito.

4
APRENDER
A APRENDER

12. APRENDIZAJE AUTONOMO

Es una opinión generalizada que los jóvenes deben aprender hoy no sólo el contenido, sino también el aprendizaje mismo. Deben convertirse en aprendices autónomos. Esta es la razón por la cual los institutos pedagógicos reciben con frecuencia solicitudes de las escuelas para organizar seminarios cortos para jóvenes alumnos de 16 y 17 años, sobre el tema «aprender a aprender».

El interés se justifica. Pero, exactamente ¿qué queremos decir al hablar de aprender a aprender, y qué idea tenemos del aprendizaje autónomo? Poca reflexión se necesita para darse cuenta de que tras estos conceptos se esconden intereses y expectativas diversos. Comenzamos por distinguirlos.

¿Para qué aprender a aprender?

La primera reflexión es bastante simple; aprendemos a aprender para convertirnos en aprendices autónomos. Quien ha aprendido a aprender no necesita ya de alguien que le guíe en el aprendizaje. Se ha convertido en un aprendiz autónomo, capaz de aprender por sí mismo. Se puede aclarar psicológicamente el significado de esto. Es lo que queremos hacer más adelante.

Primero nos planteamos una pregunta práctica: ¿para qué el aprendizaje autónomo? ¿En qué situaciones es deseable o necesario?

1. *Aprendizaje autónomo para aprender más.* La primera idea es bien modesta. El maestro y la maestra no pueden orientar directamente todo el aprendizaje que se necesita en la escuela. Aunque lo esencial debe tratarse en las lecciones de clase, los alumnos pueden, sin embargo, aprender también algo por sí mismos. Lo poco que se lee en común durante la sesión de clase no alcanza, por tanto, ni para lograr una destreza lectora suficiente, ni un entusiasmo suficiente por los contenidos. Esperamos que lea en casa como ejercicio y como medida de ampliación de su experiencia. En matemáticas propiciamos también el ejercicio autónomo, por medio del trabajo personal y de los deberes para casa. Lo mismo sucede en casi todas las asignaturas. Nos complace el que los alumnos hagan gimnasia, o dibujen por sí mismos, o toquen un instrumento, y aplau-

dimos la actividad propia del alumno en las disciplinas prácticas. Sabemos que, en la medida en que el alumno continúe trabajando independientemente de nuestras clases, aprende y experimenta más allá de lo que le transmitimos directamente.

2. *Aprendizaje autónomo como preparación para el siguiente nivel escolar.* La siguiente idea va un poco más allá. Sabemos que cuando el alumno pasa de la educación primaria a la secundaria, o cuando pasa de ésta a la formación profesional o a la educación superior, se presuponen ciertas destrezas formales. En la secundaria se espera que el alumno pueda repasar con sus apuntes o con la lectura de libros lo que se ha tratado en clase. Se espera que lea ciertos textos en casa, a fin de poder considerarlos luego en la clase. Debe también organizar de tal manera su trabajo en casa, que pueda cumplir con las diferentes tareas establecidas por las diversas asignaturas, etc. Lo mismo ocurre con el alumno que pasa a la formación profesional.

El estudiante de educación superior debe leer libros, comprenderlos y estar preparado para rendir cuentas de ellos en los exámenes. Debe poder elaborar un trabajo de seminario, escribir un informe de laboratorio. Dejemos por ahora planteado el interrogante de si las instituciones educativas no presuponen demasiadas destrezas formales que debían haberse adquirido en los niveles anteriores. Lo que sí es cierto es que estas últimas tienen la misión de dirigir de tal manera ciertas actividades de aprendizaje, que puedan ser desarrolladas de manera autónoma en el estadio siguiente.

3. *Aprendizaje autónomo como preparación para el trabajo.* La vida laboral moderna, con su presión innovadora, los cambios tecnológicos y de mercado, exige una adaptación permanente por parte de los trabajadores (Straumann, 1987). Pregúntese no más a un trabajador de 30 años sobre lo que ha tenido que aprender adicionalmente después de 10 ó 12 años de haber terminado su formación profesional, y cuánto de ello ha tenido que hacerlo por cuenta propia. O pregúntese a una mujer de 45 años, que regresa a la vida laboral después de haber criado a sus hijos, qué nuevas tecnologías ha encontrado en su puesto de trabajo (procesadores de textos, informática...), y que ha tenido que aprender, a fin de poder familiarizarse de nuevo con un mundo laboral transformado. Operarios y técnicos deben aprender a manejar nuevas herramientas. Estas implican nuevas técnicas en el trabajo. Tras un cambio de puesto deben familiarizarse con el nuevo campo de actividad. Es lo que sucede a una secretaria, cuando pasa de la administración pública a una universidad, o a un técnico administrativo que pasa de un banco a una aseguradora, a un auxiliar de laboratorio que pasa de la industria farmacéutica a la alimentaria... Cuando la enfermera es ascendida a enfermera jefe debe organizar la atención a los pacientes de toda una sección. El técnico ascendido a supervisor hace frente a sus primeros problemas de manejo de personal. Algo puede aprender el trabajador en los cursos de educación continuada. Pero una buena parte debe hacerlo por sí mismo, mediante lecturas, observación y preguntando.

4. *Aprendizaje autónomo para poder responder con las obligaciones de la vida ciudadana y de la vida privada.* Quien funda una familia o administra una casa, debe aprender muchas cosas: cómo asegurarse, cómo financiar los desembolsos, etc. Cuando un joven se mete en política o colabora en una asociación, debe apropiarse del saber necesario. Algo se puede aprender teniendo los ojos y los oídos bien abiertos. Pero un saber fundamentado se consigue sólo con base en el estudio individual. Eso es otra expresión del aprendizaje autónomo.

5. *Aprendizaje autónomo para hacer más enriquecedor el tiempo libre.* El autor de este libro ha aprendido en el transcurso de su vida la pintura al óleo, el italiano y el español. Ha adquirido cierto saber ténico sobre tapetes del Cáucaso, sobre problemas económicos, sobre las peregrinaciones a Santiago de Compostela y sobre la baja Edad Media. ¿Por qué? Porque le gustaba, y porque el saber y el saber hacer adquiridos le han enriquecido en su vida. Lo mismo opinan muchos hombres. Igual puede ser la pesca o el alpinismo. El aprendizaje autónomo posibilita al hombre organizar adecuadamente su tiempo libre, que puede representar en total, para una semana laboral de 40 horas, aproximadamente 4 días 16 horas cada uno.

¿Aprender a aprender qué?
(Formas básicas del aprendizaje autónomo)

Con las reflexiones anteriores hemos obtenido una imagen concreta de las exigencias del aprendizaje autónomo en distintas situaciones. Las actividades realizadas en ellas son bien diversas. Nos preguntamos entonces si las podemos agrupar en pocas categorías, con el fin de determinar las *formas básicas del aprendizaje autónomo* y de la actividad autónoma. Si ello es posible, podemos preguntarnos, además, qué actividades y qué procesos de aprendizaje tienen lugar en las diferentes materias escolares, y si ello sucede de manera que los jóvenes puedan cumplir con su tarea del aprendizaje autónomo y enriquecer sus vidas de acuerdo con sus inclinaciones.

Para que ello suceda se necesitan cinco cosas. Nuestros alumnos deben adquirir la capacidad de:

1. Establecer contacto, por sí mismos, con cosas e ideas.
2. Comprender por sí mismos fenómenos y textos.
3. Planear por sí mismos acciones y solucionar problemas por sí mismos.
4. Ejercitar actividades por sí mismos, poder manejar información mentalmente.
5. Mantener por sí mismos la motivación para la actividad y para el aprendizaje.

En una buena escuela, la mayor parte de estas cosas se dan, bajo la dirección de la maestra o del maestro. No es tan obvio que los alumnos aprendan a lograrlo de manera autónoma.

Establecer contacto, por sí mismos, con cosas e ideas:
leer y observar

Hemos visto que de la primaria a la universidad el peso del aprendizaje logrado por medio de la lectura se va haciendo más importante, con cada nueva etapa escolar. En la capacitación en el empleo y para el cambio de trabajo es también significativa la participación de lo que se aprende leyendo. Lo mismo cuenta para la vida privada y el tiempo libre, en la medida en que los problemas se tornan más exigentes. El aprendizaje de la lectura no termina en los niveles inferiores de la educación primaria. Continúa, incluso hasta la educación superior, en el manejo de la literatura especializada, del resumen y procesamiento de artículos de revistas y libros. Quiérase o no, ésta es la realidad en una sociedad industrial moderna. Como se sabe, ahí radican los problemas más difíciles para los jóvenes. Quien es analfabeto funcional, esto es, quien es prácticamente incapaz de tomar información de los textos escritos, debe contar con las mayores dificultades, tanto en su vida laboral como privada.

La lectura no sólo implica textos. Un hombre moderno debe estar también en capacidad de poder leer tablas, gráficos y toda clase de representaciones simbólicas (mapas, mapas meteorológicos, planos de construcción, etc.). Siempre es necesario, naturalmente, contemplar las cosas por sí mismo. Pero aquí también se plantea con frecuencia el problema de relacionar las informaciones sacadas de los textos con las observaciones de la vida real; por ejemplo, en las instrucciones para el manejo de algo y en los manuales de usuario.

Bajo la orientación de la maestra y del maestro se leen diariamente en las escuelas textos y otras representaciones gráficas. La observación tampoco está ausente en una clase vivencial. Conocemos ahora la tarea especial del aprendizaje de la lectura, que los alumnos aprendan a manejar de manera autónoma los textos y que aprendan a contemplar y comprender por sí mismos un asunto.

Comprender por sí mismos fenómenos y textos

La frontera entre la lectura/observación y la comprensión es difusa. Con la lectura y la observación suponemos una comprensión provisional y superficial. Comprender un hecho significa captar su estructura esencial, conocer los nexos al interior de una red de relaciones. Esta tarea se plantea tanto ante la realidad presentada oral y gráficamente, como ante la cosa misma, el proceso y la situación.

De nuevo afirmamos que esto es lo que se pretende en las llamadas lecciones introductorias. Pero, también aquí, debemos preguntarnos si los alumnos realmente aprenden con nosotros a introducirse de manera autónoma en una región del saber sobre el mundo.

Aprender a planear por sí mismos acciones y a solucionar problemas por sí mismos.

Todo hombre se enfrenta a problemas complejos que debe solucionar de la manera más adecuada posible. También la planificación de una acción compleja tiene características de solución de problemas. Piénsese, por ejemplo, en la planificación de un viaje al extranjero. La mayor parte de los problemas son solucionados con la «inteligencia natural». ¿Qué significa eso? La facultad de solucionar problemas no es ningún producto natural. Se consigue en la medida en que uno soluciona conscientemente problemas, y desarrolla con ello reglas de procedimiento y de hallazgo (heurísticas, «reglas de hallazgo»). Existe hoy una psicología de solución de problemas altamente desarrollada. Conceptualiza lo que desde hace mucho hacen los buenos maestros. Al formular las reglas correspondientes y dar oportunidad a los alumnos de aplicarlas, aportamos un elemento adicional importante a su capacidad de aprendizaje autónomo (Neber, 1983).

Ejercitar actividades por sí mismos, poder manejar información mentalmente

Una secretaria, a quien se ha entregado un nuevo sistema de procesamiento de textos, un conductor, que ha adquirido un nuevo coche, un aprendiz de músico, quien se ha propuesto aprender a tocar el clarinete, deben aprender la mayor parte por cuenta propia. Las instrucciones tienen sus límites. Se trata ante todo de una cuestión de comprensión, y luego de una del ejercicio adecuado, con el objeto de adquirir competencia y destreza. Lo mismo pasa con la asimilación de información. Cualquier orador de oportunidad debe aprender a asimilar un texto. Cuando se entra a un grupo nuevo, hay que aprender a retener los diversos nombres nuevos. Son todas formas de aprendizaje elemental. Todo ello se aplica también en la escuela, especialmente en las lecciones de ejercicios. ¿Hemos aclarado también a los alumnos cómo se ejercita y cómo se aprende algo de memoria? ¿Han aprendido el ejercicio y el aprendizaje de memoria, por ejemplo, en las lenguas extranjeras, donde se trata de aprender vocablos y familiarizarse con determinadas formas de expresión?

Mantener por sí mismos la motivación para la actividad y para el aprendizaje

Se puede decir que ello no representa problema alguno, ni para el alumno, ni para el estudiante o el licenciado; que en la escuela se preocupa uno de la motivación —cualquiera que sea el método—, mientras que en la vida privada uno hace lo que le parece bien y correcto. En ambos campos, el escolar y el de la vida adulta, se consigue la motivación, de manera extrínseca o intrínseca.

En algunas circunstancias, sin embargo, se plantean a todo hombre preguntas

155

sobre el mantenimiento de la motivación. Puede ello suceder de manera atinada o desatinada. Los anglosajones hablan de la administración *(management)* de la motivación propia. Es esencial el tipo de objetivos parciales que nos planteamos en la realización de un trabajo. Deben ser realistas; ambiciosos, pero que puedan ser logrados. Debe tenerse en cuenta también la correcta administración de las fuerzas. Se puede exigir demasiado o demasiado poco de sí mismo, y se puede adaptar el ritmo del trabajo a la naturaleza propia. Incluso es posible el recompensarse a sí mismo, concediéndose, por ejemplo, una pausa, una distracción, una taza de café, una buena comida o un disco, al terminar una fase o la totalidad del trabajo.

Un buen maestro se preocupa de mantener alta la motivación de los alumnos, planteando correctamente el trabajo. ¿Aprenden también los alumnos a manejar por sí mismos, correctamente, su propia motivación?

Esos son los contenidos inmediatos del aprendizaje autónomo. Para que sea realmente provechoso deben incluirse algunas habilidades y actitudes adicionales, ancladas profundamente en la personalidad del maestro. El aprendizaje autónomo se extiende también a los problemas de la *psicología social y de la psicología de la personalidad.* No todo aprendizaje autónomo es de por sí aprendizaje aislado. Por el contrario, si los hombres continúan aprendiendo fuera de la escuela, ello se debe casi siempre a que se integran en grupos y asociaciones, colaboran y aprenden en el trabajo en común. Ello sucede cuando alguno ingresa en un grupo de apicultores, otro en un club de pesca, el tercero en una orquesta y el cuarto en un partido político.

En todos estos casos, quien se encuentra en situación de aprendizaje, debe lograr inicialmente algunos rendimientos, que implican competencia social y la motivación correspondiente; establecer contactos con los miembros de tales grupos, indagar cómo les va —no sólo objetiva, sino también interpersonalmente—, qué compromisos implica el ingreso, qué tiempo hay que aportar y cuál es la contribución humana y de saber que implica el ingreso. Ya este punto supone mucha formación adicional. Algunos jóvenes no se atreven, otros no son capaces de establecer los contactos necesarios y de conseguir la información requerida.

Consideramos por tanto que también se prepara a una persona al aprendizaje autónomo en la medida en que se la capacita y motiva a tomar parte y trabajar en un grupo. El aprendizaje social en la escuela sirve entonces al aprendizaje autónomo; es una relación que hasta hoy ha sido poco analizada.

Finalmente, el aprendizaje autónomo se fundamenta también en el ámbito de la *psicología de la personalidad.* Ello ha quedado claro con las reflexiones precedentes. Cuando una persona entra a un grupo, se involucra como un todo. Cuando aprende en y con un grupo, participa todo el hombre. Su madurez personal, su equilibrio, la capacidad de identificación y compromiso y una jerarquía madura de motivos y valores son apoyos esenciales en el aprendizaje autónomo. Su éxito está estrechamente ligado a esos rasgos de la personalidad. Todo lo que podamos aportar como educadores a su formación y desarrollo, sirve también para el aprendizaje autónomo.

Los tres pilares del aprendizaje autónomo: saber, saber hacer y querer

Si se analizan todavía más las formas básicas del aprendizaje autónomo, se pueden reconocer tres componentes más simples, que desempeñan un papel en todo proceso de aprendizaje autónomo: un componente de saber, uno de saber hacer y uno de querer. ¿Qué significan?

El componente de saber:
conocer el aprendizaje propio,
tener una idea clara de los procesos de aprendizaje correctos

Todo maestro y todo trabajador intelectual tiene un doble problema. Debe conocer su proceso de aprendizaje y de trabajo, con sus puntos fuertes y débiles, y debe tener una imagen clara de cómo deberían darse idealmente estos procesos. Ni una cosa ni otra son obvias. Muy pocos hombres tienen un buen conocimiento de su comportamiento propio, menos aún niños y jóvenes. Conocer el comportamiento propio implica auto-observación. Todos conocen mucho mejor las cosas que manejan, que el tipo de manejo que hacen de esas cosas. Lo que aquí afirmamos es todavía más válido con los comportamientos de segundo orden, que llamamos aprendizaje, con la mejora del comportamiento y con sus requisitos.

El conocimiento de sí mismo puede alcanzar naturalmente grados diversos de profundidad. No se trata de convertir a todos los alumnos en filósofos o en psicólogos del aprendizaje. Lo que debe aprender de sí mismo y de sus procesos de aprendizaje y de trabajo es la resultante de compararlos con los procesos ideales. Eso es otra cosa. El alumno debería tener una imagen de cómo funcionan las cosas cuando nos involucramos de manera óptima en un texto, cuando logramos su comprensión, cuando solucionamos un problema de la mejor manera posible o planeamos correctamente una acción, cuando asimilamos información o ejercitamos una destreza y cuando finalmente mantenemos de la mejor manera posible nuestra motivación. Muy pocos alumnos poseen este saber. El aprendizaje se ha mantenido, tal como el pensamiento, como una «actividad inconsciente del espíritu» (Binet, 1922).

Lo referido aquí ha sido llamado en los últimos años *saber metacognitivo*. La expresión es correcta si se la capta en toda su amplitud. Metacognición es el saber sobre el saber. En última instancia, deberíamos hablar de meta-aprendizaje, meta-comprensión, meta-solución-de-problemas, meta-ejercicio/asimilación y meta-motivación. No es otra cosa que el saber sobre los procesos psicológicos, o sea un saber psicológico. Sin embargo, no se trata de un saber teórico aprendido, sino de un saber relativo a nosotros mismos; saber sobre *mi* proceso ideal de aprendizaje y sobre *mi* proceso real de aprendizaje, con sus cualidades y debilidades.

El componente de saber hacer:
aplicar prácticamente procedimientos de aprendizaje

Todo saber sobre procesos de aprendizaje está naturalmente al servicio de su aplicación práctica. El aprendizaje es una actividad. Pretendemos que los alumnos la desencadenen por sí mismos y que la puedan dirigir correctamente. El objetivo de aprendizaje es por tanto *la auto-orientación (control ejecutivo) del aprendizaje.* Para ello el saber debe convertirse en un saber hacer. El alumno no debe sólo hablar sobre el proceso. Debe estar en la capacidad de orientar su correcta realización. Eso ocurre fundamentalmente por medio de la *auto-instrucción.* El camino es claro. El alumno sabe que si uno quiere sacar provecho de un tiempo determinado de ejercicio, debe distribuirlo en pequeñas unidades en el transcurso de varios días. El ejercicio muy concentrado es irracional. Por tanto, la autoinstrucción es: «distribuyo mi ejercicio (repetición, aprendizaje de memoria...) en varios días». Veremos más adelante que aquí son necesarios dos tipos de comprensión. El alumno debe conocer las «condiciones de cumplimiento» de la regla; se trata de la parte «si...» de la regla: «si quiero aprovechar de manera óptima mi tiempo de ejercicio...». La otra parte es la parte «entonces...»: «entonces debo distribuir, en lugar de amontonar, mis ejercicios».

Pero el desencadenamiento y orientación correcta del proceso de aprendizaje no es lo único; lo otro es *comprobar por sí mismo el logro del aprendizaje.* Queremos saber si los métodos de aprendizaje que preferimos sirven. Queremos saber si se justifica el esfuerzo metódico que procuramos. Eso lo podemos experimentar en la medida en que controlemos el logro del aprendizaje. No se trata sólo de controles globales (¿puedo recitar de memoria el poema?, ¿es correcto el resultado de mis cálculos?); se trata del control de los efectos específicos de las operaciones realizadas y de los métodos aplicados. Cuando he leído concentradamente un texto y lo he dividido mentalmente en unidades significativas, ¿puedo reproducirlo de acuerdo a esas unidades? Cuando he extraído la estructura esencial de un texto, ¿puedo representarlo como una red? Cuando en la solución de un problema he reconstruido, con alguna medida específica, la visión global que estaba a punto de perder, ¿puedo entonces situar dentro de la totalidad una fase parcial, una operación parcial, y explicarme por qué es precisamente necesaria en este lugar?

Aquí también reconocemos que en la enseñanza corriente ese componente de verificación está, con demasiada frecuencia, exclusivamente en manos del maestro. Quisiéramos conducir a los alumnos, no sólo a que dirijan por sí mismos su aprendizaje, sino también a que juzguen por sí mismos sobre sus resultados, a que los diagnostiquen. A eso llamamos el autocontrol del aprendizaje autónomo.

¿Cómo se obtienen procedimientos prácticos de aprendizaje? Lo mismo que en cualquier aprendizaje práctico. Hay que probar el procedimiento, ejercitarlo y aplicarlo de diferentes maneras. Durante ello hay que observarse a sí mismo y comparar el procedimiento con su resultado. Las demostraciones del maestro pueden jugar un papel importante. Repetidas veces hemos señalado también la ventaja del pensar en voz alta y de la autoinstrucción oral.

El componente del querer:
estar convencido de la utilidad del procedimiento de aprendizaje y querer aplicarlo

El tercer pilar del aprendizaje autónomo es cuestión del convencimiento y del querer. Durante el transcurso de un año escolar recomendamos a los alumnos muchas cosas, incluso cómo se trabaja y se aprende correctamente. Pero estas recomendaciones tienen poco efecto. Cuando llega el caso, la mayoría de los alumnos no las ponen en práctica. En el capítulo sobre solución de problemas veremos por qué ocurre eso así. Las razones están relacionadas con la presentación de los procedimientos de aprendizaje.

El alumno debe por tanto poder aplicar procedimientos correctos de aprendizaje y de trabajo, no sólo cuando se le solicita. Debe estar de tal manera convencido de su utilidad, que los aplica también sin que nadie se lo pida, y cuando nadie lo controla; por ejemplo cuando hace los deberes en casa, o al abandonar la escuela.

El problema del querer tiene también otra cara. Concierne al manejo posterior de las áreas del conocimiento vistas en la escuela. Todo maestro quisiera que los alumnos, una vez finalizado el período escolar, continuaran cultivando por sí mismos, de una u otra manera, aquellos intereses que fundamentaban las clases. Cuando los alumnos, después de años de aprendizaje del francés o del inglés, no leen ningún periódico francés, ni compran o leen ningún libro inglés, ha fracasado la enseñanza de lenguas extranjeras en un punto esencial, aunque en el resto pueda aprecer de otra manera. Cuando los alumnos, después de años de clase de botánica y de geografía, no contemplan una planta o un paisaje, también ha fracasado esta enseñanza, por muy geniales que hayan sido las clases respectivas.

Naturalmente, no se puede mantener el interés en todo lo que se ha aprendido en la escuela. Pero, por lo menos, debería permanecer cierto interés por las materias y tarde o temprano, en una u otra situación, debería uno retomar por sí mismo algo de lo emprendido en la escuela, aunque sea para aclarar o narrar algo a los propios hijos.

Lo fundamental es que las actividades escolares se continúen en actividades autónomas y que el aprendizaje escolar desemboque en aprendizaje autónomo. Eso influenciará ante todo el comportamiento en los tiempos libres del exalumno (ya que la vida laboral de por sí es generalmente más reducida que el espectro de las disciplinas escolares). Estamos muy lejos de esos objetivos. En las escuelas secundarias se enseña como si los alumnos fueran a continuar estudiando la materia en la universidad. Pero, ¿qué porcentaje de los alumnos lo hacen? ¿Uno o dos por ciento? ¿Cómo mantiene el interés el 98 ó 99 % restante? ¿Cómo se ocupan de la historia, de la química, de la literatura? ¿Volverán a tomar alguna vez un lápiz de dibujo, un libro de canto? ¿Están preparados para volver a ejercitarse corporalmente de manera sensata? Ello presupone que se tenga información sobre las condiciones que lo posibilitan. Se necesita, ante todo, gusto por el asunto.

No se trata por tanto sólo de convencer a los alumnos del beneficio de los métodos individuales de aprendizaje y de fomentar la voluntad de aplicarlos. Desde la perspectiva de las asignaturas escolares se trata de mostrar a los alumnos posibilidades de continuar interesándose en ellas de manera autónoma. Ese será el caso cuando en ellas se hayan despertado intereses intrínsecos genuinos. En ellos está el fundamento para que el alumno y el estudiante quiera continuar con lecturas, se mantenga al corriente y siga ocupándose del área. Por eso hablamos de un componente de querer.

13. HACIA UNA DIDACTICA DEL APRENDER A APRENDER

La expresión «aprender a aprender» no está exenta de problemas; se puede despertar una impresión falsa, de que existe *el* aprender, o sea un proceso de aprendizaje único, que el alumno sólo tiene que conocer y aprender a accionar y orientar. Nada es más falso que eso. Hemos visto que no hay uno, sino muchos procesos de aprendizaje, y en cada uno a su vez se pueden distinguir muchos subprocesos. Tampoco es suficiente que el maestro tenga sólo conocimientos de psicología del aprendizaje, para que organice su proceso de aprendizaje correctamente. Es también necesario que posea toda una serie de intuiciones y experiencias en el terreno de la psicología general. En efecto, el aprendizaje autónomo toca muchas veces problemas de la psicología social y de la psicología de la personalidad. Siendo eso así, no puede esperarse que se les pueda proporcionar a los alumnos el «aprender por sí mismos» en un par de conferencias, organizadas quizás por un psicólogo invitado. Se necesita mucho más.

¡Cómo podría serlo de otra manera! Para que el maestro oriente correctamente a los alumnos en el curso del aprendizaje, debe aprender en su formación psicología pedagógica, didáctica general y didáctica de la materia, y ensayarlas en muchas prácticas. Y ahora intentamos hacer que los alumnos desencadenen y realicen por sí mismos los mismos procesos de aprendizaje. ¿Podrán hacerlo sólo después de un pequeño curso intensivo de dos días, sobre el «aprender a aprender»?

¿Es ello una razón para archivar el problema, declarándolo insoluble? ¡De ninguna manera! Pero es necesario planteárselo con todas sus implicaciones. Así se dará uno cuenta de que la tarea de aprender a aprender autónomamente es una tarea que debe ser desarrollada *en cada asignatura* y *durante todo el período escolar*. Cada maestro debe dar su parte en la solución, y debe trabajar en ello durante todo el tiempo que enseña a los alumnos en clase. Eso es especialmente importante, puesto que cada materia escolar tiene su *estructura de pensamiento, de solución de problemas y de aprendizaje* específica. El pensamiento matemático es diferente del pensamiento concreto de las disciplinas de la naturaleza, y éste es diferente del pensamiento y deducción que priman en las ciencias del espíritu.

Los alumnos deben por tanto tomar conciencia de las formas de pensamiento y aprendizaje de las disciplinas particulares, aprender cómo se piensa en el ámbito de las matemáticas, la física, la química, la geografía, la historia, la lingüística, la litera-

160

tura, y qué sucede en las actividades de las artes plásticas, de la música, y también en las de gimnasia y deporte, como en el caso concreto de los juegos por equipos.

¿Qué se necesita entonces para provocar ese proceso del aprender a aprender en la clase escolar, y llevarlo a feliz término? Lo mismo que se necesita para aprender cualquier actividad:

1. Tener una idea de su realización correcta.
2. Intentar realizarla por sí mismo.
3. Observarse en su realización y discutir la observación.
4. Formular como autoinstrucciones del aprendizaje reglas de dirección y control.
5. Llevar éstas a la práctica con nuevos contenidos.
6. Juzgar el proceso del aprendizaje y su resultado.

Los tres primeros pasos sirven para lograr una representación clara del transcurso ideal y del real del proceso de aprendizaje; los tres siguientes sirven para su ejercitación práctica. Estos sirven tanto para el saber hacer, como para el mantenimiento de la motivación, del cual hablamos antes (Weinert, 1983; Eigler, 1983).

Tener una representación clara del desarrollo ideal y real del proceso de aprendizaje

Enseñar a aprender comienza cuando realizamos con los alumnos, bajo nuestra dirección, un proceso de aprendizaje o una solución de problemas, o los dejamos hacerlo autónomamente. Leemos, por ejemplo, un texto e intentamos entenderlo, solucionamos una tarea de tipo textual, o aprendemos de memoria un poema o un párrafo en prosa, o ejercitamos una destreza, como la pronunciación correcta de un sonido extranjero, la conjugación de un verbo extranjero o el manejo de un material o un aparato nuevo.

La atención se concentra inicialmente en la cosa misma. Después dirigimos la atención hacia el proceso de aprendizaje. Este paso no es fácil, puesto que se trata de observaciones y reflexiones de un orden superior. En cierto sentido son formales, independientes de los contenidos. Nos preguntamos qué hicimos para captar y entender el texto, cómo procedimos en la solución del problema, de qué manera aprendimos de memoria o hicimos el ejercicio. Procuramos detectar dónde nos encontramos con dificultades y si nuestro procedimiento fue apropiado para superarlas. En una discusión de clase se mencionarán los métodos más diversos, y se pesarán las ventajas y desventajas de cada procedimiento.

Procuramos mediar entre las diferentes sugerencias, resaltar las más convenientes y hacer comprensibles las razones a todos. Puede suceder también que ningún alumno haya detectado posibilidades importantes del procedimiento. En ese caso nuestra tarea es lanzarlas a la discusión, demostrar los procedimientos correspondientes y señalar su utilidad. Quizá se sigan de ello ensayos individuales de los alumnos con el procedimiento sugerido y una nueva discusión acerca de su practicabilidad y de su utilidad.

Después de haber conseguido de esta manera que los alumnos observen su propio procedimiento y tengan presentes sus ventajas y desventajas, y de haber elaborado, y eventualmente demostrado, un procedimiento ideal, debemos expresar oralmente nuestras observaciones. Ello ocurre de acuerdo con la etapa de desarrollo y con la experiencia del alumno.

El resultado de esta fase del aprender a aprender es una porción de saber sobre el aprendizaje y una imagen clara de cómo debería realizarse correctamente. Al mismo tiempo, nos hemos colocado en la situación de medir y juzgar nuestro comportamiento real de aprendizaje frente a esa representación ideal.

Ejercitar la auto-dirección y auto-evaluación del aprendizaje

Lo siguiente es la formulación de reglas que orienten nuestro propio aprendizaje. Se desprenden de nuestra representación del desarrollo correcto del proceso de aprendizaje. A ser posible, las formulamos como reglas de «si/entonces»: *si* se dan tales condiciones, *entonces* hacemos esto. Damos a estas reglas la forma de auto-instrucciones: «si yo..., entonces hago yo...». Hemos logrado una representación de un procedimiento de aprendizaje correcto por medio de uno o varios ejemplos. Ahora necesitamos nuevos ejemplos o nuevos contenidos, para ejercitar la aplicación de nuestras reglas. Leemos un texto nuevo, observamos un objeto nuevo, contemplamos una nueva tabla o gráfico, solucionamos un nuevo problema, aprendemos a conjugar un verbo nuevo o ejercitamos un procedimiento nuevo.

Todavía no se logrará mucho. También aquí nos observamos a nosotros mismos y examinamos los resultados. De esa manera buscamos mejorar paso a paso nuestro procedimiento. Sabemos que ello no tiene que ocurrir en una hora o en una semana. Tenemos meses de tiempo; podemos dejar descansar un tiempo el problema, y retomarlo más tarde. Lo importante es que tengamos siempre en mente la tarea de aprender a aprender y volvamos a ella una y otra vez, a fin de hacer avanzar lo que hayamos dejado en un punto determinado.

Lo decisivo es que los alumnos tomen progresivamente conciencia del aprendizaje. Les fomentamos una y otra vez que juzguen el desarrollo de sus procesos de aprendizaje y el resultado de los procedimientos aplicados. Permitimos igualmente que desarrollen variantes personales de los métodos sugeridos por nosotros, puesto que existen naturalmente diferencias individuales en el aprendizaje, que pueden producir así mismo procedimientos individuales diferentes. Tenemos cuidado, sin embargo, de que ellas sean desarrolladas debidamente y con fundamento.

A continuación proporcionamos ejemplos concretos del aprender a aprender. El primero muestra cómo comenzamos, ya desde los primeros niveles de la primaria, a introducir a los alumnos en la *lectura y comprensión* conscientes *de textos*. Después mostramos, a propósito de un estudio especial de Weltner, cómo pueden ser guiados los alumnos a *involucrarse autónomamente en un área del saber*. Finalmente añadimos algo acerca del aprendizaje de la *solución de problemas*.

Ejemplo: los alumnos de segundo curso (primaria) aprenden
qué significa «entender una expresión»
y cómo lograr explicarla

Ya desde los primeros grados de la escuela primaria comenzamos a señalar a los alumnos los procesos de aprendizaje que tienen lugar en ellos. ¿Puede un niño de segundo grado observarse a sí mismo, y podemos hablar de eso con él? ¿Existen nociones de la psicología del aprendizaje que él pueda entender? El puede observarse a sí mismo tan bien como observa a otra persona o a un animal. Podemos hablar con él de su aprendizaje, tan bien como lo hacemos sobre otro comportamiento cualquiera. Sólo hay que cumplir dos condiciones: los procesos de aprendizaje deben ser correctamente seleccionados y las nociones que aplicamos deben ser adecuadas al estadio de su desarrollo.

En nuestro ejemplo en el *aprendizaje de la lectura*, se trata de que los alumnos de los niveles inferiores de la escuela primaria juzguen si entienden o no las palabras y frases que encuentran en un texto de lectura («si relacionan signos gráficos con significado», como diríamos en el lenguaje de la psicología).

Para ello puede pensarse en el siguiente ejercicio. Se ha leído con la clase de segundo grado un texto sencillo. En él sale una expresión, acerca de la cual sospecha la maestra que no ha sido entendida por todos los alumnos. Sin embargo, nadie ha preguntado lo que significa («los enanitos colocaron a Blancanieves en una *camilla...*»). Dice entonces la maestra: «Me parece que algunos no han entendido qué es una "camilla". Vamos a probarlo; ¿quién puede explicarlo?». Indica a algunos alumnos que intenten explicar la expresión. Algunos no lo logran, uno o dos alumnos dan una explicación sencilla. La maestra dice: «¿Veis en qué nota uno si ha entendido una palabra?» (... en que puede explicarla). «Ciertamente. Y si uno no la entiende, no puede hacerlo. No la puede explicar. No se le ocurre a uno nada, o dice algo que todos notan que no funciona. Uno mismo lo nota.

Vamos a intentarlo ahora con algunas palabras y frases. Las he escrito en el encerado. Unos las entienden, probablemente otros no. Eso no está mal; un alumno de segundo tiene que entender todavía todas las palabras que existen. Vamos a hacer lo siguiente: primero me decís, para cada palabra, si la entendéis; después veremos si podemos explicar las palabras o no. Ya sabéis: las palabras que uno no entiende, tampoco las puede explicar. Estas son:

las lentejas	repugnante
el huso	plateado
cantar	el oro
adular	la caja del reloj
escabullirse	el pino».

A continuación se señalan primero algunos alumnos, para que digan si entienden una palabra o no. Después de que se decidan, se les pide que la expliquen. Con ello no se espera, obviamente, una definición formal, sino descripciones simples. Se admitirán también ejemplos simples (las lentejas son para hacer sopa de lentejas; cantar es cantar un canto). Probablemente la mayoría de los alumnos no entenderán «huso», «escabullirse», «repugnante» y «la caja del reloj».

Después de ello, para cada palabra, se deja intervenir primero a los que no la han entendido, y luego a los que la entienden. Se pregunta a un niño del primer grupo: «Señalaste que no entiendes la palabra. Piensas que no la puedes explicar. Está muy bien. Para estar seguros, ensayemos a ver. Intenta explicarla como puedas». El niño lo intenta, y generalmente no tendrá éxito. Eso lo alabará la maestra y dirá: «Bien. Has notado muy bien que todavía no entiendes esta palabra, y por eso no la puedes explicar. Se ve que ya puedes distinguir si entiendes una palabra o no». Se procede igualmente, pero con aclaración inversa, con el niño que dice entender la palabra.

Lo que esbozamos aquí es realizable en cualquier clase de segundo grado. Lo mismo puede hacerse también con frases cortas. Los alumnos experimentan con ello en carne propia qué significa entender o no una expresión. Ello nos permite introducir también los conceptos de entender y de explicar, o de poder explicar. Los conceptos de entender y explicar son adecuados al segundo grado. Naturalmente, con estos alumnos no hablamos todavía del «significado de una palabra». Ese concepto lo introducimos en clases superiores. Más adelante todavía podemos aplicar el concepto del signo y de su relación con el significado. Todavía más adelante, será posible introducir el concepto de signo y de símbolo, y su asociación con el significado, y hablar de «codificar» y «descodificar» e investigar el proceso de la comunicación verbal, tal como lo hicimos en la parte psicológica de la primera forma básica, «comunicación verbal» (Aebli, 1983).

No se trata simplemente de que el alumno adquiera experiencia del propio aprendizaje y el saber correspondiente. Queremos además que se confronte con el aprendizaje autónomo. El alumno debe aprender a orientar el proceso de aprendizaje, del cual ha tomado conciencia, de una manera correcta, exitosa. Para ello es necesario, en primer lugar, que tenga una idea clara de lo que es un proceso de éxito en el aprendizaje. Después debe adquirir procedimientos que le ayuden a activar el proceso y conducirlo a un fin adecuado. Finalmente debe aprender a controlar por sí mismo si ha logrado su objetivo. De nuevo se plantea la pregunta de si esto puede hacerse con alumnos pequeños, y si como consecuencia pueden ser introducidos y desarrollados paulatinamente los primeros procedimientos simples del autocontrol del aprendizaje. Mostramos en un ejemplo que lo conseguido hasta aquí puede llevarse más adelante.

Se trata de comprender y explicar palabras y frases en textos leídos. En primer lugar, debemos decidir qué tipo de inicio sencillo en el aprendizaje autónomo podemos y queremos esperar de un alumno de segundo año. Nos imponemos la meta de que, cuando leemos en común, nos haga saber el alumno cuándo no entiende una expresión, y pida una explicación a la maestra o a sus compañeros.

La maestra procede como sigue. Dice: «No es bueno que leamos algo y no lo entendamos. No es agradable. Puede pasar algo interesante en una historia, y uno quisiera saber qué sigue, y entonces no entiende y es desagradable. Sin embargo, es muy natural que un alumno no entienda alguna palabra. Queremos aprender ahora qué es lo que hace uno en ese caso. Hacemos así: leemos entre todos un texto nuevo y, tan pronto encontremos una palabra que no entendamos, levantamos la mano y decimos: "no entiendo esa palabra. ¿Puede alguien explicármela?". Quizás haya un niño que entienda la palabra, y la explique. Los que no entiendan deben prestarle atencion. Entonces leen la frase otra vez, cada uno individualmente, y se fijan si entienden ahora la frase. Después les pregunto y me dicen si entienden la frase o no.

Puede suceder que todavía no entiendan, no importa. Tal vez la explicación no fue lo suficientemente buena. En ese caso, deben decir sencillamente: "todavía no entiendo la frase". Lo intentamos de nuevo. En este caso tal vez pueda ayudar yo un poco, hasta que al final todos entiendan. Ensayamos de nuevo, explicando la frase completa, donde encontramos la palabra difícil».

Así se procede. La maestra hace que lean lentamente, e introduce una pausa al final de cada frase, a fin de que los niños tengan tiempo de juzgar si entienden el texto. Da muestras de agrado y aprobación cuando los niños indican que no han entendido. Solicita que usen la expresión «no entiendo la palabra..., ¿puede alguien explicármela?», puesto que pretende que primero intenten ayudar los mismos compañeros, antes de intervenir ella como maestra. Después de una o varias explicaciones la maestra hace que se lea de nuevo la frase, como estaba previsto. Algunas veces la leerá ella, lenta y claramente, con la entonación apropiada. Después vuelve a preguntar quién entiende la frase y, en caso contrario, los estimula a que usen la fórmula «todavía no entiendo la frase». Con paciencia, intentará nuevos caminos de explicación. Al final, cada uno debe poder decir: «Ahora sí entiendo la frase».

Tampoco esta lección implica nada extraordinario. Puede desarrollarse con alumnos de segundo grado. En ésta y en sesiones parecidas trabajamos con la idea fundamental de la comprensión de una palabra y de una frase. El alumno se apropia también de un procedimiento: preguntar por el significado de expresiones que no entiende. Le proporcionamos así la oportunidad para que autocontrole el logro de su aprendizaje. Nuestro procedimiento es relativamente sumario. Podríamos seguir adelante, y decirle: «Para comprobar si has entendido la frase, puedes intentar explicarla con otras palabras. Si puedes hacerlo, has entendido la frase o la palabra. Si no puedes, es que todavía no dominas la palabra correctamente». Con ello le damos al alumno un *procedimiento de comprobación*. De esta manera, tenemos todos los elementos de la autodirección y del autocontrol de un proceso de aprendizaje, que habíamos introducido antes.

El procedimiento tiene también un significado más profundo en el campo de la psicología de la personalidad. Implica higiene mental el aprender a admitir frente a sí mismo y a los compañeros que no se entiende una expresión. La alternativa consistiría en fingirse algo que no se da, lo cual no ayuda al desarrollo intelectual y personal.

Debemos mostrar, además, que este procedimiento puede ser construido progresivamente, y que hay que continuarlo hasta la universidad. Aquí puede pensarse en dos líneas de desarrollo principales. En primer lugar, el concepto de *comprensión de un texto* puede ser profundizado. No se trata simplemente de:

— comprender las palabras individuales (niveles inferiores de la escuela primaria), sino también de
— comprender la expresión (alrededor del cuarto curso), y de
— comprender los nexos dentro del texto (alrededor del sexto curso), de
— captar las relaciones fundamentales al interior de un texto, tal como las expresamos en una red de relaciones (alrededor del 10.º año escolar, Aebli, 1983, 1980-81), y finalmente de
— comprender los diversos niveles de profundidad, o niveles de comprensión (12.º año escolar, y formación profesional).

Por tanto, deben construirse de esta manera los procesos de solución a la falta de claridad en el texto:

1. En los niveles inferiores de primaria, el alumno pide a sus compañeros y a la maestra explicación a la expresión dudosa.
2. En el cuarto año comienza a buscar por sí mismo una explicación, valiéndose de los libros escolares de consulta.
3. En el sexto año buscamos explicar una expresión no clara a partir del contexto, continuando con la lectura y regresando después a la expresión no entendida.
4. En el décimo año dibujan los alumnos una red de relaciones, para poder juzgar si han comprendido el texto, y para tener una visión de conjunto de sus relaciones.
5. En el duodécimo año y en la formación profesional busca el alumno diversos sentidos posibles para los textos difíciles y compara críticamente sus ventajas y desventajas.

El objetivo del procedimiento consiste en posibilitar al alumno un manejo autónomo de los textos. Dicha autonomía es relativa al comienzo. Aumenta paulatinamente con el correr de los años escolares. Al salir de la escuela, alumnos y estudiantes deben haberse convertido en «lectores autónomos».

Ejemplo: los alumnos de los últimos años de secundaria
y de educación superior se inician por sí mismos
en una temática nueva

Al final de la educación universitaria y en la vida laboral, pero también en ocupaciones de tiempo libre exigentes, deben los jóvenes adultos una y otra vez iniciarse por sí mismos en áreas completas del saber. Pensemos por un momento en el que está a punto de obtener el diploma profesional, y que debe introducirse al tema de su tesis de grado, o en el que cambia de empleo, o en un futuro piloto de planeadores, que se prepara para sacar la licencia. Actualmente muchos aprenden cómo funciona y cómo se maneja un ordenador personal. Un enfermo quisiera saber algo de su enfermedad. El diabético aprende cómo inyectarse la insulina necesaria. Quien se inicia en la pintura al óleo, se informa sobre las técnicas correspondientes. Se trata de las actividades de aprendizaje necesarias y útiles, como de las que ocurren libremente.

El *aprendizaje en libros* es una forma básica del aprendizaje autónomo. Se plantea, por tanto, la pregunta de si eso también debe ser enseñado y ejercitado en la escuela, y si los libros de texto que utilizan los alumnos son apropiados para ello. Weltner (1978) ha realizado un estudio interesante e importante sobre este problema.

Weltner estudió ante todo libros de texto empleados, por ejemplo, para la asignaturas de historia, de geografía y de ciencias naturales. Sus observaciones son, sin embargo, también válidas para los libros de texto de lenguas extranjeras y matemáticas. Detectó en ellos una polarización característica con relación a su fijación de objetivos y a su función en el proceso de aprendizaje. La cuestión es qué tipo de fase de este proceso de aprendizaje debe apoyar el libro: la *fase de aprendizaje* o la *fase de aplicación*.

Libros orientados por la *fase de aprendizaje* muestran una gran redundancia en los textos; las cosas se presentan exhaustiva y ampliamente, con muchas repeticiones (de ahí lo «redundante»). Ello es necesario para que el lector pueda entender el contenido. Diríamos que el libro de texto construye paso a paso el nuevo asunto, y el lector reconstruye, mediante la lectura, el proceso de construcción. Esta amplitud plantea, sin embargo, problemas en la *fase de aplicación*. Una vez que el alumno se ha apropiado del asunto, utiliza el libro sólo como consulta. Espera entonces otro tipo de presentación: corta, densa en significado, sin repeticiones inútiles. También la organización debería ser más sistemática que en una obra meramente pedagógica, para poder encontrar fácilmente en ella lo buscado.

Las ideas básicas de Weltner presentan una forma especial de aprendizaje autónomo, la introducción en y una nueva área del saber con ayuda de un *programa guía*. Este orienta al que aprende a introducirse en el área en cuestión, con ayuda de obras de consulta. Con este objeto, el programa guía ofrece todo lo que hemos conocido arriba como preparación necesaria para el aprendizaje autónomo.

Distingue tres grupos de medidas:

1. Antes de la fase de aprendizaje propiamente tal, el programa implica la elaboración de un plan de aprendizaje individual, el establecimiento y ponderación de los objetivos de aprendizaje y la selección consciente de actividades de aprendizaje.
2. El aprendiz desarrolla luego las actividades de aprendizaje.
3. En una tercera fase orienta el programa al aprendiz para que compruebe por sí mismo el resultado del aprendizaje.

Aquí habla Weltner, muy acertadamente en nuestra opinión, no sólo de comprobación, sino también de *diagnóstico*. No se trata simplemente de establecer lo correcto o incorrecto del saber adquirido. El saber es un tejido complejo de elementos. Se buscará, por tanto, esclarecerlo, para saber si todavía quedan vacíos, puntos débiles o carencias. Para ello sugiere el programa-guía de Weltner actividades de aprendizaje compensatorias, es decir, correctivas. Muestra también complementos opcionales a la información ofrecida e indica cómo puede concederse el aprendiz ciertas recompensas.

En este caso el proceso de aprendizaje se orienta tan al detalle, como se hace con la instrucción programada. Eso puede ser útil para estudiantes de medicina o de física en la educación superior, que son, ante todo, los que Weltner tiene en mente. Seguramente no hay que ir tan lejos en la educación primaria o en la secundaria. Los estudios de Weltner producen, sin embargo, ideas útiles. Insiste en que, aun en la clase normal, de vez en cuando se debe prescindir de presentar a los alumnos un asunto nuevo, y más bien hacer que ellos se inicien en él por medio de una lectura de uno o varios libros y/o materiales de consulta. Con eso no se abandona al alumno a su propia suerte, sino más bien se le prepara en clase para que oriente por sí mismo el proceso de aprendizaje, tal como sucede en el programa-guía de Weltner. El maestro desarrolla con los alumnos en una sesión de clase un plan de aprendizaje, o los orienta para que lo hagan por sí mismos. Les muestra cómo se fija unos determinados objetivos de aprendizaje y cómo los pondera; y elige las actividades de aprendizaje conjuntamente con los alumnos o los orienta para que ellos lo hagan. Finalmente, analiza con ellos las posibles dificultades en el aprendizaje y proveen lo necesario para minimizarlas.

Sigue una fase de estudio personal, individual o en grupos. Luego apoya el maestro al alumno en el diagnóstico del logro del aprendizaje propio. Menciona los criterios que deben ser aplicados a la comprensión, al manejo flexible del asunto aprendido, a su consolidación y aplicabilidad. Sugiere formas específicas de autocontrol y permite que ellos por sí mismos las adopten.

Las sugerencias didácticas de Weltner son realistas y útiles. Las complementaríamos sólo en un punto. Sea que uno adopte el programa-guía de Weltner o que dé las orientaciones correspondientes en clase, el objetivo en todo caso debe ser que el alumno no permanezca siempre dependiente de las ayudas previas y posteriores del programa, ni del maestro. Debe emanciparse gradualmente de ellas. Lo cual significa, que se *internalicen* las instrucciones del programa o del maestro, y que al final sepa uno por sí mismo cómo se prepara para una fase de estudio individual y cómo se diagnostica su logro al terminar y, donde sea necesario, cómo se corrige y complementa.

Ello conduce a una nueva perspectiva del papel de la *biblioteca escolar,* como lugar de aprendizaje. La orientación inicial del maestro muestra y explica cómo se busca, se anota y se procesa información en la biblioteca, y cómo se obtiene la consolidación con el ejercicio y la repetición. Finalmente, aquí también se necesitan comprobación y diagnóstico personales.

Con un procedimiento tal se aproxima el aprendizaje escolar al aprendizaje adulto. Si procedemos así, las probabilidades son altas de que los alumnos continúen desarrollando por fuera y después de la escuela las actividades de aprendizaje que han conocido en ella, en lugar de que se desintegre toda la actividad de aprendizaje, apenas terminen los años escolares.

168

Solución autónoma de problemas

La vida exige a todos los hombres que planeen acciones complejas y solucionen problemas. La frontera entre una cosa y otra no es precisa. Cuando un ama de casa prepara una cena para diez invitados, y al mismo tiempo debe aparecer como huésped amable y distendida, ¿se trata de una «planificación de una acción compleja», o de una solución de problemas? Y ¿qué quiere decir cumplir con una tarea complicada de construcción? Con el objeto de simplificar, hablamos en lo que sigue solamente de solución de problemas. Incluimos en ese concepto los de la planificación y ejecución de actividades complejas.

Si la solución de problemas juega un papel tan importante en la vida cotidiana y en la laboral, tiene toda la razón la escuela en preguntarse si está preparando a sus alumnos a manejarse en la solución de problemas, no sólo bajo la orientación del maestro, sino también por sí mismos. ¿Capacitamos a nuestros alumnos para que, además de procesos elementales de aprendizaje, dominen también por sí mismos soluciones de problemas complejos? ¿Estamos formando con ello solucionadores autónomos de problemas?

Para solucionar problemas es preciso algo más que inteligencia o creatividad innata. Dos cosas son decisivas: saber específico y heurísticas. El saber específico es proporcionado con relativo éxito por escuelas y otras instituciones de formación. Pero quien sabe mucho no es por ese solo hecho un buen solucionador de problemas. El saber es una condición necesaria, pero no suficiente para una acertada solución de problemas. La otra son las *heurísticas,* es decir, los *métodos de solución de problemas.* Las formulamos como reglas y distinguimos en ellas entre *estrategias* y *reglas de representación* (Aebli, Ruthemann y Staub, 1986). Las estrategias nos ayudan a ver con más claridad la situación dada, el objetivo, y el camino que conecta a la situación con el objetivo. Decimos que las estrategias nos ayudan a «estructurar» el problema. Las estrategias son, por tanto, reglas estructurales.

Todos saben que no es indiferente la manera como uno «representa» un problema y su solución. No es sólo cuestión de la organización de la representación. También se plantea con frecuencia la pregunta de si debemos elegir palabras o cifras, signos o imágenes, o si construimos quizás un modelo.

Ilustramos esta asunto con un nuevo tipo de problemas de cálculo, que desarrollamos en el contexto de un proyecto de investigación (Aebli, Ruthemann y Staub, 1986; Aebli y Ruthemann, 1987). Se trata de pequeñas historias que implican personas, que desarrollan alguna acción compleja, para la cual deben realizar algunos cálculos, a fin de poder cumplir con el objetivo y evitar inconvenientes. He aquí un ejemplo:

La tarea del pastor

Afganistán es un país montañoso como Suiza, pero mucho más seco. En verano se agotan muchos ríos y quebradas; el agua se vuelve escasa y valiosa. Los afganos son pastores y campesinos. Sus mujeres tejen los famosos tapetes afganos, en rojo y negro.

En este país, hay un camino de herradura que va de un caserío a un pueblecito, pasando por un paso elevado. Cerca del paso elevado, un muchacho pastor, sin ayuda de nadie, guarda un rebaño de 15 cabras y 18 ovejas. Encima del paso está la nieve, que comienza a derretirse a partir de junio y proporciona abundante agua potable a los animales, más de 500 l diarios; cosa que, en este momento, no ha comenzado a suceder. Los animales beben mientras tanto de un pozo bajo las rocas, al cual fluye el agua de una fuente. Esta proporciona 350 l diarios. Una cabra bebe 3,8 l y una oveja 5,3 l por día. El muchacho se alimenta de leche de cabra y de las provisiones que lleva consigo al paso. Bebe diariamente 1,2 l de leche de cabra.

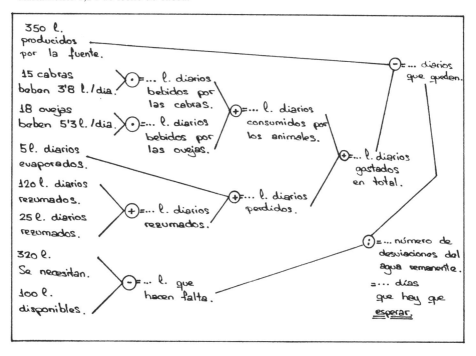

Fig. 2. *Un árbol de solución para la tarea del pastor. A la izquierda escribe el alumno los datos proporcionados. Cada cruce de líneas (ramificación) significa una operación matemática. Al extremo derecho aparece la solución. «Dibuja un árbol de solución» es una regla de presentación. Como es obvio, estos ejemplos plantean muchos interrogantes matemáticos, que no es el caso tratar aquí.*

El pozo está a la sombra, pero no es suficientemente impermeable. Por eso, aunque diariamente sólo se evaporan 5,1 l, rezuman alrededor de 120 l diarios. A pesar de todo, queda algo de agua diariamente. Eso es importante, puesto que de tiempo en tiempo campesinos del caserío llevan ganado al pueblecito, y sólo en el paso encuentran agua para sus animales.

Por eso, todas las tardes, el muchacho pastor conduce el agua del pozo a un hoyo hecho en la roca, que está unos metros por debajo; lo hace por medio de un pequeño canal. Este hoyo está también protegido por rocas que le dan sombra, e incluso por una cerca, para que ni ovejas ni cabras beban de él. Cuando pasan por allí los campesinos, quitan la cerca y dan de beber allí a sus ganados. Sin embargo, la desviación del agua hace que rezumen cada vez unos 25 l.

Un día, entrada la noche, viene el padre del muchacho al paso y le dice: «Quisiera llevar lo más pronto posible 24 reses al pueblecito, para venderlas en el mercado. Necesitan unos 320 l de agua del hoyo cercado. ¿Tienes ya suficiente?». El muchacho responde: «Puedo calcular cuándo puedes venir. Por el momento no hay suficiente. Hoy por la tarde miré cuánta agua había en el hoyo. Hay como 100 l».

En la solución de la tarea debe, en primer lugar, entender el alumno en qué consiste el problema; se trata de determinar cuándo puede realizarse la acción planeada. La travesía con el ganado puede llevarse a cabo con éxito, si en el paso hay sificiente agua. Para que el alumno reconozca con claridad esta condición necesaria, le enseñamos a preguntarse: «¿Qué se necesita para que la acción pueda llevarse a cabo?». El resultado de la aplicación de esta *regla estructural* es la caracterización del punto de llegada (320 l de agua en el hoyo de piedra). En este contexto debe determinar el alumno el punto de partida (100 l de agua en el hoyo de piedra), y la acción que conduce del punto de partida al de llegada (desviar durante varios días el agua que queda del pozo al hoyo de piedra).

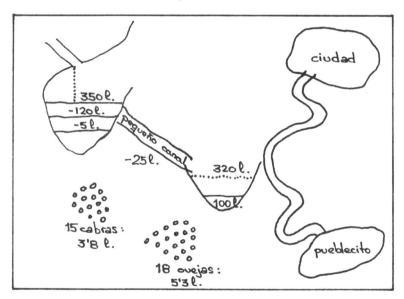

Fig. 3. *Con este boceto un joven de 13 años representó la situación problema de la tarea del pastor, permitiéndose consignar las magnitudes relevantes. «Dibuja un boceto de la situación», es también una regla de representación.*

Pero también debe el alumno distinguir las cifras irrelevantes de las relevantes, las «magnitudes intervinientes». Para ello recomendamos al solucionador de problemas que ante cada cifra se pregunte si el resultado se modifica al modificar la magnitud de la cantidad dada (para simplificar, digamos que cuando ésta se dobla).

Esta *regla estructural* reza por tanto:«Dobla cada cantidad dada y examina si con ello el resultado cambia» (en el caso presente, si se modifican la cantidad de días que hay que esperar hasta poder llevar las reses por el paso).

Una *regla de representación* llevaría a planear la solución bajo la forma de un «árbol de solución» (fig. 2), o simplemente a hacer un boceto, en el cual se consignen los datos importantes de la tarea, como se muestra, por ejemplo, en la figura 3.

Solución de problemas
en cuatro pasos

La pregunta de didáctica general, que surge de una tarea similar, es la siguiente: ¿cómo se puede transmitir a los alumnos tal tipo de reglas sobre solución de problemas? Más específicamente, ¿cómo podemos orientarlos a que

1. Comprendan el problema planteado (a ello ayudan las reglas de los ejemplos).
2. Planifiquen una solución.
3. Desarrollen cada elemento de la solución, y
4. Controlen por sí mismos el resultado?

Cada uno de estos pasos es importante, por las siguientes razones:

1. Muchos alumnos no captan en toda su profundidad los problemas planteados. Entender un problema es el primer paso en su solución adecuada. Se podría decir que «la buena comprensión es parte de la solución».

2. Muchos alumnos tropiezan ciega e implanificadamente con los elementos de la solución de problemas. En caso de las historias con cifras, comienzan de inmediato a hacer operaciones aritméticas. Por ello, los árboles les impiden ver el bosque, las operaciones aritméticas las líneas fundamentales (la «estructura») de la solución.

3. Con ello toman caminos equivocados muchos alumnos en la realización de la solución. De repente están despistados, no saben qué hacer ni por qué. No entienden el significado de un resultado parcial que acaban de calcular. A continuación hacen cálculos inútiles o les dan significados falsos. Puesto que no tienen un plan, les falta el marco (una «meta-estructura») que les permita orientar y controlar *(control ejecutivo)* el curso de la solución. Resumiendo, no tienen una visión de conjunto en la ejecución de la tarea.

4. Muchos alumnos no controlan la bondad de su solución. A lo sumo, a guisa de control, revisan las operaciones, lo que significa que no han tenido error en los cálculos. Con ello puede suceder también que calculen con exactitud cosas sin sentido. Les sugerimos por tanto que se hagan dos preguntas: «¿Soluciona

mi resultado la pregunta planteada?» y «a la luz de mi experiencia general, ¿es plausible el resultado?», o, en el lenguaje del alumno, «¿puede ser el resultado lo que he calculado?».

Si queremos llevar al alumno a que solucione por sí mismo problemas de determinado tipo, debemos aprender a procesar y aplicar con él reglas como las descritas. Ya hemos visto lo que se necesita para que el alumno conozca sus procesos de aprendizaje: *reflexión* sobre su desarrollo real e ideal, y sobre cómo él, con base en este saber, aprende a proceder en la práctica, por medio del desarrollo de procedimientos de autodirección y por medio del ejercicio. Hemos conocido ejemplos de heurísticas, es decir de reglas de solución de problemas. Queda por mostrar cómo las podemos extraer por medio de la reflexión a partir de experiencias de solución de problemas, y cómo le damos la oportunidad al alumno de aplicarlas autónomamente.

Cuando entramos con el alumno en un nuevo tipo de solución de problemas, las soluciones se desarrollan primero generalmente con ayuda externa, tal como lo mostramos en *12 formas básicas de enseñar*, mediante procedimientoss didácticos orientados por problemas y por preguntas. Cuando nos movemos en la dirección de la solución autónoma de problemas, se suprime paulatinamente esta ayuda externa. En su lugar aparecen las reglas. Idealmente organiza el maestro su ayuda orientadora de tal manera, que en ella se hagan perceptibles las reglas. En caso de las historias con problemas de cálculo, por ejemplo, solicita a los alumnos que determinen las variables intervinientes y el sentido en el cual influyen en el resultado. Trabaja con los alumnos el árbol de solución o elabora con ellos el boceto o dibujo, que incluye las magnitudes esenciales. En estos casos es relativamente fácil para los alumnos extraer las reglas de procedimiento a partir de los procesos realizados bajo la dirección del maestro, y convertir las instrucciones de éste en *autoinstrucciones*.

Cuando los alumnos hayan encontrado las primeras soluciones a problemas, no dirigidos sino por sí mismos, se hace más difícil la tarea de la extracción de las reglas aplicadas. Probablemente los diferentes alumnos han aplicado métodos diferentes, y en parte no han sido conscientes de ellos. Por eso, a la solución «ingenua» de problemas debe seguir una visión retroactiva del trabajo y una reflexión sobre el procedimiento. ¿Cómo hemos procedido? ¿Qué dificultades encontramos? Y, especialmente, ¿qué hicimos para entender el problema y planear la solución? ¿Cómo realizamos el proceso de solución? ¿Cómo la comprobamos? Y ¿cómo representamos en la solución los datos de la tarea? Estas preguntas pueden requerir un trabajo arduo de concientización, ya que gran parte de lo que ocurre en el pensamiento es inconsciente. Como resultado de esta reflexión adquirimos las reglas heurísticas, que se acomodan al tipo de problemas como el trabajado. Al mismo tiempo tomamos conciencia del desarrollo de la solución.

Hay que reconocer que en esto requiere el maestro una buena psicología de solución de problemas. Necesita así mismo experiencia en ella y debe ligar esta *autoconciencia cognitiva* a la teoría (Beck, Borner y Aebli, 1986). Es de desear que haya adquirido tales experiencias en su formación, y en su capacitación ulterior. Es difícil ser un buen observador y guía en la solución de problemas, si uno mantiene todo su saber encapsulado.

Poder y querer aplicar las reglas
de la solución de problemas

Hasta ahora hemos hablado de reglas estructurales, como las reglas de las variables intervinientes y del punto de partida-punto de llegada, y de reglas de representación, como las reglas del árbol y del boceto. Distinguimos ahora entre *reglas estándar* y *reglas de bomberos*. Las reglas estándar guían el procedimiento estándar o normal. Su aplicación es obligatoria. Sea uno consciente de ello o no, debe aplicarlas, o de lo contrario no llega a la solución. «Intenta entender la pregunta», es una regla de ese tipo; «determina las magnitudes relevantes», es otra. Introducimos las reglas de bomberos cuando nos encontramos en dificultades. Sirven para dominarlas, para apagar los incendios.

Uno puede asimilar las reglas estándar y aplicarlas consecutivamente. Con las reglas de bomberos hay que plantearse la pregunta de qué características de la situación posibilitan su aplicación. El solucionador de problemas debe sensibilizarse ante ciertas situaciones. Debe reconocerlas como tales, y saber que «para esta situación hay una regla que ayuda. Debo aplicarla ahora, si quiero seguir adelante». Llamamos a esto la *condición de activación* de la regla. En caso de la regla del boceto podría formularse así: «si tengo la impresión de que la acción en que se presenta el cálculo no es clara, dibujo la situación y los procedimientos y consigno allí las cantidades correctas».

La determinación de las condiciones de activación para las reglas de bomberos es importante, cuando el alumno debe aplicarlas por iniciativa propia. Pero se necesita algo más. Debemos convencerlo de que la regla es eficaz, y de que se justifica aplicarla. Es naturalmente fácil ayudarlo a aplicarla. Pero entonces observa uno que la deja de aplicar, tan pronto como nadie más lo presiona por ello. Precisamente en situaciones de exámenes se manifiestan regresiones sorprendentes hacia comportamientos primitivos de aprendizaje. Las reglas útiles se dejan a un lado. Esto tiene seguramente que ver con la tensión de las situaciones de examen. Pero también puede deberse a que nunca hemos logrado hacer que el alumno perciba y experimente verdaderamente la utilidad de la regla heurística. Se plantea por tanto la tarea de lograr la *percepción de la utilidad* de las reglas de procedimiento y convencer a los alumnos de que la utilidad es una consecuencia de la aplicación de la regla («que le atribuya la utilidad a la aplicación de la regla»).

Reconocemos aquí aquel problema específico de motivación, del que hablamos en la primera parte de este capítulo. Ya no se trata de que el alumno entienda las reglas y las aplique (a solicitud). Se trata de que *quiera* aplicarlas, porque sabe que la regla le ayuda a superar determinadas dificultades y llegar a una solución. Esto es igualmente importante porque las heurísticas también tienen sus costos. Implica más trabajo dibujar un boceto o un árbol de solución, que comenzar simplemente con los cálculos. El alumno debe llegar también a la conclusión de que se justifica este costo, y debe asumirlo, aun cuando se encuentre en situación de examen, bajo la presión verdadera o imaginada del tiempo (Aebli y Ruthemann, 1987).

Sólo podrá el alumno adquirir esta experiencia de la utilidad de un procedimiento de solución de problemas, cuando los solucione por sí mismo. Debemos proporcionarle, por tanto, esa oportunidad. Después de la elaboración, formulación y discusión de las reglas, es necesario que le presentemos al alumno problemas nuevos, similares, que intente solucionar por sí mismo. No es necesario que la autonomía sea absoluta. El maestro puede hacer que un grupo de clase tome un problema, y ayudarlos luego, si no pueden seguir adelante. Posteriormente debe reducirse la ayuda y aumentar la autonomía. Se hará trabajar a los alumnos individualmente o por grupos, al menos por etapas. Para ello es necesario que se les presenten o planteen problemas similares, tales como solucionar un problema de cálculo semejante a partir de un texto, trabajar un tema parecido en un texto, resumir un texto semejante, producir o representar una obra similar (trabajadores manuales, dibujantes).

Es decisivo que el trabajo autónomo sea interrumpido una y otra vez con fases de reflexión colectiva o individual. La *auto-observación* de y la *reflexión* sobre la propia actividad debe acompañar continuamente las actividades de aprendizaje y de solución de problemas, o de lo contrario su aportación será insuficiente.

No es necesario añadir que también el maestro debe observar continuamente su propio aprendizaje. En la medida en que, en la discusión sobre las experiencias en el aprendizaje y la solución de problemas, aporte él también sus experiencias e intuiciones propias, se convertirá en interlocutor digno de crédito e interesante. En caso contrario, creerán los alumnos que los métodos propuestos por el maestro son sólo para ellos, y no juegan papel alguno en la vida de los adultos. La reflexión sobre las experiencias personales ayuda también a que el maestro entienda mejor a los alumnos, a que se compenetre mejor con los procedimientos y experiencias elegidos por éstos y, por tanto, a guiarlos mejor (Beck, Borner y Aebli, 1986).

Si procedemos así madurará en las escuelas una *cultura de solución de problemas,* que aportará agrado y satisfacción a todos los implicados; puesto que solucionar problemas quiere decir pensar y estar intelectualmente vivos. Se acortará un poco la distancia entre la escuela y la vida extraescolar, tanto privada como laboral. La escuela no será sólo un lugar donde se aprenden cosas, sino un lugar donde se actúa y se reflexiona, o sea, donde se vive. Solucionar problemas es pensar, y pensar es organizar la acción; en este caso la acción autónoma.

14. TRABAJO INDIVIDUAL Y «DEBERES» PARA CASA: OPORTUNIDADES PARA EL APRENDIZAJE AUTONOMO

Muchos alumnos hacen con desgana los deberes para casa, los padres los consideran una carga, los maestros los imponen sin entusiasmo y los corrigen a disgusto; no se trata de una situación afortunada. ¿Tiene que ser así? Opinamos que no, y creemos que las razones están ya claras en el capítulo precedente. Hacer los deberes en casa es «aprendizaje autónomo». Preparados correctamente, abren posibilidades de aprendizaje y desarrollo personal. Sin embargo, contemplemos antes su situación actual.

Cómo se suelen plantear los deberes para casa, y qué produce ello en los alumnos y padres

Muchas investigaciones empíricas (Newahl y Van den Bogaart, 1984; Eigler y Krumm, 1972; Wittmann, 1970) han mostrado que los maestros asignan los deberes para casa en los últimos minutos de la clase y con palabras breves. Con frecuencia consisten simplemente en terminar y consignar por escrito trabajos individuales iniciados. Cuando incluyen trabajo autónomo, se refieren a la repetición y al ejercicio, a la consolidación del saber y a la formación de destrezas. También se ponen ejercicios de aplicación. Pero, puesto que éstos a su vez con frecuencia tampoco implican verdadero pensamiento y solución de problemas, sino más bien simples ejercicios disfrazados, lo único que hacen es continuar con los ejercicios.

La corrección de estos deberes tiene lugar hoy en día casi siempre en la misma sala de clase, bien sea que el alumno corrija su propia tarea, bien que se intercambien los cuadernos para hacerlo. El maestro o la maestra hacen correcciones por muestreo, y controlan la forma externa de los deberes. De esta manera, la corrección se limita esencialmente al acierto de las respuestas proporcionadas.

Los ejercicios de lenguaje son corregidos también con frecuencia por los alumnos mismos. Ello conduce a frecuentes imprecisiones, puesto que se necesita cierto nivel de conocimiento y destreza para corregir cuidadosamente un texto. No en todas las escuelas hay que hacer composiciones en casa. En algunos lugares —para mal de los alumnos—, las composiciones escritas se realizan sólo en una hora de clase determinada. Se opina que la evaluación de dichos resultados implica que sean redactados en condiciones controlables. Lo cual trae como consecuencia que los alumnos jamás aprenden a redactar, tranquilamente y a partir de un estudio cuidadoso del asunto, textos más largos. No es de extrañar que tengan dificultades en la universidad cuando escriben sus trabajos de seminario.

Ante esta situación se ve uno tentado de caracterizar los deberes en casa como un hijastro pedagógico de nuestras escuelas. Es una lástima, pues con ello se desperdician oportunidades de aprendizaje. Reflexionemos, pues, con algo más de fundamento sobre el papel de los deberes para casa en el aprendizaje y en el desarrollo de nuestros alumnos.

El trabajo individual y los deberes para casa en el marco del aprendizaje escolar

Si el papel de la escuela se redujera a la transmisión de saberes que deben ser repasados en casa, a fin de apropiárselos, y al esclarecimiento de técnicas que deben ser consolidadas y ejercitadas en casa, entonces la práctica corriente de estos deberes sería la mejor. Desafortunada —o afortunadamente— no es ése el caso. Ya hemos conocido en varios capítulos de este libro la variedad de procesos de aprendizaje que la escuela debe desencadenar y orientar, si quiere preparar a los jóvenes para la vida; también hemos visto cómo todos esos procesos de aprendizaje deben ser estimulados de tal manera, que el alumno pueda finalmente llevarlos a cabo de manera autónoma. Ello tiene que ver no sólo con los pasos aislados en el aprendizaje, la experiencia y la solución de problemas, sino también con procesos globales de aprendizaje y experiencia. No basta con que tales ejercicios salgan a relucir algunas veces en los últimos años escolares. Una y otra vez debe el alumno comprobar y llevar a cabo autónomamente lo que ha aprendido. Pensemos, además, que la adquisición de información implica diversas actividades y contactos, como son llevar a cabo experimentos, observaciones, levantar datos, realizar encuestas, estudiar documentos y fuentes, etc. Adicionalmente, en el marco de las actividades de aprendizaje salen a relucir todas las formas posibles de representación, tales como escribir, dibujar, realizar tablas y gráficos, diseñar carteles, etc.

En el transcurso de estas actividades tan diversas se presentan siempre fases que el alumno puede y debe desarrollar individualmente. Ello conduce a las fases de trabajo individual durante la clase. Pero también pueden delegarse esas fases a los deberes en casa. Durante el trabajo individual están todavía a disposición las ayudas de la escuela, y el maestro puede en parte controlar el trabajo y ayudar en las dificultades. Durante los deberes en casa sabe el alumno que todo depende de él mismo. Al mismo tiempo tienen los padres la oportunidad de darse cuenta del trabajo escolar y de colaborar en la motivación del alumno y en el refuerzo de su actividad de aprendizaje. Más ayuda no debería ser necesaria, como lo veremos más adelante.

Las reflexiones anteriores no quieren decir que estemos en contra de la repetición, del ejercicio ni de la aplicación en los deberes escolares. Son formas de actividad que pueden ser desarrolladas, obviamente con medida, fuera del tiempo escolar. Es, sin embargo, falso y señal de formas no desarrolladas de aprendizaje autónomo, cuando en casa sólo se repite, se ejercita y se aplica. Expresándolo positivamente, tenemos las siguientes conclusiones:

1. Los deberes para casa pueden y deben integrarse al desarrollo del aprendizaje escolar.
2. El alumno debe conocer y aceptar los objetivos específicos de aprendizaje de los deberes asignados, y el procedimiento para realizarlos.

Los puntos posibles de integración de los deberes en el curso de los procesos de aprendizaje escolar resultan de los cuatro estadios del ciclo de aprendizaje, presentados en *12 formas básicas de enseñar:* construcción orientada por el problema, elaboración, repetición y ejercicio, aplicación. Sabemos así mismo que cada una de estas fases pone en juego diversos métodos, procedimientos y medios de representación. Especialmente la construcción de saber y saber hacer nuevos implica el estudio de textos, la encuesta, la recogida de datos, la observación y la experimentación. Siempre que tenga sentido llevar a cabo una actividad recorriendo las cuatro fases del ciclo de aprendizaje, individualmente o por grupos, puede hacerse durante el tiempo de clase como trabajo personal; y cuando dichas actividades estén tan bien preparadas y los procedimientos implicados sean tan familiares a los alumnos, como para que puedan realizarlas autónomamente con buenas perspectivas de éxito, pueden entonces dichas actividades convertirse en deberes para hacer en casa.

Eso significa, en concreto, que en los deberes pueden buscarse las primeras soluciones de un problema. El alumno se introduce en un nuevo ámbito de problemas, en la medida en que toma como punto de partida su experiencia y sus intereses cotidianos. Naturalmente no exigimos en estos casos soluciones perfectas. El objetivo consiste en que el alumno se aproxime al problema y lo relacione con su experiencia lograda hasta el presente. En el contexto de la fase siguiente de la elaboración, serán necesarias las lecturas, encuestas, recogida y compilación de datos, la observación y la experimentación mencionadas antes. Los resultados de dichas actividades y reflexiones deben consignarse en textos, tablas, gráficos y dibujos. En la medida en que los alumnos estén familiarizados con ellos y se den las condiciones para realizarlos en casa, pueden hacerse como deberes en casa, a fin de traer los resultados a la escuela. El ejercicio y la consolidación tiene hoy día lugar, como hemos dicho, en buena parte en casa. Pero el alumno no sabe generalmente por qué hace esos ejercicios, y con frecuencia tampoco cómo debe aprender y consolidar el resultado de su aprendizaje. Debemos decírselo por tanto. Pero no en los últimos minutos de clase, sino con tiempo. No es pérdida de tiempo hacer avanzar un poco en el aprendizaje autónomo.

Debemos indicar al alumno con exactitud cómo debe estudiar un texto, a partir del cual debe repasar un tema: hacer una lectura global, plantearse preguntas al respecto, relacionar con él otro tipo de ideas, resumir, establecer una red de palabras claves, explicar el tema a la madre o a algún hermano, etc. Cuando se trata del aprendizaje de vocablos de una lengua extranjera, debemos indicarle cómo proceder: observar exactamente la palabra, si es posible comprender su etimología, fijarse en la terminación o en cualquier otra particularidad; y entonces, partiendo de la expresión nativa, producir su equivalente, oralmente y por escrito, en la lengua extranjera y, a la inversa, identificar el vocablo nativo correspondiente a partir del extranjero, para lo cual hay que cubrir, en el vocabulario, primero un lado y luego el otro; fijarse en aquellos vocablos que, en un primer repaso, no pudieron ser identificados, o lo fueron de manera incorrecta, a fin de repetirlos, integrar las palabras en frases, grabarse expresiones típicas que incluyan la palabra, etc.

En matemáticas se hacen muchas tareas sin que el alumno sepa para qué. Al comienzo debe entonces *clarificarse el objetivo;* se trata, por ejemplo, de automatizar un procedimiento, de manera que sus partes sean realizadas con rapidez y seguridad, y puedan ser integradas correctamente unas en otras. El alumno, por tanto, debe conocer con exactitud los elementos de la actividad que va a automatizarse, y tener una idea clara de ellos. También debe saber cómo se hace el ejercicio:con la repetición, orientada primero por el sentido del asunto, y poco a poco de manera cada vez menos consciente. Para ello debe establecer también cuál es el procedimiento (el procedimiento «normal»). El alumno debe saber cómo se autoevalúa en estos casos. Ello puede incluir medidas tan sencillas como las siguientes: tomar como autoevaluación los últimos ejemplos donde deba calcular, observarse atentamente en su ejecución, notar los tropiezos y errores que todavía queden, reflexionar por qué aparecen, establecer medidas de corrección. Esto no es otra cosa que la *actitud de diagnóstico,* que identificamos en el capítulo sobre el aprendizaje autónomo como actitud fundamental en la autoevaluación.

Hablemos finalmente de la aplicación. El alumno debe saber que, por un lado, va a comprobar su comprensión del concepto aplicado o de la operación aplicada y que, por el otro, cada aplicación exitosa afianza la comprensión. Debe por tanto trabajar conscientemente en su comprensión, y no limitarse simplemente a cumplir de cualquier manera con la tarea. Se trata de descubrir o producir de nuevo un procedimiento aprendido, una operación o su concepto correspondiente, frente a una nueva situación o a un nuevo objeto. Las reglas, «reglas de bomberos», ayudan a comprender problemas complejos, o a superar dificultades que se presenten. El alumno debe, por tanto, proponerse aplicar estas reglas conscientemente. Debe también tomar nota de los problemas que surgen, a fin de discutirlos en la clase siguiente. En la solución de verdaderos problemas de aplicación suceden cosas tan complejas, que no pueden ser manejadas simplemente con las reglas que se han ejercitado en clase. Una buena señal de que los deberes en casa son productivos, consiste en que el alumno regresa a clase planteando los problemas que ha encontrado en ellos. Eso es indicio de que se ha trabajado a conciencia y de que se ha intentado llegar a determinadas metas. Lo mismo podría decirse sobre las actividades de estudio y redacción de textos, sobre la observación y la experimentación, y sobre otras formas de recogida de datos. También en estos casos debe saber el alumno exactamente cómo tiene que proceder, y comprobar y diagnosticar sus resultados. No bastan indicaciones tales como «escribe algunas frases sobre el tema» u «observa detenidamente, una vez más, el texto».

Motivación y responsabilidad personal
en la solución de los deberes para casa

Cuando el alumno en la clase correspondiente y en la discusión previa de los deberes está en situación de realizarlos bien, se ha cumplido la condición más importante para su motivación. Otras dos medidas ayudan también: el establecimiento claro de los objetivos, con indicaciones sobre las posibilidades de autoevaluación, y la retroalimentación del maestro después de la entrega del trabajo.

Las múltiples quejas sobre falta de motivación para los deberes en casa son con frecuencia señal de preparación insuficiente de los mismos. El maestro mismo tiene una idea precisa de la ejecución del trabajo que exige. Pero no sabe qué problemas se presentan, ni cómo se deben obviar. Con ello queda el alumno abandonado a su propia suerte en los deberes. Se siente sobreexigido y desarrolla actitudes y hábitos negativos frente al manejo de situaciones insatisfactorias. Hay que aconsejar, por tanto, al joven maestro que solucione por sí mismo las tareas que asigna a sus alumnos, y que se observe en este proceso. Con ello es posible prever las dificultades que encontrará el alumno. Pero también sería provechoso para el maestro experimentado hacer de vez en cuando la composición que pide redactar a los alumnos. Quizá pueda dársela a algún colega para que la corrija, y fijarse en la calificación que obtiene. Lo mismo se podría decir de otros deberes complicados.

De ninguna manera debe suceder que la maestra o el maestro se confíe en que los padres ayuden en los deberes. Eso es injusto. No todos los padres pueden hacerlo. Quedarían en desventaja precisamente aquellos niños que más ayuda necesitan. Los deberes para casa deben estar bien preparados y los medios necesarios deben estar de tal manera disponibles, que los alumnos puedan realizarlos sin ayuda. Si no es posible, no debe mandarse el trabajo para casa, sino hacerse en la escuela, donde sea posible la ayuda del maestro o de la maestra. Eso es especialmente válido en las primeras clases de lectura. No es aceptable que una maestra manifieste que es necesario que los padres practiquen la lectura con el niño en casa, a fin de que éste pueda seguir la clase. ¿Qué ayuda podría prestar, en este caso, una familia de extranjeros?

Además es obvio que los alumnos realizan con gusto aquellas tareas cuya ejecución les ha sido aclarada. También el autocontrol produce motivación y la mantiene. Por esta razón, es también alta la motivación lograda con el aparato ejercitador «Profax» (Glarner, 1971) para clases de aritmética, lenguaje y ciencias naturales, y el entrenamiento en cálculo con pequeños relojes de arena, de Aeschlimann (1983). Ambas formas de ejercicio permiten al alumno probar inmediata y autónomamente si ha respondido bien y si ha hecho determinado grupo de tareas en el tiempo prescrito.

Finalmente, debemos mencionar como factor motivador la retroalimentación, por parte del maestro o maestra. Es práctica común hoy que los deberes de casa se corrijan solamente en la clase, por el alumno mismo. Ello excluye una información más completa y personal por parte del maestro o maestra. No basta con que éstos corrijan sólo los trabajos escritos más exigentes. También deben tomar conciencia de las pequeñas tareas diarias. Debemos hacer consciente al alumno de que hemos leído su trabajo. El alumno busca esta retroalimentación. Ella representa una forma de contacto personal con nosotros, y aumenta por tanto su motivación. Más importante que la nota son el comentario expresado verbalmente y la observación personal, que animan a seguir trabajando bien, que mantienen la expectativa del éxito y ayudan a superar positivamente los posibles errores y fracasos.

Sugerencias didácticas prácticas acerca del problema de los deberes para casa

Se plantea con frecuencia la pregunta de cómo deben ser de largos los deberes que se asignan para hacer en casa, tareas cortas de una clase para la otra o tareas a realizar durante un período prolongado de tiempo, repeticiones de capítulos y lecciones enteras, proyectos completos, como por ejemplo la realización de un experimento o la confección de un cartel. La decisión depende en primer lugar de la edad y capacidades de los alumnos. La primera regla es, por tanto, *cuanto más jóvenes y menos dotados sean los alumnos, más cortos deberán ser los deberes para casa*. O, a la inversa: *cuanto más edad tengan los alumnos y mejores sean las condiciones tanto personales como del hogar, tanto más prolongadas pueden ser las tareas y los proyectos asignados*. En este último caso pensamos, ante todo, en los últimos años de secundaria. Al aproximarse la obtención del bachillerato, deben realizarse trabajos más amplios, como preparación a los trabajos de seminario que se realizan en la educación superior.

También se plantea la pregunta de con qué frecuencia deben establecerse deberes para la casa, especialmente aquellos de tipo más complejo. Existe una respuesta sencilla: *los deberes para casa deben establecerse tan frecuentemente como sea posible, y deben ser tan «cerrados» como sea necesario*. Cuando imponemos una tarea «abierta», dejamos a juicio del alumno la forma como la debe ejecutar. Podemos hacerlo, siempre y cuando él sepa cómo proceder o, con otras palabras, cuando disponga del saber, de los procedimientos, métodos y técnicas necesarios para ejecutar la tarea. Su competencia determina, por tanto, la apertura posible de las tareas. En caso contrario, es necesario indicarle cómo debe proceder allí donde tiene carencias en el saber o en el saber hacer; no para coartarle su libertad, sino para permitirle trabajar con éxito y sin miedo en la tarea. Naturalmente, es imposible saber en todos los casos qué ideas ha desarrollado el alumno frente a una tarea asignada. Por ello es necesario, de vez en cuando, correr el riesgo de plantearle tareas «abiertas», aun cuando arriesguemos que no podrá superarlas, esperando con ello que se manifiesten en uno u otro alumno potencialidades y capacidades que no habíamos detectado. Esa actitud, sin embargo, no debe usarse para encubrir formas anárquicas e irreflexivas de imponer deberes para casa. En esos casos, hay que explicar a los alumnos que van a encontrar dificultades, y que quizá no puedan resolver la tarea. Con ello salimos al paso de la posible inseguridad y angustia. En resumen, debemos saber qué actividades implica

181

la solución de una tarea, y velar por que los alumnos posean la competencia correspondiente.

Se pide también que los deberes sean establecidos en forma *diferenciada*, en parte según la capacidad de los alumnos, en parte también según sus intereses e inclinaciones. Con ello se plantea naturalmente el problema más amplio de la diferenciación interna de las actividades y del aprendizaje en clase. En este libro elemental no entramos de lleno en ese problema complicado; es más fácil plantear exigencias que satisfacerlas en el trabajo diario. En relación con los deberes para casa, afirmamos que el saber y el saber hacer fundamentales deben ser manejados por todos los alumnos de una clase, y que precisamente la elaboración de ese saber y de ese saber hacer debe ser preparada e incluso consolidada en los deberes en casa. Eso va contra la diferenciación.

Sin embargo, deficiencias en la preparación previa y en la capacidad personal pueden hacer que un alumno necesite más o menos oportunidades de ejercicio y aplicación que el otro. Para ello pueden ayudar tareas adicionales para los menos dotados y tareas especialmente exigentes e interesantes para los más dotados. Ese tipo de diferenciación se halla previsto en muchos materiales de enseñanza, es fácil de llevar a cabo y por tanto es recomendable. Notemos finalmente que en el marco de procedimientos y proyectos más complicados se pueden distribuir diferentes tareas entre alumnos o grupos de alumnos diferentes y que éstas pueden ser preparadas en parte en casa. Aquí es indicada y útil una distribución diferenciada de tareas.

Otro tipo de consideraciones se refiere a las *condiciones externas* bajo las cuales deben ser realizados los deberes en casa; que el niño pueda trabajar en una mesa y silla adecuadas (y no simplemente arrodillado ante una mesita), con buena iluminación y ante todo sin interferencias por parte de la radio, la televisión, los miembros de la familia o los visitantes. Estas cosas son obvias. Con ciertos alumnos y con ciertos padres se necesita, sin embargo, un trabajo de motivación, para que puedan cumplirlas. Cuando ello no sucede, cuando por ejemplo el alumno deja la radio funcionando al hacer sus deberes, o se coloca ante el televisor encendido, podemos por regla general suponer que no ha captado en la clase de qué trata el aprendizaje. Tiene sólo una idea superficial de la tarea asignada y la ejecuta, por tanto, de manera inconsciente y con poca atención a los objetivos.

En ciertas condiciones es todavía más difícil convencer a los padres de que aseguren las que sean más adecuadas para que el niño pueda dedicarse a la ejecución de sus deberes. Se pueden aprovechar las reuniones con los padres para transmitirles la información necesaria. El problema consiste con frecuencia en que son precisamente los padres que más lo necesitan quienes faltan a estas reuniones. En ese caso podemos aprovechar una visita a su casa para convencerlos de que establezcan las condiciones necesarias para el trabajo de sus hijos. Ayuda en estos casos indicar la relación entre ello y el progreso y éxito del niño en la escuela.

Es, por tanto, necesario que preguntemos de vez en cuando a los alumnos en qué condiciones trabajan en casa, y que detectemos el momento en que se presenten cambios desfavorables o modificaciones en su situación. El maestro o la maestra no deben en este caso lavarse las manos y decir que eso es problema de cada familia. Si es preciso, debemos salir en defensa del niño, frente a padres incomprensivos. La dirección y las autoridades escolares deben apoyar estos esfuerzos, respaldados por la legislación.

Cuando se presenta la oportunidad de esos contactos con los padres, es también posible y útil decirles qué deben hacer y qué no, como apoyo a sus hijos en la ejecución de sus deberes. Cuando la clase suministra toda la ayuda que el alumno necesita para lograr los objetivos de aprendizaje, puede indicarse a los padres que no necesitan ayudar a sus hijos a hacer los deberes, excepción hecha de ciertas situaciones tales como enfermedad o la ausencia de la escuela. Generalmente, tampoco necesitan oír al alumno exponer su trabajo al final, a no ser que quieran indagar cómo está aprendiendo y qué se está haciendo en la escuela. Lo único que pueden hacer los padres, y con mucho sentido, es preocuparse porque el alumno no posponga innecesariamente sus trabajos, no emprenda cosas innecesarias antes de ejecutarlos, y que no interrumpa su trabajo sin razón. Al final pueden preguntarle si ha terminado la tarea. No se necesita más.

Finalmente, dondequiera que existe el sistema de profesores por asignaturas, se presenta el problema de las informaciones cruzadas de los maestros, y de la coordinación entre las diversas tareas. Se trata de impedir que se acumulen deberes en un mismo tiempo, mientras que en otro momento falten. En este punto se han probado con éxito dos soluciones: el *cuaderno de deberes* de cada escolar y *el mural de deberes de cada clase*. En el cuaderno de deberes, una especie de agenda grande, deben consignarse, bien sea en el día en que fueron impuestos, bien sea en el día en que deben entregarse, las tareas y el tiempo estimado para su ejecución. Cuando la agenda posee una gran hoja plegable por mes, cada materia puede tener una línea, y cada columna puede corresponder a un día del mes. Así puede indicarse con un círculo tanto el día en que el deber fue asignado, como el día en que debe tenerse listo, y unirse los dos círculos con una línea. La estimación del tiempo necesario puede colocarse en los círculos o en la línea que recorre los días (Unmuth, 1981).

El *mural de deberes* se coloca por regla general sobre una pared lateral del aula de clase. Se trata de un pizarrón o de una cartelera, sobre la cual se ha colocado un esquema de la semana o del mes. Puede hacerse en forma de horario escolar o, como se indicó arriba, con una línea reservada para cada materia. El maestro o un alumno encargado anota la tarea y el tiempo previsto para su ejecución en el encerado. Cuando se trata de un mural, puede el maestro, durante la preparación de clase, hacer una tarjeta donde se indique la tarea que debe realizarse y colocarla en él (Feiks, 1981).

183

5
ENTENDIMIENTO MUTUO

15. LA ENTREVISTA Y LA TUTORIA

Una y otra vez tienen maestros y maestras la oportunidad de realizar entrevistas personales con alumnos, padres de familia o incluso con los propios colegas. Por regla general, se tratan problemas pequeños y fáciles de resolver. De vez en cuando se presentan asuntos más difíciles. También puede tratarse de aconsejar a padres y/o alumnos; es decir, de mostrarles o buscar junto con ellos los caminos posibles para dominar una dificultad.

De alguna manera cada persona aprende, en su experiencia cotidiana, a hablar con sus semejantes. Sin embargo, aquí entendemos por «entrevista» algo más que esa comunicación informal. Especialmente las entrevistas de tutoría tienen sus reglas, que hay que observar, si queremos que ésta produzca sus resultados. En este capítulo queremos mostrarlas y fundamentarlas.

Hay, sin embargo, algo más. A muchas maestros no les resulta fácil conducir una entrevista personal con sus alumnos. Los alumnos ven en ellos a personas revestidas de autoridad. Los maestros también deben representar permanentemente normas y reglas. Eso los hace aparecer relativamente tensos. Ello influencia la imagen que los alumnos se hacen de ellos y la relación que desarrollan —o que no desarro-llan— con ellos. Piénsese, por ejemplo, en las bromas pesadas que deben soportar los maestros. Son cosas que uno hace sólo con aquellas personas con las cuales no se tiene ningún tipo de relación personal.

Muchos maestros y maestras toman también el grupo de clase como un todo impersonal. Es como si olvidaran que ante ellos se sientan niños y jóvenes, que se han levantado temprano, han desayunado y se han despedido de sus padres esa mañana; jóvenes con preocupaciones y con nostalgia de un poco de reconocimiento y calor humano. La percepción impersonal de la clase por parte del maestro proba-blemente también está relacionada con el miedo a los alumnos y con la necesidad de representar normas y valores. Todo eso tiene como consecuencia que muchos maes-tros no buscan la entrevista personal con los alumnos y, cuando deben afrontarla, tienen algunas dificultades para conducirla correctamente. De esto se desprende la regla primera y fundamental de la entrevista: *en la entrevista con los alumnos busca-mos encontrarnos con ellos como personas, buscamos en ellos a la persona humana.* Nuestro objetivo es el de establecer una relación personal. Eso puede ser muchas veces difícil, especialmente cuando el encuentro es conflictivo. Con todo, se trata de una oportunidad única. Piénsese en el cambio que significaría para muchos maestros, ser conscientes en su clase, de que tienen ante sí un número de alumnos, con cada uno de los cuales existe una relación personal. De repente desaparecerían de la escuela ese tipo de bromas y chistes pesados, que tampoco hay ni en una familia ni en un puesto normal de trabajo. El maestro dejaría de ser objeto de burla, y los alumnos se comportarían de una manera razonable, tal como lo hacen en sus contactos con los demás...

Esta oportunidad se presenta en la entrevista personal con los alumnos y con sus padres. De forma análoga podría ocurrir lo mismo en la relación del maestro y de la maestra con sus colegas. Sin embargo, para no hacer el tema innecesariamente general y abstracto, nos centraremos fundamentalmente en la entrevista y en la orientación a alumnos y padres.

¿Por qué buscamos esas entrevistas? Las reflexiones anteriores proporcionan los elementos de respuesta. Se trata de evitar que los maestros percibamos la clase como algo impersonal, inquietante y aun hostil; algo que mantenemos bajo control con medidas autoritarias. Para el alumno se trata de que aprenda a percibir al maestro como ser humano, alguien con quien puede establecer una relación parecida a la que se da con un buen amigo o con un adulto amigo. Para los padres se trata de que vean en el maestro a un aliado, junto con el cual buscan apoyar y educar al niño de la mejor manera posible.

De ahí se sigue que la primera oportunidad para hablar con los niños no debe ser cuando se presente el problema. Con los padres hay que establecer también contacto periódico (capítulo 16). Debemos conversar periódicamente con cada alumno, informarnos sobre el rendimiento, intentar hacernos un esquema del desarrollo de su trabajo escolar y averiguar dónde se presentan dificultades. No necesariamente tienen que ser conversaciones formales, aunque sin éstas no puede llegar a establecer contacto con todos los alumnos. Pero el contacto con ellos puede también mantenerse de manera informal, a propósito de cualquier circunstancia.

A continuación nos referiremos fundamentalmente a aquellas entrevistas y asesoramientos que tienen lugar con ocasión de un problema de aprendizaje, de comportamiento o de relación interpersonal, pero gran parte de lo que vamos a decir es válido también para la conversación informal que no está centrada en un problema específico, o para las entrevistas de rutina.

Las conversaciones entre maestros, alumnos y padres pueden originarse de diferentes maneras. El caso más frecuente consiste en que el maestro o la maestra califica de «crítico» un acontecimiento o una circunstancia e invita al alumno a hablar. Cuando el problema es más difícil buscamos también establecer contacto con sus padres. Pero también se da el caso opuesto. Un alumno con un problema puede buscar al maestro o la maestra para conversar y obtener consejo. Ello indica que confía en el maestro o maestra a quien se dirige. Lo mismo sucede cuando son los padres, o uno de ellos, quienes acuden al maestro en busca de consejo, o para hacerle caer en la cuenta de un problema que éste no ha percibido aún. También puede darse el caso, difícil para el maestro o la maestra, de ser presionados, o incluso amenazados, por los padres. Sobre este caso volveremos más adelante. Antes busquemos un poco de claridad en torno a los «incidentes críticos», que acabamos de mencionar.

Incidentes críticos en el ámbito de la escuela y de la clase

La oportunidad para conversar con los alumnos la brindan con frecuencia, aunque no siempre, acontecimientos o circunstancias críticos en la vida escolar o en la clase. A fin de organizarlos mentalmente, recordemos que en toda escuela tienen lugar actividades tanto relacionadas con cosas como sociales. Ambas incluyen procesos de intercambio entre maestros y alumnos, «transacciones», como diríamos técnicamente. Estas se realizan de acuerdo a reglas determinadas. Cada uno, maestros y alumnos, juega un papel determinado en la clase, lo mismo que en los descansos y en los encuentros al margen de la vida escolar. De igual manera, la solución de los deberes en casa tiene también su estructura; el maestro los asigna, el alumno los resuelve, al maestro los corrige. Cada participante no sólo desempeña su papel, sino que espera también que el otro desempeñe el suyo. Estas expectativas se dan de manera especial en el maestro y la maestra. Estos asignan tareas y esperan su cumplimiento.

Los trastornos en el comportamiento y en el aprendizaje surgen cuando uno u otro de los participantes en las transacciones escolares no desempeña el papel esperado por él o los otros, cuando se coloca al margen de la estructura de orden, de las reglas de juego. Eso puede ser captado desde fuera en el hecho de que el comportamiento al margen de las reglas perturba a la otra parte. Hablamos por tanto de «perturbaciones», entre las cuales se encuentran las «perturbaciones del comportamiento o las del aprendizaje».

Esta manera de ver las cosas no es obvia. Es «transaccional» y no de carácter clínico. Significa que para que se dé una «perturbación», se necesitan siempre dos elementos: un sistema de reglas entre las personas, que fundamenta las expectativas de éstas, y un «disidente», que se aparta de él. Un enfoque clínico no toma esto en cuenta. Parte de que una perturbación en el comportamiento o en el aprendizaje se equipara a un estado individual; tal alumno es «agresivo», el otro es «negligente», un tercero es «precoz», de la misma manera que un alumno puede ser miope, otro obeso y el de más allá raquítico.

¿Por qué es importante una perspectiva transaccional? Porque nos recuerda que no sólo debemos contemplar el «comportamiento perturbado», sino también el contexto del sistema de reglas, las expectativas, que perturban al alumno implicado. Quizá es «negligente» sólo en nuestra clase, pero su iniciativa y su interés se despiertan cuando se trata de reparar un coche o de domesticar una mascota.

De aquí derivamos una segunda regla de la entrevista:*para prepararla, intentamos contemplar al alumno y a su familia en el contexto de nuestro mundo escolar y de sus expectativas.* Este quizá sea totalmente extraño para los hijos de padres extranjeros; quizá también al hijo del mecánico no le entusiasme tanto (¿todavía?)

nuestra inspirada interpretación de la literatura clásica... Quizás, en una palabra, nuestra escuela y nuestra clase tienen tales características, que no aciertan a llenar las expectativas de ciertos niños. Con ello no queremos salir en defensa de un relativismo sin fundamento. Un educador debe estar convencido de los valores que orientan su trabajo. Pero seguramente ayuda tomar una cierta distancia de las peculiaridades de éste y de su institución, para poder comprender mejor al alumno y de poder tener una conversación fructífera con él. Con ello éste debe darse cuenta de que nosotros también estamos inmersos en un sistema global de expectativas y valores, en el cual buscamos desempeñar nuestro papel de la mejor manera que nos es posible, y que nuestras características personales pudieran haber estado involucradas en el surgimiento de la dificultad. Consideremos ahora las perturbaciones en el comportamiento y el aprendizaje, que pueden ocasionar una entrevista con el alumno.

Deficiencias en el rendimiento

Ocurre con frecuencia que un alumno no produce los resultados que está capacitado para producir. El maestro tiene una idea acerca de sus posibilidades de rendimiento. Cuando éste no se logra en los exámenes, en la participación en clase o en los deberes en casa, está rindiendo por debajo de sus posibilidades. En ese caso es necesario que reflexionemos sobre las causas. Lo mejor para ello es una entrevista personal. Pero también el caso opuesto, de rendimiento excepcional de un alumno —pensemos, por ejemplo, en una composición muy buena, en un trabajo de ciencias o de matemáticas sobresaliente o en el hecho de que un alumno o alumna tenga un interés y una dedicación superior al promedio en el aprendizaje de una lengua extranjera—, puede ser la ocasión para que le expresemos nuestro agrado y busquemos indagar qué hace para lograrlo, y si de ello podemos extraer conclusiones referentes a su orientación vocacional.

Tareas realizadas de manera insatisfactoria

La escuela no sólo espera del alumno determinados resultados. Continuamente se les está pidiendo la realización de tareas. El ejemplo característico son los deberes en casa. Al hacerlos, no sólo mejora el alumno sus logros, también aprende de manera más general, lo que significa cumplir oportunamente con unas tareas asignadas. Eso es fundamental en la vida laboral práctica. Por ello no dejamos a la libre decisión del alumno el ejecutar o no sus deberes, esperando constatar el rendimiento en el examen. Por el contrario, esperamos de él cierta regularidad en el cumplimiento de éstas y de tareas semejantes. Lo mismo sucede con la asistencia puntual a la escuela; debe aprender que la impuntualidad perturba el funcionamiento de las instituciones. En general, demandamos un cierto orden, que debe observar el alumno tanto en sus efectos personales como en los trabajos que nos presenta. Aquí también le prestamos un servicio cuando le inculcamos los hábitos correspondientes. Cuando se dan desviaciones repetidas de las expectativas legítimas, hablaremos con el alumno y buscaremos los medios y el camino para corregir su comportamiento. En caso extremo debemos aclararle la situación e indicarle que debe cumplir con su tarea.

Perturbaciones de la clase

Ciertas actitudes de los alumnos perturban la clase, tales como charlar, no poner atención, perder el tiempo con actividades ajenas a ella. Estos tipos de comportamiento pueden prolongarse en otros, destinados conscientemente a perturbar la clase. En este campo conocen los alumnos muchas técnicas, como son arrojar bolitas de papel, hacer ruido, etc. Muchos comportamientos de éstos no sólo pretenden molestar al maestro, sino también hacer reír a los demás alumnos. Cosas similares suceden cuando el grupo se encuentra solo en el aula, por ejemplo después del descanso o cuando el maestro ha sido solicitado en otra parte; también ocurren al margen de la clase, en los pasillos, en el patio de recreo, de camino a la escuela. En caso extremo, las travesuras infantiles normales pueden degenerar en destrucción de instalaciones y hasta en vandalismo. En estos casos es especialmente indicado un «criterio transaccional». Maestro y maestra deben preguntarse si algo anda mal en la estructuración de la clase y en el comportamiento global del alumno para con su profesor y su colegio, que deba ser corregido. En todo caso los alumnos también deben saber que así no pueden seguir las cosas. Algo ayudan las reconvenciones a todo el grupo, pero por regla general, es más efectivo tratar el problema personalmente con los alumnos implicados.

Perturbaciones de las relaciones sociales

Todo un grupo de problemas comportamentales se refiere al comportamiento del alumno, no sólo frente al maestro, sino también frente a los compañeros de clase, frente a los alumnos más pequeños, a otros adultos de la escuela (el administrador, por ejemplo), o frente a personas con quienes tropieza el alumno camino a la escuela. Se dan también circunstancias relativamente imperceptibles, que no perturban la vida escolar, pero que el maestro atento conoce y busca corregir. Puede éste observar en algunos alumnos, por ejemplo, miedo a los exámenes, miedo a salir al frente de la clase, excesiva timidez, incapacidad de hacerse valer. También es posible que ocurra el caso opuesto, como confianza exagerada en sí mismo, prepotencia, excesiva susceptibilidad. Algunos alumnos se dejan agredir, otros se aprovechan de su fuerza y de su posición de poder.

Algunos problemas no conciernen a alumnos individuales, sino a grupos dentro de la clase. Pueden haberse generado enemistades entre ellos. En los casos más inocuos simplemente no existe comunicación entre ellos. También puede suceder que los alumnos no cooperen cuando es posible y deseable, y que ello no radique en su falta de experiencia sino en determinadas actitudes incorrectas. Tales problemas serán tratados parcialmente con la clase en pleno. Puede ser también indicado conversar con algunos de ellos en particular.

Perturbaciones funcionales

Las perturbaciones funcionales hacen también necesarias medidas y entrevistas planificadas. Algún alumno puede tartamudear o pronunciar mal algunos sonidos. Puede el maestro o la maestra descubrir la miopía o la deficiencia auditiva de un alumno, hasta ahora inadvertida. Parcialmente se plantean también problemas de adaptación en el comportamiento general, que deben ser tratados con el alumno y/o con sus padres.

Problemas personales de los alumnos

Finalmente, los problemas personales pueden incidir en el comportamiento y rendimiento de los alumnos; éstos pueden ser la separación de los padres, la muerte de uno de ellos, problemas familiares o de crianza. También en estos casos puede ser necesario y útil que el maestro trate el problema con el alumno y le ofrezca su ayuda para superarlo.

Al echar una ojeada a estas ocasiones de entrevista con los alumnos, se ve de inmediato la diversidad de los problemas posibles. El manejo que de ellos hace el maestro no tiene nada que ver con un tratamiento o terapia psicológicos. Tiene más bien lugar en el terreno de la tarea didáctica y educativa. Representa, sin embargo, una parte importante del trabajo del maestro, que no es percibida con igual claridad en todas las escuelas.

En la escuela secundaria, especialmente, dichas tareas son rechazadas explícitamente por los profesores, como no correspondientes a sus obligaciones. Opinamos que los maestros que se comportan de esta manera, no sólo menosprecian tareas importantes que pertenecen al ámbito de su profesión, sino que con ello también se perjudican a sí mismos. De manera directa o indirecta les perjudicarán de todas formas las perturbaciones en el comportamiento, aprendizaje o socialización de los alumnos. Cuando menos, su trabajo no resultará tan satisfactorio como podría serlo.

Es por tanto correcto que el maestro incorpore dichas tareas a su perfil ocupacional y que tome conciencia de que su percepción implica tiempo y energía. Debe consolarse con el pensamiento de que son un tiempo y una energía bien empleados. De otra parte, cuando se abordan las condiciones laborales, especialmente la carga de trabajo docente, deben tenerse en cuenta estas demandas. No se puede proceder como si el trabajo del profesor consistiera únicamente en dar clases. No lo es.

En relación con las tareas del maestro, es conveniente que éste lleve registro de sus entrevistas y de su orientación, y que esté siempre en condiciones de rendir cuentas de ello. Es también bueno que estas actividades tengan cierto orden en los centros grandes, y sean llevadas a cabo según reglas comunes y elaboradas en conjunto. Eso puede ser también importante y útil en el caso en que al maestro se le vaya un problema de las manos. Es importante que sepa que se puede dirigir en estos casos al director de la escuela para tener, por ejemplo, una entrevista con padres problemáticos en su presencia y que cuando sea necesario pueda acudir a las autoridades escolares. Eso presupone, por decirlo una vez más, que la actividad de tutoría sea reconocida oficialmente como parte de la actividad del maestro, y que éste rinda cuentas sobre ella.

Objetivos generales de la entrevista

Cuando hablamos con los alumnos perseguimos diferentes fines. El primero es naturalmente la solución de un problema específico, e implica medidas específicas. De él hablamos más adelante. Contemplemos primero los objetivos generales, que quisiéramos ver realizados en cada entrevista. Son los siguientes:

1. Queremos conocer al alumno y la manera cómo éste vivencia y percibe el problema presentado.
2. El alumno debe conocernos y conocer nuestra visión del problema. Para todos los implicados debe ser claro qué papel desempeñamos como maestros en el contexto del problema.
3. Aspiramos a desarrollar un clima de confianza en el alumno y, dado el caso, también en sus padres.
4. Todo debe conducir a que el alumno y sus padres acepten nuestro análisis de la situación, las metas de corrección acordadas en común y los medios y medidas para la solución, y que colaboren en su implementación. Para la realización de estas tareas han hecho sugerencias importantes Watzlawick *et al* (1972, 1980) y Gordon (1981).

Conocer al alumno
y su percepción del problema que se ha presentado

El punto de partida es la situación que presentamos al inicio del capítulo; quizá como maestros no hemos logrado hasta el presente conocer al alumno como persona humana. Ha sido una parte de la clase, percibida hasta ahora difusamente como un todo, quizá incluso como una contrapartida amenazante. Ahora está sentado ante nosotros. También nos hemos sentado. Le planteamos cuál es la ocasión de esta entrevista, un problema que debe ser solucionado, e indicamos que para ello es necesario conocer su perspectiva de la situación. Por medio de nuestras preguntas obtenemos, además de información sobre el problema, también información sobre su propia persona. El problema puede tener también su historia. Buscamos comprenderla. Puede estar relacionado con su situación familiar y con sus actividades extraescolares. Intentamos entenderlas, obviamente con el tacto necesario. Cuando se trata de problemas de rendimiento y de trabajo escolar, intentamos captar en qué condiciones trabaja el alumno en casa y cómo hace —o no— sus deberes. Ello nos da luces sobre las condiciones sociales y —en la medida que sean relevantes en el problema—

económicas de su familia. No es lo mismo que la familia viva con lo mínimo o que sea una familia pudiente, y no es lo mismo si el padre y la madre trabajan o si uno de los dos permanece en casa. Esta es también la oportunidad de saber algo sobre los intereses y sobre las diversiones del alumno y, especialmente con los de más edad, sobre sus perspectivas para el futuro; qué planes de estudio o trabajo tiene, si los tiene, y cómo son de realistas.

Puede suceder que adquiramos con ello una idea clara del joven y de su situación. Puede también suceder que no lo consigamos. En ese caso son necesarias medidas adicionales. Podríamos llegar a decidirnos por establecer contacto con sus padres y, eventualmente, visitar su casa. Sin embargo, deberíamos preferir invitar primero a los padres a la escuela.

El alumno debe conocernos y conocer nuestra perspectiva del problema

Mencionamos arriba que tampoco al alumno le es fácil, por regla general, tener una visión correcta de su maestro o maestra. Ve sólo la persona investida de autoridad. No es raro que nos vea con una mezcla de respeto y oposición. Apenas puede imaginarse, especialmente cuando es joven, cómo es nuestra perspectiva del problema y cómo lo vivenciamos. Tampoco sabe cómo lo percibimos como persona. Quizás piensa que, cuando la relación es problemática, sólo vemos en él al transgresor. No cree que también vemos cualidades en él ni que confiamos en que juegue en clase un papel distinto al desempeñado hasta ahora.

Se trata, por tanto, de que, como educadores, nos abramos al alumno y le expongamos nuestra percepción, en la medida que sirva a la solución del problema que se ha presentado. Eso implica confianza en nosotros mismos. También se necesita tacto para encontrar la medida correcta. Schulz von Thun habla del miedo de los hombres a manifestarse. Tampoco al maestro le gusta hablar de sí mismo. Quizá tema que eso pudiera ser tomado como debilidad. También puede ser que no le guste mostrarse implicado en el problema del alumno; que, por ejemplo, se sienta herido o inseguro por la broma pesada de éste. Puede reprocharse el hecho de que un problema así haya surgido en clase, y se pregunte si su enseñanza es satisfactoria. Aquí es importante que el maestro y la maestra sepan que las probabilidades de solucionar un problema aumentan, en la medida en que los alumnos comienzan a percibir en ellos personas con rasgos humanos. Ello puede hacer que de un momento a otro miren su propio comportamiento con ojos totalmente diferentes. Una percepción de los profesores como personas, es requisito especial para que se desarrolle hacia ellos un clima de confianza y una relación natural.

Hasta aquí hemos contemplado el caso de mostrar al alumno nuestro lado humano. Este «lado humano» no debe aparecer sólo como algo comprensivo y una disculpa. También puede ser que debamos hacer que el alumno vea nuestra firme voluntad de imponer un orden que juzgamos correcto. El tiene que descubrir también en el maestro y la maestra convicciones y valores. La disposición y la capacidad de ayuda implican también fortaleza. Eso lo intuye el alumno. No quisiera tener ante sí simplemente un maestro siempre comprensivo. Es posible que también deba reconocer que existe un comportamiento correcto y otro incorrecto, uno aceptable y otro inaceptable. A este respecto, se dan grandes diferencias culturales. En unas partes los maestros se manifiestan todavía de forma autoritaria, lo cual hace necesario que en la conversación personal salgan a relucir su voluntad de comprender y apoyar. En otras partes es éste precisamente al papel oficial y la percepción del maestro; de tal manera que éste debe preocuparse por hacer visible el otro polo, su firmeza y la fuerza de sus convicciones. Ambos aspectos no se excluyen mutuamente. Sin fortaleza interna tampoco se puede ayudar al otro.

Construir un clima de confianza en el alumno
y —en un caso dado— en sus padres

Para que podamos ayudar a alguien, debe éste tener confianza en nosotros. Como maestros quisiéramos llegar hasta el punto de poder confiar en el alumno. Es el sentido más profundo de toda entrevista personal. Adicionalmente a la solución del problema específico quisiéramos establecer una buena relación con los alumnos a quienes enseñamos, de tal manera que acudamos a clase con agrado, no produzcamos temor y el encuentro sea natural. Sabemos que de esa manera también se desarrollan mejor los procesos de aprendizaje, y sospechamos que tal circunstancia nos posibilita, en el transcurso del ejercicio profesional, mantenernos como personas naturales, conservar el equilibrio y llegar a desarrollar nuestras capacidades. Quien como maestro no puede lograr un comportamiento así para con sus alumnos, padecerá espiritualmente tarde o temprano, y es muy probable que a largo plazo no soporte la carga de la enseñanza.

No existe técnica alguna para crear un clima de confianza en una persona, tampoco en un joven. Hemos mencionado dos requisitos: aprender a ver a los alumnos como personas y que aprendan a hacerlo con nosotros. ¿Qué más se necesita? Que estemos decididos a dedicarnos al alumno y que queramos ayudarle. Cuando esta voluntad se haga visible, probablemente lograremos desmontar la resistencia presente en él, y quizás también en sus padres, y establecer una relación auténtica.

De la voluntad de ayuda del maestro se desprende toda una serie de actitudes que se manifiestan en la entrevista: voluntad de escuchar al alumno, disposición a ponerse en su lugar, a sentir con él y, fundamentalmente, a aceptarlo y a buscar junto con él una solución a su problema. En la parte técnica del capítulo volvemos sobre cada uno de estos puntos.

Llevar al alumno —y, eventualmente, a sus padres— a aceptar nuestro análisis de la
situación y a cooperar en la solución del problema que se ha presentado

Cuando se manifiestan en el alumno perturbaciones del comportamiento, del aprendizaje o de las relaciones, puede suceder que tanto él como sus padres sean conscientes del problema y que tengan el mismo concepto de él que el maestro. Se trata de una excepción. Con más frecuencia sucede que ve el problema de manera totalmente distinta, muchas veces más superficial. En caso extremo no tiene conciencia de él.

Supongamos que el maestro o la maestra reconocen mejor el problema. Somos conscientes, sin embargo de que pueden descubrirlo o profundizar en él en el transcurso de un contacto intensivo con el alumno y con sus padres. Dondequiera que haya una posibilidad de mejorar la perspectiva del problema, debemos llevar al alumno y a sus padres a que lo enfoquen mejor. Muchas veces no será fácil. Lo que Freud llama resistencia en el paciente, lo podemos encontrar también en el contacto no terapéutico con alumnos y padres. Hay que convencerlos. Es más fácil para el terapeuta cuando el paciente viene por sí mismo a buscar ayuda. Cuando somos nosotros quienes hemos invitado a una entrevista al alumno y/o a sus padres, no se da esta situación propicia. Puede suceder que tengamos que vencer resistencias considerables. En parte puede ayudar nuestra posición de autoridad, pero también puede hacer que la resistencia se refuerce.

Se dan problemas similares cuando intentamos elaborar conjuntamente con el alumno y sus padres los objetivos que deben conducir a una corrección del comportamiento desviado, y cuando indicamos el camino para lograrlos. Puede ser que el alumno no acepte las metas propuestas y no quiera cooperar para conseguirlas.

¿Qué se puede hacer en ese caso? Tampoco existen aquí las recetas simples. Debemos confiar en que sean efectivas nuestra visión profunda de las circunstancias y nuestra presentación convincente. También juega un papel decisivo la relación que hayamos establecido en la entrevista con el alumno y con sus padres. Si confía en nosotros, aceptará nuestro análisis de la situación y cooperará en la solución del problema. Debemos de todos modos tener fortaleza interna, creer en el alumno y en su capacidad de cambio y apoyarlo en su camino. Eso no es fácil cuando aparecen las recaídas y las decepciones. En todo oficio que tenga algo de asistencial, es necesaria la fortaleza para cumplir con el papel del que guía y apoya.

Para que el maestro y la maestra puedan cumplir con su papel de apoyo, necesitan una serie de características en su personalidad. El primer grupo concierne a las *aptitudes*. Entre ellas hay que nombrar la inteligencia, la energía y la flexibilidad. En segundo término, se necesitan determinadas *actitudes*. Hemos hablado de la voluntad de ayuda, del querer y poder establecer una relación personal. En tercer lugar, es menester que el maestro y la maestra se conozcan a sí mismos y sus propias reacciones y que intenten estimar qué efecto producen éstas en el alumno. Dondequiera que se presentan problemas de tipo educativo, están ellas involucradas; forman parte de las transacciones. Cuanto más conozcan sus propias reacciones y sus efectos en los alumnos, con tanto mayor realismo podrán formarse un juicio de las perturbaciones que se producen en los procesos de intercambio con ellos, y tanto más realistas serán las soluciones propuestas.

Metas parciales y fases de la tutoría

A continuación partiremos del presupuesto de que el problema del alumno es tan complejo, que necesita un examen cuidadoso y un establecimiento de metas que no es tan obvio. Asumimos además que hay que encontrar y poner en práctica medidas para el logro de esas metas. Ello nos lleva a diferenciar las siguientes metas parciales y fases en la función tutorial (Cormier y Cormier, 1985[2]):

1. Examen de la situación.
2. Elaboración de los objetivos.
3. Determinación de las medidas correspondientes.
4. Evaluación de los resultados obtenidos.

La entrevista debe tocar cada uno de estos puntos. Pero no es necesario proceder cada vez según los cuatro pasos ni adecuar rígidamente las fases de la entrevista a sus objetivos.

1. *Examen de la situación*

Imaginémonos estudiantes que tienen dificultades en el campo del comportamiento, del aprendizaje o de las relaciones. Alguno, por ejemplo, permanece ajeno a la clase, reacciona con susceptibilidad y se torna repentinamente agresivo. Otro muestra un déficit de rendimiento en una asignatura y ha desarrollado una autoimagen negativa con relación a sus posibilidades. A un tercero le gusta escaparse de la escuela y vagar por los supermercados. Quizá haya sido sorprendido allí en un pequeño hurto.

Retenemos al alumno al terminar la jornada escolar y le manifestamos nuestro deseo de hablar con él sobre estos problemas. Lo primero es proponernos lograr con él un examen cuidadoso de la situación. Con este objetivo, le pedimos que informe sobre la manera cómo han marcado las cosas en el o los incidentes críticos. El alumno nos cuenta qué sucede cuando se siente agredido o herido y piensa que se debe defender, cómo trabaja en la asignatura problemática y qué experimenta antes, durante y después de los exámenes o qué le ha hecho escaparse de la escuela y robar en los supermercados.

En la primera parte de este tipo de entrevista no intervenimos. Dirigimos lo menos posible e intentamos que el alumno hable. No es fácil en todos los casos. Se necesita paciencia; a veces está tentado uno de intervenir, con el fin de rectificar exposiciones abiertamente incorrectas. No debe hacerse. El alumno debe tener la oportunidad de manifestarse, y debe darse cuenta que de veras queremos saber cómo ocurren las cosas desde su punto de vista. Tampoco damos señales de emitir apresuradamente juicios de valor, sino más bien permanecemos neutrales ante los hechos, interesados en la perspectiva del alumno. Sólo cuando no quiera hablar, comenzamos a hacerle algunas preguntas. Tan pronto como quiera continuar, dejamos que se exprese libremente.

Después de esta primera fase no directiva, es con frecuencia necesario presionar una comprensión más profunda del problema. Pedimos al alumno que describa con más precisión los acontecimientos o sus sentimientos, y asumimos sólo el papel del *oyente activo. Parafraseamos* sus proposiciones clave. Eso significa que las repetimos con otras palabras e intentamos conseguir que él mismo las elabore. En ciertos casos solicitamos que nos diga si nuestra paráfrasis es correcta; en otras palabras, si lo hemos entendido bien. Nos referimos también a los aspectos afectivos de sus afirmaciones, los reflejamos en nuestra paráfrasis e intentamos lograr que manifieste y clarifique sus reacciones afectivas, en lugar de reprimirlas. En todo el procedimiento nos esforzamos en tener empatía. Nos ponemos en su situación objetiva y afectiva e intentamos reconstruir sus reacciones. Nos fijamos en lo que es importante para él, guardándonos nuestro juicio sobre la importancia o no de los aspectos individuales del problema. Así le ayudamos a manifestar también sentimientos y motivos inconscientes. Incluso le podemos suministrar formas de expresión, cuando lo encuentre difícil.

En todo ello debe notar el alumno que lo tomamos en serio, que respetamos su dignidad y nos preocupamos por tenerlo en cuenta. Para eso buscamos sus ojos y establecemos contacto visual con él. Con frecuencia es importante que le manifestemos que, como maestros, tenemos que guardar el *secreto profesional*, que estamos en la obligación de no violar secretos que se nos hayan confiado en el ejercicio de nuestra profesión.

El alumno puede entender y conceptualizar por sí mismo algunos problemas. A veces conoce su problema sólo de manera imperfecta. Ve sólo los síntomas: la mala nota, el hecho de que se escapa de la escuela y roba en el supermercado. No conoce los motivos más profundos, las causas y condiciones bajo las cuales ha surgido el problema.

En este momento queremos manifestar que existen perturbaciones en el comportamiento y en las relaciones, cuyo diagnóstico y cuya terapia escapan a las posibilidades del maestro y de la maestra, y que requieren la ayuda del psicólogo o del médico. Pensamos, sin embargo, que hay muchos problemas que puede solucionar un experimentado pedagogo y un hombre maduro. Gracias al contacto diario con el alumno dispone de posibilidades de influencia que no tiene el terapeuta profesional. Se dan casos hoy en los cuales los maestros acuden al especialista, antes de agotar los medios que están a su disposición para el manejo autónomo del problema.

Puede entonces suceder que tengamos la impresión de que es necesario y posible ayudar al alumno a conseguir una comprensión más profunda de su problema. Le mostramos el proceso de sus reacciones e intentamos no sólo que las comprenda, sino también que las acepte. Podemos aclararle, por ejemplo, cómo ha llegado a esos resultados insatisfactorios en determinada asignatura, o podemos hacerle comprensibles los motivos para escaparse de clase. Ello implica trabajo de reflexión. Debemos estructurar el problema, buscar aclarar los desarrollos típicos, las condiciones bajo las cuales éstos suceden, los mecanismos que entran en juego. Es un gran logro didáctico hacer comprensibles estas cosas al alumno. Con frecuencia no se logra en la primera entrevista. Tampoco es necesario. También es bueno que el maestro se tome su tiempo para reflexionar sobre una perturbación transaccional. Se continuará la conversación uno o dos días después. Es posible que se registre entonces con asombro que ya un primer «desahogo» y un examen de la situación empiezan a surtir efecto y que las señales de una corrección comienzan a hacerse visibles.

Tampoco necesita concluirse el examen de la situación en una segunda entrevista. Cuando la solución del problema se prolonga, puede volverse una y otra vez al examen de la situación y profundizarlo.

2. *Elaboración de los objetivos*

Para que el alumno modifique su comportamiento y supere el problema, debe tener una idea clara de cómo sería la situación alternativa, superado el problema. Eso no es de ninguna manera obvio. Con frecuencia le falta precisamente una idea clara y plástica de un posible comportamiento diferente y de una consiguiente situación más satisfactoria. Volvamos a nuestro alumno aislado. Quizá apenas pueda imaginarse cómo podría jugar o trabajar conjuntamente con sus compañeros, cómo podría responder de buena gana y con seguridad en sí mismo a una broma y cómo podría prescindir de una agresión inmediata. Por su parte, el alumno de bajo rendimiento y temor a los exámenes no puede imaginarse cómo puede decir uno ante una dificultad: «Bien, parece que está difícil. Pero no me doy inmediatamente por vencido, sino que pruebo otra vez. Seguro que encuentro una solución».

Una parte importante de la orientación consiste por tanto en la elaboración de un objetivo claro y vivencial. Es la idea de un comportamiento diferente y más favorable y de una situación global mejor. El mismo profesor orientador debe tener sus ideas al respecto. Las desarrolla poniéndose en el lugar del alumno, pensando por él y con él, a fin de elaborar alternativas. Quizá obtenga claridad inmediata sobre los cambios necesarios. Pero quizá también sea necesario algo de reflexión y de fantasía. Ciertas soluciones de problemas son, a fin de cuentas, productos de la creatividad.

Eso debe ser en primer lugar un logro del maestro. Pero después es necesario ganar al alumno para la alternativa. Podemos hacerlo si se la presentamos de manera plástica y atractiva. No ayuda nada presentársela de manera irreal, color de rosa. El sabe bien, o al menos lo sabrá con el primer intento, que toda solución tiene su precio. Debemos lograr por tanto delinear un cuadro realista de la situación resultante con la solución del problema, con conciencia plena de las dificultades posibles y del esfuerzo requerido. Así le mostramos en parte cómo es el comportamiento alternativo. Volveremos sobre ello.

Debemos lograr, además, que el alumno tenga confianza en que puede alcanzar la meta. ¿Cómo se le proporciona a alguien la confianza necesaria en sí mismo? Siempre es lo mismo: en la medida en que uno logra primero confiar en él. El maestro debe creer primero que la cosa funciona, que el alumno puede cambiar. Cuando a ello se añade la confianza del alumno en el maestro, hay probabilidad de que él mismo comience a confiar, aunque sea en medio de las dudas, en que puede cambiar.

Es naturalmente importante que se movilicen todos los recursos y las ayudas disponibles. En la literatura anglosajona referente a la consejería se habla de «sistemas de apoyo» *(support systems)*. No se trata sólo sistemas de emergencia para incidentes críticos, sino ante todo de apoyos y ayudas disponibles antes de que éstos se presenten. El sistema de apoyo más próximo es naturalmente la clase y el mismo maestro. Puede suceder que uno se gane la confianza de un alumno y consiga que apoye al compañero en situaciones determinadas. En muchos casos será también necesario que los padres apoyen el comportamiento nuevo. Les proporcionamos entonces las indicaciones detalladas correspondientes.

Una *sucesión clara de pasos terapéuticos* puede ser de ayuda. Damos al alumno, que no rinde bien en una asignatura, indicaciones precisas sobre cómo debe modificar su comportamiento de aprendizaje. A nuestro alumno agresivo le indicamos también con exactitud cómo debe comportarse, y cómo no, en el círculo de sus compañeros. En este momento, la imagen de la situación más favorable se transforma en procesos de aprendizaje, que conducen a ella. En seguida lo explicamos.

Si las cosas marchan bien, podemos desarrollar con el alumno una imagen del objetivo, que encuentra atractiva y que le despierta la confianza y la voluntad de trabajar en él. Con ello ya se ha recorrido la mitad del camino. Ahora viene el que el plan y las buenas intenciones sean llevados a cabo, y que el esfuerzo preciso sea mantenido durante un período de tiempo, necesario al menos para que aparezcan los primeros frutos y el proceso de cambio adquiera una dinámica positiva propia.

3. y 4. *Determinación de las medidas correspondientes y evaluación de sus resultados*

¿Cómo se eliminan perturbaciones en el comportamiento, en el aprendizaje y en las relaciones sociales? Casi en todos los casos debe el alumno *re-aprender*, de una u otra manera. Al contrario de un tratamiento médico que, con frecuencia aunque no siempre, transcurre a un nivel puramente material, los «tratamientos» pedagógicos ocurren casi siempre a nivel del comportamiento. El alumno debe aprender a mirar y conceptualizar determinadas situaciones de manera diferente, como por ejemplo los encuentros con sus compañeros o con los exámenes, o con la escuela o el maestro. Debe aprender en parte a configurar su medio de otra manera; a no hacer los deberes en casa ante el televisor encendido, a no tener al alcance de la mano golosinas si tiene problemas con el peso, etc. Debe aprender a dominar dificultades características, a reprimir conscientemente ciertas reacciones, como no apegarse a ideas angustiosas estériles, sino emprender las tareas inmediatas, o decirse: «No me pueden hacer daño. En el fondo tienen buenas intenciones para conmigo. Aguanto la broma y no me hago el susceptible».

Se trata, por tanto, de un re-examen de las situaciones, de una nueva visión, se trata de una acción modificada. En casos concretos incluye esto una *re-estructuración*, tal como la conocemos en la solución de problemas. Con frecuencia debe el alumno cambiar también su modo de pensar sobre las situaciones. Debe aprender a desarrollar reacciones internas y externas, con cuya ayuda domine la situación, en vez de ser su víctima. En este sentido hablan los anglosajones de *coping thoughts*.

Las medidas con que ayudamos a algún estudiante apuntan por tanto general-mente a procesos de aprendizaje. ¿Qué posibilidades tenemos aquí a disposición? Sucede lo mismo que en la clase normal. Los procesos fundamentales se llaman mostrar e imitar, aclarar e instruir e incluso ejercitar. Con ello no nos referimos a comportamientos puramente externos. Precisamente en la superación de las dificul-tades juegan un papel fundamental el ver y el pensar. Por eso debemos demostrar al alumno cómo se enfrenta una situación problema, cómo se mira correctamente y se piensa sobre ella. Nos inspiramos aquí en técnicas tales como las que Meichenbaum (1977) y Beck (1976) han llamado «modificación cognitiva del comportamiento» y «terapia cognitiva». Mostramos al alumno el comportamiento correcto *pensando en voz alta*. Le enseñamos a darse las *autoinstrucciones* correctas, en situaciones deter-minadas y frente a determinados acontecimientos. Este los asume, y aprende por su parte a aplicarlos y a modificarlos de manera autónoma.

Le damos la oportunidad de ensayar lo aprendido y de ejercitar, en parte internamente, a la manera del *mental training* del deportista, como también en el *juego de roles*. Es obviamente necesario también que aplique lo aprendido de manera autónoma en situaciones verdaderas. Por ello le asignamos también «deberes», es decir lo instruimos para que aplique también lo aprendido fuera de la escuela, observe el resultado y quizá lo consigne por escrito, en forma de diario o de una pequeña estadística. Anota, por ejemplo, los tiempos de ejercicio y de trabajo en el aprendizaje de palabras extranjeras, aquellas cosas que le suceden camino de la escuela, y ante las cuales se sentía herido o incomprendido por parte de sus compañeros, o consigna cómo han transcurrido sus intentos de cooperación. Conversamos de nuevo estas vivencias con él, y apoyamos y guiamos procesos ulteriores de aprendizaje.

En este punto puede preguntarse el lector si lo que estamos sugiriendo no es a fin de cuentas una psicoterapia. No lo estamos haciendo. Sólo parcialmente encon-tramos medios y caminos para desarrollar los procesos de aprendizaje necesarios con nuestros alumnos problemáticos en la entrevista personal; además buscamos cons-truirlos mediante el ejercicio, que puede llevarse a cabo con toda la clase. Pueden realizarse muy bien con toda la clase demostraciones del pensamiento en voz alta frente a situaciones problema y juegos de roles. Eso es válido ante todo con la escuela primaria y los primeros años de secundaria. Si, por otra parte, organizamos las clases en los últimos ciclos de secundaria partiendo de las realidades vitales, se presentarían entonces muchas posibilidades aún no aprovechadas. Se necesita naturalmente que el profesor no se identifique exclusivamente como experto en una asignatura, en el sentido estricto de la palabra, sino que se atreva y se justifique a sí mismo el construir su clase a partir de contextos vitales, y que involucre en ella el marco vivencial de las actividades científico-prácticas. De esta manera, en cada fase, se podría hablar de los problemas de clase desde el punto de vista tanto temático como psicológico, y se presentarían siempre situaciones en las cuales pueda ejercitarse el comportamiento social correcto. Sabemos lo importante que es este comportamiento en cualquier puesto de trabajo. ¿Por qué no habría de ejercitarse un comportamiento así en una clase de química o de historia?

Si sistematizamos un poco lo dicho anteriormente, vemos que la tutoría se prolonga en la clase normal, en la cual toma parte nuestro estudiante problemático. No es necesario que se lo mencionemos a la clase entera. Con toda seguridad su dificultad también la tienen otros muchos alumnos, con intensidades o características diferentes. No necesitamos, por tanto, dar clases particulares a nuestro estudiante con problemas. Como mucho, estaremos pendientes de que pruebe y ejercite en el momento oportuno, por ejemplo en un juego de roles, lo que precisamente necesita. También podemos realizar muy bien ante la clase entera nuestras demostraciones del pensamiento en voz alta, con sus autoinstrucciones y *coping thoughts*.

Podemos asignar deberes para casa sobre modificaciones comportamentales, o bien individualmente a nuestro estudiante problemático, o bien a toda la clase. La conversación sobre los resultados del esfuerzo sí debe realizarse, al menos en parte, de manera individual.

La tutoría:
un elemento nuevo en el perfil profesional
del docente

Quien está un poco familiarizado con el mundo de la escuela sabe que siempre se han dado maestros y maestras que han puesto en práctica lo sugerido en este capítulo, para ventaja del alumno y para su propia satisfacción profesional. Se sabe también que este enfoque de la tutoría no pertenece en muchos sitios al perfil más corriente del maestro, que ni maestros ni padres tienen conciencia de él. Tampoco suelen pensar así las autoridades, las agrupaciones profesionales ni las facultades de ciencias de la educación. Por tanto, los aspectos legales de esta actividad no están claros en todas partes, y los maestros no son formados para ello. Ser maestro significa en muchos países sólo dar clases.

Este perfil oficial del docente era posible en el mundillo pueblerino anterior a 1914, en que debido a los múltiples contactos informales del maestro con los padres de sus alumnos y gracias a la concepción tradicional de cómo deberían ser educados los niños, pero también gracias al papel relativamente modesto de la escuela en relación con el conjunto de influjos educativos de la sociedad, no era necesario que figurara la tutoría en la carga laboral del maestro. Este la hacía de todos modos, informalmente; pero generalmente pocos padres y alumnos necesitan una orientación personal.

El mundo pluralista contemporáneo se ha vuelto más complejo. Las escuelas asumen un porcentaje cada vez más alto, durante más tiempo, de la generación joven. Corrientes opuestas a la formación compiten con el trabajo de la escuela. Ha aumentado la inseguridad de la familia en las cuestiones educativas. Los problemas familiares complican aún más las cosas. Por eso la orientación educativa ha sido implantada en muchos países. Con ello se plantea a la escuela y a su equipo docente el problema de si continuarán limitando su aportación a la enseñanza tradicional, o si quieren contribuir también a la solución de los nuevos problemas que se plantean. Nos acercamos a la respuesta cuando reflexionamos que en el contexto de la clase buscamos algo más que orientar los procesos de aprendizaje sobre las cosas; que tocamos también el aprendizaje social, el arte de vivir, la formación de la personalidad... Ello tiene como consecuencia que nosotros, como maestros, nos encontramos con problemas de los estudiantes que antes permanecían inadvertidos. ¿No es natural entonces, en estas circunstancias, que el maestro y la maestra amplíen también su campo de acción, hasta incluir la orientación personal? Los grupos de clase se han reducido, y podemos decir que con ello se ha hecho posible tratar los problemas personales de los alumnos. Dicho «tratamiento personal», añadiríamos, tiene un significado concreto; dedicamos una parte de nuestro tiempo y de nuestras energías a la tutoría individual del alumno y —cuando sea necesario— de sus padres.

Con ello se modifica el perfil laboral del profesor. No tienen que seguirse identificando sólo como especialistas, como pequeños científicos, como expertos en inglés, literatura, química; tampoco como meros soldadores o alfareros, que también enseñan a los alumnos. El componente social en la profesión del magisterio adquiere más peso. Esta se asemeja un poco más a las profesiones de trabajo social. Pero es bueno que ese apoyo y orientación se lleven a cabo en conexión con las tareas objetivas de la especialidad, y no como mero «trabajo con la juventud», ya que la carencia de un contenido determinado tiene sus problemas.

De esta manera contemplamos a los maestros, por una parte, en su oficio de enseñar a la clase como un todo. Eso implica actividades del grupo entero relacionadas con conocimientos y de tipo social, con el objeto de desencadenar y orientar procesos de aprendizaje. Pero estas actividades de enseñanza son entendidas también en un sentido más profundo; se trata de que los alumnos participen en ellas como individuos, con sus cualidades y defectos, con sus logros y sus problemas. Queremos decir que sólo podremos hablar de aprendizaje social cuando se den auténticas relaciones interpersonales entre profesor y alumnos y entre los alumnos mismos. El maestro y la maestra deben configurar las actividades de tal forma, que puedan desarrollarse correctamente estas relaciones. Eso implica una prolongación de los contactos maestro-alumnos en la entrevista personal y la tutoría; y no como un elemento ajeno y nuevo en la tarea docente, sino como su prolongación y complemento natural. Con esta nueva concepción de la escuela se benefician no sólo los alumnos, sino también los profesores. Su profesión adquiere más sentido, se hace más enriquecedora.

16. CONTACTOS ENTRE MAESTROS Y PADRES

El aprendizaje social en la escuela depende esencialmente de los comportamientos y actitudes transferidos del hogar a la escuela. A la inversa, el aprendizaje social influye en la vida familiar. Deben, por tanto, ponerse de acuerdo padres y maestros a fin de coordinar su trabajo educativo. ¿Por qué resulta eso tan difícil en la práctica? ¿cómo pueden solucionarse las dificultades?

Dificultades en el contacto con los padres

Para comprender las dificultades en las relaciones entre maestros y padres hay que recordar primero la historia de nuestras escuelas. Surgieron como instituciones de la Iglesia y, a pesar de lo mucho que se ha suavizado esta concepción original, conservan todavía algo de la autoridad eclesial. Lo cual también es válido con respecto al patrimonio cultural transmitido por ellas. Aunque siempre se le ha tildado de «teórico», «anacrónico», «ajeno a la realidad», ha mantenido sin embargo, en la opinión de muchos, sus valor y su puesto. El maestro es el representante de esta cultura. Personifica algo de su dignidad, tanto si le agrada como si se manifiesta en su contra. Eso genera ante todo distancia con respecto a la escuela, especialmente con los padres de capas sociales más bajas, aunque no sólo con ellos. Encuentran reflejado en el mensaje cultural de la escuela su propio superyó cultural, lo cual genera un cierto grado de temor reverencial, de miedo. A ello se añaden las experiencias escolares de los padres mismos. Si éstas por su parte estuvieron relacionadas con el miedo, la experiencia se transfiere al maestro con el cual hay que establecer contacto.

En el caso opuesto, se sabe también que muchos maestros y maestras temen a los padres. Tienen cierta prevención a las reuniones con ellos, parecen conocer el miedo de los padres y, por así decirlo, asumirlo. Ambas partes se tienen mutua prevención. A ello se añade que los maestros conocen también los límites y debilidades de su propio trabajo educativo. Saben o creen saber que los padres están insatisfechos con su trabajo educativo, temen por ataques que los pongan en ridículo ante los asistentes a la reunión de padres. Están preocupados por lo que van a responder, prevén que todos los padres se van a solidarizar con los ataques... Esta situación se agudiza en las escuelas de las grandes ciudades, donde los padres oyen hablar a sus hijos mucho de los maestros, pero éstos apenas conocen a los padres. ¿Qué me puede suceder en una reunión con 15 a 20 parejas de padres? ¿Por dónde seré atacado? ¿En qué situación me van a colocar? ¿Qué debo responder? Comprendemos con ello los sentimientos que produce una incertidumbre desasosegada.

Si este diagnóstico de las dificultades del contacto entre maestros y padres es correcto, deben darse a partir de él las directrices para una terapia. Queremos indicarlas brevemente. Nuestra primera afirmación es que *una reunión anual con los padres no es suficiente.*

Aunque el maestro tenga éxito en el manejo de su clase, sea un buen orador y sepa tratar a los adultos, una reunión aislada es un ejercicio complicado. Los padres tienen dificultad en manifestarse ante 15 ó 20 parejas; todavía es más difícil para ellos cuando están reunidos ante el conjunto del cuerpo docente, encabezado por el director. En ese caso sólo hablan los que tienen más confianza en sí mismos y los menos inhibidos, y lo que dicen no necesariamente va al meollo de la cuestión. También los profesores tienen dificultad de manifestarse y expresarse como quisieran. Concluimos entonces la segunda afirmación: *las reuniones con los padres deben ser complementadas con contactos individuales.*

Primeros contactos en la escuela

No se trata de establecer un orden fijo. Puede tener sentido que el primer contacto revista la forma de una reunión general. Sin embargo, es posible que se puedan tener antes reuniones individuales con los padres. ¿Cómo debe hacerse? Aquí aparece nuestra tercera afirmación: *los primeros contactos individuales con los padres tienen lugar en la escuela.*

Al margen del horario escolar invita el profesor a los padres, sea personalmente o por teléfono, sea enviándoles una nota amistosa, para que se pongan en contacto con él. No precisamente para tratar un problema concreto, sino para una charla de rutina. Esta última especificación es importante, a fin de que los padres no asistan llenos de preocupaciones a la primera entrevista. Se puede ligar la invitación a la posibilidad de visitar la última hora de clase, a fin de que tengan una impresión general del trabajo escolar. En este primer encuentro el maestro pone de relieve que se trata de establecer contacto entre la familia y la escuela, a fin de coordinar sus tareas educativas con los padres. Entonces es fácil pasar a hablar sobre el tema de los deberes en casa y sobre otros posibles problemas y buscar soluciones conjuntamente.

En estos contactos se plantean los problemas clásicos de la entrevista. Los hemos conocido en el capítulo anterior. Repitámoslo brevemente. Buscamos crear un clima natural, distensionado. Eso comienza con una distribución natural de los asientos, tal como se la hace en casa cuando hay una visita. Al hablar tenemos conciencia de nuestro papel, mostrando, sin embargo, al hombre y no a la persona revestida de una función. Indicamos que se trata ante todo de una tarea objetiva, la de continuar ayudando al niño, de procurar que logre sus objetivos de aprendizaje, entendidos éstos en el sentido amplio que hemos desarrollado en este libro.

Es necesario también que oigamos a los padres. Hablamos del *oyente activo,* para indicar que debemos colocarnos en su lugar, tomarlos en serio y tratar de entenderlos. Ello se muestra en la manera como tomamos sus afirmaciones, no sólo aceptándolas, sino también parafraseando, «reflejando», variando determinadas expresiones suyas. Con frecuencia podremos encontrar incluso una expresión mejor para lo que los padres traten de decir. Eso les muestra que han sido comprendidos. Con ello mostramos que conocemos los problemas de los padres, que no se trata de problemas del otro mundo sino de situaciones normales, y que hay soluciones para ellos.

Aprovecharemos la oportunidad para presentar nuestra visión del niño. Como los primeros contactos con los padres se establecen muy pronto, expresaremos esto con salvedades y enfatizando que se trata de afirmaciones provisionales, puesto que esta imagen nuestra del niño puede ser modificada con el transcurso del tiempo. Formulamos nuestra impresión hasta el presente preferiblemente en forma de preguntas, buscando conocer la opinión de los padres.

La parte final de esta entrevista debe conducir del diagnóstico compartido a las medidas provisionales o a las directrices del trabajo futuro. Los padres deben estar de acuerdo con ellas, a fin de poder apoyarlas en casa. La entrevista termina con el propósito de establecer nuevos contactos, ya sea de manera ordinaria y a intervalos fijos, ya sea cuando se necesite solucionar algún problema y sea necesario un esfuerzo especial compartido por las dos partes.

Hemos diseñado el curso de una entrevista entre maestros y padres en sus rasgos fundamentales. No es necesario decir que puede variar de un caso a otro. No queremos ocultar que hay padres con los cuales los contactos se establecen sin problema, mientras que con otros es más difícil. Lo que sí es seguro es que en una primera fase y en la entrevista personal no se presentan por regla general dificultades insalvables. También es importante el hecho de que una reunión posterior con todos los padres será totalmente distinta, si el maestro ha establecido antes contacto individual con todos o una buena parte de ellos. Con frecuencia se reducirán éstas a tratar temas de orientación general, como lo es el paso a una nueva fase escolar, o situaciones especiales de la clase, como el diseño de una semana específica, etc.

Visita del maestro
a la casa de la familia

Se plantea entonces la pregunta de cuándo y de qué manera deben producirse otros contactos del maestro con los padres. Aquí hacemos una cuarta afirmación: *es muy deseable que el maestro o la maestra visiten alguna vez a los padres en su casa.*

Debemos tener una idea del mundo del que procede el alumno. Debemos conocer el barrio donde juega, el camino por donde va a la escuela. Y, ante todo, debemos saber algo de la atmósfera en que el niño crece. El problema no es fácil de solucionar. Precisamente cuando esta comprensión es más importante, es más difícil visitar a los padres. Se avergüenzan de recibirnos en su casa, o no están acostumbrados a tener visitas. Es también posible que malinterpreten nuestras intenciones, y quieran defender su mundo privado. Cuando piensan esto, es que no hemos logrado aún en los contactos con ellos convencerlos de que se trata del niño y de la tarea de su educación. En ese caso es todavía muy pronto para pensar en una visita. De ahí resulta la quinta regla: *sólo puede planearse una visita a la casa, si nos hemos ganado primero la confianza de los padres.*

Ya en el primer contacto en la escuela mencionaremos la posibilidad y la conveniencia de una visita a su casa, dejando, sin embargo, la fecha abierta. Cuando llegue el momento de hacerlo, debemos avisar de nuestra visita con anticipación, no sólo porque es una regla de urbanidad elemental, sino también para que los padres tengan la oportunidad de prepararse para ella. Si la visita no es anunciada, se correría el riesgo de que, al ser sorprendidos por ella, teman producir una mala impresión y por tanto se comporten a la defensiva.

¿Cómo nos dirigimos a la casa de los padres? A ser posible, utilizando el mismo camino y medio de transporte que el alumno utiliza para dirigirse de la escuela a su casa. Este conocimiento es para nosotros importante; podremos contemplarlo con los ojos del pedagogo, del sociólogo y del psicólogo del desarrollo, y plantearnos preguntas sobre las influencias del medio, positivas y negativas. Se dan recorridos llenos de experiencias juveniles agradables, se dan otros causantes de pesadillas. Cuando estamos en el vecindario donde vive el alumno, intentaremos ver dónde juega y qué tipo de juegos realiza. Otra vez podremos descubrir mundos diferentes.

Una visita a los padres en casa requiere más precaución que una invitación a la escuela. Nos comportaremos siguiendo las normas del invitado. A pesar de todo nuestro interés por el mundo del niño y por las circunstancias educativas, debemos guardar la circunspección y el tacto necesarios.

¿Debe estar presente el alumno? En una primera parte de la visita seguro que sí, ya que es importante que el alumno interprete y comprenda correctamente la visita del maestro, lo cual es una medida normal en el cumplimiento de nuestra tarea. Si el alumno sabe, cuando anunciamos la visita, que eso es una rutina que hacemos con todas las familias, dejará de preocuparse tanto.

Sin embargo, en cierto momento se le pedirá que regrese a sus asuntos. Si los padres no lo hacen, es bueno que lo solicitemos recordándole, por ejemplo, sus deberes escolares. El curso posterior de la conversación sigue la misma línea que hemos diseñado para la primera entrevista. Como suponemos que ha transcurrido cierto tiempo desde el primer contacto, con seguridad se habrán presentado entre tanto problemas que pueden ser discutidos con los padres. Independientemente de estos motivos específicos, es también natural y tiene sentido que manifestemos a los padres nuestra necesidad de conocer el medio de donde viene el niño, a fin de cumplir mejor con nuestra misión.

También mostramos interés por el trabajo del padre y de la madre, y en este contexto planteamos preguntas concernientes a las ideas y los planes que tienen sobre los estudios y la futura profesión del hijo. Naturalmente, los padres de alumnos de primaria no pueden decir todavía nada determinado, pero puede ser un problema real, cuando se trata de padres de alumnos de secundaria, que conduzca a entrevistas de orientación vocacional. De todos modos, desde que sus hijos son pequeños, suelen cavilar los padres sobre sus posibilidades futuras, y las manifestaciones que hacen al respecto son indicios importantes respecto a sus expectativas y aspiraciones. Estas a su vez permiten al maestro comprender y apoyar mejor al alumno.

El contacto con los padres justifica su costo

La pregunta obvia es qué costos implica todo esto. Esa pregunta se la plantean naturalmente los profesores de secundaria, que deben dar clases de una materia a un gran número de alumnos. La necesidad del contacto con los padres a que aludimos se refiere fundamentalmente al tutor encargado del grupo. Este deberá establecer los contactos, tal como lo hace el maestro de primaria. El tiempo necesario para ello está bien empleado. No se trata sólo de que con ello se beneficie el trabajo escolar, sino de que también nos proporciona una visión más profunda y enriquecedora de nuestro trabajo y de nuestra tarea. Comprendemos mejor a nuestros alumnos cuando hemos conocido a sus padres, y podemos tener una idea más adecuada de lo que serán en el futuro. No queremos con ello decir simplemente que el joven tendrá la profesión del padre ni la joven la de la madre; nos referimos más bien al conocimiento de la dirección hacia la cual se orientan las aspiraciones de los padres.

Finalmente, es necesario establecer con claridad que las tareas desarrolladas aquí requieren tiempo y energía. Sus beneficios son considerables. Si tomamos esta tarea con seriedad se cambiará radicalmente nuestra autoimagen y nuestra visión de la propia tarea. Trascendemos el mero dar clases y notamos que desempeñamos un papel importante y fructífero en la vida y desarrollo de los jóvenes que nos han sido confiados. Esa no es naturalmente la idea que tiene de su profesión el especialista y el que se limita a ser experto en una asignatura. Pero, como ya hemos dicho, quien piensa así no debería optar por el oficio de maestro. Como maestros tenemos una tarea social y una formativa. El contacto con la familia es una parte importante de ellas.

17. LA AUTORIDAD DEL EDUCADOR
Y EL PROBLEMA DE LA DISCIPLINA

Se dice que en el mundo moderno hay una crisis de autoridad. Posiblemente sea así. Lo que es falso es decir que en el pasado no la hubo. Veremos en este capítulo que la autoridad del educador está relacionada con los valores de una sociedad. Los valores siempre se han modificado. Al modificarse los valores, se modifica también la autoridad del educador. Cuando este cambio se efectúa de una manera dramática, puede también hacerse crítico el problema de la autoridad.

Pero también los conceptos sufren modificaciones. Por ello puede suceder que un concepto sea tratado como una mueble viejo, y no de una manera cuidadosa, de acuerdo a su acepción original. Su significado se vuelve vacío. Se convierte en caricatura del original. Es lo que ha pasado en el siglo XX con el concepto de autoridad. En la percepción de muchos la autoridad se ha convertido en actitud autoritaria, y autoritario se ha convertido en sinónimo de obstinado, sin ley y violento. Buscamos mostrar en este capítulo que autoridad puede significar otra cosa distinta.

La crisis del concepto de autoridad en el siglo XX está ligada a un movimiento pedagógico amplio, las ideas de la reforma pedagógica de principios de siglo. Uno de sus principales componentes es la *ideología del dejar crecer*. Su padre es Rousseau (1762). Confía en la bondad de la naturaleza, en la capacidad innata del niño que se debe desarrollar en un proceso de maduración similar al del crecimiento corporal. En esta perspectiva el hombre no necesita ningún tipo de educación. El educador no necesita por tanto de ningún tipo de autoridad. Esta perjudica al niño, especialmente cuando es concebida como actitud autoritaria.

Sin embargo, muchos de los pedagogos de la reforma han sido educadores carismáticos, dotados de una «autoridad natural», con una irradiación educativa que atraía los corazones y envolvía a los jóvenes con el atractivo de su personalidad. También estas implicaciones de la autoridad han traído problemas al educador común y corriente, no sólo por habérsele dicho que no necesita de ninguna autoridad, sino porque se le añadió: el problema hay que solucionarlo, en último término, con la irradiación de tu personalidad.

Un buen educador *tiene* sencillamente autoridad. ¿Dónde está entonces la tuya?

Vemos de otro modo la autoridad del educador. Está estrechamente relacionada con la tarea de la escuela. Se fundamenta en el hecho de que un niño en su desarrollo normal depende de la educación. Si no necesitara de ninguna educación, no existiría el desamparo y privación cultural que encontramos por ejemplo en los medios sociales más desfavorecidos. Eso significa en concreto que la clase necesita un maestro que desencadene y guíe las actividades, que dé oportunidades de aprendizaje a los alumnos, pero que se involucre a sí mismo como persona en este proceso, de tal manera que los alumnos puedan construir una relación con él, que les haga madurar y aprender.

Como el desencadenamiento y orientación de las experiencias de aprendizaje presuponen que maestros y maestras imparten instrucciones que deben ser oídas, tomadas en serio y seguidas por los alumnos, se necesita por tanto en una escuela que haya maestros y maestras con autoridad, y alumnos que obedezcan. También debemos aprender una nueva comprensión de este último concepto. Obedecer, acatar, se refiere a la actitud del que quiere prestar atención a otro[1]. Tiene autoridad aquel a quien prestan atención los otros. Es genuina, cuando lo hacen porque eso les ayuda. El maestro quisiera conseguir un orden correcto en la vida y el aprendizaje de la clase. Para ello debe ser oído. Es el significado profundo de su autoridad. Es genuina, cuando los alumnos están dispuestos a aceptar su ayuda en su proceso de aprendizaje. Esta autoridad no tiene nada que ver con la del cuartel.

La mayor parte de los hombres no tienen problemas de autoridad en el trato individual con niños y jóvenes. Las cosas se complican cuando tienen que vérselas con grupos enteros. Afortunadamente, maestros y maestras pueden lograr con el aprendizaje social tratar a los grupos de manera tan humana y natural, como lo hacen con los individuos aislados. La premisa fundamental de este capítulo es, por tanto, que *la autoridad se puede aprender*. No es algo exclusivo de las personalidades carismáticas.

Los componentes de la autoridad

Lo que llamamos «autoridad» es en realidad un comportamiento interpersonal complejo. Los roles de las partes se corresponden mutuamente. El lenguaje tiene pares de conceptos que manifiestan, al menos en su forma primitiva, los roles complementarios: autoridad y obediencia, protección y seguridad, asistencia y apego. Se nota igualmente que no sólo en una relación positiva de autoridad se producen comportamientos complementarios entre educador y pupilo, sino que eso también sucede cuando el comportamiento no es positivo.

De esta manera, pueden repetirse una y otra vez las mismas escenas poco felices entre maestro o maestra y alumnos. El maestro da una orden desatinada, la clase se irrita o se despista. Algunos protestan o se alborotan. El maestro comienza a montar en cólera y da más órdenes poco acertadas. La clase responde con nuevas protestas y mayor alboroto, etc.

---

[1] En el original alemán, el autor se refiere a la etimología de la palabra *Gehorsam* (obediencia), emparentada con la de *hören* (oír). [*N. del T.*]

Se trata, por tanto, de que ambas partes, maestro y alumnos, aprendan a delinear correctamente sus papeles. Su posibilidad depende en gran parte de las medidas que toma el maestro o la maestra. La autoridad no es simplemente autoridad. El comportamiento mutuo está integrado por diferentes componentes, por el esquema paternalista, por el esquema de dominación, por el esquema de liderazgo y por el esquema de cooperación (Aebli, 1958). La palabra «esquema» quiere sólo decir que se trata de formas de comportamiento acuñadas, transferibles y mutuamente relacionadas, limitadas y cuya construcción interna puede establecerse (Aebli, 1980-81).

Esquema paternal

El *esquema paternal* lo encontramos en el mundo animal y en el humano. Los progenitores alimentan al hijo y le proporcionan protección y seguridad. Este responde con dependencia y confianza. Si se siente amenazado, se refugia en el padre o la madre. Su proximidad y el calor emocional que irradian son condiciones para que el niño se desarrolle natural y normalmente. Cuando faltan aparecen problemas y perturbaciones en el desarrollo (MacCoby y Martin, 1983).

Es un esquema transferible. El niño lo transfiere a la maestra y al maestro, en formas que pueden beneficiar, pero también entorpecer el trabajo escolar. Todo maestro agradece cuando sus alumnos se le aproximan con confianza y muestran una dependencia proporcional a su edad. Pero también se dan niños acostumbrados a la sobreprotección, y se dan niños arrogantes y distantes. En ese caso, puede ser difícil para el maestro o la maestra desarrollar el comportamiento correcto para con el niño. Los problemas de disciplina son en parte problemas personales de los niños o de los jóvenes.

Esquema de dominación

El *esquema de dominación* se caracteriza, en su caso extremo, por la dominación y el sometimiento. Aquí se trata de la pregunta de quién es el determinante. En una clase escolar, en la cual sólo vale el esquema de dominación, el maestro es o bien la figura dominante, o bien la víctima de una clase que ha conseguido imponerse. Pero se trata de una situación que no se mantiene por mucho tiempo, pues se hace rápidamente intolerable para la escuela y el maestro.

El esquema de dominación se conoce también en las sociedades humanas y animales. Se habla de órdenes de jerarquía animal (Tinbergen, 1958; Lorenz, 1949), de animales alfa y de animales omega. Se dan en todos los corrales, como también en todos los rebaños. Muchas de las batallas entre animales, aun domésticos, no son otra cosa que pugnas por la posición alfa.

La problemática de la relación de dominación es clara. No es agradable para el maestro comportarse como un domador que entra en una jaula de fieras; tampoco es bueno para el desarrollo de los alumnos. El comportamiento de dominación tiene su contrapartida en el sometimiento real o posible de los alumnos.

Esquema de liderazgo

El *esquema de liderazgo* relaciona a un líder con sus seguidores. Se da una forma personalizada y una fundamentada en ideas. Ha sido característico de los grandes dirigentes políticos de la historia. En general, se trata de buenos oradores, capaces de «hablar con el corazón en la mano» a sus seguidores, de apelar a sus deseos y necesidades profundas. Estos se sentían ligados al líder porque decía lo que les interesaba y porque intuían (o creían intuir) que los ayudaría en la realización de sus necesidades más profundas. El líder puede llegar a conseguir la adhesión personal de sus seguidores. Estos conforman entonces su «clientela». Fue lo que hicieron los señores feudales en la Edad Media. En muchos países de la actualidad la clientela sigue configurando todavía la base del sistema político.

La forma del esquema de liderazgo referida a ideas se basa en que el líder personifica ideas y valores que son transmitidos a sus seguidores. El líder les da una expresión convincente. No se le sigue como persona, sino por las ideas que representa. Con eso el comportamiento se objetiviza en cierta manera.

Se pueden ver los peligros y las posibilidades de tal comportamiento. Un líder puede ser un demagogo, o sea alguien que engaña al pueblo. Pero puede también desempeñar el papel legítimo de personificar ideas y valores, que deben ser manifestados para que puedan realizarse. En el campo de la educación existen, por un lado, maestros que se hacen admirar y respetar por los alumnos y también, por el otro, maestros que representan con credibilidad un asunto o una idea y entusiasman con ella a los alumnos. Todo depende del uso que hagamos del esquema de liderazgo.

Esquema de cooperación

El cuarto esquema es el de la *cooperación*. Los alumnos aprenden a trabajar con una dirección adecuada, y aprenden a estimar esta forma de trabajo. Con ello experimentan también que el trabajo cooperativo puede incluir una forma determinada de relación personal. Aprenden a estimarse como partes en esta forma de trabajo. Aquel que se manifiesta de manera especial como integrador, como mediador, como solucionador de problemas y orientado al objetivo, será reconocido por los demás. Adquiere una autoridad fundamentada en su competencia social y objetiva.

El desarrollo de la autoridad

Desde el punto de vista de la psicología evolutiva, constatamos que la primera relación, la que desarrolla el niño con su mamá y su papá, es una relación de tipo paternal. La madre es la primera fuente de alimentación y calor para el hijo. Con los padres encuentra éste protección y seguridad, tan pronto como conoce la inseguridad y el miedo. Pero también los pequeños comienzan muy pronto a tiranizarse mutuamente, y se dan casos de rígidas jerarquías ya desde las guarderías infantiles.

El niño que inicia la escuela tiende a transferir hacia la madre, más tarde también hacia el maestro, las actitudes y comportamientos que ha desarrollado frente a su madre. Eso es una buena oportunidad, como hemos mencionado, cuando esta actitud ha sido señalada por la confianza y la autoridad genuina. Pero, naturalmente, también se transferirán al proceso de aprendizaje actitudes desfavorables. Entonces se presenta la tarea difícil de modificarlas.

En toda clase se desarrollan también elementos de un orden de dominación. Aun en el caso de que ninguno logre una posición exacta de dominación o sometimiento con respecto a los demás, existirán con seguridad miembros dominantes y miembros marginales en el grupo de clase. Además de la facilidad en el trato y la determinación, la apariencia externa, las destrezas corporales y los rendimientos escolares desempeñan un papel importante en la asignación del puesto de cada uno dentro del grupo.

Con la pubertad y la adolescencia se cuestionará en parte la posición alfa del maestro. Es como si en el rebaño algunos animales jóvenes cuestionaran la posición del jefe de la manada. El maestro debe entonces defenderse y probar que no se queda atrás. Generalmente se modifican también los factores sobre los cuales se fundamenta la dominación. Las capacidades intelectuales entran a desempeñar un papel creciente, en un medio propicio.

El esquema del liderazgo es frecuente, bajo su forma personal, en la escuela primaria. Los alumnos aman y admiran al maestro y a la maestra. Con el transcurso del tiempo se van haciendo más importantes las razones de ideas. Los alumnos se entusiasman por ideas y actividades determinadas, se vuelven protectores del ambiente o jugadores de *volleyball*, y la autoridad del maestro o maestra se basa en el hecho de que represente estas ideas y esté dispuesto a fomentar las actividades correspondientes. En el mejor de los casos, logra encauzar el interés directamente hacia el asunto, de manera que el alumno pueda seguir cultivando la idea o la actividad, aun cuando ya no cuente más con el apoyo del educador.

Las habilidades de *cooperación* no se han desarrollado suficientemente en la escuela primaria. Comienzan a manifestarse en el tercer o cuarto año escolar y juegan un papel allí donde se realiza la clase también dentro de un esquema cooperativo. En la edad juvenil la capacidad de cooperación jugará un papel importante en la asignación del puesto individual en el grupo. El esquema de cooperación es de todos modos el menos problemático de los cuatro mencionados. Transmite una autoridad objetiva, que es buena de todos modos para la comunidad. Se hará por eso todo lo posible por fomentar su desarrollo.

Con el transcurso del año escolar, se irá convirtiendo el maestro cada vez más en socio de las actividades cooperativas de los alumnos. Si desempeña su papel de manera competente e integradora, adquirirá una autoridad incuestionable y formadora.

De la diversidad de los componentes de la autoridad del maestro y de la modificación de su calidad y de su importancia relativa en el transcurso del desarrollo, se siguen algunas tareas importantes para el educador. La maestra de los cursos más elementales deberá percatarse de la transferencia hacia ella del esquema paternal, e intentará orientarlo por el camino correcto. Usará de buen grado sus ventajas, cuidando al mismo tiempo de no generar vínculos que entren a competir con el que los alumnos tienen con sus padres. Sin embargo, en caso de comportamientos sociales desfavorables, y de que el alumno no tenga una buena relación con sus padres, puede suceder que la maestra asuma de manera limitada el papel de éstos. En todo caso, debe ser consciente de que eso no podría hacerse sino por tiempo limitado. Es legítimo que la autoridad de la maestra de los primeros grados se base en parte en su papel materno-femenino, y que los alumnos desarrollen con respecto a ella la sensación de seguridad que los liga también a los padres.

La cuestión de la dominación juega en muchas escuelas cierto papel. Se dan clases que quisieran saber, al pie de la letra, si el maestro es capaz de salirse con la suya. Se trata de pruebas que éste no puede eludir. Debe salir airoso. Sin embargo, cuando ha conquistado su puesto, depende de él desmontar este componente de su autoridad o darle la forma correcta. No en todos los casos es cosa fácil. Con frecuencia las formas de dominación tienen la tendencia de perpetuarse a sí mismas. El maestro ha comenzado a imponer y a amenazar. Los alumnos se acomodan y se someten. En ese momento su autoridad debería encontrar otro fundamento. Sin embargo, la percepción del maestro dominante no deja percibir sus otras cualidades. Si intenta prescindir de la dominación externa, algo no marcha bien. Si algo no resulta, entonces no quiere desprenderse de ella.

La conclusión es clara. Las relaciones de dominación deben ser empleadas por maestros y maestras con gran prudencia, solamente allí donde sea necesario. Para ello hay que tener cuidado de que los otros componentes se manifiesten en todo momento y que aumenten paulatinamente su importancia relativa, para que pueda ser desmontado el comportamiento dominante.

El esquema de liderazgo es tan bueno como sean la persona del líder y sus valores. Es natural que los alumnos pequeños desarrollen dependencia frente a la maestra. Pueden aprender a partir de dicho lazo. Lo importante es que maestros y maestras desempeñen su papel de forma madura, humana y libre de sesgo. Es de importancia especial que demuestren que no actúan de manera arbitraria y obstinada, sino que también sus acciones obedecen a reglas y principios. Cuando los alumnos ven, cada vez más, en el comportamiento de los maestros las reglas y los principios por encima de la persona, y reconocen en ellos ideas y valores, con el tiempo su lealtad se referirá a la idea y al valor, y no a la persona del maestro o de la maestra. Entonces dejará de ser la clase una «clientela», y se asemejará más bien a un partido, en el sentido moderno de la democracia, a un grupo de personas, que reconocen una serie de ideas y de valores comunes y se sienten comprometidos con ellos.

El esquema de cooperación no es problemático, tal como lo hemos dicho. Puede ser construido paulatinamente en el transcurso de los años escolares. Tiene como resultado que ciertos alumnos adquieren una autoridad natural como buenos miembros del grupo. Maestro y maestra, por su parte, adquirirán una autoridad natural como personas, que incita al trabajo en común y lo apoya de tal manera, que todos los implicados se sienten bien y tienen conciencia de marchar hacia adelante.

Condiciones de la autoridad

Las reflexiones anteriores han dejado entrever ya algo acerca de las condiciones en las cuales es posible el ejercicio de la autoridad del maestro y de la maestra. A continuación nos referimos a los casos en que tal ejercicio se hace difícil y la disciplina en clase se ve amenazada. ¿Qué es lo que falta en esos casos y qué condiciones se deben cumplir a conciencia, a fin de corregir la situación?

El autor de este libro ha visitado las clases de muchos maestros y maestras jóvenes. Para algunos nunca ha sido un problema la autoridad ni la disciplina. Simplemente los alumnos se comportan en su presencia tal como deberían hacerlo. Son los educadores afortunados que no necesitan de este capítulo. Sin embargo, la mayoría de los maestros jóvenes debe acumular experiencias y aprender a construir un orden en su clase. Casi todos logran aprenderlo. Sólo unos pocos continúan teniendo siempre dificultades. A éstos se les vuelve una carga el oficio de maestro. Hay que aconsejarles dedicarse a otra cosa. En lo que sigue nos referimos al joven maestro y a la joven maestra que «aprenden el ejercicio de la autoridad». ¿Qué se necesita para ello? Una respuesta-resumen sería: *querer* realizar en clase el concepto propio del orden, y *estar en capacidad* de hacerlo.

La *voluntad de sacar adelante el concepto propio del orden* no es algo tan obvio hoy día, de acuerdo con lo dicho en la introducción. En nuestro mundo están en boga, desde hace casi 250 años, teorías que intentan decir qué no debe hacer el maestro con respecto al problema de la autoridad (Rousseau, 1762), bien sea porque el niño, puesto por la naturaleza en el camino correcto, no lo necesita; bien sea porque el educador genuino posee espontáneamente dicha autoridad. De ahí se sigue que muchos educadores no se sienten bien al tener que admitir, ante sí mismos y ante sus colegas, que tienen problemas de disciplina y, en general, de autoridad en clase. Ni con sus colegas ni con sus amigos tratan sus problemas. Creen que su procedimiento es errado, puesto que los niños buenos no se comportan como tales con ellos, o se avergüenzan de no poseer el carisma de la autoridad natural. Por eso muchos cuerpos docentes tampoco miran bien el que se hable de las sanciones necesarias, en caso de que se necesiten medidas más rigurosas.

Con ello nos acercamos a una regla importante. Estamos convencidos de que el orden y la disciplina no son productos innatos, sino que deben ser aprendidos por los alumnos, y que es por tanto necesario que el maestro y la maestra trabajen en este cometido y que tomen las precauciones requeridas para ello. Puesto que cada clase está influenciada por lo que sucede en el resto de la escuela, es también bueno y necesario que los maestros discutan entre sí el problema de la disciplina, sus comportamientos y las medidas que tomen, y que se aconsejen y apoyen mutuamente. El cuerpo profesoral puede hacer las veces de un «sistema social de apoyo» *(social support system),* que acompañe al joven colega o a la joven colega que tenga dificultades. Para que dicha interacción se lleve a cabo se necesita apertura y, en un principio, algo de esfuerzo. Pronto constatarán con alivio todos los implicados, que tienen problemas similares y que existe también una solución para ellos. Este reconocimiento sirve también para superar el remordimiento de conciencia. Tener una dificultad, a la cual se enfrenta también el colega, no puede ser un defecto moral.

Si nos fijamos en el contenido del problema, debemos afirmar que el maestro y la maestra deben estar convencidos de que no sólo tienen el derecho, sino además el deber de tomar conciencia de su papel directivo. Con ello no hacen violencia al espíritu infantil, sino que ayudan al niño a madurar y, en su vida futura, a dominar problemas similares como padre de familia o como autoridad. Para ello es natural y necesario que se tenga una idea elevada de la autoridad correcta; en otras palabras, que no se convierta uno en la víctima de una idea socavada y desvalorizada de autoridad que, en una segunda instancia —y con justicia— debe ser abandonada.

Si desentrañamos estas reflexiones, partiendo de lo más superficial, comenzamos a convencernos de que tenemos que ofrecer a los alumnos, desde el punto de vista del contenido, algo que valga la pena oír y asimilar. Se trata de las ofertas de aprendizaje que clasificamos en el primer capítulo, siguiendo el esquema del cubo dividido en ocho partes: actividades en el terreno de las cosas y en el social, en el campo de la acción y en el del reconocimiento, con objetos reales y simbólicos. En la medida en que nos ocupemos seria y profundamente de esos contenidos, tomaremos conciencia, y aumentaremos también nuestra convicción, de que es justo y necesario hacer partícipes de ello a los jóvenes.

Damos un paso más cuando tenemos una imagen vívida y clara de la manera como debiera transcurrir el trabajo escolar y el trato interpersonal en la clase. Si estamos convencidos de que ese estilo de trabajo y de trato mutuo es bueno y correcto, nos convenceremos también de que tal orden debe ser observado por todos los implicados. Con ello la idea de la disciplina pierde su connotación vacía. Se basa en la idea del orden correcto de la convivencia en clase.

Eso nos lleva a un tercer paso, el análisis y fundamentación del actuar propio. Nos convencemos de que queremos construir una relación personal con cada alumno en particular y de que por tanto estamos dispuestos a comprometer nuestra persona en ese proceso. Eso significa, en concreto, que estamos dispuestos a hacer por los alumnos todo lo necesario para que puedan aprender y desarrollarse. La otra cara de la moneda consiste en que esperamos también de ellos que trabajen con nosotros de manera tal, que puedan ser alcanzadas estas metas. Con ello encontramos la fortaleza para asumir la autoridad necesaria.

El aspecto didáctico del problema
de la disciplina

El segundo aspecto era la *capacidad* para realizar esa idea del orden y para, dado el caso, hacerla valer. Para que eso sea posible son necesarias tres condiciones esenciales: una oferta de aprendizaje adecuada al alumno; la capacidad de inducir y orientar la actividad, no sólo con el alumno individual, sino con toda la clase; y un repertorio de medidas simples, destinadas a retomar y reintegrar a la actividad escolar, desde el inicio y con medios mínimos, a los alumnos que no participan.

El problema de la disciplina tiene también un aspecto psicológico y didáctico. Se percibe en el hecho de que el orden correcto de la clase peligra, precisamente cuando la enseñanza es mala. Eso se traduce en que determinados individuos, o la clase en conjunto, no logran desarrollar una actividad que encuentren interesante y satisfactoria. Las causas no pueden ser resumidas en una sola frase. Una buena hora de clase depende de muchas condiciones, que tocan tanto al contenido como a las personas. Sin embargo, siempre es bueno preguntarse si la oferta de aprendizaje está adaptada al nivel de desarrollo. Se dan alumnos sobre-exigidos, que desvían la atención y se enredan en otra cosa, como jugar con objetos, hacer travesuras, etc. También se puede, naturalmente, pecar por defecto en el nivel de exigencia. En ese caso los que primero comienzan a distraerse son los más adelantados.

Pero no es sólo asunto de adaptación al nivel de desarrollo. Debemos relacionar el tema con los intereses de los alumnos, a fin de despertar paulatinamente nuevos intereses. Con ello se relaciona también el problema de la variedad. Una clase monótona, que sigue siempre los mismos patrones en la forma y en el contenido, hace que el interés y la participación de los alumnos se deterioren con rapidez. Sin poder tocar aquí a fondo el problema, concluimos afirmando que una buena conformación didáctica de la clase es prerrequisito para manejar el problema de la disciplina (en este punto, y en los que siguen, véase también a Dubs, 1978).

Dar clase significa poner en marcha y mantener en el camino correcto determinadas actividades, no sólo con un alumno individual, sino con toda la clase. Es un problema de organización, de percepción y de dirección. Para que se mantengan ocupados 20 ó 30 niños o jóvenes se necesita algo de organización. Deben estar disponibles los materiales requeridos, y se necesitan instrucciones claras, comprensibles por los alumnos. Al maestro joven le falta la experiencia correspondiente. Por eso es tan importante que en sus prácticas de formación conozca modelos organizativos de clases que funcionen bien y que haya discutido a fondo estos problemas. Precisamente en el bachillerato clásico no se deben despreciar estos asuntos, con el pretexto de que son «poco intelectuales». Por otra parte, la maestra de los primeros grados de primaria debe ser consciente de las capacidades limitadas de los niños para entender y seguir medidas de tipo organizativo.

En la clase misma debemos esforzarnos en lograr la capacidad de la *atención distributiva*. Es la capacidad de estar atentos a cada alumno, aun en el grupo de clase (o sea la capacidad de distribuir la atención entre todos los alumnos), y de establecer una relación con cada uno. Cada uno, aun cuando esté en medio de 25 condiscípulos,

217

debe sentirse interpelado por nosotros. Eso no es fácil para algunos maestros jóvenes. Como primera medida, deben aprender a desviar continuamente una parte de su atención a la temática y de las cuestiones de contenido, para dedicarla a los alumnos. No deben estar absortos en sí mismos. Deben mirar a los alumnos durante la clase y, por decirlo así, dirigirse a cada uno. Eso se puede aprender. Para eso son, entre otras cosas, las prácticas de docencia. La atención distributiva es necesaria para que el maestro se dé cuenta de lo que pasa en clase, si los alumnos siguen la enseñanza o si comienzan a distraerse, si hay interés o si éste se ha deteriorado, etc. Cuando ocurre esto último, debemos percatarnos de inmediato. Es fundamental el conocimiento oportuno de los problemas. En ese momento se hace necesaria la tercera aptitud, de encontrar medidas de corrección en una fase temprana del desarrollo de los problemas.

Cuando observamos que algunos alumnos ya no cooperan, nos preguntamos si no hemos sido muy difíciles de entender. Si estamos relatando o aclarando algo, repetimos lo dicho con palabras más sencillas; si realizamos ejercicios, ponemos ejemplos menos complicados. Con otras palabras, variamos de tal manera la oferta de aprendizaje, que los alumnos más débiles o los menos motivados puedan retomar el hilo. Ello implica, es obvio, cierta flexibilidad didáctica. Ella se logra en el transcurso del tiempo, pero también con preparación cuidadosa.

Son muy importantes las medidas para reintegrar en la actividad común a los alumnos que se desvían. El maestro y la maestra deben adquirir para ello un repertorio de medidas sencillas, que dominen fácil y seguramente. Eso también se puede aprender. Mencionamos algunos ejemplos. Supongamos que en una clase se ha desarrollado un nuevo concepto o una operación, o que se discute sobre un objeto, un texto, un tema o un procedimiento. Puede también ser el caso de que sencillamente narremos o refiramos algo.

Notamos de pronto que un alumno no presta más atención y que comienza a jugar en el pupitre con su regla y su borrador. Puede ser también que se genere una interacción entre dos alumnos, que no nos agrada puesto que se trata del inicio de la indisciplina.

Si el alumno nos ve, le devolvemos la mirada, de tal manera que pueda darse cuenta de que el maestro lo está viendo. Puede ser posible que eso baste y que interrumpa su ocupación y se integre de nuevo. Si no nos presta atención, hacemos una pausa no prevista en un momento de la exposición. Con ello damos a entender que hay algo que nos perturba. El alumno levanta la mirada y se encuentra con la del maestro. Posiblemente baste con esto para que se reintegre.

Un paso siguiente es movernos en la dirección del alumno. Quizá podamos dirigirle la palabra amigablemente, preguntándole algo sobre el contenido, como «¿qué opinas al respecto?». Puede ser que se reponga, y dé una respuesta válida; en ese caso lo alabamos. Repetimos otra vez las últimas reflexiones a fin de posibilitarle retomar el hilo, y le hacemos consciente de que, una vez más, ha salido bien librado.

El paso siguiente es amonestar al alumno. No lo atacamos frontalmente, sino le decimos: «Nos estás perturbando con tu juego», o «Si no se entiende esto, tampoco se entenderá lo que sigue».

Si la situación de la clase no se ha deteriorado por completo, basta con estas medidas para llamar al orden a los alumnos. No se ha presentado todavía conflicto alguno. El alumno, por su parte, no ha quedado mal ante los demás. Si tenemos la capacidad de reaccionar de esta manera, temprano y con medidas mínimas, rara vez, o nunca, se presentarán problemas graves, y los alumnos nos lo agradecerán.

En un paso siguiente, debemos amenazar con una medida más seria. Eso implica que sabemos de qué castigos disponemos. Una amenaza implica la posibilidad de un castigo. Para que no quede vacía y pierda rápidamente su valor, debemos saber qué queremos hacer; debemos tener también la voluntad y la capacidad para imponer el castigo, si queremos que la amenaza sirva de algo.

Las posibilidades son diversas, dependiendo del nivel escolar y de las costumbres regionales. Algunos maestros hacen permanecer de pie durante un tiempo a los alumnos desatentos o perturbadores, otros los hacen sentir retirados de los demás. Es una forma suave de aislamiento. El «quedarse en el rincón» acentúa el aislamiento. Es una medida posible con alumnos pequeños. En algunos sitios se hace que el alumno permanezca durante un tiempo tras la puerta. Hay que tener cuidado de no hacerlo con más de un alumno a la vez, ni cuando exista el peligro de que éste se marche. Hay que pensar también si esta medida afecta la posición del alumno frente al grupo. Volveremos más adelante sobre este punto.

Los deberes en casa, asignados como castigo, son una medida aún más severa. Deben imponerse sólo en casos excepcionales. Si los imponemos, debemos hacer que los firmen también los padres. Al hacerlo, tenemos en mente hablar con ellos, en caso de que el problema se repita.

El retener a los alumnos después de la escuela, o hacerlos venir más temprano, no es algo efectivo por sí mismo. Abre, sin embargo, una posibilidad fundamental, y es la de conversar a fondo e individualmente con el alumno problemático. Como tal, debe ser realizado en una fase temprana, y no después de que hayan sido necesarios varios castigos. A la larga es lo que más influencia tiene. Puede aplicarse muy bien cuando el comportamiento promedio de una clase es correcto y sin problemas. En ese caso es posible detectar inmediatamente al alumno que comienza a plantear problemas, a fin de reflexionarlo con él. Cuando la situación está deteriorada, es siempre más complicado hablar con los alumnos. No debería dejarse que las cosas avancen tanto.

Cómo proceder con alumnos difíciles

En un capítulo anterior describimos cómo proceder en la entrevista personal con el alumno. Aquí añadimos tan sólo que la mayor parte de los alumnos se muestran asequibles y comprensivos en la entrevista individual. En no pocas ocasiones salen a relucir en ella problemas que le hacen ver al alumno difícil la necesidad que tiene de ayuda. Si en dichas oportunidades logramos mostrarle que queremos ayudar, habremos con ello recorrido la mitad del camino en la solución del problema. Si, en contra de las expectativas, un problema se muestra insoluble, no se debe esperar mucho tiempo para establecer contacto con los padres del alumno. Donde existe el sistema de un profesor por asignatura, hablamos con los colegas para ver si tienen dificultades similares con el estudiante en cuestión. En estos casos pueden adoptarse medidas en común. Puede ser que en este caso el alumno se dé cuenta de que se trata de algo serio, y que tiene que modificar su comportamiento. Puesto que nosotros también nos vemos afectados en estos casos por el problema, es una ayuda poderlo hablar con los colegas. Si se descubre que el alumno implicado no tiene ningún problema con ellos, debemos preguntarnos si no habremos abordado erróneamente el asunto o si no deberíamos modificar nuestra propia praxis docente.

Regresamos de nuevo a las medidas que debemos tomar durante la clase con el fin de mantener o recobrar el orden correcto. Como hemos dicho, son medidas que tomamos en relación con un individuo particular, que comienza a perturbar la sesión de clase. Debemos ser conscientes de que la cuestión no estriba sólo en la manera como el alumno capte nuestras medidas, sino también en que el resto de la clase las encuentre apropiadas y justas. En ese caso capta el alumno que se le aisla debido a su comportamiento, y se siente motivado a volver al camino del comportamiento normal. Si, por el contrario, la clase encuentra nuestras medidas injustas o desproporcionadas, se solidarizará con el alumno implicado, en contra nuestra. Es difícil tener a toda una clase en contra; aun así la situación no es del todo desesperada. Con una mezcla de firmeza, racionalidad y buena voluntad se puede tratar y solucionar también un problema que implique a la clase entera.

Es, sin embargo, mejor que no se llegue a tanto. Para ello necesitamos que, al tomar medidas disciplinarias, tengamos un cuidado minucioso en que sean comprendidas y aceptadas por la clase. Para eso las explicamos; no para disculparnos, sino para fundamentarlas. Con ello se hace patente nuestra buena intención. Al alumno que está en un error queremos ayudarle. Bajo esas circunstancias lo entiende la clase, posiblemente nos apoyará o, al menos, no nos atacará por ello.

Por otra parte, hay que tener cuidado cuando aislemos psíquica y/o físicamente al alumno equivocado, haciéndolo sentarse aparte, por ejemplo, del resto de los alumnos. Con frecuencia los alumnos difíciles tampoco son muy queridos por la clase; en casos extremos son repudiados; en ese caso las dificultades de clase se prolongan para el alumno con dificultades con los compañeros, en el descanso y camino a la escuela. No debe agudizarse, sin verdadera necesidad, el aislamiento y la posición débil que tiene el alumno en el grupo. Será mejor hablar con la clase e intentar hacer que comprenda el problema del alumno implicado, con la decisión de ayudarlo a reincorporarse de nuevo al grupo. Por regla general, una conversación así se lleva a cabo sin que el alumno en cuestión esté presente. Pero habrá que hablar con él y decirle que hemos discutido el problema con la clase y estamos decididos a ayudarlo. Si todo marcha bien, reconocerá su aislamiento y querrá superarlo e intentar modificar su comportamiento social. Si maestro y alumnos ayudan, podrá tener éxito en el intento, aun sin asistencia ni terapia psicológica profesional.

Hay que reconocer lo importante que es que los alumnos acepten nuestras medidas y, en general, el orden que intentamos introducir en las actividades comunes.

Nuestra meta debe ser lograr dicha aceptación. No la logramos mendigando el favor de los alumnos, ni tan siquiera absteniéndonos de exigirles cualquier cosa —nadie nos lo agradecerá a la larga—, sino haciéndoles ver claramente que estamos allí por ellos, que queremos ayudar a cada uno con nuestra clase, con nuestra presencia y con el establecimiento de una buena amistad humana. Esta buena voluntad, junto con la competencia social necesaria, nos permite solucionar el problema de la disciplina y ostentar la autoridad personal necesaria y educativamente eficiente[2].

Cómo se inicia el trabajo con una clase nueva

En la psicología animal se conoce la importancia de los primeros encuentros de un animal con sus semejantes. El ingreso en una comunidad nueva, un rebaño o (para el caso de un perro) una jauría ya configurada, es siempre difícil. Cuando no tiene suerte y se enreda rápidamente en confrontaciones, debe aceptar por un buen tiempo una posición omega, mejorable sólo por medio de costosas luchas de posición.

Procedimientos similares se dan entre los humanos; ése es el caso también de un maestro o de una maestra que trabaja por primera vez con un grupo escolar. También aquí es importante el primer encuentro. El novato tiene que prepararse cuidadosamente y hacer todo lo posible para que marche bien. Por eso en este libro, destinado fundamentalmente a maestros en formación, tratamos la problemática de la primera clase, y mencionamos aquello que debe tenerse en cuenta.

Si el grupo de clase no es la primera vez que se conforma, sino que viene funcionando como tal desde hace algún tiempo, es bueno que el maestro y la maestra tengan conciencia de que ingresan en una formación social harto complicada. Con seguridad tiene ya la clase sus cabecillas y sus *opinion leaders,* miembros que ejercen una influencia decisiva en la formación de la opinión grupal. Son los alumnos más influyentes y más queridos.

Incluso existe en la clase un derecho impuesto por la costumbre. Se trata de estructuras y procedimientos determinados, tales como la cantidad de deberes, días en que no se asignan deberes, formas especiales de preguntar y de disculparse (o de no hacerlo), etc. Además se dan prejuicios determinados con respecto a la escuela y a las asignaturas, como por ejemplo que las matemáticas son difíciles, la clase de canto se presta para hacer travesuras, la de gramática es aburrida... Los alumnos tienen también una cierta imagen de sí mismos: con las matemáticas no podemos, en gimnasia hay algunos buenos y muchos torpes, todos tenemos problemas con la pronunciación correcta del español culto, etc.

La clase ha tenido así mismo una relación determinada con el maestro, cuya labor debe ser continuada ahora por el maestro nuevo; era una relación buena,

---

[2] Después de terminado este capítulo leyó el autor el excelente programa de autoayuda para la superación de la agresividad y de las perturbaciones en clase, de Tennstädt, Krause, Humpert y Dann (1986[6]). Tiene las mismas líneas generales que los aquí presentados, y se recomienda muy encarecidamente.

confiada, o distanciada, llena de desconfianza... También, y de manera bien elemental, la clase considera el aula como su territorio, está familiarizada con él. El nuevo maestro no tiene todavía esta familiaridad, no sabe dónde están las cosas, ni quién es quien.

El nuevo maestro, la nueva maestra accede a este nuevo territorio, lleno de relaciones y de reglas. Debe ganarse su puesto y hacerse respetar por la clase. Lo mismo ocurre cuando un animal entra en un rebaño ya constituido. Para el novato se establecen también pruebas que debe superar con éxito.

El primer principio consiste en conseguir la mayor información posible sobre la clase, antes de acceder a ella. Si es posible, visitar también la clase con el maestro a quien se va a reemplazar. Se presencia una sesión de clase, se sienta uno al lado pero hacia adelante, de manera que pueda ver a los alumnos (y no sólo sus espaldas, que es lo que se ve desde atrás). Se le pide al maestro un plano de los puestos, o lo confecciona uno mismo, y se comienza cuanto antes a aprender los nombres de los alumnos. Se solicita información al maestro sobre los alumnos, sobre el tipo de grupo que conforman, sobre cuáles son los que requieren atención especial y/o que tienen determinadas funciones en clase. A pesar de toda la ayuda que pueda prestar el colega, hay que ser consciente de que los alumnos, bajo otra dirección, pueden presentar otro tipo distinto de características; los problemáticos pueden manifestarse sin problemas, o puede suceder que buenos alumnos, con otro maestro, se muestren ahora problemáticos o difíciles de guiar. Las características de los alumnos no son rasgos fijos, sino en parte también reacciones ante un comportamiento docente determinado.

Naturalmente, también es importante una buena orientación sobre el estado del trabajo en las diferentes asignaturas. Es una obligación del maestro que se retira temporal o definitivamente dar esta información al que llega. El joven profesor que lo reemplaza debe darle a entender que espera una buena orientación.

Cuando no son posibles esos contactos con el maestro al que se va a sustituir, debe buscarse el acceso a la escuela y al aula respectiva, al menos uno o varios días antes de comenzar las clases. El director u otros colegas podrán al menos suministrar información parcial sobre la clase. Se procura especialmente obtener una lista del grupo, y se graba uno los nombres de los alumnos que asistirán a la o a las clases que uno dirigirá. Si ya se conocen los nombres, es fácil asociarlos rápidamente con los rostros y con las apariencias externas. A ser posible se pregunta también por las direcciones y oficios de los padres. Ello ayuda a comprender más rápido a los alumnos y a entrar en contacto con ellos. Si se tiene acceso a las diversas áreas de la escuela, hay que intentar situarse en ellas. Del espacio físico pueden deducirse muchas cosas sobre la atmósfera que reina en clase. Es además bueno que uno sepa dónde se encuentran las cosas y, de manera más general, familiarizarse con el espacio del aula. Quizá se pueda tener acceso a los cuadernos y otros trabajos escolares. Eso permite adquirir una visión privisional del trabajo escolar, si no se tiene acceso a la información del maestro.

Se consulta además el plan de trabajo de la(s) clase(s) correspondiente(s), se analizan los medios de aprendizaje y se hace un plan provisional de trabajo para la primera semana. Cuando se realiza una sustitución temporal, se recibe por regla general una propuesta del maestro que se ausenta. En los demás casos se hace el plan de enseñanza provisional para el primer momento y se reelabora definitivamente una vez que se conozca mejor la clase.

El primer encuentro

Se trata ante todo de planificar cuidadosamente la primera sesión del primer día escolar. Es en definitiva el día del primer encuentro importante con la clase. Hay que procurar, a ser posible, estar en el aula antes que los alumnos y, a su llegada, saludarlos individualmente y preguntarles su nombre. Eso nos ahorra pasar lista al inicio de la clase, procedimiento similar al de pasar revista a unas tropas, que no agrada a la mayoría y que da sensación de inseguridad. Cuando se procede así, casi siempre se dirigen los alumnos juiciosamente a sus puestos, y se bromeará sólo en voz baja. Cuando suene la campana, todos guardarán el silencio deseado.

En ese momento cobramos ánimo y hacemos lo siguiente. Como primera medida nos presentamos ante la clase, decimos y escribimos nuestro nombre en la pizarra, cuando no sea muy inteligible. Decimos: «Soy vuestro nuevo profesor durante este período de tiempo, y os voy a dar clase en tal materia (si se trata del sistema por asignaturas)». Sigue una corta charla en la cual formulamos nuestras intenciones de trabajar en común con empeño y de aprender algo. Dejamos en claro nuestra esperanza de que la clase coopere, y de que así las cosas serán interesantes y satisfactorias para todos. Decimos también que el trabajo en común requiere, por supuesto, un orden, cuya falta a nadie deja satisfecho. Esperamos, por tanto, que los alumnos se muestren cooperativos también en este punto. Como contrapartida, esperamos hacer todo lo que sea necesario para ayudarles en su trabajo y aprendizaje, y estamos a su disposición cuando se presenten dificultades. Variamos naturalmente las palabras de acuerdo a la edad y a las características de la clase. Si sabemos o sospechamos que la disciplina no ha sido de lo mejor, nos mostramos un poco más decididos; si la clase se muestra algo tímida, procuramos desde el primer momento manifestarnos entusiastas y dar confianza. Naturalmente, no pretendemos, en ningún caso, eliminar de inmediato el recelo natural que muestra una clase ante un profesor nuevo, puesto que el efecto podría ser el opuesto, y que los alumnos perdieran cierta distancia natural. No es perjudicial no ganarse todas las simpatías desde el primer día. Tenemos tiempo; es también necesario, para construir una buena relación humana.

De todos modos, debemos saber que en este primer encuentro no lograremos dar del todo la impresión que hubiéramos deseado. Posiblemente tengamos también un poco de miedo. Por lo menos estaremos relativamente tensos y algo excitados. No debe preocuparnos; eso también es natural que nos suceda en nuestro primer encuentro con una clase. Pero, si queremos mostrarnos todo lo relajados y naturales que sea posible, nos debemos recoger interiormente antes de que lleguen los alumnos, pensar un poco y decirnos a nosotros mismos, que queremos saludarlos con firmeza, aunque también muy cordialmente, y que queremos percibirlos como amigos, no como enemigos.

Tenemos que hacer el propósito de no mostrarnos susceptibles cuando algo no marche como lo esperamos; cuando un alumno realiza alguna torpeza o intenta provocar. Sabemos que las reacciones desproporcionadas son señal de debilidad y serán entendidas como tal por los alumnos. Quien está seguro de sus cosas podrá tener algo de permisividad, sin devolver el golpe inmediatamente de manera desproporcionada. Si pasa algo desagradable aclararemos con firmeza tranquila que no nos gusta, puesto que perjudica el trabajo en común y la armonía.

Si no tenemos un plano de los puestos de los alumnos en el aula, podemos hacerlo nosotros mismos, si se trata de alumnos pequeños (con los de más edad podemos encomendar la tarea a alguno de ellos). Lo prepararemos por anticipado, de tal manera que sólo necesitemos consignar en él los nombres. Puesto que los conocemos por la lista, podremos fácilmente entenderlos cuando los vayan diciendo, y no daremos motivo a bromas al confundirlos con otro que suene parecido. Los nombres son sonidos producidos en contextos arbitrarios, más difíciles de entender que las palabras dentro de las frases.

Aunque no tengamos una idea precisa de lo que hayan avanzado en su trabajo, no debemos comenzar preguntándoselo al grupo. Muchas veces es preferible preguntar sólo a uno o dos alumnos después de clase. Más bien comenzamos con una lección que permita mostrar cuánto han avanzado los alumnos, y que les muestre cómo pensamos trabajar con ellos. En primaria, por ejemplo, comenzamos con una clase atractiva de aritmética que, si bien plantea exigencias, proporciona a los alumnos la vivencia de lograr algo. En ciencias podemos empezar considerando en común una idea o un objeto, quizá también un texto, de tal manera que los alumnos se hagan una idea de que pueden aprender sobre ello. En clase de idioma leemos un texto o hacemos un ejercicio, proporcionando algún tipo de explicación interesante y dando a entender que todavía quedan muchas cosas por aprender.

Si hemos tenido una explicación clara del profesor anterior, o estamos comenzando un curso académico y elaboramos el plan de enseñanza desde el principio, las cosas serán naturalmente más sencillas. Simplemente comenzamos con el trabajo, tal como lo hemos planificado.

Dejamos para más tarde otro tipo de medidas organizativas. Es esencial en ese momento que los alumnos nos perciban como maestros que saben lo que quieren, tienen un plan racional y dan una clase interesante. Quizá también nos defraude un poco en este primer encuentro la capacidad de rendimiento de la clase, en uno u otro punto, quizá la pronunciación correcta del idioma propio o extranjero no sea satisfactoria, los alumnos no sean tan buenos como pensábamos en cálculo aritmético, o no sepan las cosas que suponíamos en ciencias naturales. Debemos tener cuidado de no hacer quedar mal a ninguno ni de manifestar nuestra desencanto con sus deficiencias. Eso sólo perjudicaría nuestro primer contacto. Nos comportamos de manera neutral, objetiva; sólo nos proponemos en nuestro interior modificar esto o aquello.

En el descanso procuramos extraer de algunos alumnos la información que nos falte o, si somos profesores de una asignatura, nos preparamos sencillamente para la clase siguiente. Si nos comportamos de esa manera, es alta la probabilidad de que los alumnos hayan realizado un buen trabajo al final de la primera jornada, y los podamos felicitar por ello.

Con eso se habrá logrado el despegue, y el trabajo normal podrá empezar. Sólo queda algo importante: quizá nos hayamos mostrado en este primer encuentro algo más rígidos de lo que corresponde a nuestro carácter, y quizá no nos hayamos sentido del todo bien en esa postura; quizá se hayan mostrado los alumnos perfectamente dóciles en esa primera jornada, y pensemos que nuestra rigidez no era en absoluto necesaria. Entonces aflojamos las riendas al segundo día, hacemos algún apunte de humor y mostramos nuestra cara humana. Puede ser también que pensemos que la participación en clase será más viva y rica si actuamos así.

Es probable que con ello se desencadene una reacción bastante típica: alumnos totalmente dóciles y guiados rígidamente el primer día, y las primeras dificultades en disciplina al segundo o tercero. La conclusión es clara. Posiblemente no son tan juiciosos como parecían, y todavía nos esperan algunas pruebas decisivas. Por tanto, no debemos aflojar del todo las riendas, sino más bien continuar mostrando el rigor inicial durante unas dos o tres semanas. Debemos observar cuidadosamente qué reglas han sido establecidas e internalizadas. Sólo entonces podemos conceder algo más de libertad. La regla básica dice que allí donde los alumnos realizan por sí mismos lo que es correcto, y por lo tanto han internalizado las reglas y normas necesarias, podemos conceder libertad. Donde ése no sea todavía el caso, debemos conservar el papel directivo, aunque no de tal manera que los alumnos se sientan siempre amarrados. Proporcionaremos reglas claras e inteligibles. Entonces comenzaremos a dar la posibilidad de su aplicación autónoma, y evaluaremos conjuntamente con los alumnos si ésta ha tenido éxito. Eso es válido no sólo para el rendimiento académico, sino también para el comportamiento social, incluido el comportamiento en el grupo, frente al maestro y entre los alumnos mismos.

Reglas organizativas
del comportamiento en clase

Muchas veces constatamos que, donde se presentan problemas de disciplina, los maestros logran entendérselas individualmente con los alumnos. En ese caso se muestran naturales y amistosos, y los alumnos lo entienden también y reaccionan, por regla general, tal como se espera de ellos. Sin embargo, otra cosa sucede frente a la clase entera, y con los alumnos rodeados de sus 25 ó 30 compañeros: nos volvemos algo inseguros y tensos, no hablamos naturalmente, tenemos dificultades para mostrar nuestra buena voluntad.

Por su parte, los alumnos lo detectan, y reaccionan de maneras diferentes ante esa tensión: unos se atemorizan ante la persona que ha cambiado; los otros tienen impulsos de oposición, de decir intencionalmente algo torpe, de producir ruidos molestos, etc. Cuando a eso se añaden medidas didácticas poco afortunadas, las dificultades en la disciplina no tardan en aparecer.

¿Qué podemos hacer en esa situación? En primer lugar, intentar controlar nuestras propias reacciones y esforzarnos por mostrarnos ante la clase tal como nos comportamos en el contacto individual con niños y con adultos. Cuando establecemos contacto con los alumnos individuales, los conocemos verdaderamente, detectamos sus motivos ocultos y nos interesamos por ellos. Eso lo notan y con un maestro así se comportan distinto a como lo hacen ante una persona anónima, que no conocen y que tampoco los conoce.

Todo eso no puede realizarse de inmediato, sin más. Hay algo, sin embargo, que está al alcance de cualquier maestro o maestra, como es preocuparse por que las actividades que estimula en clase funcionen también en el interior del grupo. Eso es posible si se dan dos condiciones: las actividades deben estar adecuadas al niño o al joven, es decir, deben ser exigentes pero realizables e interesantes; y su organización debe funcionar. Ya hemos tratado el primer punto. Queda por decir algo con respecto al segundo.

Tanto la sesión de clase, en el sentido estricto de la palabra, como sus condiciones contextuales requieren medidas de tipo organizativo. Piénsese, por ejemplo, en una clase de dibujo en la cual los alumnos reciben una silla plegable, para que se dirijan, junto con sus instrumentos y el papel, a diferentes sitios de la escuela, se sienten y dibujen algo. O piénsese en todo lo que se requiere para que una clase se organice en grupos que corten un metro cuadrado de papel de envolver, y peguen sobre él tiras de decímetro o decímetros cuadrados: papel, tijeras, pegamento, regla, etc. O piénsese en el caso de que uno quiera realizar con alumnos de primaria un mural, al que se le peguen diversas figuras. Para que no se presenten problemas de disciplina cada uno de los alumnos debe estar en todo momento ocupado. Si no hay nada que hacer, emprenden algo, y no precisamente lo que más le agrada al maestro. En caso extremo las cosas degeneran en travesuras.

Como consecuencia, es válida la regla general, especialmente con los maestros poco experimentados, de que la organización de las sesiones debe ser cuidadosamente planeada: cómo repartir el material, quién trabaja con quién y dónde, cómo se coordinarán cada uno de los trabajos parciales, en qué momento hay que presentar el trabajo al maestro para su revisión y obtener el visto bueno para seguir adelante, cómo se limpian los utensilios al final de todo el trabajo, se devuelven los que se tomaron prestados, se controla que estén completos y en buen estado, etc. Es bueno que hayan sido ejercitados algunos de los procedimientos. Una clase que funciona bien ha aprendido también toda una serie de procedimientos organizativos y los aplica, sin necesidad de recibir cada vez nuevas instrucciones.

En la clase escolar rige lo mismo que en toda organización: hay que *instruir*, *controlar* y *corregir* (I.C.C.). Lo primero y más importante es, con todo eso, que el maestro y la maestra tengan una idea clara de cómo suceden las cosas, que lo expliquen de manera clara y comprensible a los alumnos y les hagan tomar conciencia de que también aquí hay algo que aprender, los procedimientos de trabajo en grupo, y de que nos proponemos que todo se desarrolle cada vez mejor y requiera menos palabras. El autor de este libro ingresó como joven soldado al final de la segunda guerra mundial en la unidad de artillería del ejército suizo, en el cual había prestado servicio regular desde hacía cinco años (sin verse envuelto en la guerra, afortunadamente). La manera como trabajaba esa tropa era una pequeña maravilla. Casi no se impartían órdenes. Los viejos cañoneros veían con razón que los jóvenes deberían ser integrados amistosamente, pero con la expectativa de que se esforzarían. Cada uno sabía lo que tenía que hacer, y lo hacía de manera competente y responsable. En muchas empresas se procede afortunadamente igual. En la escuela tenemos la misión de trabajar de tal manera con los alumnos, que éstos puedan aprender estas formas de comportamiento. Con ello no sacaremos adelante una caterva de individualistas egocéntricos, sino jóvenes que al final del período escolar han madurado para ocupar su puesto en la vida económica y pública.

Pensamos también que existe un vínculo entre el orden correcto en el trabajo común y el orden correcto en el trabajo individual, y también entre el buen orden en el manejo de los materiales comunes, pertenecientes a la escuela, y el orden correcto de los efectos personales. No nos debemos avergonzar por ello de pedir a los alumnos que el material de trabajo personal (instrumentos de escritura y de dibujo, reglas, compás, etc.) estén en todo momento completos y en buenas condiciones y que haya orden en las mochilas y carpetas escolares. Instruimos en ello con cuidado a los alumnos pequeños, y se lo recordamos también de vez en cuando a los mayores, efectuamos controles por muestreo sobre su correcta observancia. Eso naturalmente no será bien visto en algunas partes, pero son medidas que deben ser realizadas con convicción y fundamento, mejor con ocasión de algún acontecimiento, donde se vea claro que cuando falta el material o éste no funciona, tampoco el trabajo sale bien y los procesos de aprendizaje se perjudican. Llevaremos a cabo estas cosas con tacto y con respeto a la intimidad personal.

A este apartado pertenece también el que los alumnos lleven sus *cuadernos escolares* de manera cuidadosa y ordenada. Eso va desde la caligrafía misma hasta la consignación cuidadosa de las ideas y la elaboración de los trabajos escritos. También buscamos un poco de orden en las mismas mentes, en el procesamiento de textos en lengua extranjera, en el aprendizaje de vocabulario. Aquí juega un papel importante el modelo del maestro, puesto que en la manera de usar la pizarra y en las notas que escribe a sus alumnos, son válidas las mismas reglas que se refieren a los cuadernos de éstos. Lo que sembramos en la pizarra lo cosechamos en los cuadernos de los alumnos.

Recordemos que el trabajo humano es siempre agradable cuando guarda una apariencia externa ordenada; es un hecho bien conocido y tenido en cuenta en la vida económica. No nos avergoncemos por tanto de exigir, incluso de los alumnos mayores, escritura legible y presentación ordenada. Es fácil probarles que se aprende mejor de esta manera. A los pequeños debemos indicarles exactamente cómo se deben llevar los cuadernos, corrigiendo y controlando aquello que hemos indicado.

Pero también debemos insistir de vez en cuando a los mayores sobre la manera de tomar notas adecuadas sobre nuestras exposiciones y sobre la confección de apuntes apropiados para el trabajo personal, y para ello examinamos en conjunto ejemplos del trabajo de los alumnos mismos. Con este propósito, elaboramos alguna vez transparencias con las notas de los alumnos, las proyectamos, analizamos el contenido y su presentación detalladamente y lo comparamos con el tema procesado.

La educación hace necesario también que trabajemos con el alumno sobre puntos individuales y concretos. Cuando le aclaremos de manera convincente que también aquí hay comportamientos que aprender que posibilitan el trabajo y el aprendizaje exitoso, aceptará nuestras instrucciones, controles y correcciones.

Precisamente en las instituciones de enseñanza secundaria se dan hoy día situaciones en las cuales el profesor, o bien se avergüenza, o bien se considera demasiado competente para prestar atención a estas nimiedades. Piensan que es suficiente con que no se distraigan en sus clases. Consideran indigno bajar a las pequeñeces de la limpieza y del orden. Pensamos que se trata de una actitud peligrosa. El revolotear de la mente, haciendo caso omiso de nimiedades como el desorden y la ineptitud, tiene un peso irreal.

No debe existir discrepancia entre el orden correcto de la vida privada y el de la vida escolar

En infinidad de visitas ha visto el autor de este libro muchas escuelas y ámbitos escolares. Muchas veces encontró circunstancias difíciles de comprender, tales como alumnos que se comportaban altanera e irrespetuosamente para con sus maestros, espacios en los cuales era evidente el desorden y el abandono. Por otro lado, encontró naturalmente muchas aulas con un ambiente verdaderamente humano que, al decir de Pestalozzi, parecían rincones acogedores. Se ha preguntado una y otra vez a qué se deben tales diferencias, puesto que, por regla general, los maestros y las maestras eran personas ordenadas y, al hablar individualmente con ellos, se comportaban de manera natural y amistosa. ¿De dónde vienen tales discrepancias en el comportamiento colectivo de las clases?

La respuesta debe estar relacionada con el hecho de que muchas personas cambian, cuando no se encuentran solas sino en grupo. A comienzos del siglo se habló sobre el libro de Le Bon (1895), *Psicología de las masas.* Aunque muchas de las cosas allí consignadas son cuestionables, es seguro que muchas personas cambian cuando están en grupo. Nos debemos preocupar, por tanto, de transferir el carácter humano y el orden correcto en el comportamiento, del ámbito privado al grupo, es decir, a la clase escolar, y de velar porque allí se construyan relaciones interpersonales y porque el aula sea considerada como un rincón acogedor (parafraseando a Pestalozzi), y se comporte uno de manera correspondiente.

Es una decisión importante. Nos proponemos lograr un ambiente y un orden en nuestra clase semejantes a los que priman en al vida privada. Para ello debemos dejar entrever y desarrollar en clase nuestro propio carácter humano. Eso no es tan fácil, si tenemos en cuenta nuestro miedo posible ante los alumnos, nuestra intranquilidad y tensión, como lo hemos visto. Se trata de una reacción circular; dondequiera que logremos comportarnos natural y humanamente, reaccionan también los alumnos natural y humanamente, y ambas partes transfieren sus cualidades privadas a la escuela. Lo cual a su vez facilita a todos manifestar sus buenas cualidades y acercarse mutuamente. En caso contrario se mueve la espiral en sentido negativo. La autoridad del maestro y de la maestra, su personificación creíble de un orden correcto en la actividad y su aceptación dispuesta, confiada, por parte del alumno, son facetas de una realidad humana y educativa única.

18. APRENDER LA FIRMEZA PACIFICA: ASERTIVIDAD

Un buen maestro y una buena maestra necesitan fortaleza interior para poder cumplir con su misión. Hemos visto en el capítulo anterior cómo en toda clase hay algunos alumnos difíciles, y cómo incluso los niños y jóvenes ordenados tienen sus momentos difíciles. Para el maestro la cuestión no es sólo la de afirmarse a sí mismo. Debe también encontrar la energía para orientar de manera estable el curso educativo que tiene por correcto, muchas veces incluso en medio de la oposición por parte de padres, colegas o autoridades.

La fortaleza interna es, por tanto, la cuestión fundamental. Pero dicha fortaleza debe también manifestarse, por medio de las acciones y palabras adecuadas, en los momentos cruciales. Eso debe producirse con una firmeza pacífica. ¿Se puede ésta aprender? Algunos psicólogos anglosajones opinan que sí. Para ayudar en ello al maestro en formación aportamos las reflexiones y los pensamientos prácticos resultantes que siguen. Ese es el objetivo del capítulo presente.

Pero no se trata tan sólo de los maestros y maestras. También los niños y los jóvenes necesitan fortaleza para cumplir con sus tareas. El mundo en el que se inician también les proporcionará problemas. Deben aprender a resolverlos con firmeza pacífica. En este campo, deben aprender lo que sea aprendible. Las reflexiones que siguen muestran que el aprendizaje de la firmeza pacífica es un problema básico en el aprendizaje y en el desarrollo sociales.

Las acciones llevadas a cabo de manera desinteresada, con el espíritu de servicio, no son respetadas por todos. Son consideradas frecuentemente como debilidad. Eso tiene sus razones. La distancia entre la amabilidad y la debilidad es pequeña. La incapacidad de decir no, de pedir a otro un favor, de hacer valer el legítimo derecho propio, está más extendida de lo que se piensa. Pero esas capacidades son necesarias para que sea posible la cooperación humana. Como miembros de una comunidad no debemos comportarnos de manera sólo pasiva y preventiva ante todos los efectos negativos posibles. Cada uno tiene una tarea, positiva, que cumplir. Para lograrlo, se debe tener capacidad de ser también firme en el momento oportuno, no sólo ante el problema que debe ser resuelto de inmediato, sino también con el objeto de protegerse como persona y de asegurar el margen de juego necesario. Así entendidas las cosas, no existe ninguna contradicción entre la firmeza personal y la voluntad de servir al conjunto y de, en caso necesario, sacrificarse por él. Se trata del servicio al interés común, y los sacrificios son por una causa justa, no para ventaja de otro que busca utilizarnos.

El concepto de la asertividad

Esta concepción de la sociología y de la psicología de la personalidad se difundió mucho en los países anglosajones durante la década de los setenta. Se retomó el concepto de *asertiveness,* acuñado y analizado en 1958 por el psiquiatra José Wolpe (1973²).

Bajo este concepto se entiende hoy la capacidad de actuar al servicio de los mejores intereses propios, de defenderlos sin miedo exagerado y de expresar sentimientos de una manera natural, sin cometer injusticias con los demás (Alberti, 1977). *Assere* quiere decir en latín *mantenerse firme, hacer valer sus derechos.* De ahí viene también la palabra española *aserción,* acción de afirmar, asegurar. Asertividad podría interpretarse entonces como «hacer valer, sin herir a los demás, el punto de vista propio». Sugerimos interpretarlo como «firmeza pacífica». Se trata de conjugar el aspecto de poder explicar lo que se siente y defender sin miedo los intereses legítimos (firmeza), con el aspecto de que no se hace daño a los demás (pacífica). Con ello se diferencia el concepto de la capacidad brutal de salirse con la suya. Generalmente emplearemos la expresión «asertividad».

¿Quién debe aprender la «firmeza pacífica»? Adultos, jóvenes y niños, que se encuentran indefensos frente a los atrevimientos ajenos. La ira contenida en ellos puede conducir a daños en la salud. Es también peligroso cuando los sentimientos acumulados rompen el dique y producen desenlaces críticos.

Algunas personas afortunadas poseen la «firmeza pacífica», no digamos de manera innata, sino más bien como resultado de circunstancias educativas favorables. Sin embargo, si este rasgo del carácter no se ha desarrollado adecuadamente, se puede empezar a corregirlo o compensarlo. Wolpe y los psicólogos clínicos lo han mostrado, y se han impartido entre tanto numerosos cursos que enseñan la asertividad a diferentes grupos de personas con sus problemas de autoafirmación característicos: niños y jóvenes, especialmente muchachas e hijos de trabajadores extranjeros, minusválidos, mujeres, enfermeras, consumidores (Alberti, 1977). En la psicología norteamericana se habla de *assertivenesstraining* (AT), que podríamos traducir como «entrenamiento de la firmeza pacífica». Veremos que el concepto *training* no es del todo afortunado. Aunque se trata de elementos que se puedan ejercitar como en un entrenamiento, hay que reflexionar y discutir los fundamentos; por eso sería mejor hablar de «educación de la firmeza pacífica».

Los psicólogos hablan siguiendo a Wolpe (1973²) de *assertivenesstraining,* puesto que este autor quería entrenar la firmeza pacífica por medio del «desaprendizaje del miedo» *(unlearning of anxiety).* Los pacientes deben aprender a reaccionar con distensión consciente y afirmación de sí mismos, ante situaciones que producen miedo. Eso los debe des-sensibilizar frente a tal tipo de situaciones. Al mismo tiempo debían aprender» a expresar de una manera natural tanto su ira como su agrado, y a dominar situaciones-problema.

La presentación que sigue de la asertividad y de la «educación de la firmeza pacífica» se refiere a los alumnos y a la clase. Mostramos, con otras palabras, cómo aprende el alumno la firmeza pacífica. Opinamos que también el maestro y la maestra deben aprender estas cosas. Eso puede hacerse mediante ejercicios en su formación básica, iguales a los aquí descritos, con la sola diferencia de que la reflexión sobre los problemas es más profunda y la extensión conceptual más amplia, tal como la hacemos en el capítulo presente. Lo mismo puede decirse de la formación de los profesores. Se pueden reunir en cursos de asertividad maestros y maestras que no sólo quieren ayudar a sus alumnos, sino también ayudarse a sí mismos. Puede ser el caso, por ejemplo, cuando experimenten que la falta de asertividad incide en sus problemas de disciplina.

Finalmente, también los maestros en ejercicio, que educan la asertividad de los alumnos, pueden ellos mismos aprenderla simultáneamente. Reflexionan y practican por sí mismos los comportamientos correspondientes, al reflexionar sobre ellos y practicarlos con sus alumnos; es una coincidencia afortunada de los intereses de maestros y alumnos.

Los tres componentes
de la asertividad

La asertividad tiene tres componentes: reactivo, activo y expresivo.

Asertividad reactiva

Debemos ser capaces de negarnos a exigencias exageradas de los demás, cuya satisfacción nos perjudica y que no sirven verdaderamente al otro; o, al menos, de mantenerlas en sus justos límites. Se da el caso del alumno, a quien su vecino siempre pide prestados los materiales de estudio que olvida en casa (un lápiz de color, un compás, una regla, etc.); o de la alumna, a la que su amiga intenta copiar siempre las tareas de matemáticas, porque no las puede hacer; y, también, del alumno o alumna amable, a quien se busca encargar siempre de cosas molestas («habla tú con el administrador...»).

Los niños tienen ante sí cometidos especialmente difíciles cuando deben hacerse valer frente a los adultos; por ejemplo, cuando son relegados en la espera de un turno, o vienen otros y pasan delante. Aquí el defenderse es una prolongación del poder decir «no». Los problemas planteados son más difíciles de solucionar para unos niños que para otros; es más difícil para las niñas que para los niños, más difícil para los pequeños y débiles que para los grandes y fuertes, más para los hijos de padres extranjeros que para los locales, más para los de clase social modesta que para los de clase media.

Asertividad activa

Los comportamientos activos consisten en cosas como dirigirse a los demás para solicitar información o ayuda. Para hacerlo, hay que correr el riesgo de dirigirse al otro y llamar su atención. Se debe vencer el miedo a ser tomado por pedigüeño, en caso extremo a hacer el ridículo o sufrir una humillación. Aun cuando se trate simplemente de establecer un contacto, hay que superarse para hacerlo. Es necesario un poco de *confianza en sí mismo*. Hay que estar convencido de la legitimidad del asunto deseado, y se debe disponer de las palabras adecuadas para formularlo. Eso puede conseguirse con entrenamiento.

Asertividad expresiva

Es la capacidad de expresar los propios sentimientos de una manera controlada y por tanto adecuada. Para que funcionen las relaciones humanas y el trabajo en común, las partes deben estar en disposición de mostrar a los otros cómo vivencian las relaciones. Eso posibilita la adaptación mutua, siempre necesaria: cuando uno da señales de impaciencia, el otro sabe que debe darse prisa, abreviar su comunicación, terminar; cuando uno detecta ira en el otro, puede pensar por qué, e intentar modificar su comportamiento. Si los interlocutores no muestran sus sentimientos, estas correcciones no son posibles; la situación desagradable se mantiene, los sentimientos se reprimen, y tarde o temprano se da una explosión que produce más daño que si se hubieran manifestado a tiempo. Esta manifestación debe hacerse de manera controlada, pues existe el peligro de herir al compañero. Las necesidades del otro deben ser tenidas en cuenta. Control significa aquí reconocer y respetar la posición del otro. Es un problema de empatía. La manifestación de los sentimientos no debe ser «egocéntrica», debe transmitir un mensaje. Se la ha llamado «mensajes del yo», puesto que informa sobre la situación en que se encuentra el yo (Gordon, 1981).

La educación de la asertividad («assertivenesstraining»)

Se puede ver que los tres componentes de la asertividad son comportamientos cuya justificación puede ser examinada y cuya realización puede ser ejercitada. El maestro también debe adquirir el repertorio mental y oral necesario para comportarse correctamente. Lo fundamental es comprender la situación dada, que viene determinada por sus nexos objetivos y por las necesidades e intenciones de los involucrados. La educación de la asertividad debe proporcionar, por tanto, *conocimientos objetivos, percepción social* y *sensibilidad frente a las relaciones interpersonales*. Además, se necesitan siempre *ideas de solución para los problemas interpersonales* y, en tercer lugar, los implicados necesitan *palabras* para proponer las soluciones y expresar sus intenciones. En la bibliografía sobre el entrenamiento de la asertividad se dan buenos ejemplos.

Cooley y Hollandsworth (1977), por ejemplo, han sugerido a sus pacientes distinguir tres componentes al decir «no»: 1) tomar posición; 2) fundamentarla, y 3) expresar comprensión por la situación del otro.

Ejemplo: un alumno pide prestado a su compañero el estuche de dibujo. Este responde: 1) «Lo siento, pero no quiero prestártelo más. 2) ¿Sabes? La última vez que me lo devolviste, el forro estaba sucio y al compás le faltaba un tornillo. 3) Comprendo que esto te cause problemas hoy, pero debes buscar otra manera de solucionarlos, quizá trayendo tu propio estuche».

En el caso de que se pida un favor, o de que se quiera hacer valer un derecho, sugieren los siguientes tres componentes: 1) describir la situación insatisfactoria; 2) para solicitar el favor o formular la exigencia, y 3) fundamentar adicionalmente la necesidad o la exigencia.

Ejemplo: Un grupo de estudiantes intenta monopolizar toda la cancha de baloncesto, de manera que los demás no jueguen en ella. Un alumno habla con el jefe del equipo de baloncesto: «1) Oye, no podéis tomar toda la cancha para vuestro juego. Un grupo bastante grande quisiéramos jugar también aquí, y tenemos el mismo derecho. 2) No tengáis mala idea y jugad en la mitad de la cancha, y dejadnos la otra mitad. 3) Nosotros también tenemos recreo ahora, y queremos divertirnos, ¿de acuerdo?».

Finalmente, hay que expresar los sentimientos de manera controlada; es decir, teniendo en cuenta la situación y necesidades de los otros y no hiriéndolos.

Ejemplo: Dos jóvenes comparten el mismo cuarto en una colonia de verano. Uno quiere leer, el otro tiene la radio encendida, oyendo las noticias deportivas. El primero dice: «Oye, quisiera leer. Las noticias deportivas me molestan. No puedo leer y me da rabia. ¿Puedes bajar el volumen a tu radio o usar los auriculares? Así también podrías oír las noticias».

Lo que decimos aquí e ilustramos con ejemplos parece sencillo. La práctica demuestra, sin embargo, que no es tan obvio para los jóvenes solucionar sus problemas. El que quiere hacer valer sus derechos, puede no tener el valor de hacerlo; puede tener miedo. Puede no calibrar correctamente la situación del otro, es decir, no tener claridad sobre sus necesidades y objetivos ni ver con claridad la situación del otro, ni encontrar las palabras para expresarse y hacerse valer con firmeza pacífica.

¿Aprender asertividad en la escuela?

Nos planteamos la pregunta de si la enseñanza escolar puede y debe contribuir al desarrollo de la asertividad en los alumnos.

Que ello es deseable, no necesita justificarse después de lo expuesto anteriormente. Como en la escuela tienen lugar actividades comunes y los jóvenes trabajan en común, se presentan en seguida problemas al hacer valer los derechos personales. Se presentan incluso en la enseñanza tradicional. Los contactos informales de los alumnos en el aula, en el patio de recreo y camino a la escuela, lo mismo que los contactos entre maestros y alumnos, continuamente exigen que cada cual defienda sus puntos de vista y sus derechos. Si los alumnos (y maestros) aprenden a hacerlo de manera pacífica, saldrá beneficiada la vida escolar y los alumnos aprenderán algo que les servirá para toda la vida. ¿Cómo proceder entonces? Si la clase está distribuida en las asignaturas clásicas, ¿en cuáles hacerlo?

La última pregunta es fácil de resolver. Donde exista una asignatura de «comportamiento social», puede incluirse muy bien las lecciones de asertividad. Lo mismo sucede con la «ética», donde puede reflexionarse en común sobre los fundamentos. También las lecciones de lengua materna pueden ocuparse de las cuestiones tocadas aquí, puesto que la mayor parte de los problemas que hemos visto se solucionan con ayuda del lenguaje. Los alumnos deben aprender a formular su pensamiento con las palabras apropiadas. Es un problema básico en la clase de idioma; es precisamente en esta clase donde sale casi siempre a relucir una gran variedad de problemas psicológicos y sociales. Ello puede ocurrir dentro del contexto cotidiano de la práctica docente, en la cual se verbalizan también problemas y ejercicios correspondientes de asertividad.

Finalmente, en cualquier tipo de clase se confrontan intereses encontrados de alumnos, o de alumnos y maestros. Cuando el maestro no sólo se comporta como el experto en una materia, sino que tiene en cuenta también su función educativa, encuentra una buena oportunidad para tomar como tema de reflexión y ejercicio el problema del equilibrio entre los derechos y las necesidades individuales. Ello lo conducirá automáticamente a reflexiones y ejercicios como los que diseñamos a continuación. No necesita tomarse para ello toda una hora de clase, sino que puede más bien diseminarlos por toda su enseñanza. ¿Qué objetivos específicos hay que plantear, y cómo proceder al respecto?

Cualquiera que sea el caso, debe clarificarse la situación en que surjan los problemas del hacer valer las necesidades y/o los derechos de las personas. Eso forma parte de la ética aplicada, y eventualmente del derecho. Cuanto mayores sean los alumnos, mejor podrán trabajarse los aspectos fundamentales. Con los pequeños se buscará conseguir el sentido elemental de justicia y desarrollarlo a un nivel concreto. Los alumnos deben adquirir una imagen clara de cuáles son los derechos de los implicados en una situación dada: *Your perfect right,* como se titula con acierto un libro sobre el entrenamiento de la asertividad (Alberti y Emmons, 1974[2]).

Además, deben verbalizarse las razones que impiden a las personas hacer valer su derecho o su necesidad. Casi siempre son sentimientos de temor. Una tarea importante del maestro consiste en hacer ver claro al alumno que no debe avergonzarse de ese temor, que se trata más bien de una reacción humana natural y muy difundida, pero que conduce con frecuencia a reacciones desfavorables y que puede ser superada.

Se trata entonces de encontrar soluciones mejores. Los alumnos no tendrán dificultad en hacer propuestas al respecto. El maestro puede completar lo que falte. Son procedimientos didácticos clásicos. No bastan, sin embargo, para darle al alumno la capacidad de hacer valer sus derechos de una manera pacífica y firme. Se necesita además el ejercicio. Aquí ayuda el *juego de roles*. Se reconstruye la situación problema que dio pie a las reflexiones realizadas, y se dramatizan diferentes soluciones. Algunos autores sugieren que se elija un procedimiento cuasi-didáctico. Los alumnos representan ante la clase la escena en la cual la persona clave no hace valer su derecho o su necesidad ni manifiesta sus sentimientos. Luego se representa el caso opuesto; en lugar de reaccionar con firmeza pacífica, el personaje principal produce una reacción agresiva. Hiere con ello al otro y no consigue ninguna solución adecuada del problema. Finalmente, se dramatiza y se juzga la «reacción de firmeza pacífica». En estos ejercicios se ha comprobado que es muy útil intercambiar los roles. Eso ayuda a comprender la posición del otro.

La videograbadora puede ser útil en estos ejercicios. Pueden proyectarse escenas de películas preparadas con anticipación e interrumpirlas en el momento en que los implicados estén a punto de reaccionar. Los alumnos, poniéndose en su lugar, sugieren posibles desenlaces. Se comparan y juzgan las diferentes sugerencias. Entonces se proyecta la continuación de la película y se compara con las respuestas aportadas.

También pueden registrarse las escenas representadas espontáneamente, para proyectarlas de nuevo ante sus actores y ante el resto de la clase. Esta *autoconfrontación* es muy valiosa. Permite al grupo adquirir comprensión de los procesos sociales y juzgar sus efectos.

Meichenbaum (1977) ha señalado que en estos procesos de aprendizaje juegan un papel importante las *autoinstrucciones* y los *autorrefuerzos*. Los participantes manifiestan en el juego de roles sus sentimientos, las instrucciones que se dan a sí mismos, los premios que se otorgan; y lo hacen en voz alta, no pensando para sí. A continuación un ejemplo abreviado (Meichenbaum, 1977):

La situación: un joven habla con una chica, a quien quiere causar una buena impresión. Esta comienza a hablar de algún personaje público, a quien el chico ni siquiera ha oído mencionar. Ella dice: «¿Qué opinas de X?».

Autoinstrucción: el joven manifiesta en voz alta sus pensamientos: «Me pilló. Debo decirle que esa persona no me interesa en absoluto, de lo contrario quedo mal. La política me es de todos modos indiferente... Quizá debiera romper mi relación con esta chica... ¡No!, sería muy apresurado. Si hablo así, notará enseguida que estoy fanfarroneando. A fin de cuentas, podría aceptar que no he oído hablar de X. Por otro lado, seguro que yo también sé cantidad de cosas que ella no sabe».

Autorrefuerzo: «Sí, es lo más prudente; eso pienso. Con seguridad sólo intenta establecer una conversación sensata conmigo. No necesito dejarme llevar inmediatamente por el pánico y contestar agresivamente...».

Meichenbaum sugiere demostrar con frecuencia a los alumnos, por medio del pensamiento en voz alta, cómo se juzga una situación y cómo puede uno instruirse y animarse a sí mismo hacia una reacción adecuada.

En ciertos casos son posibles los ejercicios de aplicación *in vivo*; se ha conversado sobre cómo se comporta uno cuando hay que comunicar un interés a una persona extraña, pedirle, por ejemplo, un favor. En seguida se envía a los alumnos para que intenten, por ejemplo, preguntar la hora a una persona, o dónde queda correos, o preguntar a un policía si la luz trasera de la bicicleta funciona, o qué se debe hacer cuando uno ha perdido su carnet de conducir. Podrían pensarse ejercicios similares para hacer frente a ventanillas de atención al público o en los almacenes. Se trata de aplicaciones «de campo». Los alumnos vuelven a la escuela con un botín rico en experiencias que pueden ser evaluadas.

Finalmente, puede indicarse a los alumnos cómo pueden *prepararse* para los conflictos previsibles de la vida diaria. No siempre es posible reaccionar *ad hoc* correctamente, aunque en clase se hayan manejado exhaustivamente las situaciones típicas. Pero cuando se prevé que ciertos conflictos han de repetirse, es posible preparar la reacción correcta. Con este objetivo se representará uno la situación mentalmente, e intentará imaginarse con exactitud los sentimientos y reacciones propias, y los del otro. Entonces se buscarán fórmulas para hacerse escuchar. Se imagina uno cómo procedería en ese caso concreto con distensión, con firmeza pacífica. Se representa varias veces la solución encontrada, ante personajes puramente imaginados. Se imaginará uno también el desenlace exitoso de la escena, y se animará a intentar buscar en la realidad la solución planeada. Este darse ánimos y fuerzas ayuda a reducir los sentimientos de temor ante situaciones de precaución.

Resumiendo, afirmamos que la asertividad juega un papel no despreciable en el trato interpersonal. Como maestros debemos impregnar nuestra conciencia con las representaciones correspondientes y convertirlas en objetivos del aprendizaje social. Hemos visto que no se trata sólo de la capacidad de manifestar los sentimientos propios, de reaccionar correctamente ante las provocaciones y, dado el caso, de superar el temor y establecer determinados contactos. Se trata también de contemplar correctamente los derechos personales, los propios *y* los ajenos, y de conseguir a partir de esta visión la fortaleza y la firmeza para defenderlos. Así las cosas, el problema trasciende la adquisición de la «firmeza pacífica». Se trata, en última instancia, de la conformación de una conciencia viva de lo justo, y de la fortaleza para sacarlo adelante.

6
PLANES DE ENSEÑANZA, OBJETIVOS DE APRENDIZAJE Y PREPARACION DE CLASES

19. LOS PLANES DE ENSEÑANZA SON PLANES DE APRENDIZAJE: EL CURRICULO

En las sociedades primitivas no se necesitaban ni didáctica ni planes de enseñanza; la nueva generación se socializaba gracias a la participación en las actividades de los adultos y a la asunción paulatina de tareas y responsabilidades. Se necesitan al surgir las escuelas, cuando se delega una parte de las tareas de educación y formación en especialistas en educación y formación. Al surgir las escuelas desarrollan su vida propia. Se hace entonces necesario planificar lo que sucede en ellas. Para ello sirven los planes de enseñanza.

La expresión «currículo», hablando gráficamente, significa que los alumnos se dirigen a su objetivo (*currere* en latín significa caminar; los currículos son los caminos del aprendizaje). Esta expresión nos indica que no debemos describir primariamente el recorrido de la enseñanza, sino más bien el del aprendizaje de los alumnos. Sólo secundariamente describiremos el proceso de la enseñanza, o sea las medidas que desencadenan y guían el aprendizaje de los alumnos.

La enseñanza y el aprendizaje se pueden planificar diariamente. Los currículos tienen otra perspectiva. Buscan planificar para períodos más largos de tiempo, meses o años. ¿A qué plazo se debe proyectar el horizonte de la planificación? Se necesita planear tanto a largo como a corto plazo. Los planes oficiales de enseñanza deben tener en consideración la vida entera, al menos la vida escolar hasta el ingreso del joven en la vida laboral. Decimos precisamente que aprendemos «para la vida». Los planes de enseñanza escolar deberían entonces describir, idealmente, cómo toma la escuela al niño, con el saber y el saber hacer adquiridos con la familia y el jardín de infancia, para entregarlo finalmente a la vida adulta, a los 16 ó 20 años, según el tipo y la duración de su formación.

Para ese espacio debe ser planeado el aprendizaje escolar. En muchos países, los planes oficiales de enseñanza contienen sólo los rasgos generales de lo que sucede en el interior de un curso escolar. El resto de la planificación es asunto del maestro o maestra correspondiente. Estos son, por tanto, «diseñadores de planes de enseñanza». Al comienzo de un curso toman el calendario anual, donde se indican los períodos escolares con sus vacaciones correspondientes, y hacen un plan por períodos. El trabajo diario se consigna en una programación semanal, o bien se realiza día por día. Sobre estas últimas formas de organización de la enseñanza hablaremos en un capítulo especial (capítulo 22).

En este capítulo tratamos los planes para períodos más largos. Los maestros y maestras son los responsables de ellos, bien sea porque diseñen los currículos oficiales, en representación de sus colegas, bien sea porque se trate de la elaboración personal de los planes anuales o para los períodos dentro del año. Para ello es importante que tengan claridad sobre los fundamentos de su construcción y de los puntos de vista que deben ser aplicados en ella.

Idealmente, la didáctica y el plan de enseñanza constituyen una unidad interna. Maestros y maestras deben poder considerar sus planes anuales, trimestrales, o semanales, como una prolongación y consolidación de los planes oficiales de enseñanza. Deben estar en condiciones de desarrollar cada clase a partir de las ideas clave de los currículos y de sus propios planes.

Con ello vemos las *funciones del currículo*. Para el maestro representa éste el plan amplio y comprensivo de su actividad docente. Inspira la planificación de su enseñanza para períodos largos de tiempo y la elaboración de cada una de las sesiones. También proporciona criterios para el autocontrol, por parte de los que aprenden, de los resultados de su aprendizaje (y, en algunos casos, también para el control externo, fundamentado y no arbitrario). Frente al plan de enseñanza nos preguntamos cada cierto tiempo: ¿en qué posición se encuentran mis alumnos, con respecto al trabajo para el período o para el año? O nos hacemos preguntas más de fondo: ¿en qué situación se encuentran con respecto al recorrido que los conduce a la vida adulta? ¿Qué saben y qué saben hacer? ¿Qué experiencias y qué procesos de aprendizaje han realizado con éxito? ¿Qué falta aún? ¿Qué deben todavía aprender y experimentar, conmigo y con los colegas que habrán de estar con ellos? De esta manera conseguimos una perspectiva más amplia de nuestro trabajo. Dejamos de vivir de lo inmediato. El pequeño espacio del trabajo cotidiano adquiere su sentido a partir del proceso global y del objetivo final; de que el alumno se convierta en adulto.

Consideremos en primer lugar las cuestiones básicas que deben fundamentar la elaboración de los planes de estudio. Están relacionadas con los objetivos de la enseñanza.

Construir los medios para el cumplimiento de las tareas vitales

En la sección que sigue contemplamos el plan de enseñanza desde fuera, por decirlo así; mostramos que, en última instancia, debe estar orientado a la realización vital de la persona en crecimiento. Todo lo que aprenden los jóvenes debe encontrar, finalmente, su aplicación en la vida (y no sólo en la escuela). Estas ideas nos conducen entonces a las actividades de enseñanza y aprendizaje que amplían el saber y el saber hacer de los jóvenes.

Vimos en el capítulo inicial de este libro que la enseñanza proporciona medios de acción social y referida a las cosas, y del reconocimiento de los procesos referidos a las personas y a las cosas. Debemos preguntarnos entonces qué aportan los medios de acción y de reconocimiento a la vida del estudiante. La pregunta se vuelve naturalmente más crítica en la medida en que se aproxima éste al final de su período escolar. En este caso la pregunta se modifica: ¿para qué está cualificado como persona, con sus habilidades prácticas, con su capacidad de trabajo y de pensamiento? ¿De qué medios de acción, de contemplación y de explicación dispone para confrontar su vida extralaboral?

Preguntamos aquí por las *competencias* del joven. Es «competente» quien dispone de medios de acción y de reconocimiento, y puede emplearlos. Los campos de esas competencias los hemos agrupado en este libro en tres dimensiones, cada una con dos valores posibles: *competencias relacionadas con cosas* y *competencias sociales*, competencias *de la acción práctica* y del *reconocimiento* («competencias productivas y representativas») y *competencias reales*, en la interacción con las cosas y con los hombres mismos, y *competencias simbólicas*, en el manejo especialmente de los lenguajes naturales y artificiales.

Pero la cualificación de los jóvenes tiene todavía otro aspecto. No es necesario que nos quedemos en la metáfora de la caja de herramientas (¿qué instrumentos encontramos para la acción y el reconocimiento en torno a cosas y personas, para el manejo simbólico y concreto de las personas y cosas de este mundo?). Debemos preguntarnos también por la *concepción del mundo* del joven. Todo hombre, incluso el joven, tiene una imagen del mundo en que vive. Puede representárselo como una especie de mapa. En principio sólo están representadas algunas pocas regiones, prácticamente sólo la casa y el vecindario, con sus aconteceres objetivos y sociales. A ésos se ligan luego algunos otros puntos; en el nuevo alumno el mundo de los cuentos y otras historias que oye narrar y que ve en televisión, y algunas informaciones que el niño capta de los padres y de los hermanos mayores, sobre el trabajo del padre, sobre el lugar donde creció la madre, etc.

Esta concepción del mundo tiene también una *dimensión de profundidad*. Con el crecimiento el niño va comprendiendo mejor el mundo, de manera más profunda; qué clase de trabajo es el que tienen su padre y su madre, cuál es su contexto económico, cómo se relaciona éste con el salario que reciben, etc. Pestalozzi ha dicho que el mundo del niño se amplía por medio de *círculos concéntricos*. Eso lo puede también decir uno a propósito de su concepción del mundo. Esta debe ser complementada paulatinamente con niveles sucesivos de profundidad en la comprensión.

De esta manera, la formación de los jóvenes puede ser contemplada como un proceso doble: por un lado, como la construcción del repertorio de posibilidades de acción y de representación; por el otro, como una ampliación, un entretejido y una profundización paulatinos de la concepción del mundo. No debemos representarnos estos dos aspectos del desarrollo intelectual como procesos separados. Sin embargo, es posible entresacar del saber mundano elementos aislados de saber, y manejarlos aisladamente al servicio de la acción y del reconocimiento.

Está claro que la escuela hace una contribución importante, tanto al desarrollo de las posibilidades de acción y de conocimiento de la persona, como al desarrollo de su concepción del mundo. De ahí resultan conclusiones importantes para la teoría del currículo. Cuando nos fijamos en las grandes interrelaciones y nexos, debemos siempre preguntarnos qué aporta una sesión de enseñanza dada a la construcción del repertorio de acción y de conocimiento, y qué aporta al desarrollo de la concepción del mundo.

Los jóvenes aprenden, por ejemplo, sobre la vida en una ciudad medieval. ¿Qué operaciones de conocimiento y qué conceptos adquieren con ello? ¿Qué ampliación experimenta con esa experiencia su concepción del mundo? ¿Con el saber adquirido se logra también algo para la acción? ¿Qué?

O es el caso que estemos trabajando con la «regla de tres» o, más modernamente, con el concepto de variable dependiente. ¿Qué esquemas de acción, qué comportamientos se ganan con dicha comprensión? ¿Qué conocimientos nuevos son posibles con ella? ¿Cómo se modifica el saber de los jóvenes sobre el mundo, cuando éstos reconocen en determinados contextos la modificación de una magnitud como dependiente de la de otra?

O planteamos a un alumno del último año del bachillerato clásico, cómo le posibilita su aprendizaje de los procesos económicos comprender las cosas que suceden en su medio o cuál es su saber sobre el mundo en el campo del derecho. A otro alumno de bachillerato podemos preguntarle qué grado de profundidad tiene el saber sobre los asuntos humanos que adquiere en la escuela. ¿Qué sabe sobre los procesos vitales de nacimiento, maduración, salud, enfermedad, muerte? ¿Qué habilidades prácticas le proporciona la escuela? ¿Qué problemas ha aprendido a solucionar? ¿Con qué conceptos piensa sobre la familia, el papel de padres e hijos, sobre la escuela, el trabajo, el tiempo libre?

Con ello se ve que el problema de la *aplicación* del aprendizaje escolar se convierte en algo fundamental, no sólo para la didáctica, sino también para el currículo. Todo saber y saber hacer que buscamos transmitir debe ser aplicable, y no sólo en las tareas asignadas por la escuela, sino también en las situaciones vitales que el alumno encuentra en su mundo, y que encontrará posteriormente, cuando sea joven adulto.

Despertar intereses, conformar valores

Hemos indicado una y otra vez en este libro que en la escuela no se trata sólo de proporcionar saber y saber hacer. Sin los intereses y valores, nuestros esquemas de acción y de representación no tienen más que un carácter instrumental. Los usamos cuando los necesitamos; cuando no, los dejamos a un lado. Lo mismo puede decirse de nuestro saber sobre el mundo. Se le ha comparado a un mapa (Tolman, 1932) que usamos como una herramienta, cuando tenemos que orientarnos. No es necesario que tenga un valor en sí mismo.

Pero las cosas pueden ser de otra manera. Las posibilidades de acción y de reconocimiento pueden ser intrínsecamente interesantes. Emprendemos algo por sí mismo, porque nos interesa, porque lo hacemos con agrado, porque encontramos satisfacción ocupándonos de ello. Para el investigador es siempre intrínsecamente

244

interesante la búsqueda de nuevo conocimiento y comprensión. Lo hace aunque nadie se lo indique, sea que le aporte algo o no.

Lo mismo puede decirse de la concepción del mundo. Acordémonos de la imagen afortunada de Schiefele, del «relieve de significado». Hay regiones en nuestra imagen del mundo que tienen sentido para nosotros, son valiosas, regiones en las cuales nos detenemos, física o mentalmente, con agrado. Con ello el moverse dentro del propio mundo se vuelve intrínsecamente interesante. Eso puede notarse cuando interrogamos a alguien sobre determinados ámbitos de su saber: la pesca o la apicultura, por ejemplo, o el arte romántico, o la ciudades de Toscana; comenzará a animarse y, si somos interlocutores adecuados, surgirá una discusión apasionante.

No debemos imaginarnos los intereses y los valores como algo separado de los esquemas de acción y de conocimiento, ni menos del saber sobre el mundo. Toda destreza práctica, todo concepto y toda observación y saber puede convertirse en algo vivo, interesante y valioso. El contenido (la «estructura») es el mismo. La diferencia es la activación que le da vida, que lo hace resplandecer o brillar.

Debemos entonces proyectar estas ideas a la formación del joven. Se puede ver cómo durante su transcurso, se despiertan y se modifican los intereses. Algunos se vuelven a opacar. Así es como comienza el alumno a entusiasmarse por la historia de la Edad Media, por los procesos químicos, por la pintura al pastel. El aprendiz comienza a interesarse por el trabajo en su oficio. Surgen regiones en la concepción del mundo del joven que lo atraen, en las cuales se mueve con agrado, en las cuales se siente como en casa, como un pequeño experto.

Estas cosas no se pueden programar sin más. Tampoco puede prefijarse en un plan de enseñanza que los alumnos encuentren interesante y valioso, por ejemplo, la Edad Media o los procesos químicos de un alto horno. Pero la planificación de las lecciones debe, por lo menos, ser hecha de tal manera que no lo impidan; más aún, que lo posibiliten. Lo posibilitan cuando, por ejemplo, el alumno puede ocuparse de manera autónoma en un área determinada, cuando puede realizar por su cuenta un poco de investigación histórica, tomar parte en una excavación arqueológica, llevar a cabo experimentos químicos, participar en un grupo de trabajo. Eso debería aparecer en un plan de enseñanza.

Educación de los sentimientos

La pregunta, naturalmente, es qué más puede decirse acerca de los sentimientos, teniendo en cuenta que ya hemos tratado la acción artística, estética, el cultivo de la música, de las artes plásticas y la educación corporal (ritmo, danza, etc.), y el despertar de los intereses y valores correspondientes. Aun así, se dan sentimientos que no son vivencias estéticas ni vivencias de valores. Pensemos en los sentimientos ligados al trato con los animales, o en los lazos emocionales que nos unen a los demás, a los niños o a los padres.

Tales sentimientos son todavía más difíciles de «fabricar» que los intereses y valores. Sin embargo, es bueno que en los planes de enseñanza no olvidemos los aspectos emocionales de las activides escolares ni las relaciones que construimos en su contexto. Se dan temas que están más cerca, y otros que están más alejados, de las vivencias del maestro y del alumno medio. Con seguridad experimentará sentimientos más profundos con *El Rey Lear* de Shakespeare, o con el *Diario de un cura rural*, de Bernanos, que si leen un texto de Oscar Wilde o de Voltaire. Eso debe tenerse en cuenta en la construcción de un plan de estudios.

También aquí haremos algunas reflexiones desde el punto de vista de la psicología del desarrollo. Pensamos que también la vida sentimental del alumno se diferencia con el transcurso de los años. Eso no significa sólo que en la escuela primaria no puede esperarse despertar en el niño sentimientos, de los cuales sólo será capaz de joven; significa también que el maestro no intenta proyectar sus reacciones particulares de adulto, ni esperarlas o no de los alumnos, frente a la literatura o a los acontecimientos históricos, por ejemplo. Es así cómo algunos trozos de literatura épica y clásica ya no figuran, o figuran poco, en los planes de enseñanza. Naturalmente, en el contexto del siglo XX no contemplamos esa literatura con la ingenuidad de nuestros abuelos. Sin embargo, somos injustos con los alumnos cuando los mantenemos fuera de esa experiencia. Aquí debemos consignar algunas ideas de la recapitulación; el joven tiene derecho, y es también bueno para su desarrollo, a experimentar en forma ingenua e íntegra ciertos sentimientos, que sabemos muy bien han de complicarse y desintegrarse con el tiempo.

Eso quiere básicamente decir, con relación al desarrollo de un plan de estudios, que en el marco de la clase el joven será interpelado íntegramente, y que en determinados momentos se implicará también emocionalmente, y que nosotros debemos preparar temas y actividades que permitan esta vivencia, de acuerdo con el estadio de su desarrollo.

El plan de enseñanza tampoco intentará cultivar la vida sentimental dentro del marco cerrado de la clase. El alumno aporta sus sentimientos y experiencias extraescolares. Estos se han desarrollado al contacto con padres y hermanos, en situaciones más genuinas y reales que las de aprendizaje. Los sentimientos que se despiertan en la escuela deben poder ligarse a los sentimientos que el niño y el joven viven en casa, en la familia, en su cotidianeidad no escolar. También aprendemos los sentimientos «para la vida», y no para algunas clases especiales de literatura o de arte. Deben también adecuarse al mundo, actual y futuro, del alumno.

Puntos de inserción del aprendizaje escolar: requisitos del aprendizaje

Intentamos, pues, contemplar los objetivos del aprendizaje a la luz de sus efectos en la vida. Nuestros planes de enseñanza son, en sentido amplio, «orientados a la aplicación». Lo son en la medida en que intentemos imaginarnos cómo aplica el alumno su saber y su saber hacer en la vida extraescolar, cómo realiza sus intereses y valores en su vida, y cómo finalmente los sentimientos, que ha desarrollado un poco más en la escuela, diferenciándolos y profundizándolos, enriquecen de nuevo y dan profundidad a su vida extraescolar.

Pero en la acción humana, y por tanto también en la educativa, una cosa son los objetivos y otra son las *condiciones* bajo las cuales actuamos, tendemos a nuestros fines e intentamos producir nuestros efectos. Eso naturalmente es válido también para el aprendizaje escolar. Este depende de muchas condiciones, que llamamos *requisitos del aprendizaje*. Nos planteamos los siguientes interrogantes:

1. ¿Qué saber trae consigo el alumno?
2. ¿Qué saber hacer trae consigo?
3. ¿Qué intereses y valores o, en general, qué motivos lo mueven?
4. ¿De qué sensaciones y sentimientos es capaz, hasta hoy?

Comenzamos en este caso por considerar el significado de los dos primeros puntos de vista, intelectuales (o «cognitivos»).

Todo maestro sabe que el conocimiento previo de lo que el alumno trae a una situación de aprendizaje es importante para su éxito. Ello representa no sólo los puntos de inserción para la elaboración de lo nuevo, sino que el alumno coloca igualmente sus medios de acción y de reconocimiento, adquiridos hasta el momento, en una situación de experiencia y de aprendizaje nueva; son las capacidades, por tanto, con las cuales construye y procesa sus nuevas experiencias. Y no sólo eso; también aporta sus intereses y motivos. Podemos decir, en general, que el aprendizaje es una tensión entre los requisitos de aprendizaje y los objetivos de aprendizaje. Los planes de enseñanza deben tener en cuenta no sólo a los últimos, sino también a los primeros. ¿Qué significa eso?

En toda enseñanza hay dos grandes grupos de requisitos de aprendizaje: aquellos que aporta el alumno de su experiencia cotidiana y aquellos que ha adquirido en las clases anteriores. Podría pensarse que el segundo grupo es el más importante. No necesariamente. Comparados con las experiencias cotidianas, los resultados del aprendizaje escolar son en promedio más grises y superficiales. Cuando las cosas funcionan bien, aunque son más claros y sistemáticos, no ponen en juego, sin embargo, las energías profundas de la persona. Con frecuencia están contenidos en unos apuntes de papel, teóricos y verbales. Los prácticos hablan con desdén del saber escolar; es verdad, éste se manifiesta muchas veces como producto, poco sólido, del adiestramiento. Lo mismo puede decirse de los intereses, valores y sentimientos que se han desarrollado sólo en el círculo de la escuela y de la clase. Tampoco son profundos ni sólidos.

Por el contrario, la experiencia cotidiana tiene grandes cualidades. En ella están estrechamente ligados teoría y práctica, saber y saber hacer. El reconocimiento y la acción conforman una unidad. Se sabe lo que hay que saber para llegar a objetivos prácticos. Lo verdadero y lo útil están cercanos. El actuar y el conocer cotidianos están motivados. En ellos se hace lo que interesa a la persona. Lo demás permanece en el trasfondo. Las situaciones y procedimientos de la vida diaria son también situaciones de verdad. Cuando algo sucede y cuando los hombres actúan, suele ser de veras. Por eso tales procedimientos tienen una connotación emocional genuina para ellos. También los valores de lo bueno, de lo bello y de lo verdadero, como de lo útil, están ligados entre sí en la experiencia diaria. La moral es una moral de la acción práctica. También la belleza se realiza en acciones prácticas, tales como arreglar la mesa un domingo, decorar una tarjeta de felicitación, vestirse especialmente para acontecimientos determinados... En todos esos procedimientos se trata de actuar y de pensar correctamente; en otras palabras, de que nuestro pensamiento y nuestra acción sean verdaderos. Finalmente, la cotidianeidad no es generalmente algo puramente individual, sino social; todos los ejemplos anteriores son ejemplos de la acción y del pensamiento social, que incluye intercambio y comunicación.

Eso trae como consecuencia que la experiencia cotidiana suministra los requisitos más importantes y sólidos para el aprendizaje. La escuela debe aprovecharse de ellos. Debe por tanto pensarse siempre, cuando se planea una clase o se confeccionan planes de enseñanza, qué experiencias cotidianas se piensa tomar como puntos de inserción o de enganche.

La práctica vital iluminada intelectualmente: el campo de la teoría

A partir de la doble referencia del plan de enseñanza, a la experiencia cotidiana como campo de requisitos y al campo de la aplicación, se ha complicado la imagen simple de un aprendizaje que se construye sólo a partir de sus propios resultados. No basta mostrar en el plan de enseñanza cómo se ligan resultados a resultados en el aprendizaje teórico, ni cómo se organizan unas habilidades con otras en las asignaturas prácticas.

La nueva imagen se configura a partir de dos coordenadas principales: una teórica y una de la práctica vital. Nos las representamos moviéndose horizontalmente, la coordenada de la praxis por encima de la teoría escolar. A intervalos regulares la clase teórica extrae sus planteamientos de problemas del recorrido de la experiencia práctica. Los procesa, tal como lo veremos a continuación, para casos particulares. Se constituyen así los elementos de la teoría. Los llamamos el «campo teórico». Al final se vuelve otra vez la teoría hacia la vida y la praxis y busca allí su aplicación, su concretización y su realización. Ese es el proceso, en líneas generales.

Como primera medida, buscamos entonces conectarnos con el saber y saber hacer, con los intereses y valores y con las experiencias emocionales de la cotidianeidad. Este complejo global de experiencias de cosas y sociales, con sus aspectos morales, estéticos y racionales, representa un trasfondo rico en estructuras y fuerzas. Se trata, sin embargo, de algo poco reflexionado. El alumno es consciente sólo en una pequeña medida de los procesos y relaciones allí contenidos. La enseñanza busca organizarlos y estructurarlos. Es, en primer lugar, tarea del *análisis*. Deben comprenderse mejor los problemas prácticos. Captamos con más precisión nuestros problemas en la medida que usamos los conceptos que hemos adquirido. Su contemplación se hace más diferenciada, más abstracta. Deben incluirse diferenciaciones, debe contemplarse la situación desde nuevas perspectivas. La dificultad práctica se convierte en un problema formulado. Este comienza a organizarse en las estructuras teóricas, en sus puntos de vista y en sus perspectivas. Se deslindan los nexos científicos. Al mismo tiempo se cuestiona uno cosas que en la praxis se asumen sin cuestionarlas. La mirada se hace *crítica*.

La mirada diferenciadora tiene también como consecuencia que se produce un avance en el conocimiento, o sea en la verdad, o en la factibilidad práctica (en la utilidad o eficiencia). El intento debe tener éxito, el trabajo debe ser realizado de la manera más racional posible. El aspecto moral y la cara estética del suceso quedan a un lado. Puede darse el caso, sin embargo, de que sean retomados en otra clase, con otra asignatura. Sucede con frecuencia en la escuela primaria que en la clase de comportamiento o en la de expresión artística, se retoma un tema para esclarecerlo de nuevo, desde el punto de vista de la moral, y/o configurarlo de nuevo, desde el punto de vista estético. Eso también es posible en la secundaria.

El camino que va de la experiencia cotidiana a su clarificación mental, en el marco de las asignaturas escolares, significa siempre, por tanto, *diferenciación, análisis y abstracción*. La imagen dorada de la vida pierde algo de color. Si nos va mal, se hace más gris. Algunos pedagogos dicen que debe tener lugar una *reducción didáctica;* la praxis y la experiencia cotidiana son siempre más complejas de lo que se puede captar teóricamente (un resumen en Reetz y Seyd, 1983).

No obstante, el conocimiento teórico no termina con las diferenciaciones adquiridas, los procesos y los aspectos parciales, los elementos, los conceptos y operaciones liberados de las impurezas de lo desconocido. A la contemplación diferenciadora, analizadora y abstracta sigue una fase de integración, de síntesis mental. Su resultado es teoría relacionante, un «campo teórico». Pero con frecuencia no puede establecerse claramente cuándo termina el análisis y comienza la síntesis. Análisis y síntesis, diferenciación y entrelazamiento, desmembración y construcción van siempre una al lado de otra y se entretejen.

Hemos anotado que algunas perspectivas pueden ser deslindadas en el transcurso de la solución de problemas, y delegarse para otras asignaturas. Es un procedimiento importante para la conformación de los planes de enseñanza. Pero el peligro aparece de inmediato; al deslindar ciertos aspectos del problema y tratarlos aparte (por ejemplo, los éticos en la clase de comportamiento; los estéticos, en la de arte, su adecuada expresión oral en la de lenguaje o su aspecto cuantitativo en la de aritmética), el problema se vuelve más gris, más teórico. Ello es por regla general necesario, puesto que se puede realizar un trabajo más limpio en un campo de problemas bien delimitado. El procedimiento significa, sin embargo, pérdida con relación a la tarea de fomentar el desarrollo global de la personalidad del joven, de educar al «hombre integral». Se origina con ello la tan criticada *atomización de la enseñanza,* su exagerada división en disciplinas parciales. Nexos e interacciones esenciales quedan fuera. Se espera que el alumno, por su cuenta, recomponga los nexos y las relaciones. Eso, sin embargo, ha resultado en muchos casos ser una ilusión. Si las cosas no funcionan bien, se forma en su mente una desintegración, un caos de partes individuales. La acumulación inconexa de saber en un plan de enseñanza descoordinado, tiene su contrapartida en masas de saber no digerido y desconexo en la mente del alumno.

La exigencia de síntesis e integración, vistas anteriormente en el contexto limitado de la solución de problemas individuales, adquiere aquí un nuevo significado. En la secundaria esto ya no puede ser logrado a partir de los maestros individuales. Se necesita una *coordinación horizontal* que trascienda las fronteras de las asignaturas. Debe ésta preverse y hacerse posible por medio de una configuración apropiada en el plan de enseñanza. Regresamos a este problema y aportamos algunos ejemplos.

La retroalimentación del conocimiento teórico a la práctica vital: el campo de aplicación

Con relación al tercer paso didáctico, podemos decir algo breve. Hemos dicho lo esencial en el apartado referente a la calificación del alumno para la praxis de la vida. Los planes de enseñanza deben prever que los resultados del aprendizaje vuelvan a relacionarse continuamente con la vida extraescolar.

Ese es el campo de su aplicación y de su evaluación final. Eso es válido, tanto para el saber y el saber hacer, como para los motivos (intereses y valores) y los sentimientos que se despiertan en la enseñanza.

Al final queda la realización de los resultados en la vida y experiencia cotidianas. ¿Con qué frecuencia se cruza este puente? A veces al final de una clase, a veces al final de una semana de enseñanza continua sobre un tema.

Con ello habrá enriquecido la escuela el pensamiento diario del alumno. Este ha adquirido elementos, conceptos, operaciones y métodos fundamentados científicamente. El pensamiento científico, por su parte, se ha ligado al pensamiento cotidiano. No se trata ya de un «entrenamiento», sino que comienza a ser algo vivo, puesto que se aplica a lo práctico. Al mismo tiempo se ha ampliado la concepción ingenua del mundo que tenía el alumno, en extensión y en intensidad. El alumno sabe más, y comprende mejor lo que sabe.

¿Qué significa eso con relación al plan de enseñanza? Una cosa es segura. No se puede reducir a una fórmula simple. Cuando contemplamos simplemente la coordenada teórica vista arriba, vemos una *construcción progresiva* y una diferenciación progresiva de conceptos, operaciones y procedimientos. Cuando, por el contrario, contemplamos la coordenada de la praxis, vemos un proceso cíclico. Está caracterizado por cuatro impulsos de: 1) planteamiento de problemas en el pensamiento práctico cotidiano; 2) diferenciación; 3) integración, y 4) aplicación. En *12 formas básicas de enseñar* distinguimos los cuatro impulsos, con ligeras modificaciones, por medio de las cuatro formas básicas de: 1) construcción solucionadora de problemas; 2) elaboración; 3) repetición y ejercicio, y 4) aplicación. Las relaciones son claras. Lo que en la teoría de las funciones del aprendizaje se llama «construcción por solución de problemas», lo hemos planteado en las reflexiones anteriores por medio de los tres procesos parciales de: 1) planteamiento de problemas en el pensamiento cotidiano; 2) diferenciación, y 3) integración. No hemos mencionado aquí fase alguna de la elaboración y del ejercicio. Desde el punto de vista curricular no necesitamos hacerlo.

El maestro mismo sabe qué hay que consolidar y automatizar por medio del ejercicio y de la repetición. Por otro lado, al remitirnos a *12 formas básicas de enseñar*, hemos indicado claramente que la «aplicación» significa en última instancia relación de lo aprendido con el mundo de la vida extraescolar, con la experiencia cotidiana. Ello naturalmente no excluye que señalemos en los planes de enseñanza también aplicaciones importantes de lo aprendido a problemas y hechos tratados hasta ese momento en clase.

Este proceso cíclico reviste tres magnitudes fundamentales:

1. Los planes de enseñanza deben indicar los *campos de problemas* donde buscar el planteamiento de las preguntas.
2. Incluso deben definir las teorías, es decir los conceptos, las operaciones y los procedimientos, que deben ser construidos teóricamente en la solución de problemas. Con ello se constituyen y se profundizan los *campos de teoría.* Estos representan las unidades actuales que existen en los planes de enseñanza.
3. Lo tercero son los *campos de aplicación.* Los planes de enseñanza deben indicar en qué ámbitos deben ser aplicados los esquemas adquiridos de acción y de reconocimiento. Naturalmente, los campos de aplicación coincidirán con frecuencia con los campos de problemas. Pensamos, sin embargo, que muchas veces buscamos *nuevos* campos para la fase de aplicación. Cuando hemos elaborado el concepto de delta, partiendo del delta del Amazonas, el campo de aplicación podría ser el delta del Nilo o el del Rin.

Podemos ver también que el alumno, con cada recorrido por un ciclo básico curricular semejante, se hace un poco más autónomo; con cada enriquecimiento de su repertorio de acción y de conocimiento y con cada ampliación y profundización de su concepción del mundo, lo colocamos en la posición de confrontarse de manera competente con determinadas situaciones y de orientarse y hacerse valer en ellas por sí mismo. Habrá crecido un poco, su «emancipación» habrá dado un paso adelante.

Este crecer no es sólo cuestión del saber y del saber hacer. Es también una cuestión de voluntad, es decir de intereses y valores. En la medida en que ciertos esquemas y el saber mundano correspondiente adquieren su propio valor, comienzan a orientar el comportamiento del joven, a guiarlo en determinadas direcciones. Se interesa por ciertas actividades, por un oficio especial. Se vivifican en su pensamiento y acción ciertos valores intelectuales y/o concepciones del mundo; eso tiene como consecuencia que su comportamiento gana en autonomía, lo cual es un rasgo fundamental del crecimiento personal. Una cosa similar ocurre con el desarrollo de su vida sentimental.

Resumen

Hemos caracterizado a grandes rasgos la estructura de un plan de enseñanza. Este indica qué medios de acción y de reconocimiento adquiere el alumno durante el período planeado y cómo los integra en una concepción provisional del mundo. Nos proponemos, en la medida de lo posible, ampliarlos en «círculos concéntricos» y hacerles ganar en profundidad de comprensión. El plan de enseñanza indica, además, en qué campos del saber y del saber hacer deben despertarse intereses y valores intrínsecos y con qué temas se debe intentar posibilitar a los alumnos la ampliación y enriquecimiento de su vida emotiva.

También los grandes rasgos de la estructura del plan de estudios están caracterizados por el nexo continuo del saber y de la experiencia cotidiana con la coordenada del aprendizaje escolar. El plan indica de qué campos del saber y de la práctica cotidianos extrae la clase sus problemas y cómo los ilumina ésta científica y teóricamente; con otras palabras, qué campos de teoría se constituyen. Finalmente, muestra también los campos de aplicación de las teorías y procedimientos adquiridos. Con ello se asegura la retroalimentación al pensamiento cotidiano. Igualmente busca que se realicen aplicaciones posibles del saber y del saber hacer adquiridos en la escuela, y que por tanto el currículo sea internamente coherente, no sólo en el papel, sino también en el «transcurso del aprendizaje», en la mente del alumno.

20. ORGANIZACION DIACRONICA Y SINCRONICA DE LOS TEMAS DE CLASE

En lo que sigue ya no nos referimos tanto a los grandes contextos, en los cuales se sitúa el plan de enseñanza. Nos ponemos más bien en el papel de un maestro que, en el marco de las directrices previstas para el curso escolar, debe realizar su plan anual o por períodos; nos preguntamos qué rigideces y qué margen de juego existen para la organización de las actividades de la enseñanza. Puesto que éstas pueden ser entendidas como «unidades didácticas», y puesto que el maestro se las representa con frecuencia de esa manera (en forma cristalizada, y no, o aún no, como actividades), podemos hablar de la organización de los temas en los planes anuales y para períodos escolares más cortos.

Los problemas de organización se pueden dividir en problemas de la diacronía y problemas de la sincronía curricular[1]; diacronía significa aquí las leyes y la estructuración de los pasos «a través del tiempo» (*diachronon* = a través del tiempo) y sincronía la organización de los temas en cualquier momento temporal de ese transcurso (*sin-cronon* = al mismo tiempo).

Principios del ordenamiento vertical (diacrónico) de los temas de clase

¿Cómo deben ser organizados los temas en el transcurso del año escolar? Ni siquiera en las materias construidas de forma más precisa y sistemática, como son la física y las matemáticas, se da un principio único de estructuración; mucho menos en disciplinas tan variadas y menos precisas en su estructura, como son las clases de lenguaje, de historia y de biología. Por tanto, no podemos dar ninguna regla de aplicación exclusiva, para establecer el orden secuencial. Los comportamientos regionales y las tradiciones locales influyen en la solución que se adopte. Pero es posible nombrar criterios de orden, que le permiten ver claro al que diseña un currículo o

---

[1] Con estos conceptos tomamos las expresiones introducidas por la lingüística para hacer referencia a los dos puntos de vista diferentes en las manifestaciones orales. Con frecuencia se emplea, en lugar de diacronía, la expresión menos elegante de «secuenciación». Esta tiene también el problema de no contar con un término simétrico correspondiente, tal como sincronía.

planea sus clases para un período de tiempo dado, qué es lo que finalmente debe hacer en su búsqueda de orden y de secuencia (ver, con referencia a este problema, el compendio de Klauer y Lühmann, 1983).

Diferenciación creciente

Hemos visto que la clase desarrolla sus problemas una y otra vez a partir del pensamiento cotidiano. «Viajamos hoy en una hora de Basilea a Berna (o, en tanto tiempo, de Madrid a Barcelona, o de Quito a Guayaquil). ¿Cómo se hacía este viaje hace un siglo, en la Edad Media o en la Época Precolombina? ¿Por qué rutas? ¿Cón qué medios de transporte? ¿Cuánto tiempo llevaba? ¿Cuánto costaba?». «Con una balanza-registradora moderna se puede leer, para un artículo con un peso cualquiera, su precio exacto. ¿Cómo funciona? ¿Cómo están relacionados entre sí precio y peso?».

Inicialmente está, por tanto, el problema concreto, perceptible, planteado por la cotidianeidad o en los conceptos cotidianos. Las horas de clase que siguen contemplan el problema de forma más diferenciada. Lo analizan. Se destacan por medio de la abstracción puntos de vista diferentes (las rutas en la Edad Media, los medios de transporte, duración, precio). Se observará el principio siguiente: cuanto más jóvenes son los alumnos, tanto menor será el trabajo de análisis. Con ellos la contemplación debe ser integral, más de descripción que de clarificación y análisis.

Independientemente de esta regularidad global, se puede aplicar la segunda regla: en una sesión de clase se debe hacer diferenciación y análisis, incluso con los alumnos más pequeños, puesto que, a continuación, debe comprenderse mejor, estructurarse más claramente un procedimiento, un objeto y una acción.

Lo que decimos aquí no sólo se aplica a las inter-relaciones intelectuales. Los procedimientos cotidianos tienen también su aspecto emocional y valorativo. También se aplica allí la regla de la diferenciación creciente. Con los alumnos pequeños nos permitiremos contemplar y vivenciar los objetos de clase de manera integral, sin desmembrar conscientemente sus elementos valorativos o emocionales. Pero esta desmembración debe ocurrir al aumentar la edad. El encuentro con la verdad debe hacerse de manera cada vez más «objetiva». Intentamos abstraernos de nuestros juicios de valor y de nuestras emociones, no para negarlos, sino para tematizarlos y colocarlos en su lugar. Esta tematización y explicitación será introducida con el transcurso de los años escolares, paulatinamente. Algunas cosas permanecerán ciertamente sin tematizar hasta el final. Debemos sólo preocuparnos porque los juicios de valor y las emociones no sesguen la búsqueda de la verdad.

Ampliación concéntrica de los círculos de la experiencia

La idea de círculos que se amplían concéntricamente viene de Pestalozzi (1801). Cuanto más pequeño el niño, tanto más intentará tomar como punto de partida las experiencias que ha realizado o puede realizar en un medio humano y físico. Con el

254

transcurso de los años ensancha uno su círculo de experiencias y accede a problemas cuya distancia física y psicológica con respecto a la posición del niño se va haciendo más amplia; la geografía trasciende el ámbito de la comarca o de la región, y se pueden tratar en ella partes alejadas del mundo; en cuanto a las distancias psicológicas, se manejan problemas e introducen conceptos y nociones cada vez más alejados de las imágenes y experiencias simples de todos los días.

Construcción como principio de orden

Sin embargo, el principio fundamental de la organización de los temas al interior de cada asignatura es el de la construcción. Cuanto más rígidamente esté formalizada una disciplina, tanto más claro será eso. Las disciplinas formalizadas, especialmente las matemáticas, realizan explícitamente todos los pasos de construcción. Las menos formalizadas, por el contrario, toman préstamos frecuentes del pensamiento cotidiano y se limitan a explicitar sus ideas y sus conceptos. En estos casos, las unidades individuales de clase se asemejan a puntos de partida nuevos, sin que esté claro de dónde proceden las ideas, conceptos y procedimientos aplicados. Pero, si fuera posible hacer el seguimiento a su historia a partir de la vida del individuo, podría reconocerse que también han sido construidas paulatinamente.

Contemplemos primero las ideas de construcción en el ejemplo claro de la clase de matemáticas de primaria. En ésta, la acción de unir conjuntos prepara la operación de la adición. Esta se convierte en adición numérica cuando los conjuntos reunidos son contados y proyectados uno a uno en la serie de los números naturales.

En un paso siguiente, la serie de números se organiza didácticamente, y la adición, tanto como su inversa, la sustracción, se efectúan en la serie organizada de los números. El paso a las «decenas» es la primera de estas operaciones, que tienen un significado teórico y práctico fundamental ($7 + 5 = 7 + 3 + 2 = 12$).

Después adicionamos varios sumandos iguales, con lo que llegamos a la multiplicación, donde aprendemos a determinar el resultado de la adición repetida a partir de la extensión de los sumandos y de su número. De manera correspondiente, el acto de medir es también una sustracción repetida, en la cual determinamos la cantidad de partes iguales sustraídas repetidamente, a partir de la extensión del conjunto total y del tamaño de las partes. Al contrario, cuando dividimos tenemos la cantidad de partes a producir, y debemos determinar su tamaño.

El cálculo de fracciones relaciona la operación de dividir a un todo manejado hasta ahora como indivisible, y las fracciones decimales relacionan la idea de décima, centésima, etc., con la del sistema numérico con base diez. El cálculo de porcentajes retoma estas ideas.

Hay una segunda razón por la cual el carácter de construcción en el progreso del pensamiento no siempre es visible. Es el hecho de que los procesos de construcción no son lineales. Incluso dentro de una sola asignatura, la construcción se asemeja a los procesos diversos que tienen lugar en una obra. La construcción progresa en muchos frentes y —lo que complica más las cosas— continuamente se invocan elementos de áreas y estadios bien diferentes del proceso presente, y se integran en su progreso. Por eso no es posible, por regla general, diseñar un plan de enseñanza que aporte una sola línea de construcción en una materia. Más bien debe reflexionar el maestro, ante cada nueva tarea, qué elementos del repertorio disponible intenta apelar, o si, y hasta qué punto, los elementos necesarios ya han sido construidos. Debe igualmente considerar cuándo ha sucedido esto y si los alumnos tienen todavía acceso a dichos requisitos.

Eso sucede, por ejemplo, cuando el profesor de matemáticas de bachillerato pretende diferenciar con los alumnos la función espacio-tiempo para el caso de la caída libre ($s = f(t) = g/2t^2$) y determinar la velocidad en el tiempo t del cuerpo que cae. Antes de aplicar la fórmula

$$\frac{\triangle s}{\triangle t} = \frac{s_1 - s_0}{t_1 - t_0} = \frac{f(t_0 + \triangle t) - f(t_0)}{\triangle t} = \frac{\frac{g}{2}(t_0 + \triangle t)^2 - \frac{g}{2}t_0^2}{\triangle t}$$

a fin de hacer tender t hacia el límite de 0, debe asegurarse de que los alumnos están también familiarizados con la relación $v = s/t$, en su representación ortogonal con t como abscisa, s como ordenada y v como la pendiente de la curva, y de que conocen la función $s = g/2t^2$, o sea la ley de gravitación de Galileo, la posibilidad de reemplazar en una ecuación un valor (s) con su función, $f(t)$, y finalmente el concepto de límite. Sólo si están disponibles estos «ladrillos», puede esperarse que la nueva construcción sea desarrollada con éxito.

La construcción es muy compleja como para que pueda ser planeada exactamente en currículos fijos. El maestro mismo debe asegurarse de que los elementos necesarios estén a disposición o, más exactamente, debe retroceder hasta encontrar fundamentos sólidos y piezas utilizables de construcción, para construir a partir de allí lo nuevo. Por tanto, la organización o puesta a disposición de los elementos temáticos de acuerdo a las necesidades de la construcción se realiza generalmente *ad hoc*, puesta la mirada en la tarea especial que se va a solucionar.

¿Es entonces del todo imposible extraer de la idea de la construcción una regla general para la organización de los temas en el plan de enseñanza? Eso sería ver las cosas de manera muy pesimista. Se pueden y se deben prever para el curso de los años escolares series de conceptos y operaciones que se van volviendo paulatinamente más complejos; se debe cuidar en ello que los fundamentos en las diversas áreas sean trabajados a poder ser paralelamente. Lo que hemos explicitado en el ejemplo de las matemáticas es válido, *mutatis mutandis*, para todas las asignaturas, especialmente para aquellas que se construyen más sistemáticamente.

Profundización y abstracción

En el transcurso de unas cuantas sesiones de clase, o de un año escolar, el manejo de los temas va experimentando una modificación formal fundamental; los vamos trabajando de manera cada vez más profunda y abstracta. Profundización y abstracción representan un principio diacrónico de orden bastante importante. Ponemos

256

también aquí un ejemplo tomado de las matemáticas, puesto que en ellas las cosas son más precisas.

Ya desde los primeros grados de primaria se resuelven tareas de aplicación que implican una especie de «regla de dos». Un litro de jugo de naranja cuesta 2,50 ¿cuánto cuestan 3 litros? En una hora caminamos 5 km ¿cuánto caminamos en 5 horas? El alumno comprende la relación de una manera muy concreta al principio. En parte pueden mostrárse-le las cosas: ante el primer frasco de jugo de naranja está el precio de 2,50, ante el segundo de nuevo 2,50, etc. La tabla expresa simbólicamente la relación:

Litros	Precio
1	2,50
2	5,00
3	7,50
4	10,00
5	12,50

Se puede representar también la relación en un sistema de coordenadas, en el cual cada punto representa una cantidad de litros y un precio, que pueden leerse horizontal y verticalmente. Más tarde mostramos cómo una regla de construcción nos permite asignar a cualquier cantidad de litros (m) un precio (p), multiplicando la cantidad por 2,50: m x 2,50 = p, o expresándolo como p = f(m). El precio es una función de la cantidad o, en lenguaje corriente, el precio «depende» de la cantidad, «cambia» con la cantidad, «más litros cuestan más», «cuanto más litros, más dinero hay que pagar», etc. Estos pasos de profundización pueden ser realizados cuando el problema es retomado después de algunos años; pueden también recapitularse rápidamente en un regreso posterior al problema. Al final, puede contemplarse de nuevo la estructura construida, partiendo de la regla y viendo realizada en la función la estructura cognitiva elemental de la correspondencia: a cada elemento en el conjunto de las cantidades de litros, corresponde un elemento en el conjunto de los precios.

Lo mismo sucede en todas las áreas; en la primaria se habla de cómo son las cosas, más tarde mencionamos sus características, posteriormente reconocemos que se trata de atributos del sustantivo y, si se estudia lógica proposicional o lingüística en el bachillerato, se aprende que en la expresión «la muleta rota», «rota» puede entenderse como predicado (P) y muleta como argumento (a): P(a), rota (muleta).

Igualmente, las sagas nacionales (la leyenda del Cid, o las gestas independentistas de Iberoamérica, por ejemplo), pueden considerarse inicialmente en sus aspectos episódicos; luego pueden destacarse los aspectos morales, ejemplares, de sus protagonistas; finalmente pueden ser consideradas desde el punto de vista de la conformación y consolidación de una nacionalidad. Pasos similares de profundización pueden darse con los conceptos de com-bustión, metabolismo, intercambio de temperaturas, etc.

Durante esta profundización tiene siempre lugar una abstracción. Al hacerse más abstracto un concepto, también se generaliza. Así puede ser aplicado también a otros ámbitos de la realidad, clarificándolos y explicitándolos. Con ello, profundización quiere decir también organización y unificación de grandes campos de la realidad; como una interrelación que forma redes, está al servicio de la construcción de una concepción integradora del mundo.

Principios de la coordinación horizontal (sincrónica) de los temas de clase

Hasta ahora hemos reflexionado, por decirlo así, «a lo largo de los conceptos»; esto es, hemos seguido la manera como se modifican y se diferencian los conceptos con el transcurso de las sesiones de clase y a lo largo de los años escolares, cómo se vuelven más generales y por tanto menos ligados al círculo inmediato de la experiencia infantil, más abstractos y «profundos». Los construimos paulatinamente en estructuras cada vez más complejas. Con ello resultan los principios de la organización vertical de los temas de clase. Seguimos los conceptos en el tiempo, diacrónicamente.

Pero ése no es el único principio posible de organización. Existe otro, horizontal. No contradice el vertical, sino lo complementa. Se da dentro de y entre las materias de enseñanza.

Principios orgánicos de orden en el interior de las materias

Dentro de todas las asignaturas se construyen conceptos. Pero en un principio no se da el concepto sino, como lo hemos repetido, la realidad viva, tal como la conoce el alumno en su experiencia diaria. La pregunta es con qué rapidez debemos abstraernos de esa realidad. Puede tener sentido que recuperemos en la contemplación teórica los nexos orgánicos de las agrupaciones vivas y que presentemos los temas de clase de acuerdo con su organización global. Eso significa que no vamos tras del proceso individual y los conceptos correspondientes (la fotosíntesis, la oxidación, la erosión, la actividad legisladora), con todas sus implicaciones posibles y en sus diferentes contextos, sino que contemplamos conjuntos desarrollados orgánicamente y buscamos comprenderlos.

Miremos primero la *biología*. Es cierto que la investigación sobre los procesos individuales, como por ejemplo de la membrana celular o del almacenamiento y transmisión de información genética, se asemejan mucho a los procedimientos y teorías de las ciencias exactas de la naturaleza. Queda fuera, sin embargo, la contemplación del organismo vivo como un todo y su interrelación con el mundo vivo e inerte, en una agrupacion viva (ecosistema). Este problema es precisamente valioso en la clase moderna de biología; en especial, aunque no únicamente, con los alumnos pequeños. El tema de clase se organiza aquí siguiendo los principios orgánicos; en el tratamiento del ser vivo individual, se tiene en cuenta la dependencia y relación mutua de órganos y procesos entre sí: captación del alimento, aparato digestivo, circulación sanguínea, combustión realizada en los órganos, etc. Cuando la consideración se amplía a la comunidad viva o, en sentido moderno, al *ecosistema*, se tratarán de igual manera organismos y condiciones interactuantes y mutuamente relacionados, como un bosque con sus plantas, sus fundamentos ecológicos, las condiciones y efectos climáticos, sus animales y su explotación por el hombre. Puede verse que aquí los temas se organizan no tanto desde el punto de vista sistemático de la jerarquía y de la construcción conceptual, sino más bien desde la funcionalidad natural y la interrelación e interacción orgánicas de la comunidad de vivientes. Ello no excluye volver de nuevo a los procesos individuales, como los de la fisiología, a fin de profundizarlos y contemplarlos sistemáticamente.

Un cuadro igual se presenta en la *geografía*. En lugar de los ecosistemas se presentan aquí los *paisajes,* con sus elementos y condiciones, que también están mutuamente relacionados e interactúan. Un tratamiento a partir de paisajes proporciona también principios de ordenamiento orgánico de los temas. Naturalmente, no seguiremos únicamente este principio orgánico. Hay también procedimientos legítimos por *procesos* (formas de la erosión, conformación de las montañas, explotación de las riquezas del suelo, etc.), y por *fenómenos típicos* (glaciares, desiertos, depresiones, puertos, zonas industriales).

La *historia* proporciona obviamente, como primera medida, en la sucesión temporal (diacronía) de los sucesos, el principio para la organización ordenada de las lecciones. Queda la pregunta de cómo de estrecha o de amplia debe ser la imagen de la situación en un lapso de tiempo determinado y, en la medida en que uno no quiera representar de una manera muy mecánica el curso de los acontecimientos (cada uno de los viajes de un descubrimiento, la historia del ejército napoleónico), cómo debería organizar aspectos parciales de la situación, en un momento histórico determinado (como, por ejemplo, en torno al año 450, el año 1500, 1790 o 1919). Aquí también pueden aplicarse principios de organización que corresponden a los orgánicos. Una y otra vez podrá esbozarse la imagen de una *época,* con sus múltiples fenómenos y sus condicionamientos e interacciones sincrónicas; y ello tanto al interior de las naciones, las sociedades y las culturas, como también entre éstas. Se indicarán, por tanto, los nexos entre los factores políticos, económicos, sociales, culturales y tecnológicos, y se podrán integrar a ellos los efectos producidos por los individuos y por los grupos.

Clases integrales, de coordinación entre las diversas materias de enseñanza

Los principios de coordinación horizontal entre las materias están en boga bajo diferentes denominaciones. Se habla de clase integral, de clase por bloques temáticos, de clase por proyectos, de temas de concentración, etc. Elegimos el concepto neutral de clase integral, a fin de describir sus tendencias. A todas las nociones es común el que se considere una cosa, una situación o un procedimiento bajo puntos de vista diferentes. Cada asignatura aporta su punto de vista específico. En su interacción proporcionan un cuadro rico y realista del fenómeno estudiado. Los temas pueden ser tales como el invierno, la construcción de viviendas, el supermercado, la producción o el consumo de energía. Todas aquellas materias que proporcionan herramientas formales de conocimiento, especialmente el lenguaje y las matemáticas, estarán al servicio de la elaboración del tema seleccionado. Pero también otras, como la geografía, las ciencias naturales, suministran puntos de vista, perspectivas y procedimientos para el tratamiento del fenómeno. En la historia se tomará nota de su dimensión histórica. En las materias de arte pueden mostrarse obras artísticas sobre el mismo tema, o ser realizadas por los alumnos mismos[2].

Ejemplo para el segundo año de educación primaria:
En el hospital

Este grupo de lecciones debe acercar al alumno al hospital y a los problemas de la enfermedad, en sus aspectos sociales y objetivos, ligados a él.

— *Lecciones de cosas:* Cuando estamos enfermos (enfermedades, medidas curativas, curación). Cuidados de los enfermos. Enfermedades que implican visitar el hospital. Cómo llega un niño al hospital. Visita al hospital. Las personas del hospital (enfermos, médicos, enfermeras...). Lo que hace un médico para ayudar al enfermo, y lo que necesita para ello.
— *Lección de lenguaje y lección de comportamiento:* Escribir una carta a un niño enfermo en el hospital. Cómo consolar a un niño que teme ser hospitalizado. Qué decimos y hacemos cuando visitamos a un niño en el hospital (cuando tiene dolor, cuando echa de menos su casa...). Leer y narrar historias donde aparezca la enfermedad.
— *Matemáticas:* Entradas y salidas del hospital (adición-sustracción). Habitaciones dobles, triples, cuádruples en el hospital (multiplicación). La lavandería y la cocina del hospital (todas las operaciones). Cuántos días, semanas... Los niños llevan algún tiempo en el hospital, deben permanecer algún tiempo más (cálculo de tiempo).
— *Dibujo:* La ambulancia, el cuarto del enfermo, el corredor del hospital, el niño sale del hospital a su casa.
— *Canto:* Nos preparamos para cantarle algo al enfermo.

Ejemplo para el 5.º-6.º año de educación primaria:
El bosque

— *Botánica:* Clases de bosques. Los «pisos» del bosque. Ejemplo de plantas en los diferentes «pisos». Ejemplo de los procesos biológicos, que pueden ser observados durante estas lecciones (florecimiento, dispersión de las semillas).
— *Zoología:* Animales en el medio ambiente del bosque (el bosque como ecosistema). Insectos (hormigas...), aves (carpintero...), mamíferos (venados, ardillas, monos...). Cadenas alimenticias en el bosque.
— *Geografía:* Bosque y reservas de agua. Oxigenación por el bosque. Reservas forestales, protección contra la erosión.
— *Lenguaje:* Historias de cacería. Sustantivos relativos al bosque y a su explotación.

---

[2] Las ideas que siguen ilustran la idea de la clase integral. No pretenden ni ser completas ni que se lleven a la práctica, al pie de la letra, en su totalidad.

Modismos y expresiones relacionadas con el bosque. Poemas sobre el bosque. Escribir una carta al distrito forestal, pidiendo información.
— *Matemáticas:* Cálculos que tengan que ver con la utilización de la madera. Composición porcentual del bosque. Problemas de cálculo de superficies.
— *Historia:* Aprovechamiento primitivo de los bosques. Fundación de monasterios en el bosque. El bosque como obstáculo para el transporte medieval. Su papel en la guerra.
— *Gimnasia:* Sistemas de orientación, marchas por el bosque. Planear y ejecutar un recorrido de ejercicio.
— *Canto:* Canciones relativas al bosque.
— *Dibujo y trabajo manual:* Dibujar árboles. Tallado en madera. Colorear telas con colorantes vegetales. Construir cajas incubadoras.

Ejemplo para los comienzos de secundaria (8.º-9.º años escolares):
La luz

— *Física-química:* ¿Qué es la luz? Los colores del espectro. Prismas. Medida de la luz *(lux)*. Reflexión de la luz. Lentes. Anteojos. La luz deteriora ciertos tejidos. Blanqueado. Colores fosforescentes.
— *Biología:* Percepción visual. El ojo. Centros visuales en el cerebro. Crecimiento de las plantas. Fotosíntesis. Fototropismos.
— *Astronomía:* Rotación de la Tierra como causa del día y de la noche. Soles y astros de iluminación pasiva. Eclipses solares y lunares.
— *Historia:* La luz en las religiones históricas. Historia de la óptica y de la astronomía, en sus relaciones con los descubrimientos. (Figura esférica de la tierra, Colón, Copérnico, Kepler, Newton.)
— *Geografía:* Las estaciones como consecuencia del ángulo de incidencia de los rayos solares. Cinturones climáticos de la tierra.
— *Tecnología:* Luz artificial. Fotografía. Células fotoeléctricas.
— *Idioma:* El *Canto al sol* de Francisco de Asís. Poemas sobre la luz. Textos clásicos sobre el sol o la luz. Hacer un teatro de sombras (figuras y texto).
— *Matemáticas:* Leyes de la reflexión de la luz. Velocidad de la luz y distancias de las estrellas. Construcción de las sombras.
— *Dibujo y volumen:* Perspectiva. Sensación de volumen por medio de sombras. La luz en las catedrales góticas. La fotografía y el cine como formas de arte.
— *Música:* La luz en la obra de Haydn y en *Las cuatro estaciones* de Vivaldi. Debussy: *Claro de luna.*

Ejemplo para los cursos superiores del bachillerato clásico (11.º año escolar):
La época de la guerra de los 30 años

— *Literatura:* obras de esa época: Opitz, Gryphius, Grimmelshausen, Corneille, Shakespeare, Cervantes, Lope de Vega, Calderón.
  Obras sobre esa época: Brecht, *La vida de Galileo, Madre Coraje y sus hijos.* C. F. Meyer, Gustavo Adolfo Page, Jürg Jenatsch. Schiller, Wallenstein.
— *Historia:* La guerra de los 30 años. La Contrarreforma. La colonización de América. Puritanos, Baptistas. Desarrollo del dinero y del sistema bancario.
— *Filosofía:* Descartes, Comenio, Hobbes.

— *Matemáticas:* la invención del sistema de coordenadas, de los logaritmos.
— *Física:* Leyes sobre la caída de los cuerpos, de Galileo. El desarrollo adicional del telescopio y del termómetro.
— *Astronomía:* Defensa de Galileo de la imagen copernicana del mundo. Kepler: la órbita elíptica de Marte.
— *Biología:* Descubrimiento, por Harvey, de la doble circulación sanguínea. Primeros cultivos de patatas, originarias de América, en Europa central.
— *Química:* los conceptos de «átomo» y «elemento», en Sennert y Jung.
— *Música:* Monteverdi.
— *Artes plásticas:* España: El Greco, Murillo, Velázquez. Holanda: Bruegel, Franz Hals, Rembrandt, Rubens.
— *Arquitectura:* La basílica de San Pedro en Roma, la catedral de Salzburgo, partes de Versalles.
— *Religión:* Música religiosa de Prätorius, Heinrich Schütz, Francisco de Sales, Paul Gerhardt.

Coordinación a partir de los conceptos y el método entre las materias de enseñanza

Un segundo procedimiento está caracterizado porque ya no es el asunto mismo, sino el instrumento de conocimiento el núcleo del grupo de lecciones. Como instrumentos de conocimiento entendemos conceptos, operaciones, métodos y procedimientos. Por ejemplo, cuando introducimos en los últimos años de secundaria el concepto de la autorregulación, buscamos aplicaciones del mismo en distintas áreas, como física, biología, economía, etc. El concepto de integral lo aplicamos a diferentes situaciones reales, en las asignaturas que tratan esas situaciones. Aquí también tenemos algunos ejemplos para diferentes niveles escolares.

Ejemplo para los primeros años de primaria:
El almacenamiento de provisiones

— Qué clase de provisiones almacenan las personas, y para qué las necesitan.
— Frutas en conserva hechas en casa (clase práctica).
— Cómo almacenan reservas las plantas, y para qué las necesitan (clase en el campo).
— Como almacenan provisiones los animales.
— El ahorro como almacenamiento de provisiones en forma de dinero.
— Las reservas de materiales de nuestra clase: cálculos de inventario.

Ejemplo para los últimos años de primaria:
Pasado y presente

— *Idioma:* Expresiones orales con las cuales expresamos el pasado y el presente. Diferentes relaciones entre presente y pasado (pasado inmediato, copretérito, pretérito perfecto).
— *Historia:* Sucesos presentes en la prensa, televisión. Leemos un periódico de hace un mes, un año, 10 años, 50 años, 100 años. Testimonios del pasado en el presente: edificaciones, documentos, etc.

— *Geografía:* Formas de vida antiguas, economías primitivas en sectores marginales del país. Su choque con las formas modernas de vida.
— *Biología:* Animales vivos y animales en extinción. Causas de su extinción.

Ejemplo para los primeros años de secundaria:
Representación de medidas en el sistema de coordenadas

— *Matemáticas:* El sistema de coordenadas. El eje de las «x» como eje temporal, el eje de las «y» para las medidas. El promedio y los valores extremos de la dispersión en «y».
— *Geografía:* Medidas de temperatura, de precipitación durante diferentes intervalos de tiempo. La temperatura media, las extremas. Aclaración de las diferencias.
— *Biología:* Medidas de crecimiento. Crecimiento bajo condiciones diferentes.
— *Historia:* Número de habitantes de nuestra comunidad en el decenio y en el siglo. Causas de su modificación. Cambios en los ingresos reales. Número de niños y mortalidad infantil en el transcurso del tiempo. Razones y formas para abordar la explosión demográfica.
— *Física, química:* Funciones de espacio-tiempo. Medidas en las reacciones químicas lentas.

Ejemplo para el final del bachillerato:
Probabilidad y determinismo

— *Matemáticas:* El concepto estadístico de probabilidad. Experimentos con dados. La curva de distribución normal.
— *Idioma:* Medios lingüísticos para expresar la probabilidad y el determinismo.
— *Historia:* Decisiones que tuvieron que tomarse basadas en las expectativas de probabilidad. ¿Son deterministas los acontecimientos históricos?
— *Religión:* La doctrina de la predestinación de Calvino, y sus críticos.
— *Filosofía:* El problema de la libertad y el determinismo en el comportamiento humano.
— *Física, química:* Probabilidad y determinismo en los microprocesos físicos y químicos.
— *Biología:* Probabilidad y determinismo en los mecanismos de herencia. Efectos del fumar, expresados como probabilidad de la enfermedad.

La situación básica es, o bien que un asunto o un procedimiento puede ser esclarecido desde la perspectiva de las diferentes disciplinas, o bien que objetos y temas diferentes puedan ser investigados a la luz de un concepto fundamental. En el primer caso hablamos de coordinación sincrónica de las clases centrada en el objeto, en el segundo centrada en el concepto o en el método (fig. 4).

La coordinación centrada en el concepto o el método es mucho más exigente, y por tanto más difícil de realizar. En el fondo se trata de buscar o realizar aplicaciones en diferentes ámbitos de la realidad, de un concepto fundamental o de un método. Si cooperan varios maestros, deben ponerse de acuerdo en cuanto al contenido preciso del concepto o del método, y deben introducirlo con mucho cuidado, antes de que sean posibles las diferentes aplicaciones, aunque se deje abierta la profundización y diferenciación ulteriores del concepto o método central, en el transcurso de las aplicaciones.

Por el contrario, la coordinación centrada en un objeto o asunto es más fácil de realizar. Cada asignatura aporta sus puntos de vista, métodos, procedimientos o medios de representación, con cada uno de los cuales se descubre una nueva fase del fenómeno central. Cuando cooperan varios maestros, basta con que se pongan de acuerdo, *grosso modo*, sobre el tema. Su conocimiento se enriquece en aspectos nuevos con la aportación de cada disciplina. En escuelas con el sistema de profesores por asignaturas, debe comenzarse la coordinación horizontal de las clases con este sistema. También en los niveles iniciales esta forma es más fácil, puesto que exige una conceptualización menor de los procedimientos.

	Coordinación de las clases centrada en el objeto	*Coordinación de las clases centrada en el concepto o en el método*
Tema multi-disciplinar de las clases coordinadas.	Un objeto (cosa, proceso, fenómeno, período histórico).	Un medio de conocimiento (concepto, punto de vista, método, procedimiento.
Aportaciones de las materias individuales (1, 2...)	1 2 3 4...	1 2 3 4...
	Diversos métodos de conocimiento: conceptos, puntos de vista, métodos, procedimientos, eventualmente representaciones (dibujos, presentaciones dramáticas).	Diversos objetos (cosas, situaciones, períodos históricos, procesos).

Fig. 4. *Esquema comparativo de la coordinación sincrónica de clases, centrada en el objeto («clase integral») y centrada en el concepto o método.*

21. OBJETIVOS DE APRENDIZAJE

Tanto los planes oficiales como los individuales del maestro para un año o un período más corto, establecen las grandes áreas prácticas y teóricas en las cualese debe moverse la enseñanza. En este contexto hemos hablado de campos de actividad y de teoría. Pero ésa es una manera relativamente estática de considerar las cosas. Dar clase significa actuar didácticamente, con el objeto de que los alumnos aprendan. Por tanto, además de la consignación de los campos de actividad y de teoría, debemos indicar los objetivos de aprendizaje que deben ser logrados en las clases.

¿Con qué exactitud deben consignarse en los planes oficiales de enseñanza los objetivos de aprendizaje?

Antes de cualquier determinación del contenido de los objetivos de aprendizaje, hay que hacerse una pregunta fundamental: ¿hasta qué punto deben ser generales o específicos los objetivos de aprendizaje consignados en los planes oficiales? Los planes corrientes definen con frecuencia los objetivos con conceptos muy generales. En historia, por ejemplo, se pide considerar la institución de la caballería o el descubrimiento de América; en geografía se mencionan paisajes (la depresión del Mar Muerto, los Alpes centrales, la meseta de Asia central) o fenómenos típicos (depresiones, selva tropical, irrigación artificial); en matemáticas se menciona el manejo de fracciones decimales, de fracciones corrientes, de ecuaciones de primer grado con dos incógnitas; en clase de lenguaje las partes de la oración o una obra literaria específica.

La posibilidad de establecer objetivos partiendo de estas generalidades ha caído en descrédito en los últimos años. Se ha constatado que éstas no orientan al maestro, en cuanto a lo que verdaderamente debe tratar. Se ha pedido, por tanto, una mayor especificidad en el establecimiento de los objetivos. Para ello se pueden hacer propuestas de procedimiento técnico y esclarecer el problema desde la perspectiva del profesor.

Quien reclama una mayor especificidad de los currículos debe igualmente pedir su *revisión continua*, puesto que los contenidos específicos se modifican rápidamente con el progreso de las ciencias, de la didáctica y con el cambio histórico en el énfasis de los problemas; piénsese, por ejemplo, en el significado que han ganado los problemas energéticos en los últimos diez años y con qué velocidad se ha modificado la orientación de la clase de lengua. También se hace el planteamiento de si no sería mejor conservar los planes de enseñanza a un nivel relativamente general, y hacer que el maestro disponga de fundamentos materiales y didácticos, bajo la forma de medios, colecciones y otros, con cuya ayuda pueda complementar las líneas generales del plan de enseñanza con contenidos específicos y actuales. Este material de apoyo debería actualizarse periódicamente, sin necesidad de poner en marcha toda la maquinaria que implica la revisión de los currículos oficiales.

Pero el problema tiene otra cara, relacionada con el *comportamiento del maestro frente a su plan de enseñanza.* El asunto es qué grado de libertad se está dispuesto a conceder al maestro para la selección y configuración de sus temas de clase. Eso, a su vez, está relacionado con la calidad media de la formación y actualización de los profesores en ejercicio y de los que se quiera enrolar en el futuro. Cuanto más capaces sean y mejor preparados estén los maestros implicados, tanto más libertad se les puede otorgar. Ellos, por su parte, según sea su seguridad personal y la comprensión de su tarea, demandarán mayor o menor libertad.

Con ello se relaciona el segundo problema. Los planes oficiales determinan esencialmente cómo debe asumir un maestro su tarea. Si se le toma simplemente como un subalterno que recibe y ejecuta órdenes, prescribirá entonces el currículo, paso por paso, *qué* debe hacer y *cómo* lo debe hacer; a otro tipo de personas, otro tipo de jóvenes atraídos por el oficio del magisterio, se les concederá mayor libertad en la selección y configuración de los temas. Un pueblo no tiene sólo el gobierno, sino también los maestros que se merece...

Si queremos proporcionar a los maestros esa libertad, debemos también seleccionarlos y formarlos de tal manera que puedan hacer algo con ella. Si no se quiere que el currículo sea algo que se consigne simplemente en un papel, que le diga a cada maestro particular qué tiene que hacer en cada caso, entonces debe ser algo que él vivencie, que busque re-crear continuamente, a partir de su saber específico y de su saber hacer didáctico.

Si se cumplen estos requisitos le resultará fácil adaptar el currículo a las circunstancias locales; circunstancias que en Europa se modifican cada 30 km, mientras que en América lo hacen cada 500 ó 1.000 km.

Contenido y forma en la determinación de los objetivos de aprendizaje

Hemos visto que las dos grandes decisiones previas en la construcción de cualquier plan de enseñanza se refieren al campo de actividades y al campo de teoría, en los cuales debe moverse la clase. El *campo de actividad* puede ser considerado de una manera más provechosa mediante las tres diferenciaciones que introdujimos al inicio del libro. Estas conducen a las tres preguntas siguientes:

1. ¿Qué actividades fundamentales en la lógica de las cosas, y qué actividades determinadas socialmente deben tener lugar?

2. ¿Qué actividades productivas, y qué actividades de reconocimiento (representativas) deben tener lugar?
3. ¿Qué actividades reales, y qué actividades simbólicas deben tener lugar?

Debemos plantearnos las preguntas correspondientes en el campo de la teoría. Son:

1. ¿Qué conceptos y teorías proporcionamos por medio de los asuntos y procesos de las cosas, por un lado, y en los procedimientos y estructuras sociales (privados y públicos, espontáneos e institucionales, actuales e históricos), por el otro?
2. ¿Qué aplicaciones constructivas y de reconocimiento buscamos para los conceptos y teorías proporcionados?
3. ¿A qué asuntos y procesos reales y simbólicos hacen referencia los conceptos y teorías proporcionados por nosotros?

No existe una correspondencia precisa entre las actividades realizadas y las teorías consideradas. No toda actividad puede ser abordada también conceptual y teóricamente. Las actividades sociales realizadas en una clase pueden conceptualizarse y evaluarse teóricamente sólo de manera parcial. No queremos hacer tanta psicología social como sería necesario para ello. Con frecuencia, por tanto, sólo los resultados objetivos y lógicos de una actividad se traducirán en proposiciones teóricas. El aspecto social-psicológico no se procesa. Cuando, por ejemplo, hemos analizado el problema de la *extinción de las reservas forestales*, después de realizar entrevistas en grupo con agencias y trabajadores forestales y con propietarios de bosques, no es tan fácil tematizar también los problemas sociales de la encuesta. Haremos, sin embargo, lo que se pueda al respecto.

En caso contrario, en las asignaturas donde se verbalizan los problemas interpersonales no siempre es posible (aunque con frecuencia es muy deseable) profundizar en los aspectos materiales. Por ejemplo, cuando discutimos las actitudes consumistas en la clase de comportamiento, ¿intentaremos comprender también cómo funciona el comercio detallista nacional y el de materias primas internacional? Una complementación de ese tipo sería beneficiosa para nuestra clase de comportamiento y, en general, para nuestra acción y pensamiento social.

La distinción entre lo productivo y lo representativo (de reconocimiento) es importante, por su parte, para la estructuración tanto del campo de actividad como para la del teórico. Se deberá distinguir, por ejemplo, si se manejarán de manera práctico-técnica problemas de botánica o de teoría de la electricidad, o si por el contrario se hará sólo en la contemplación, de lo biológico en el primer caso, de lo físico en el segundo. Se trata de preguntarse si hay que orientar la clase teórica ante todo en forma contemplativa y de observación, o si también se puede hacerlo con los interrogantes de la aplicación práctica. La pregunta no es sólo crítica en los currículos de ciencias naturales. Lo es también en los campos de la clase de lenguaje y la de idiomas extranjeros.

La tercera pregunta nos exige definir los pesos relativos del contacto directo con la realidad y de su mera representación simbólica (verbal, estadística...) en nuestras actividades y en nuestra formación de conceptos y teorías. Con frecuencia no se trata de alternativas excluyentes. La clase se mueve entre el contacto con la realidad y su captación y manejo simbólicos. En los niveles escolares más avanzados, en los cuales el peso de las actividades simbólicas y de la formación correspondiente de conceptos y teorías se incrementa, es siempre crucial preguntarse qué contactos con la realidad estamos dispuestos y somos capaces todavía de emprender. El currículo debe proporcionar líneas directrices al respecto. Debe indicar, por ejemplo, en qué lugar y de qué manera deben efectuarse actividades experimentales y prácticas que acompañen a la clase teórica.

Un segundo grupo de preguntas previas se refiere a los motivos y sentimientos y a las vivencias estéticas que proyectamos despertar en clase. Tienen en común, el que contrastan con los objetivos aspirados de conocimiento y utilidad. Hemos visto los problemas que plantean. Ni los motivos y sentimientos, ni las vivencias estéticas son «fabricables». Los objetivos de aprendizaje en estos campos deben ser formulados de manera más bien moderada. Deben describir más posibilidades que exigencias. Su logro no puede ser comprobado. Pero el maestro y la maestra pueden estar siempre pendientes de si se producen al menos señales de que los objetivos pertinentes han sido alcanzados.

Objetivos cognitivos de aprendizaje

Desde el punto de vista psicológico se dan tres grandes grupos de resultados cognitivos en la enseñanza escolar: operaciones y procedimientos; conceptos y teorías; y elementos del saber sobre el mundo y de la concepción del mundo. Siendo eso así, tales resultados deben aparecer también en el catálogo de objetivos de los planes de enseñanza. Proporcionan, por así decirlo, una taxonomía de los objetivos de la enseñanza escolar.

Operaciones y procedimientos

Al asignar a la clase el objetivo de aportar al alumno ciertas operaciones y procedimientos, queremos lograr que éste aprenda a hacer algo. Es obvio, puesto que tomamos como punto de partida el campo de actividades de la cotidianeidad práctica. Piaget (1947) ha enseñado que las operaciones son los descendientes purificados del hacer práctico, y nosotros lo hemos repetido para la didáctica (Aebli, 1951-1973[5], 1983). Esta afirmación es válida en primer lugar, naturalmente, en clase de matemáticas; pero también en las ciencias naturales exactas y en sus antecesores en la escuela primaria. Algunos ejemplos son:

— Superar la primera decena mediante dos pasos de adición ($7 + 5 = 7 + 3 + 2 = 12$).
— Sumar fracciones de diferente denominador.

268

— Dividir en dos un ángulo, usando compás y regla.
— Calcular la pendiente de una calle usando un mapa con curvas de nivel.
— Calcular la fuerza ascensional de un cuerpo con un peso y volumen dados, en un líquido con una densidad dada.
— Calcular la energía liberada con la fermentación de una cantidad determinada de azúcar.

En el ámbito del lenguaje se dan operaciones cualitativas, que el alumno aprende. Por ejemplo:

— Convertir una frase activa en pasiva.
— Convertir una proposición, que afirma algo de manera definitiva, en una mera hipótesis.
— Cambiar una demanda con amenaza de sanción por una petición (o a la inversa).
— Declinar un adjetivo, en su género y número, para que concuerde con el sustantivo.
— Declinar un participio pasado para que concuerde con el complemento directo correspondiente.

Con las operaciones cualitativas entramos en el terreno de los *procedimientos* complejos, definidos con menos rigidez. Son la continuación de las técnicas que aprendemos en el ámbito de las actividades prácticas. Cuando los elaboramos y formulamos, tenemos reglas, métodos y heurísticas:

— Determinar las variables intervinientes, en un problema de cálculo planteado textualmente (ver capítulo 13 de este libro).
— Esbozar un árbol de solución.
— Planificar una solución partiendo de adelante hacia atrás.
— Reemplazar un problema insoluble con un problema relacionado, soluble; solucionarlo y regresar al problema inicial.

Es importante que nuestros objetivos de aprendizaje indiquen siempre qué deben poder hacer nuestros alumnos. Con ello establecemos la conexión con las actividades prácticas. En la aplicación referirán de nuevo las operaciones y procedimientos aprendidos a la realidad concreta, a asuntos y situaciones, con el fin de clarificarlos y/o descubrir o generar en ellos estructuras específicas.

Pero es importante que arrojemos luz sobre la construcción *interna* de las operaciones y procedimientos. No se trata sólo de que el alumno aprenda a hacer algo en determinadas situaciones. Las operaciones y los procedimientos no son meras «reacciones», que se producen ante determinados estímulos. Las construimos a partir de elementos más simples. Nos preocupamos de hacer inteligible al alumno esta construcción, de que gane comprensión en cuanto al cómo y al porqué de este proceder. Más adelante veremos que es precisamente esto lo que nos distancia de los «objetivos operacionalizados de aprendizaje» de los neo- (o paleo) conductistas. El *análisis objetivo* cuidadoso del asunto abre la puerta a la construcción interior de actividades, operaciones y procedimientos.

Conceptos y teorías

Un concepto es como una cosa. Por eso se expresa con un sustantivo: la fracción, la mitad del ángulo, la pendiente, la fuerza ascensional... Guilford (1959) ha dicho que el pensamiento puede *cristalizarse*. Nosotros hemos afirmado (Aebli, 1980-81) que los pensamientos se *objetivizan* en el concepto. El concepto tiene carácter de objeto y carácter de cosa. Es una gran ventaja, pues con ello se puede manipular el contenido del concepto. Este se encuentra como empaquetado y signado por medio del nombre del concepto. Por eso se pueden formular también fácilmente objetivos de aprendizaje, estableciendo los conceptos que deben ser trabajados e incluso conocidos por los alumnos. Objetivos típicos de aprendizaje serían:

— La amplificación y la simplificación de fracciones.
— La fuerza ascensional de los cuerpos en líquidos de densidades diversas.
— La construcción de vivienda.
— La fotosíntesis.
— Las comunicaciones terrestres medievales entre Alemania e Italia.
— La conquista de México por los españoles.
— *La divina comedia*, entre la Edad Media y el Renacimiento.
— El teatro de Shakespeare.
— El mensaje de Bertolt Brecht.
— La estructura profunda de la frase en Chomsky.

Son objetivos de aprendizaje evaluables. Se podría uno preguntar entonces qué debe *hacer* el maestro y qué los alumnos. La respuesta es, sencillamente, que deben elaborar esos conceptos. El maestro sabe cómo. Eso se lo indica su didáctica. ¿Qué debe conocer el alumno después de haber aprendido esos conceptos? Eso también está claro. Debe estar en condiciones de aclarar por sí mismo los conceptos, es decir de reconstruir su estructura, y de aplicarla, es decir, de poder relacionarlos con asuntos concretos y situaciones dadas, y de reconocer su estructura o producirla de nuevo. Podemos decir, en general, que el alumno debe aprender a trabajar con estos conceptos. Deben convertirse para él en herramientas de actividad intelectual.

Pero los conceptos pueden ser considerados también de otra manera. Se constata entonces que incluyen en su interior redes de relaciones. La fotosíntesis representa un mundo de procesos biológicos interactuando entre sí. De esa manera puede considerarse también la construcción de una vivienda. El arquitecto representa los trabajos parciales relacionados entre sí, como un plan en forma de red. Las comunicaciones de la Edad Media representan también redes, y por su parte puede contemplarse *La Divina Comedia* como un mundo en pequeño. Chomsky, así mismo, ha representado la estructura profunda de las frases en forma de red.

Pero los conceptos no sólo contienen redes de relaciones. Los conceptos forman también redes entre sí. Llamamos *teorías* a tales redes regionales. El concepto de fuerza ascendente está estructurado en un capítulo de la física clásica, el de la fotosíntesis en la teoría de los procesos metabólicos en las plantas. La conquista de México está integrada en el descubrimiento global y en la conquista del nuevo mundo, en procesos que marcan el paso a la Edad Moderna. El teatro de Shakespeare pertenece a la época isabelina, en el siglo XVII. El concepto de Chomsky (1969) de la estructura profunda es una parte de su gramática transformacional. La clase no sólo le enseña al alumno hechos aislados, también le proporciona redes de interrelaciones. Son las teorías. Para su análisis y representación, nos remitimos a los trabajos de

Klauer y de Schott sobre el análisis de los temas de enseñanza (Klauer, 1974; Schott, 1975; Schott, Neeb y Wieberg, 1981).

Elementos del saber sobre el mundo
y de una concepción del mundo

¿Tiene sentido mencionar que, además de los objetivos de aprendizaje teórico, los alumnos deben adquirir «elementos del saber mundano y de una concepción del mundo»? ¿Son ellos objetivos de aprendizaje? Opinamos que sí. La diferencia es sólo gradual con respecto a los objetivos de aprendizaje en la formación de teorías. En el fondo se trata de una nueva visión importante. Es integradora, en el sentido de que trascendemos las asignaturas y tomamos conciencia de que la globalidad del saber de nuestros alumnos debe converger, idealmente, en una concepción única del mundo. No es satisfactorio cuando el saber del alumno, al final de su período escolar, se nos presenta como una mera yuxtaposición de compartimentos teóricos, que nada tienen que ver entre sí.

Tras la idea de la concepción del mundo está otro pensamiento adicional. Lo hemos encontrado ya varias veces; hacemos converger mentalmente los elementos del saber sobre el mundo, proporcionados por cada una de las disciplinas durante el transcurso de los años escolares, en una «concepción única del mundo»; y nos preguntamos qué clase de concepción sea ésta, que hemos construido en la mente de los alumnos.

En los últimos años se han visto una y otra vez reflexiones en esa dirección. Se ha preguntado, por ejemplo, en qué tipo de idea sobre la mujer, sobre los países en desarrollo o sobre las épocas pasadas se basan determinados medios o planes de enseñanza. Con frecuencia los interrogantes han sido planteados con ánimo polémico, lo cual es legítimo. Quien opina que la historia no debería tratar únicamente las grandes hazañas políticas y militares de los reyes y de las personalidades famosas, sino que debería presentar también la vida diaria de los hombres comunes con sus condiciones económicas y sociales (pero también con sus imágenes y convicciones espirituales y religiosas), señalará e impugnará concepciones del mundo, que de una u otra manera sean unilaterales. No queremos tratar el tema aquí; sólo afirmar que en el establecimiento de los objetivos de aprendizaje debe salir a relucir también lo concerniente a una concepción del mundo lo más coherente posible. Los objetivos pertinentes no son de tipo material. No se trata de aportar nuevos contenidos, sino de procurar que éstos sean integrados en la medida de lo posible; es decir, que se relacionen unos con otros, y que se procure dar una coherencia interna a la concepción del mundo, adecuada para cada nivel escolar.

Estos objetivos no son fáciles de realizar. No se pueden poner en práctica sólo mediante algunas medidas simples y garantizadas. Por otro lado, identificarlos simplemente como utópicos e irrealizables, sería señal de una gran pobreza pedagógica, expresión de un crudo positivismo, del cual se podía hacer gala, como mucho, en el mundo relativamente sano del siglo XIX.

¿Cómo formular entonces estos contenidos de aprendizaje? En vista de las dificultades, y aun peligros, que encierra una búsqueda exagerada de la unidad, sugerimos más bien que se formulen preguntas, que puedan hacerse maestros y alumnos a intervalos periódicos, y que hagan tomar conciencia de los siguientes puntos de orientación:

1. ¿Establezco las relaciones posibles dentro de los conceptos, teorías y aspectos de la realidad manejados?
2. ¿Converge el saber sobre el mundo que transmito hacia una concepción de relativa coherencia?
3. ¿Qué tipo de concepción del mundo han adquirido mis alumnos en el transcurso de los años escolares transcurridos hasta el presente? ¿Es adecuada mi clase para facilitar la integración del saber adquirido hasta el presente?
4. ¿Qué vamos a aportar, mis colegas y yo, a la concepción del mundo en los años escolares que mis alumnos tienen todavía ante sí?
5. ¿Encaja lo que transmito en el año escolar en esa gran construcción, de manera que podamos decir al final que hemos hecho todo lo posible para que el saber sobre el mundo transmitido se integre en una concepción de éste relativamente coherente?

De inmediato se percibe que estos objetivos tan amplios no pueden ser logrados por un solo maestro. Se necesita la cooperación entre los de una escuela, y entre los de diversos tipos de escuelas. Esta cooperación es también necesaria en el diseño de planes de enseñanza, orientado por las preguntas formuladas aquí. El solo hecho de planteársela enriquecerá y motivará al profesor individual y al cuerpo docente entero (por ejemplo, en una semana de actualización llevada a cabo con todo el equipo docente de una escuela).

Podríamos preguntarnos entonces, con qué clase de procedimientos de enseñanza fomentamos la coherencia interna de la concepción del mundo en los niños. No se trata de nuevos procesos de aprendizaje, sino de los procedimientos básicos de enlace, configuración de relaciones e integración, de todo aprendizaje estructural. Y éstos han sido preparados de tal manera, que en clase podemos ligarlos a la experiencia cotidiana de nuestros alumnos. Ya desde los años veinte de este siglo indicó Piaget que el niño de cualquier edad tiene una concepción del mundo. A este respecto, es elocuente el título de su libro: *La representación del mundo en el niño* (Piaget, 1926-1978). El niño logra integrar, al menos parcialmente, su experiencia cotidiana. Sólo que la escuela le proporciona tal cantidad de materiales no digeridos, que ya no consigue realizar dicha integración y tiene entonces que conformarse con esa situación insatisfactoria.

Intentemos, pues, actuar contra ella, tomando siempre como punto de partida la experiencia cotidiana y regresando a ella en las fases de aplicación. Si trabajamos los temas nuevos tal como lo hemos indicado en este libro y en *12 formas básicas de enseñar*, serán altas las probabilidades de establecer las relaciones posibles entre los diversos elementos de la concepción del mundo adquirida. Ayudarán mucho las sesiones de clase integral, y las coordenadas a partir de conceptos y de métodos. Pero también cualquier proceso genuino de construcción, que haga perceptible y transparente al alumno un contenido conceptual o teórico en su contexto reticular, lo predispone a que siga desarrollando los nexos y la conformación de relaciones. El saber comprendido es un saber integrador. En caso contrario, lo que no ha sido comprendido, o lo ha sido a medias, no se puede relacionar tampoco con intelecciones, operaciones, procedimientos, conceptos y teorías emparentados. Cuando al alumno le quedan bocados sin digerir, como lo expresó gráficamente Montaigne (1580), no le queda otra cosa por hacer que la posibilidad de tragar todo entero.

¿Y los «objetivos operativizados de aprendizaje»?

Los lectores de la edición de 1976 de *12 formas básicas de enseñar* (Aebli, 1976) saben que todavía allí estábamos contra los «objetivos operativizados de aprendizaje». Ello era necesario, ante el renacimiento espectacular, en los años 60 y comienzos de los 70, de un conductismo tenido hacía tiempo por muerto. Han pasado entretanto 20 años. Todavía leen con agrado los estudiantes, que deben examinarse de didáctica como disciplina secundaria, los libritos de Mager (1971, 1973); nadie, sin embargo, los juzga de acualidad. La «ola cognitiva» se ha expandido y nos ha hecho ver cosas que no veíamos antes con claridad, especialmente la conformación reticular del saber humano, incluso en los jóvenes y niños. Como se indicó, Piaget lo había postulado desde los años 20, y podemos detectar los antecedentes de estas ideas pasando por Dewey y Hegel, hasta Kant, Leibniz, Tomás de Aquino, Aristóteles y Platón.

Ahora bien, autores como Mager no hubieran tenido éxito, si en su mensaje no hubiera escondido siquiera un ápice de verdad. Recordemos sus puntos. Querían establecer los comportamientos observables, que mostraran si un objetivo de aprendizaje era logrado o no. Operativizar significa precisamente traducir un hecho psicológico interno en un comportamiento observable, y suministrar a este propósito las condiciones y situaciones en las cuales pudiera ser detectado por el maestro. Surgieron así determinaciones de los objetivos de aprendizaje, tales como las siguientes:

— Aplicar en situaciones prácticas las leyes de la trigonometría.
— Reconocer causas y efectos, pormenores importantes y no importantes en un documento histórico.
— En un texto de propaganda reconocer las técnicas de influencia.
— Poder juzgar críticamente opiniones sobre la salud.

A primera vista puede decirse que tenemos objetivos de aprendizaje similares a los mencionados bajo el título «operaciones y procedimientos». De hecho, el conductismo quería capacitar al maestro para producir correctamente ciertas reacciones en situaciones determinadas. También lo queremos nosotros. La diferencia estriba en la manera como consideramos la construcción interna de las operaciones y procedimientos, y sus relaciones mutuas. El conductismo no tiene nada que decir acerca de

273

esta construcción interna, como tampoco sobre los nexos relacionales que ligan entre sí a los conceptos y a los elementos teóricos. Para Mager, lo mismo que para Watson (1924), el fundador del conductismo, estas cosas son vaguedades. Las relaciones entre los elementos del saber no son ningún tipo de reacciones, que el alumno pueda producir cuando se le pide y mostrar al examinador. Por tanto, un pensamiento como el de las interconexiones internas de una concepción del mundo, es totalmente ajeno a estos autores.

Por eso, para estos neoconductistas el saber y el saber hacer que quieren transmitir al alumno se asemeja a un banco de datos o a un repertorio inconexo de destrezas aisladas. Los planes de enseñanza elaborados con ese espíritu se han vuelto una pesadilla para quienes los practican: montones confusos de objetivos aislados de aprendizaje. Pobres alumnos, que deben metérselos, a la fuerza, en la cabeza.

¿Cuál es la alternativa? Por supuesto, ni sólo los «grandes nexos», ni sólo la «intelección», la mera contemplación de las relaciones. También nosotros queremos proporcionar a los alumnos un repertorio de esquemas de acción y de habilidades, y también podemos señalar las condiciones bajo las cuales deban ser aplicados. Pero se trata precisamente de acciones y de operaciones, no de meras reacciones. Provienen de las actividades diarias, han sido estructuradas internamente y ligadas entre sí por medio de los procesos cognitivos de construcción. Y, lo que es más, sabemos que, como resultado de la adquisición de operaciones y procedimientos individuales, de conceptos y teorías, se configura una base de saber, a partir de la cual la persona, de manera creativa, puede producir nuevas acciones, operaciones, reconocimientos y nexos. No se trata simplemente de adiestrar al alumno en «artificios» (y artificios mentales) nuevos. Se trata de proporcionarle saber y saber hacer, fértiles y creativos, que le abran siempre nuevas posibilidades de acción y de pensamiento, también de formación de valores, intereses y experiencias estéticas. Pensamos que aunque los neoconductistas, al estilo de Mager, han visto correctamente una parte de la verdad, ésta se halla tan fragmentada que es peligrosa; pensamos también que una teoría de los objetivos de aprendizaje, tal como la hemos desarrollado, involucra esa verdad parcial, dándole al mismo tiempo su profundidad y su contexto necesarios.

Historia de la teoría del currículo

Como conclusión de estos tres capítulos sobre planes de enseñanza y objetivos de aprendizaje, vamos a situar las concepciones defendidas en este libro en la escena actual de la teoría curricular.

A comienzos de este siglo se volvió a hablar de *currícula,* en el círculo del movimiento, iniciado por Dewey, de la *progressive education* (Bobbit, 1918). Los currículos de la reforma pedagógica iban contra los planes de enseñanza del siglo XIX, orientados de manera exclusivamente temática, según las disciplinas. Deberían volver a ser planes de aprendizaje, y el aprendizaje debería ligar elementos del conocimiento y de la acción, siguiendo el espíritu del pragmatismo de Dewey, adquiridos en trabajo individual y comunitario.

274

Las ideas ambiciosas de Dewey fueron realizadas en los Estados Unidos de manera bastante incompleta. No se logró casi proporcionar experiencias vivas acompañadas de saber y saber hacer sólidos. Después de que la Unión Soviética lanzó con éxito su primer satélite al espacio, se volvió a reflexionar en los Estados Unidos sobre los fundamentos científicos de los planes de enseñanza. Bruner (1960) acuñó el concepto de la «estructura de las disciplinas», y esbozó el modelo del currículo en espiral, en cuyo transcurso se toman una y otra vez, durante los años escolares, los grandes temas del conocimiento en forma de preguntas, conceptos y teorías, se escudriñan de manera cada vez más profunda y se estructuran de manera cada vez más comprensiva, dependiendo del nivel de formación y desarrollo del alumno (fig. 5).

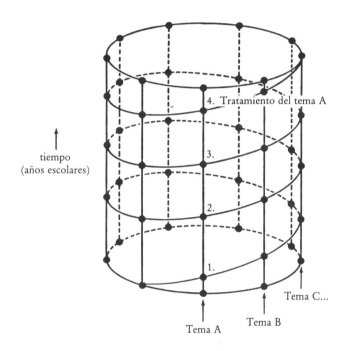

Fig. 5. *Modelo espiral, según Bruner (1960), del desarrollo y del currículo. En el círculo de la base se han dispuesto los grandes temas (ideas, principios, valores, es decir, estructuras) del pensamiento y de la vida humana. A partir de cada tema asciende una línea vertical, que denota un tratamiento o una consideración cada vez más compleja, simbólica, formal y abstracta del mismo tema. La enseñanza se mueve, en el transcurso de los años escolares, como una espiral sobre la superficie del cilindro, volviendo a tocar una y otra vez los mismos temas fundamentales, que van siendo tratados desde perspectivas cada vez más elevadas. Según Bruner, ejemplos de tales temas son el concepto del tropismo, de lo malo, de la tragedia y de las transformaciones sintácticas. (La presente representación gráfica fue elaborada por el autor.)*

La idea del currículo en espiral aporta una variante interesante a nuestras reflexiones sobre la organización de los temas. Es, sin embargo, más importante la idea fundamental de que las «disciplinas», o sea los grandes ámbitos del pensamiento y de la acción, tiene sus estructuras, y éstas deben ser confiadas a los jóvenes en el transcurso de su formación. Los conceptos básicos, las leyes y reglas del pensamiento, como también los fenómenos clásicos de la literatura y de la historia, no deben ser lastres inanimados de saber, ajenos al hombre. Bruner los toma más bien, dentro del espíritu del pragmatismo norteamericano, como instrumento del pensamiento y de la acción; esta concepción ha sido defendida también por nosotros, desde 1951 (Aebli, 1951-73[5]).

En el ámbito germanoparlante, la teoría curricular ha salido a la luz gracias a S. B. Robinsohn, uno de los primeros codirectores del Instituto Max Planck para la investigación educativa, de Berlín (Robinsohn, 1967). El escrito famoso de Robinsohn señala muchos aspectos del problema curricular. Lo que más impactó, sin embargo, fue su exigencia de que los planes de enseñanza se desarrollaran a partir de situaciones (vitales), y de las funciones requeridas en ellas, como también de las cualificaciones necesarias para su dominio. Esto representaba para Robinsohn los requisitos de la actividad científica, los medios para comprender el mundo y los instrumentos de acción en «situaciones de aplicación».

Podemos reconocer la amplitud de este concepto y su cercanía con nuestras concepciones. Esa amplitud, sin embargo, ocasionó también algunos problemas a los expertos en diseño de planes de enseñanza, puesto que tanto el concepto de situaciones vitales como el de situaciones de aplicación podían ser interpretados de maneras diferentes, de acuerdo con los intereses prevalecientes. Como consecuencia del movimiento del 68, fueron en parte interpretados de manera unilateralmente política.

En la búsqueda de criterios más precisos para la selección de los temas se esperaba encontrar ayuda en otros ámbitos. En 1956 salió a escena Benjamin Bloom, con la idea de los objetivos operativos de aprendizaje. Los había estructurado siguiendo un orden jerárquico. Comprendían los seis estadios siguientes: 1) saber, 2) comprensión, 3) aplicación, 4) análisis, 5) síntesis, y 6) valoración. Algunos esperaban que esta organización jerárquica pudiera servir también de hilo conductor para la construcción de los planes de enseñanza.

Según eso, el transcurso de una lección debería empezar con la transmisión del saber. En un segundo paso habría que intentar comprender; en un tercero, pensar en la aplicación posible, analizar después el conjunto e integrarlo de nuevo (síntesis), para valorarlo finalmente. Es claro que no es ése el espíritu de nuestra didáctica. Quien elabora saber a partir de la solución de problemas, intenta comprender desde el comienzo, lo cual incluye análisis y síntesis. Las valoraciones pueden, aunque no necesariamente, añadirse en cada etapa del proceso de aprendizaje. La aplicación pertenece al final de un ciclo de aprendizaje. Pero hay que hablar también de elaboración y ejercicio o, en el idioma de los objetivos de aprendizaje, de movilidad y de seguridad-facilidad, es decir, de consolidación de lo aprendido.

Con ello se emprendió la tarea de escribir planes de enseñanza en forma de colecciones comprensivas de objetivos operativizados de aprendizaje. Por regla general, su estructura no era clara. En parte fueron clasificados superficialmente los objetivos individuales de aprendizaje: una especie de ejercicios escolástico-medievales de organización, sobre bancos neoconductistas de datos. Después de eso la onda cognitiva llegó también a los teóricos del currículo, y se dejó de hablar de los objetivos operativizados de aprendizaje.

Situación actual de la teoría del currículo

Mediada la década de los 80, no se volvió a hablar de la teoría curricular. El gran volumen de Hameyer, Frey y Haft (1983), *Manual de investigación curricular,* intenta recopilar y organizar los resultados fallidos de este campo de investigación. Vemos allí los grandes grupos de ideas que siguen.

El interés de la reforma pedagógica, no sólo inspirada en Dewey sino también enraizado en la reforma pedagógica europea de comienzos de siglo, se expresa en concepciones sobre el plan de aprendizaje y la enseñanza, que colocan al alumno en el centro y se llaman por tanto *centrados en el alumno* u «orientados al alumno» (por ejemplo, Wagner, 1976). En 1900 se decía «a partir del niño». Esta concepción puede ligarse a un pensamiento pedagógico-político, según el cual el alumno debe ser conducido a una actitud crítica y a la emancipación (Bönsch, 1978). En este libro hemos dicho que entendemos el plan de enseñanza también como un plan de aprendizaje, y que buscamos preparar al alumno para la autonomía. Lo hacemos en la medida en que le proporcionemos los medios para el dominio autónomo de las situaciones vitales y de problema y en la medida en que las ejercitemos con él. Pero también consideramos que la libertad no es un fin en sí mismo, sino que sirve al desarrollo del hombre y de la sociedad, que establecen sus propios órdenes.

Una serie de *concepciones antropológicas* del currículo tienden a definir este orden. Ballauff (1975) ha mencionado las «funciones educativas», que arman al hombre para afrontar sus tareas laborales y sociales y para su orientación en los asuntos metafísicos y éticos. Loch (1979) quiere proporcionar al individuo «competencias curriculares», que le posibiliten enfrentarse a su mundo y configurar su dirección. Estas comprenden, entre otras cosas, capacidad verbal, capacidad mental, competencia técnica, económica y política, como también poder de fantasía, capacidad de construir su propia imagen y capacidad de regeneración. De igual manera, Derbolav (1975) le dio al plan de enseñanza un marco antropológico, que considera al hombre en confrontación con la naturaleza, con las flaquezas de la naturaleza humana y con sus semejantes, y de cuyo sistema surgen las grandes prácticas de la técnica, de la economía, de la medicina, de la pedagogía, de la política, las prácticas del derecho y de la defensa, con sus ramificaciones en la práctica científica y en la religiosa. Nuestra antropología es más modesta. Con la taxonomía de las actividades humanas y con el énfasis en el ámbito social, hemos emprendido la búsqueda correspondiente.

Otro grupo de teorías curriculares ve al hombre ante todo en su interacción con el mundo. En éste se encuentran la *didáctica orientada por las ciencias del espíritu* y las correspondientes concepciones de los planes de enseñanza. El representante más importante es Klafki (1958, 1963). Esta tradición ve fundamentalmente al hombre frente a los asuntos de la cultura, sus textos y objetos. Estos representan objetivaciones del espíritu que el hombre debe traer de nuevo a la memoria, entendiéndolos. Por eso, los planes de enseñanza alemanes señalan ante todo los «objetos de clase». La opinión es que la clase debe «abrirlos» de nuevo. Eso es lo que en este libro llamamos el reconocimiento del mundo y de sus objetos. Los hemos puesto, sin embargo, al lado de la acción, que no contempla meramente al mundo ni, más globalmente, la vivencia; sino que, actuando se inmiscuye en él y «produce», o crea, realidad.

Una de las ideas más fructíferas que se pueden atribuir a la pedagogía orientada por las ciencias del espíritu, procede de la didáctica de Wagenschein. En ella es fundamental el *principio genético,* un procedimiento de enseñanza, que no se desarrolla tanto «representando, dogmática o sistemáticamente», sino que incita a la reflexión, plantea preguntas, estimula a los alumnos a la investigación y al descubrimiento propios. Los planteamientos de problemas, que en un principio pueden inquietar, deben desencadenar un verdadero cuestionamiento. En ese sentido, la enseñanza es socrática. En el diseño curricular es central la idea de que éste debe proceder *ejemplarmente,* puesto que, quien quiera estimular el verdadero pensamiento, no puede enseñarlo todo. Más bien acometerá problemas y conceptos centrales y los tratará valiéndose de casos o de situaciones ejemplares, los conducirá a los puntos cruciales del conocimiento, logrará allí la intelección y dará oportunidad de aplicaciones y variaciones múltiples. En este sentido exige Wagenschein una organización temporal de la enseñanza escolar, que le proporcione al alumno la necesidad de seguir bastante tiempo en un tema. Concibe que eso puede realizarse en lo que llama la *clase epocal,* que trata un mismo tema durante varias semanas, al menos dos horas por día (Wagenschein, 1970[3]).

La dotación pragmática para la acción está en el centro de los currículos que mencionan la *actividad social y sus campos.* Son los más vivos y de contenido más interesante hoy día. También Klafki se apropió de este punto de vista después de 1968 (Klafki y Scheffer, 1981). Zimmer (1973) quiere lograr para el ámbito pre-escolar situaciones que sean retazos realmente experimentables de la realidad social; Geipel (1975) estructura la clase biográfica, según situaciones de trabajo, vivienda, cuidado de sí mismo, etc. Nestle propugna una clase integrada de historia, política y geografía, o sea por aquello que los norteamericanos, siguiendo a Dewey, llaman *social studies.* En ella son constitutivos de la realidad cotidiana campos de acción o «subsistemas sociales», tales como educación, consumo, salud-curación, comunicación, administración, derecho, tráfico, comercio, seguridad. También Giel, Hiller y Kramer (1974, 1975) quieren investigar campos sociales de acción, y ello con un enfoque «multiperspectivista» y supra-disciplinar.

Ese es el espíritu del método de proyectos. Estamos cerca de él, con la única reserva de que, por nuestra parte, en vista de la falta de transparencia potencial de las situaciones de acción y de la praxis cotidiana, no quisiéramos ver descuidado el propósito de construcción sistemática de un repertorio de medios de conocimiento y de acción.

Vemos, por tanto, en los intentos de Spreckelsen (1972) y sus colaboradores, de colocar en el centro de la enseñanza los conceptos fundamentales de la física y de la química, un contrapeso también importante, inspirado en la idea de la estructura de las disciplinas, frente a la enseñanza únicamente por proyectos. La consigna no es «salvad el hacer vivo», sino «salvad su orden». La sistematicidad es tan importante como la cercanía a la vida. (Habría que investigar, sin embargo, si las unidades didácticas de Spreckelsen son siempre adecuadas a los diferentes niveles y si garantizan a maestros y alumnos la libertad de configuración necesaria). Nuestra concepción de las dos coordenadas del desarrollo, una teórico-sistemática y la otra de la praxis vital, con muchas interrelaciones, especialmente en el planteamiento (o generación) de problemas y en la aplicación, busca conciliar las dos tendencias.

Blankertz y sus alumnos buscaron esta relación entre teoría y práctica. En sus *mallas estructurales,* que desafortunadamente no siempre tienen transparencia, aflora entre otras cosas la idea de un nexo entre la perspectiva disciplinar-científica y la valoración práctica (la «aplicación», decimos nosotros). Dejamos planteado el interrogante de si la idea de la matriz —puesto que de eso se trata— es adecuada para clarificar verdaderamente dicho nexo. Más bien mencionamos que los problemas son generados a partir de los campos de problemas de la praxis vital y que la realimentan en la aplicación (un resumen en Blankertz, 1973[3], y allí Lenzen, 1973[3]).

¿En qué situación nos encontramos, al finalizar la década de los 80? Apenas se divisan nuevas ideas concernientes a la estructura de los currículos. Lo que se ha modificado es el tono. Se cansaron los héroes de la construcción del currículo. La nueva generación tiene nostalgia de la vida simple, de la cotidianeidad. Quiere cultivar la subjetividad, «salvar el sentido» y dejarse influir de nuevo por los fenómenos. La ciencia y el pensamiento riguroso se han convertido casi en un insulto en algunos lugares. ¿Qué debe pensarse del nuevo subjetivismo? Mucho, si se toma este concepto de manera sustancial, poco, si significa algo meramente atmosférico. Hemos hablado a lo largo de este libro del papel del sujeto que conoce y que actúa, pero también que valora y que está movido por sentimientos. Es obvio que todas esas experiencias son transmitidas por los sentidos. Por ello hemos colocado al lado de, y al nivel de la actividad simbólica, a la real. Pero las actividades deben tener su contenido. Quisiéramos ver claramente su estructura. Eso no significa ciencia pura; significa también praxis, no sólo eficiente y verdadera, sino también bella y buena.

22. PREPARACION DE CLASES

Quien ha aprendido su didáctica y la ha comprobado en la experiencia práctica, está ya preparado para dar clases. Este libro, juntamente con *12 formas básicas de enseñar*, está destinado al aprendizaje de la didáctica. Si se han profundizado sus ideas fundamentales y se han llevado repetidas veces a la práctica, está uno «preparado». ¿Se necesita entonces un capítulo especial sobre la preparación de clases? La pregunta esconde un malentendido, originado en los dos significados posibles del término «preparación». Naturalmente, el estudio y la experiencia representan una forma fundamental de preparación. Conducen a una posesión viva de saber y saber hacer, a partir de los cuales actúa el maestro competente. Así describimos su «preparación». Pero también el maestro «preparado» de esa manera, debe prepararse *ad hoc*, para las clases, tal como lo hacen el orador o el artista para una presentación. Esto es especialmente válido para el novato en el magisterio.

La preparación en el segundo sentido no designa un estado del saber y del saber hacer, sino la actividad del que planea mentalmente lo que llevará a cabo después en la clase efectiva. El estudio y la experiencia ayudan al maestro, tanto en la preparación como en el desarrollo de la lección. Existe, por tanto, un problema autónomo tocante a la preparación de clase en el segundo sentido del término, y sobre el cual trata el capítulo presente.

La cuestión es, qué debe tener claro en la mente el maestro la víspera de la clase o el sábado anterior a una semana de clases y, eventualmente, qué debe consignar por escrito y si ello es de alguna manera necesario y deseable. El maestro en formación, a quien se le exigen estas reflexiones, se pregunta si se trata de una situación pasajera, característica del principiante, pero que puede ser pasada por alto por el maestro experimentado. (Desde ahora hacemos notar cuán fructífero es que los maestros tutores de los que están en prácticas permitan a éstos, de vez en cuando, mirar sus propias preparaciones, para que vean cómo prepara sus clases un maestro *experimentado*).

Para los principiantes («novatos», como se dice desde hace poco en la psicología del aprendizaje) la respuesta es clara; el dominio de los aspectos sociales y de contenido de una clase con 20 ó 30 alumnos tiene tal complejidad y las exigencias al maestro que debe orientarlos son tan variadas, que el principiante de ninguna manera puede satisfacerlas de manera improvisada. Ni siquiera puede hacerlo el maestro experimentado (el «experto», como decimos hoy). Hay que reflexionar con anticipación, representarse el objetivo, recorrer mentalmente el camino hacia él, e intentar prever las posibles reacciones de los alumnos. Ese es el sentido de la preparación de clases. Es lo que hace cualquier persona que tiene ante sí una tarea difícil. Así se preparan los oradores en el parlamento y los presentadores de televisión, así nos preparamos también para una entrevista difícil con otra persona. En ocasiones, quien ha acometido una de estas cosas sin preparación, y ha fracasado en ella, se arrepiente después, diciéndose: «¡Si me hubiera podido preparar!». También el maestro en formación debe ser consciente de eso.

Grzesik (1979) se pregunta entonces, con todo derecho, qué debe comprender un plan de clase; ya que es imposible incluir en la preparación todo el transcurso previsto y las ideas que lo guían. Evidentemente, la pregunta es diferente para los principiantes y para los expertos. Ambos pueden decirse: lo que sé hacer y lo hago bien sin preparación especial, no tengo que planearlo y consignarlo por escrito. Aquellas cosas donde me equivoco o tengo algo de confusión, es bueno clarificarlas mentalmente, es decir, planificarlas. Podría también plantearse de manera diferente. El experto ha realizado ya muchas experiencias, las ha automatizado, por decirlo así. Puede echar mano de ellas oportunamente en la clase, con poco desgaste en la concentración. El inexperto se encuentra sobreexigido en la misma situación. Necesita más tiempo para llegar a la decisión correcta. Este tiempo lo debe emplear la víspera o el sábado anterior. Si se «ha preparado correctamente», las decisiones en los puntos cruciales de la clase serán correctas, habrán sido previstas correctamente las posibles reacciones de los alumnos. Por lo menos en estos puntos, las cosas no saldrán mal. Aun así, la tarea es todavía difícil, y seguramente aparecerán problemas inesperados. Pero, si ello ya no sucede en los puntos cruciales, el novato se sentirá de todos modos un poco más seguro.

Veamos entonces las reflexiones que queremos plantear en este capítulo. No se trata de repasar de nuevo todas las reglas de la didáctica. Presuponemos que el maestro las ha conocido en los capítulos precedentes y en el libro *12 formas básicas de enseñar*. Se trata más bien de las reflexiones que el maestro o maestra debe hacerse *antes* de la clase, en su mesa de trabajo; puesto que sabe que se trata de cosas demasiado difíciles y complejas, como para improvisarlas correctamente en la situación de clase.

Debe tenerse en cuenta que no se trata sólo de sobrevivir. Se trata, ante todo, de lograr una clase rica en contenidos e interesante. Obviamente se dan procedimientos didácticos simples que ayudan a salir de un aprieto momentáneo, tales como leer un libro de texto, aclarar algunos conceptos, repetir y resumir. Pero, hay que tener en cuenta que se trata de una clase que ha de prolongarse meses y años. ¡Qué aburrida puede ser para los alumnos y qué árida puede llegar a ser para los maestros! Sólo con ello no se justifica ser maestro. Lo que queremos es que suceda algo en una hora de clase. Maestros y alumnos quisieran tener la experiencia de estar vivos, mientras que enseñan y aprenden, sentir que son algo...

Para terminar la introducción señalemos la relación que existe entre la teoría de la preparación de clase y la teoría curricular. El currículo es un plan de enseñanza.

También en la preparación se planea la enseñanza. La diferencia está en la perspectiva temporal y en el origen de los planes. En el diseño del plan de enseñanza no toman parte, por regla general, todos los maestros y maestras en ejercicio. Ellos toman sus líneas directrices para orientar su trabajo. Con base en el plan oficial elaboran su plan personal anual, o para un ciclo. Ese es el punto de contacto entre el plan de enseñanza y la preparación de clases. En este capítulo nos referimos ante todo a la confección del plan semanal y a la preparación de las clases individuales. Allí se lleva al detalle lo que se ha previsto a grandes rasgos en los planes oficiales y en los planes personales de enseñanza.

¿Cuáles son entonces las consideraciones que hace y las decisiones que toma el maestro y la maestra, en la preparación de sus clases, la víspera o el sábado anterior a una nueva semana de clases? Se dividen en dos grandes grupos, la *clarificación de los objetivos* y la *planificación del procedimiento*.

Clarificar el objetivo de la unidad didáctica

Pongámonos en la situación concreta del maestro y de la maestra. Ha terminado una lección y debe emprender la que sigue. Posiblemente el tema abarcará más de una sesión de clase, pero las primeras, introductorias, serán obviamente de especial importancia. El horizonte de planificación comprende entonces alrededor de una semana. Lo que sigue después está consignado, a grandes rasgos, en el plan anual o de ciclo.

¿Cuál es el marco general que tiene normalmente el maestro o la maestra? Algo así como lo siguiente, dentro de un plan de ciclo:

— semanas 4.ª a 5.ª: superación de la decena (aritmética, 2.º grado), o
— semanas 5.ª y 6.ª: alimentación del hombre de las cavernas (historia, 5.º grado), o
— semanas 10.ª y 11.ª: voz activa y pasiva (lenguaje, 8.º grado), o
— semanas 7.ª a 10.ª: fumar; peligros para la salud, publicidad, procesos socio-psicológicos en el «grupo de iguales» (enseñanza conjunta de los maestros de biología y de lenguaje, 10.º grado), o
— semanas 9.ª y 10.ª: dos premios Nobel recientes: Camilo José Cela y Gabriel García Márquez (Literatura, 12.º grado).

Esa es la manera como muchos de los planes indican los *temas*. (Algunas veces, de acuerdo al *New Look*, ya no tan nuevo, de los planes de enseñanza, se le añaden a los conceptos verbos como «poder ejecutar, poder explicar, poder diferenciar o calificar». Pero ello no añade nada, como lo puede notar cualquiera, al grado de conciencia del lector. El maestro mismo posiblemente habrá dejado ya de consignar dichos verbos en sus planes).

Estas frases-resumen desencadenan algunas representaciones adicionales.

A propósito de la «superación de la decena» podrá pensar la maestra que se trata del «$7 + 5 = 7 + 3 + 2 = 12$». A propósito de la «alimentación del hombre de las cavernas», recuerda el maestro un cartel escolar, en cuyo primer plano se ve a una mujer de las cavernas sentada ante una piedra de moler, sobre la cual machaca algo con una piedra redonda, mientras que en el fondo se aprecia un hombre que arrastra un animal sacrificado. A propósito de la voz activa y pasiva puede decir el maestro: «No es difícil, me puedo desentender del asunto». Para el fumar existe un folleto. Además el profesor de biología sabe algo sobre la relación que existe entre la asimilación de nicotina y el cáncer pulmonar; la profesora de lenguaje quiere añadir algo sobre la propaganda de cigarrillos y la presión social del grupo de pares. Con los premios Nobel de literatura piensa el maestro, ante todo, en los dos ámbitos culturales en que históricamente ha evolucionado la lengua española: España y Latinoamérica.

En general, puede decirse que la preparación de un tema de clase comienza en la conciencia del maestro, en la medida en que tiene, por regla general, una imagen global del *objetivo del tema* y de *diversas representaciones del mismo*, especialmente en *textos* e *imágenes*. Sabe también que domina muy bien ciertos procedimientos, convertidos muchas veces en *automatismos*, de forma poco infantil y bastante adulta. Para los alumnos de un segundo grado las cosas serán totalmente distintas. Es posible, finalmente, que el maestro recuerde algunas clases que haya dado sobre el mismo tema. Quizá también haya oído decir a un colega que le fue muy bien (o muy mal) en esa clase.

En todas estas consideraciones la lección aparece todavía con relativamente poca claridad. El maestro se encuentra en la situación de una persona que se pregunta ante una nueva empresa: ¿qué es lo que quiero, a fin de cuentas? Su pregunta es, ¿qué es lo que debe finalmente resultar de la lección planificada? Se trata de clarificar un objetivo específico. Hablamos por ello, siguiendo a Gagel (1986), de la *clarificación del objetivo*.

No hay que menospreciar la importancia y la dificultad de esta tarea. El autor de este libro ha asistido a muchas clases dictadas por maestros en formación. Cuando algo salía mal, generalmente el joven maestro no tenía una idea suficientemente clara del objetivo de su lección. ¿Cómo lograrlo? Con tres grandes grupos de reflexiones, que el maestro debe hacer primero con respecto a sí mismo y después también con relación a sus alumnos.

Del objetivo del tema
a la actividad objetivo

La primera tarea la conocemos ya por los primeros capítulos de este libro. Los planes de aprendizaje y los títulos de los libros de texto mencionan ciertos temas, generalmente de forma sustantiva: «La superación de la decena», «La alimentación del hombre de las cavernas», «La voz activa y la voz pasiva», etc. Pero los temas así no pueden ser entregados directamente a los alumnos. Debemos lograr que el alumno considere, piense y/o haga determinadas cosas en la lección. A eso llamamos *actividad objetivo*. Naturalmente no se trata sólo de aportar al alumno ciertas formas de comportamiento. Ya hemos hablado del conductismo de Mager. Como resultado, debe disponer el alumno de un saber que trasciende la acción individual realizada en clase. Pero en un comienzo se parte del ver, pensar y/o hacer; con otras palabras, de la actividad que se objetiviza en el saber.

El maestro refiere esta reflexión inicialmente a sí mismo: «¿Qué es lo que hago en último término cuando calculo 7 + 5 = 12?». O toma ante sí la imagen, el texto o el objeto real y se pregunta: «¿Qué veo en el cuadro? ¿Qué tengo que decir? ¿Qué deduzco? ¿Con base en qué? ¿En qué contexto estructuro eso? ¿Qué es lo típico (de la alimentación del hombre de las cavernas, de la propaganda de cigarrillos, del texto de Cela)?».

La didáctica orientada por las ciencias del espíritu (por ejemplo Klafki, 1958) llamó a este tipo de reflexiones la *apertura* de un tema. El presupuesto es que el objeto o asunto involucra conocimientos potenciales, que tienen que ser «extraídos». Nosotros vemos las cosas un poco distinto; opinamos que se trata de llevar a cabo en el objeto determinados actos de conocimiento (observaciones, deducciones, estructuraciones, afirmaciones). Eso es lo que permite coordinar las acciones de reconocimiento con las acciones productivas (operaciones y actividades); al superar la decena no se trata de abrir un tema, sino de ejecutar, o sea de generar («producir») una operación correctamente. Lo mismo ocurre con toda acción práctica. En la preparación, se trata de que el maestro analice las actividades ya aprendidas y realizadas reflexivamente. Se pregunta qué acciones (operaciones, etc.) está ejecutando en el fondo, cuando trasciende la decena, habla en voz pasiva, dibuja con acuarela, interpreta una canción en la partitura, siembra correctamente un retoño de puerro, sierra una tabla de la longitud correcta. En todos estos casos se necesita tomar conciencia de las actividades, que el maestro y la maestra ejecutan con frecuencia de manera inconsciente.

Esta toma de conciencia debe relacionarla el maestro primero consigo mismo. Sería muy peligroso que se limitara simplemente a leer en alguna parte cómo se construye una acción de reconocimiento o de realización. La *propia experiencia* es la base para entender bien al alumno y guiarlo correctamente (Beck, Borner y Aebli, 1986).

El cuestionamiento es ligeramente diferente cuando el maestro y la maestra reflexionan si, y de qué manera, han tenido que enfrentarse alguna vez en la vida con el problema a tratar, y si de ello han extraído alguna *experiencia personal*, que pudiera ser provechosa a la clase. Cuando se trata de prehistoria, me pregunto si he participado alguna vez en una excavación arqueológica, o he visitado algún lugar de hallazgos donde haya podido encontrar u observar algo por mí mismo. Cuando el asunto es el fumar y el cáncer en el pulmón, me pregunto si tengo algún pariente o conocido que haya padecido en carne propia los efectos del fumar. Quizá haya visitado un hospital. ¿Cómo fue? Si se trata del inicio o del abandono del hábito de fumar, ¿cómo me fue a mí? ¿Cómo pude dejarlo? Si logramos aportar nuestra experiencia personal al tratamiento de un tema, el tono será distinto a cuando la información la obtengamos sólo de textos. Es la diferencia que existe entre una comida preparada personalmente y una comida enlatada. Scharrelmann (1928) dice, con toda razón: Si logramos «humanizar» el tema, apela éste a lo humano que hay en el alumno. Sobre ello vale la pena reflexionar.

Una vez hechas esas reflexiones, relacionadas con nosotros mismos como maestros, nos imaginamos al *alumno* que desarrolla esa actividad, y lo hacemos de manera realista, en la situación de clase, ante el objeto, la imagen, el texto o la tarea respectiva. Eso nos lleva a preguntarnos ulteriormente, cuáles pueden ser las dificultades para que realice la actividad y qué procesos de aprendizaje son necesarios para que logre hacerlo de manera correcta. Volveremos a este punto.

Esta visión del tema desde la perspectiva del alumno continúa con otras reflexiones: *¿Cómo se las entenderá con él en su vida posterior?* O, en el lenguaje de la actividad objetivo, ¿cómo la realizará? Trascender la decena es una parte del cálculo mental. ¿Cómo nos imaginamos el cálculo mental de las personas después del año 2000? ¿Lo necesitarán todavía? ¿O tendrá cada uno su reloj de pulsera con calculadora, de manera que no sea ya necesario? (no estamos tan seguros). Y ¿qué pasa con la alimentación de los hombres de las cavernas? ¿Tiene algún interés para los adultos el problema? ¿Sería un objetivo posible, despertar el interés por la prehistoria? ¿Está eso ligado a las ideas sobre la evolución del género humano? ¿Se puede partir de allí para llegar a la evolución del hombre en la sociedad postindustrial? En el otro tema, ¿cuáles son los intereses de los jóvenes adultos por la literatura española y por la latinoamericana? ¿Tienen esos autores interés sólo en el mundo de los estudiantes de bachillerato? ¿O estamos convencidos de que dicen también algo a la sociedad adulta? ¿Será ése precisamente su interés?

Las preguntas aquí planteadas han sido llamadas por Klafki (1969[10]) *significado futuro* del tema de la clase. Es de hecho una pregunta importante, especialmente si queremos hacer referencia al futuro posible de nuestros alumnos. ¿Conocemos ese futuro? Naturalmente no, en cada uno de sus detalles. Pero quizá contribuyamos a su configuración por medio de nuestra enseñanza, de manera que ya no sea una cuestión de las expectativas del futuro, sino de su conformación.

Sin ir tan lejos, con un tema dado y su actividad correspondiente pensamos cuál es el papel que juegan en la continuación de la enseñanza. Por ejemplo, con la alimentación de los hombres de las cavernas, nos preguntamos cómo se pasó posteriormente a la alimentación de los habitantes de las costas, a los romanos, a los germanos, al hombre medieval, a los patrones alimenticios de hoy día. Eso sería algo así como el futuro didáctico. También sobre eso hay que reflexionar en la preparación de la clase.

Debe pensarse especialmente en la *forma social de la actividad.* Ya no se trata sólo de la actividad en clase, del considerar, pensar o hacer práctico, sino de la manera como estas actividades se organizarán en el interior del grupo y con los participantes en el proceso de aprendizaje.

El asunto de la organización social será especialmente importante allí donde son particularmente intensas las interacciones entre los estudiantes, como en la *clase por grupos.* Es importante que intentemos imaginarnos cómo trabajan los alumnos en los grupos y cómo se comunicará finalmente a la clase entera el resultado del trabajo grupal. Según sea el avance en el aprendizaje social y el autónomo, daremos indicaciones apropiadas o dejaremos a la iniciativa del grupo organizar por sí mismo su trabajo e informar de él a la clase. Nos referimos aquí a las indicaciones dadas en *12 formas básicas de enseñar* sobre la clase por grupos.

No debe reflexionarse sobre la forma social de la clase sólo porque es importante para que la sesión tenga éxito, sino también porque el alumno debe aprender de sus contactos con sus compañeros y con el maestro. Estos procesos no deben presentarse de manera muy simple. Buscamos tomar conciencia de ellos y progresar intencionalmente.

Las consideraciones concernientes a la forma social conducen en ciertos casos a la mención de una forma posible de *clase por proyectos*. Aquí no se trata sólo de cómo cooperan maestro y alumnos en la realización de un tema de clase, sino más bien de si debe elaborarse un producto, perceptible y con significado práctico; es el caso de una exposición alrededor de un tema, abierta a los padres y familiares de los alumnos. En tales empresas se ligan estrechamente los objetivos sociales y los de la materia. Deben ser planeadas con esmero. Para ello es bueno que maestros y maestras no realicen dicha planificación solos, sino que impliquen en ella a los alumnos, tal como lo describe Füglister (1978).

De la actividad objetivo a su estructura esencial

Ya desde la determinación de la actividad objetivo intentamos hacer lo más transparente posible su estructura esencial. ¿Qué es lo esencial en la alimentación del hombre de las cavernas? ¿En el uso de la voz activa y pasiva? ¿En la obra de Camilo José Cela? ¿Cuál es el meollo del cálculo diferencial? Igualmente, ¿qué debe aprender el alumno sobre la economía o la geología de Finlandia, la historia española del siglo XVI, sobre el descubrimiento del cáncer, sobre la música de Vivaldi o de Bartok o sobre la obra de Picasso o Le Corbusier? Estas preguntas configuran el núcleo de lo que se ha llamado *análisis didáctico*. Es la pregunta por lo fundamental, lo ejemplar (Wagenschein, 1973[3]), lo categorial (Klafki, 1959) en un fenómeno, un acontecimiento, una situación, una personalidad, un país, una época histórica, como también en una acción, un procedimiento, una operación, o sea en una actividad humana.

Naturalmente, no puede haber una respuesta general para esta pregunta. Todo depende de la situación del que pregunta. Lo esencial puede ser diferente para un centroamericano, un europeo o un norteamericano, diferente para el hijo de campesinos y el proletario industrial, para el hombre y para la mujer. Finalmente, recordemos que la respuesta puede sonar distinta al maestro y al niño o al joven. Pero, por otro lado, se dan también algunas estructuras fundamentales de la existencia humana; además, cuando los adultos estiman profundamente algo no dudan generalmente en transmitírselo a los niños y jóvenes. Es también bueno recordar, en una segunda instancia, que lo esencial puede manifestarse de distinta manera al joven en desarrollo y al adulto.

¿Por qué es tan importante que nos preguntemos por las estructuras esenciales de nuestros objetivos de aprendizaje? Porque aun los maestros, al principio vemos y comprendemos de manera superficial lo que queremos. Porque representa un logro significativo adentrarse en el meollo de un asunto y ver lo que encierra en la profundidad de su interior. Reflexionar y explorar con los jóvenes los nexos fundamentales de las actividades y fenómenos de este mundo, es una cosa que convierte a la enseñanza escolar en algo bello y atractivo. Una mala clase apenas roza la superficie de los hechos transmitidos, y se ahoga en su diversidad. Una buena clase tiene el don de dejar de lado lo accidental, de centrarse en lo esencial, desentrañarlo y llegar a una comprensión profunda. Todo maestro debe tener algo de filósofo. Debería gustarle desentrañar y procesar los nexos fundamentales de los temas. Esta actitud debería transmitírsela también a sus alumnos, a fin de que éstos experimenten qué quiere decir comprender verdaderamente un asunto, en lugar de hablar superficialmente de él. Quizá se trate de algo más que de una comprensión profunda, de un «sentir a fondo». Así lo ha repetido, una y otra vez, Pestalozzi.

Si queremos considerar de manera sistemática la pregunta por el núcleo de significado de la clase, reconocemos dos aspectos básicos: *la actividad desarrollada en el tiempo* y el *saber atemporal,* en el cual se cristaliza la actividad y a partir del cual generamos las repeticiones y las variaciones de la actividad, especialmente cuando la aplicamos a nuevos asuntos y situaciones. La idea es clara. En primer lugar, haremos toda clase de observaciones y consideraciones frente al mural didáctico del hombre de las cavernas. Esas son las actividades. Al final podemos simplemente repetir todas esas observaciones y deducciones, tal como las hemos desarrollado en el transcurso de la clase, en su secuencia temporal. Pero también hemos construido, con nuestro pensamiento y observación, un saber sinóptico sobre el hombre de las cavernas. Eso es una red de relaciones y tiene el carácter de una porción de la concepción del mundo. Por eso podemos decir que es atemporal; no porque no lo podamos olvidar, sino porque no lo hemos almacenado mentalmente como una película sino como un mapa o un cuadro. Sin embargo, cuando queremos expresarlo de nuevo, reproducirlo o aplicarlo, debemos hacerlo secuencialmente, o sea en el tiempo, con palabras o con un medio perceptible. De esta manera, la actividad y el saber («esquema y sistema», Aebli, 1981) están estrechamente relacionados. Son dos aspectos del mismo hecho psicológico.

Esa meditación sobre el núcleo esencial no atañe únicamente al aspecto racional de un tema. Puede tocar también su *contenido de valor* y su *contenido emocional.* ¿Cómo se logra eso? Aquí también son fundamentales la experiencia de sí mismo y la introspección. Prepararse para una sesión de clase significa siempre considerar las vivencias propias sobre el asunto e intentar captar los valores y emociones implicados en ellas. Bien sabemos que no los podemos transmitir directamente al alumno en la clase, ya que sus valores y emociones con frecuencia son diferentes de los nuestros; pero es importante que nuestros valores y sentimientos sean clarificados y que podamos afirmarlos y representarlos, a la luz de nuestro mejor juicio. Hay valores y emociones superficiales y esenciales, tal como hay ideas superficiales y esenciales.

Lo dicho vale ante todo para las vivencias del maestro. Recordemos una vez más que las cosas pueden manifestarse diferentes para el niño y el joven. Intentaremos por eso colocarnos en su lugar y prever cómo aparecerán sus reacciones. Aunque no es fácil, se logra ya algo al tomar conciencia del problema.

287

De la estructura de la actividad de clase a su representación

La pregunta por la manera de acercar a la clase un asunto y por la manera de desarrollar una actividad es, hablando en términos técnicos, la pregunta por el «medio de su representación». El práctico la conoce como la pregunta por la «ilustración»: ¿cómo mostrar a los alumnos, por ejemplo, la vida del hombre primitivo de las cavernas? ¿Con qué materiales ilustraremos la superación de la decena? ¿Cómo mostraremos al alumno lo que es la «presión de la conformidad» por parte del grupo? Se puede ver que el concepto de ilustración cubre sólo una parte de las representaciones posibles de un tema. Una representación válida de un asunto es también la oral, como cuando leemos un texto de Cela o de García Márquez. La idea de ilustración implica el peligro de que pensemos sólo en observación de figuras. Cuando efectuamos una actividad la representamos con nuestra propia acción y ello a su vez es diferente de cuando observamos una actividad, o sea cuando la co-realizamos mentalmente. Bruner (1966-1971) ha agrupado las formas de representación en las tres grandes categorías de representación enactiva, icónica y simbólica. Dentro de cada grupo se dan muchas variantes y formas mixtas (Aebli, 1981).

Es importante la elección que se haga de la forma de representación. Afortunadamente, los maestros tienen un buen olfato para detectar las ventajas y desventajas (y los costos) que encierra cada forma de representación de asuntos y actividades. No sobra decirle al profesor novato que aplique con cuidado las ilustraciones y que, en caso de que disponga de poco tiempo de preparación, piense bien cuánto tiempo y energía quiere dedicar, por un lado, a la confección y consecución de estos medios y, por el otro, a la reflexión sobre los objetivos del procedimiento. No pocas veces fracasa una clase, porque el maestro en prácticas, a pesar de haber conseguido los materiales, no ha tenido tiempo para una cuidadosa planificación del desarrollo de la lección.

Resumiendo, pensamos lo siguiente con respecto al problema de la clarificación de los objetivos. Durante ella los contenidos inertes se convierten en la conciencia del maestro en una actividad viva, que debe ser realizada con los alumnos. Esta encuentra su forma social. En determinadas circunstancias se convierte en un proyecto. Hemos tomado conciencia de lo que el asunto y la actividad concomitante significan para nosotros. Probablemente lo comprendemos ahora mejor que antes. Hemos reflexionado también sobre el significado futuro concreto de la actividad para el alumno, vemos a éste y a la clase en una perspectiva temporal global, en la perspectiva del desarrollo de su vida. Finalmente, hemos escudriñado el núcleo esencial y las representaciones posibles del asunto y de la actividad, lo cual a su vez es una profundización en la comprensión. Hemos superado el estudio de la mera comprensión superficial de los objetivos del aprendizaje. Vemos ahora claro lo que queremos. Con ello se ha cumplido la primera condición para que la clase tenga éxito; la segunda consiste en que encontremos el camino hacia el objetivo. De eso tratan las reflexiones siguientes sobre la preparación de la clase.

Planificar el procedimiento

Una vez que se tiene un objetivo, se puede pensar en dirigirse hacia él. Natural-mente, esto debe ser planificado, ya que deben ser tomadas tantas decisiones com-plejas antes de emprender el camino, que es improbable que el principiante las tome correctamente, estando en él. Además, deben también listarse los materiales, textos y ejemplos; actividades todas que competen a la fase de preparación.

Del estado en que se encuentra el alumno en su aprendizaje
al objetivo del aprendizaje

Después de habernos hecho presente el objetivo de aprendizaje, reflexionamos en qué situación se encuentra el alumno con respecto a éste y a partir de qué punto debemos emprender con él el camino. Se habla del «estado de desarrollo» y del «estado de formación» del alumno. Ambas expresiones tienen su justificación, pero son muy globales. Debemos representarnos el estado del aprendizaje, desde el punto de vista de los prerrequisitos, para la lección que va a aprender. Lo llamamos «estado del aprendizaje». Es claro en el caso de la superación de la decena; el alumno debe poder: 1) sumar dentro de la decena; 2) completar la decena, y 3) descomponer los números de 1 a 9. A partir de estos elementos podremos construir la superación de la decena. En este ejemplo vemos que el estado del aprendizaje del alumno no consta generalmente de una sola operación o de un solo concepto. Aquí se trata claramente de tres operaciones diferentes. Estas representan los *prerrequisitos* para el logro del siguiente paso de aprendizaje. El «estado del aprendizaje» explicita los «prerriquisi-tos» específicos para la lección planeada.

> Cuando hablamos con los alumnos de la alimentación del hombre de las cavernas, los prerriquisitos son bastante más complejos y por tanto más difíciles de determinar. Pero, por otro lado, una buena parte es producida en su pensamiento cotidiano y posiblemente por eso ya se cuenta con ellos. El alumno sabe qué significa cazar un animal y hacer una papilla de cereal. Pero, ¿sabe también qué significa descuartizar un animal y moler granos de cereal con un mortero de piedra? Si no lo sabe, debemos retroceder un poco y buscar conceptos previos más simples, que aclaren los nuevos. Reflexiones parecidas hacemos en las otras materias. En las asignaturas de expresión artística indagamos por el saber hacer que los alumnos ya tienen. Ese es el punto de partida para la adquisición de nuevas habilidades.

Es útil distinguir aquí entre la *forma global previa* o la comprensión global previa de un hecho, por un lado, y sus elementos, por el otro.

Desde el punto de vista didáctico es una suerte cuando al examinar con cuidado el probable saber previo de nuestros alumnos, nos encontramos con una forma global previa de aquello que queremos aportarles. En *12 formas básicas de enseñar* vimos el ejemplo del molino de agua como preconcepto de la hidroeléctrica. Una forma previa tal contiene ya nexos esenciales de lo que queremos tratar posteriormente de una manera más rica y más diferenciada. Del depósito de agua del molino pasamos a hablar de la presa, de las ruedas dentadas a las turbinas. En ambos casos se usa la fuerza del agua. Con frecuencia tiene también el alumno una comprensión previa, o un uso previo, poco tematizados aún, del asunto. Usa en la conversación, por ejemplo, las voces activa y pasiva. Cuando sea el caso, la clase puede limitarse a reflexionar con cierta profundidad sobre lo que el alumno ya hace en la práctica. Es algo diferente a cuando una forma de lenguaje, como sucede en el aprendizaje de las lenguas extranjeras, debe ser introducida por primera vez tanto práctica como teóricamente.

La otra alternativa es la *construcción* de una acción, de una operación o de un concepto *a partir de sus elementos.* La consideración del «estado del aprendizaje» consiste en preguntarse qué piezas de la construcción planeada se encuentran ya en el repertorio. Se procurará más bien pecar por exceso de precaución, y retroceder lo que sea necesario para asegurarnos que los elementos indispensables estén disponibles. No se presupondrá, por ejemplo, que el concepto de mortero es ya conocido, sino que este mismo, durante la clase, será clarificado con la ayuda de los conceptos más sencillos de piedra de machacar y de piedra ahuecada.

Encontrar el acceso a un tema nuevo

Con la determinación del estado del aprendizaje del alumno y de los objetivos, hemos encontrado los dos extremos, entre los cuales se mueve la clase. Ahora tienen lugar las reflexiones didácticas clásicas, que hemos tratado al detalle en los dos tomos de esta didáctica. Podemos, por tanto, ser breves.

Siempre se ha hecho énfasis en que hay que encontrar un acceso a un tema nuevo. ¿Qué quiere decir? Con seguridad no se trata simplemente de partir del estado del aprendizaje del alumno, tal como se ha descrito. El concepto de «acceso» aparentemente dice poco. La idea consiste en que accedamos a la nueva temática de manera tal, que desde un principio apele al interés del alumno. Pero ¿cómo se interesará el alumno por algo que todavía no conoce?

Nuestra solución es: construir por sí mismos el planteamiento del problema. En caso ideal, desarrollamos un cuestionamiento que lleve implícito el problema teórico. Puede referirse a la acción propia. Con mucha frecuencia es posible hacerlo en clase de matemáticas. («Al principio vinieron siete invitados, ahora vienen otros cinco; cuántos platos, tazas, etc., se necesitan?». En el capítulo 8 de *12 formas básicas de enseñar* aparecen otros ejemplos). Puede uno también colocarse en el lugar de otro, y tratar de ver su problema. («Habéis horneado una torta. Suponeos ahora que sólo tuvierais a disposición unos cuantos granos de cereal, una piedra y fuego. ¿Podríais hacer la torta con eso?»). Esos planteamientos de problemas son fecundos. A veces debemos ser un poco más modestos. Puede ayudar una comparación. Ponemos frente a frente oraciones en voz activa y en voz pasiva, y preguntamos por las semejanzas y diferencias en la forma y en el uso. En clase de literatura podemos proceder también de manera «comparativa».

Planificar el curso de la clase

El paso siguiente es recorrer los pasos normales del ciclo de aprendizaje (capítulos 10-13 de *12 formas básicas de enseñar).* Ante cada fase nos preguntamos: ¿qué preguntas y exigencias dirigimos a los alumnos? ¿Pueden contestarlas, efectuar las actividades sugeridas? ¿Cuáles serán las respuestas probables? ¿Cómo reaccionaré ante ellas? ¿Cómo conduzco la reflexión al paso siguiente?

Se plantea aquí la pregunta específica por la forma social de la actividad. No es siempre la misma durante la hora o la clase entera. La cuestión de la variación necesaria, del ritmo de la actividad, se hace especialmente aguda en los momentos de la elaboración y del ejercicio. Un procedimiento monótono, siempre igual, mata el interés; la variación entre tensión y distensión, como también el cambio en las formas de actividad movilizan las energías. Es el momento de preparar la *dramaturgia* de la clase.

En muchos casos reflexionamos también sobre las *posibles dificultades* que encontrarán nuestros alumnos en la construcción y la diferenciación, en la elaboración y el ejercicio y en la aplicación de procedimientos nuevos. Paralelamente se reflexiona sobre ayudas posibles, simplificaciones, «reducciones de complejidad».

Los novatos deben reflexionar con precisión en *los aspectos prácticos de la actividad.* Me coloco ante la clase; ¿cómo hago para que todos vean lo que hay que ver? Si trabajo con un grupo o con un alumno individual, ¿qué hacen los demás mientras tanto? Es también importante que estemos familiarizados con los materiales; colgar bien el cuadro en la pared, que el ensayo resulte, que la demostración tenga éxito. Aquí hay que aconsejar al principiante que ensaye las acciones difíciles, que las ejercite si es el caso. No hay por qué avergonzarse de ello; también lo hace el experto. Los políticos ensayan antes sus presentaciones en público.

El maestro debe también saber lo que debe tener listo para la clase. Ante un grupo difícil no puede escribir un texto largo en el encerado, puesto que a sus espaldas pueden ocurrir muchas cosas. Habrá que escribirlo entonces con anticipación por el reverso de la pizarra, y darle la vuelta en el momento oportuno. Si apartamos nuestra atención de la clase, a fin de consignar algo por escrito, debemos proporcionarle antes algún elemento de reflexión. La indisciplina se origina cuando los alumnos no tienen nada que hacer.

Como se ha dicho, las concreciones de la programación didáctica son el resultado de la didáctica en su conjunto. Es importante que el maestro y la maestra tengan una idea clara sobre el transcurso de la clase entera. Debe tener presentes, de manera clara y práctica, de tres a cinco *pasos fundamentales de la lección,* con sus tiempos aproximados, las preguntas orientadoras y sus resultados. Al final debe lograrse el objetivo propuesto, no sólo en la práctica, sino también a juicio de los alumnos. Necesita por tanto tiempo para hacer un balance final sobre la aportación de la sesión. Cuando suene la señal para interrumpir, no debe estar todavía enredado en un montón de aclaraciones y de tareas, sino que debe haber encontrado tiempo para preguntar: ¿hemos entendido, aprendido, asegurado, aplicado... lo que queríamos comprender, aprender...? ¿Lo hemos hecho bien o hemos cometido errores... con el tema tratado... con nuestros compañeros, con el maestro, con nosotros mismos?

Por último, vienen los *deberes para casa*. En el capítulo correspondiente hemos visto su significado en el aprendizaje autónomo. Deben ser explicados entonces con cuidado, y deben darse las indicaciones y criterios necesarios. Para eso hay que prever tiempo en el plan de clase. Eso limita también el tiempo para la elaboración de temáticas nuevas. Ahí es dónde se muestra el verdadero maestro. No se puede hacer todo. Hay que hacer lo esencial.

Un grupo final de consideraciones concierne al *diagnóstico* y al *examen* del logro en el aprendizaje. El maestro debe hacer por sí mismo un balance sobre el resultado de una sesión de clase. Es preciso que en la siguiente construya sobre suelo firme, y no sobre arena. El alumno tiene la misma preocupación. El es la víctima principal, si la obra de aprendizaje construida se tambalea. Es, por tanto, conveniente que el maestro, cuando planifica su clase, piense en el diagnóstico y en el examen de sus resultados. Cuando planifica tiene el tema presente. Cuando, por ejemplo, selecciona o escoge, puede fácilmente reservar algunos ejemplos, para utilizarlos con fines de diagnóstico y de prueba. Si realiza el mismo trabajo tres semanas más tarde, resulta más incómodo y difícil. Pensar en el examen y en sus dificultades nos permite ya desde la sesión de clase proceder mejor, puesto que sabemos qué logros deben alcanzar los alumnos por sí mismos, como consecuencia de ello. De esa manera nos ahorramos, a nosotros mismos y a los alumnos, sorpresas desagradables.

La forma externa de la preparación

Vamos a describir ahora los materiales escritos que confeccionamos para la preparación de una clase y que empleamos en su ejecución. Los vamos a llamar, en adelante, la «preparación (escrita)». En la práctica del maestro y de la maestra, que hacen la preparación para uso personal y sin supervisión, no se trata por regla general de un documento unificado, con páginas numeradas. Son papeletas con ideas y apuntes de todo tipo. Hay que pensar, sin embargo, que aun el experimentado consigna finalmente algo por escrito, que lleva consigo al aula y que le sirve como apoyo en el transcurso de la clase. No es necesario que sea un documento acabado por sesión. Puede abarcar varias sesiones o, como en el caso de un plan de clases para primaria, comprender la planificación de todo un día. Quisiéramos, sin embargo, advertir desde ahora que, con algunas excepciones, no es apropiado mezclar en el mismo documento preparaciones para materias tan diversas como idioma, matemáticas, ciencias naturales, dibujo, canto y gimnasia. Con seguridad, todas ellas no serán enseñadas con las misma secuencia de pasos. Pero también en esta regla son posibles las excepciones; ocurre cuando un tema es manejado desde diversas disciplinas, de tal manera que el plan del día muestre cómo se coordinan los diversos puntos de vista de cada una. Pero tales unidades de enseñanza global son figuras complicadas, y es probable que no puedan ser ejecutadas con tanta precisión. Es, por tanto, también aquí preferible producir apuntes separados para cada asignatura individual.

El caso normal es, por tanto, que confeccionemos un plan por lección. La primera pregunta es cómo debemos tomar dicho escrito: ¿se trata de un producto desechable o de un documento que queramos guardar, a fin de retomarlo uno, dos, tres años después? Yo creo que uno debe fechar sus preparaciones y conservarlas. ¿Por qué? No para repetir la lección exactamente igual en uno o dos años, sin necesidad de prepararla. Un hombre vivo nunca hace eso. Tampoco es satisfactorio, quizá ya no satisfagan las ideas y soluciones del año pasado o antepasado. Ahora conoce las cosas mejor. Pero es importante, cuando se elabora de nuevo un tema, ver cómo se intentó hacerlo la última vez. Y naturalmente también es útil poder apoyarse de nuevo en apuntes, referencias bibliográficas y también en los textos resumen, que una vez se elaboraron. Se necesita una plataforma para poder ascender al nivel siguiente. En caso contrario, está el peligro de comenzar siempre en el mismo punto y de cometer siempre los mismos errores. Es también aconsejable conservar los apuntes, a fin de poder realizar un balance de todo el proceso al final del curso escolar. ¿Es correcto comenzar con la multiplicación sólo en el último período parcial (semestre, bimestre, trimestre) del segundo grado? ¿Qué habíamos visto de historia a la mitad del sexto grado? Un año antes de terminar el bachillerato, ¿cuánta literatura española se había leído, falta por leer? Es fácil la respuesta a todas estas preguntas, si se han fechado y clasificado por asignaturas los apuntes. Pueden también ser de ayuda en los conflictos con los padres de familia y con las autoridades académicas.

Se plantea también la pregunta del formato más adecuado para poner por escrito estas preparaciones. Hay muchas soluciones. Muchos maestros y maestras usan fichas y cuadernos de hojas intercambiables. El autor de este libro, cuando era un joven maestro, preparó sus clases durante mucho tiempo en fichas conservadas en cajas (parecidas a las de zapatos), y le fue bien. Los archivadores tipo oficina son incómodos y difíciles de transportar. En muchos sitios prefieren pastas de argollas de formatos más pequeños. Pero también pueden servir cuadernos compactos, donde no se pierden ni se trastocan las hojas.

No hay, por tanto, una solución óptima. El maestro y la maestra deben tener en cuenta en la elección sus características (y debilidades) personales. Cuando mucho, se le puede aconsejar al principiante no comenzar con un sistema complicado y exigente, sino más bien experimentar durante un tiempo y desarrollar luego la solución que responda a sus necesidades.

Hasta ahora nos hemos referido al maestro que ha optado definitivamente por el oficio. La situación es distinta para el maestro en formación, para el principiante y para el que se encuentra en prácticas. Este está todavía en proceso de aprendizaje. Su experiencia es limitada. Por eso, durante la preparación de la clase, debe plantearse consciente y en parte también disciplinadamente ciertas consideraciones, que son obvias para el maestro experimentado. Puesto que también corre el peligro de perder la perspectiva global de la clase o salirse del plan, debe escribirlo con relativa precisión y guiarse por él (no salirse de él, en sentido figurado). Se añade el hecho de que el profesor en prácticas, durante una clase de prueba, puede encontrarse, a su vez, en «situación de examen», como lo dijo gráficamente Gagel (1986). Debe estar en la posibilidad de fundamentar sus decisiones didácticas. Cuando se presentan dificultades inesperadas en clase, es bueno si puede demostrar cómo las había previsto. Ello conduce a una preparación bastante exhaustiva. Es falso prescindir de ello, como artificial. Es, por otro lado, natural que el novato planee de manera diferente al experto.

Pero sucede también en muchas instituciones de formación del profesorado, que los estudiantes sólo aprenden a confeccionar preparaciones exhaustivas, con muchas consideraciones previas. Cuando hacen sus primeras prácticas, se encallan en dificultades, puesto que no logran prepararse como habían aprendido. Es, por tanto, necesario mostrarles también cómo se prepara uno en situaciones reales, con un horario bastante denso de clase.

Por tales razones mostraremos también cómo prepara sus primeras clases el novato en el ejercicio del magisterio. Prescindimos para ello de la preparación cotidiana del maestro experimentado. Nuestras sugerencias quieren ser realistas y hacer justicia a la situación del novato o del experto que se prepara.

La preparación por escrito no reproduce todo el curso de la preparación de clase, sino sus resultados. Se nombrarán sólo excepcionalmente, en puntos decisivos especiales, las alternativas didácticas, la solución seleccionada y su fundamentación y justificación. Puesto que el escrito debe ser algo fácilmente manejable, que pueda ser leído fácilmente y comentado en poco tiempo ante una eventual sustitución. Presuponemos que el profesor en prácticas tiene la oportunidad de discutir su clase junto con el supervisor, también con sus compañeros de estudios, y de decir en esa ocasión qué alternativas ha visto de selección de temas, de procedimientos, etc. y con qué razones ha seleccionado una solución determinada.

Por regla general prescindimos también de que el autor de la preparación presente un «análisis temático de la materia». El tutor o supervisor pueden interpretar, a partir del texto-resumen y del curso de la clase presentado en la preparación, si el candidato ha analizado y comprendido adecuadamente el asunto; éste a su vez deja entrever los resultados de su análisis temático en su clarificación del objetivo, en la planificación del procedimiento y en los objetivos de saber. Un análisis temático adicional conduce a repeticiones innecesarias. Quisiéramos evitarlas, a fin de contrarrestar la impresión generalizada en el círculo de las escuelas experimentales y de las prácticas docentes de que las preparaciones por escrito representan juegos artificiales. Una preparación escrita es también un texto. Está dirigido a un destinatario y debe comunicar un mensaje con medios adecuados y no superfluos. Abogamos, en otras palabras, por una consideración funcional de la preparación por escrito.

La preparación detallada de los novatos

A continuación presentamos un esquema de preparación detallada, que se puede solicitar a los principiantes en el magisterio. Es obvio que según sea la asignatura se requerirán ciertas modificaciones en el esquema. Conscientemente hemos escogido un formato externo simple. Renunciamos especialmente a representaciones gráficas

© narcea, s.a. de ediciones

sofisticadas, que usan por ejemplo diferentes columnas para clarificar diferentes aspectos de la clase (procedimiento, forma social, resultados, etc.). Según nuestra experiencia, en esos esquemas se quedan frecuentemente en blanco, o con anotaciones que contienen poca información, grandes espacios de algunas columnas. Prevemos, por tanto, sólo 3 columnas: un margen izquierdo de unos 5 cm que sirve al supervisor para consignar sus comentarios, una columna central con los textos fundamentales y una columna de 1 cm de ancho, en la cual se consignan los tiempos previstos del transcurso de la clase. Todos los demás puntos de vista los señalamos con títulos y subtítulos adecuados y, cuando sea necesario, con énfasis adicionales. En el esquema que sigue los subtítulos aparecen en letra normal, las anotaciones aclaratorias y las partes que debe llenar el profesor en prácticas en letra cursiva.

Como puede verse, las anotaciones iniciales las limitamos a la consignación de la actividad de los alumnos, de los objetivos y de los prerrequisitos del aprendizaje. Es fundamental examinar la actividad del alumno. Aquí decimos lo que sucede en la clase. Lo cual no es idéntico, como lo hemos dicho ya, a lo que el alumno aprende a partir de su actividad. Por eso la determinación de los objetivos del aprendizaje. Estos a su vez constituyen un polo, siendo el otro los prerrequisitos. Finalmente, se preguntará el lector por qué no ponemos primero los objetivos. Opinamos que la mayoría de los maestros tienen una idea clara de las actividades que quieren realizar con los alumnos. En una reflexión de segundo orden determinan, al interior de esas actividades, qué procesos de aprendizaje desencadenan. Sería útopico suponer que el maestro llega a las actividades a partir de los objetivos de aprendizaje. Nuestro procedimiento es de tal manera realista, que admite que no tiene que estar siempre claro qué aprenden los alumnos específicamente a propósito de una actividad.

Cuando los profesores en formación representan el transcurso de la clase, es imprescindible que lo *subdividan* correctamente. De ahí los subtítulos, que indican el problema central con su profundización, como también la solución de los problemas o actividades parciales. Señalarlos con subtítulos, indicando el contenido, tiene como consecuencia que surge también en la mente del maestro una estructura clara de las partes. Con ello evita perderse en el bosque. Con una estructura de partes clara sabe también en cada momento dónde está, qué ha hecho ya y qué falta todavía.

Igualmente, de acuerdo con los capítulos teóricos de este libro, hemos dado un énfasis especial a la *mirada retrospectiva al trabajo* y a la discusión de los *deberes para la casa* y del *trabajo individual,* que conducen al aprendizaje autónomo. Opinamos, además, que la elaboración de un *texto-resumen* es fundamental. El maestro debe considerar detenidamente cada palabra de éste. Debe evaluar para cada concepto si ha sido desarrollado claramente en su construcción interna y si en el transcurso de la sesión ha sido también aplicable. Se podría también que el resultado de la sesión se podría consignar con igual claridad en un dibujo o en un gráfico. Eso es válido sólo en caso excepcional. Con mucha frecuencia no ven claro los alumnos qué conocimientos contiene un dibujo o una gráfica. Si se formula un texto, por el contrario, que indique lo que hay en el dibujo o en el esquema, el resultado quedará entonces más claro.

Obviamente, no pretendemos que dichos textos-resumen sean aprendidos de memoria. Pero consideramos que su redacción debe ser tan clara y ejemplar, que

Nombre del profesor en prácticas: ....

Clase/curso: ....

Fecha, hora: ....

Nombre del tutor: ....

Escuela, aula: ....

Materia: Tema de la lección

Actividad central de la lección:

— *¿Qué hacen los alumnos en la sesión (no lo que aprenden), con qué asunto (objeto, cuadro, film, texto...), como reacción a qué oferta (demostración, narración, exposición, audición...), con qué aparatos, materiales?*

— *Producto concreto de la actividad escolar, que debe ser presentado al terminar la sesión (redacción, recortes, representación gráfica...).*

— *No representar el saber adquirido, sino consignarlo en el texto resumen (ver al final).*

— *Mencionar la forma social de la actividad, si es la misma durante toda la sesión; en caso contrario, consignarla en el «transcurso de la sesión».*

Objetivos de aprendizaje:

(Las actividades escolares deben desencadenar procesos de aprendizaje y de experiencia.)

— *¿Qué nuevo estadio en el aprendizaje, qué avance debe haber logrado el alumno al final de la sesión? Para los objetivos en el saber remitirse al texto-resumen. Mencionar, en caso de que se intente explícitamente:*

• *Intereses que deben ser despertados.*

• *Valores que quisiéramos estimular.*

• *Reacciones emocionales previstas.*

• *Resultados del aprendizaje social.*

Prerrequisitos del aprendizaje (el «estado del aprendizaje»):

— *¿Qué prerrequisitos especiales para el aprendizaje (experiencias, saber, saber hacer) son proporcionados por la experiencia cotidiana, por las clases anteriores?*

Transcurso de la sesión

Problema central, intención central de la sesión:
    — *Planteamiento provisional del problema, situación (cuadro, texto, experimento, observación) que plantea interrogantes.*
    — *Intención después de profundizar en el problema: cuestionamiento definitivo, profundización, formulación de la intención. Suposiciones, hipótesis. Plan de trabajo.*

tpo.
Min.

1.ᵉʳ problema parcial/1.ª fase de actividad:
(Caracterizar su contenido)
Materiales: *enumerar.*
Forma social: *mencionar.*

tpo.
Min.

Maestro: *qué hace/dice (1.ª pregunta central, 1.ª indicación central).*
Alumnos: *en los puntos importantes, respuestas posibles. Mencionar ayudas importantes.*
Maestro: .... *(sólo los pasos clave).* Alumnos: ....

1.ᵉʳ resultado parcial: *formular. Decir cómo se consignará el primer resultado parcial.* 1.ᵉʳ *producto parcial: mencionar.*

2.º problema parcial/2.ª fase de actividad:
(Caracterizar su contenido.)
Materiales: ....
Forma social: .... *(sólo cuando cambia).*

tpo.
Min.

Maestro: .... Alumnos: ....
Maestro: .... Alumnos: ....

2.º resultado parcial/2.º producto parcial: ....

3.ᵉʳ (4.º, 5.º) problema parcial/3.ª (4.ª, 5.ª) fase de actividad: ....

tpo.
Min.

Repaso, retrospectiva, prospectiva:

tpo.
Min.

    — Contenido: *¿qué hicimos, aprendimos? ¿Qué sigue? (puede bastar remitirse al texto-resumen, a la pizarra).*
    — Social: *¿Cómo trabajamos en común?*

Discusión de los deberes para casa | *min.*

    — *Tiempo previsto:... ¿para cuándo?...* ....
    — *¿Qué hacer, cómo? ¿Qué se aprende con eso?* ....
    — *¿Cómo controlar el producto? (criterios)* ....
    — *¿Cómo calificar el logro? (autodiagnóstico)* ....
    — *¿Cómo presentarlo al maestro?, ¿cómo lo controla?* ....
    — *¿Cómo presentar el resultado a la clase?* ....

Trabajo individual, actividades autónomas, | *min.*
trabajo en los cuadernos

    (Puede realizarse en cualquier parte de la sesión)
    — Forma social: ... .
    — Materiales: ... .
    — Instrucciones *(como en los deberes)* ....

(Final de la sesión)   Tiempo total: .... min.

Texto resumen

Puede bastar remitirse al texto de la pizarra. Consignarlo en toda sesión donde se elabora saber, aunque no se transcriba en la pizarra o en los cuadernos. En el idioma y conceptos de los alumnos. Escrito por el maestro mismo, no copiado de un libro.
Alternativas: representar en forma de red, esquema, gráfico.

Pizarra (retroproyector, etc.).

A escala, distribución espacial como en el original, tal como apareció en la pizarra o como debieron consignarlo los alumnos en los cuadernos. Hasta el 6.º grado escolar: letra estándar.

Diagnóstico/examen de los resultados

    — Formas posibles de examen:...
    — Ejemplos de contenido posible de los exámenes:...

Comentario final, experiencias

Para ser formuladas por el candidato después de realizada la clase.

---

podamos esperar que el alumno asimile la formulación correspondiente. De esa manera enriquece su lenguaje. Finalmente, debe ser consignado lo que se escribió o dibujó en la *pizarra*, tal como se hizo allí y como los alumnos lo copiaron en sus cuadernos. El principiante debe preparar cuidadosamente la distribución espacial y la organización del encerado. Con ello da también ejemplo de cómo deben llevar los alumnos sus cuadernos.

El *comentario final* no será necesario en todos los casos. Pero es una buena regla que el principiante consigne, después de sus primeros ensayos, las experiencias vividas. También el maestro experimentado podría consignar en unas pocas líneas dificultades especiales encontradas en determinados procesos y materiales, y la manera de superarlas. Cuando vuelva a dar la clase, será de utilidad la consignación de estas experiencias.

La preparación por escrito, más corta, de los expertos

El maestro experimentado escribirá una preparación más corta. Esta sólo le sirve individualmente, y no es supervisada por nadie. Esta preparación corta abarca posiblemente sólo los siguientes puntos:

— Materia... Tema de la lección:...
— Asunto: *(Objeto, figura, texto...)*, actividad relacionada con él y producto de la actividad de los alumnos *(redacción, representación gráfica...)*.
— Problema central, intención central:...
— Problemas parciales eventuales/fases de la actividad:...
— Deberes para casa:...
— Texto-resumen y/o pizarra (retroproyector):...

El principio básico aquí es que el maestro anote todas aquellas cosas que no son obvias y que no quisiera volver a explicar cuando alguna vez repita la lección. Tendrá por eso especial cuidado de hacer de tal manera las referencias a fuentes y a bibliografías, que puedan ser consultadas luego rápidamente. Según la asignatura, se ha ensayado con éxito la confección de fichas en diferentes formatos.

También el principiante podrá producir tales *resúmenes breves*, puesto que un documento de varias páginas es muy incómodo en la conducción de una sesión de clase. La organización prevista debe tenerla tan clara, que le baste el simple apoyo de unas fichas para dar la clase.

Una observación final sobre la manera como procederá el tutor del profesor en prácticas con repecto a las preparaciones por escrito. Tenemos en cuenta que el principiante dedica varias horas a la preparación de una buena clase. Por ello tiene derecho a una *retroalimentación* reflexiva y estructurada, por parte del tutor. Para eso se destina el margen ancho del escrito. El tutor corrige la clase en casa, después de que ésta haya sido realizada por el candidato. Comenta individualmente los puntos del transcurso de la misma, y da su impresión global, diferenciada, al final del documento de preparación, en frases o anotaciones cortas. En ello debe tener en cuenta que las primeras experiencias de docencia son tomadas muy en serio, incluso con dramatismo, por los jóvenes en prácticas. Es, por tanto, de extremada importancia que se les ayude a procesar tales experiencias de manera positiva, y que se les estimule la confianza en el éxito de su actividad docente, por más dificultades que hayan aparecido. En cualquier oficio los primeros intentos deben desarrollarse con éxito, para que el principiante pueda continuar trabajando con agrado y confianza. Lo mismo que en el trato con los alumnos, animar y criticar positivamente juegan aquí un papel fundamental.

7
EXAMENES
Y
CALIFICACIONES

23. ¿PARA QUE LOS EXAMENES?

Los exámenes son las medidas pedagógicas más debatidas. Es fácil entenderlo cuando se echa un vistazo a nuestras escuelas. Sucede que en muchos lugares los exámenes se aplican de tal manera, que no sólo no logran su objetivo, sino que además son contraproducentes con respecto a las demás intenciones didácticas y educativas. La amenaza con el examen, con la mala nota, y con ello la posibilidad de no graduarse o de ser excluido de la escuela, representa la última arma en las manos de unos cuantos maestros, que por incapacidad o a causa de una situación educativa global insatisfactoria, no han logrado motivar a sus alumnos al aprendizaje. Es el arma del desespero pedagógico. También salen a relucir reacciones bien arcaicas en la práctica de los exámenes escolares. Así, la didáctica se aplica en muchas partes con un espíritu que recuerda a la Edad Media: el aprendizaje debe demostrar al alumno, antes que todo, su propia incapacidad; luego se le tiende una mano al caído y se le da la oportunidad de mejorarse.

Estas últimas prácticas e imágenes están probablemente a punto de desaparecer de nuestro mundo. La lucha contra los exámenes se ha planteado de manera tan radical, que uno debe preguntarse si éstos no tendrán una función legítima, y si su práctica no podrá ser realizada de manera que sirva al aprendizaje y al desarrollo de los jóvenes, en vez de perjudicarlos. Creemos que eso es posible.

Funciones legítimas de los exámenes

Todo hombre, incluso un niño, quisiera saber quién es. Esta pregunta por lo que se es significa en nuestra sociedad, quiérase o no, qué puedo hacer, qué soy capaz de realizar. Para entenderlo, basta con observar a niños y adultos en la piscina o en el campo deportivo. Vemos cómo los niños y los jóvenes se examinan a sí mismos, y rivalizan con sus compañeros. ¿Puedo hacerlo sin tropezarme? ¿Quién es el más veloz? ¿Podré sumergirme hasta el fondo?... Este comportamiento no sólo es producto de la civilización occidental. Puede observarse en todos los rincones del planeta.

La necesidad de probarse a sí mismo se encuentra también, de manera bien característica, en los que aprenden. Especialmente cuando el logro no es visible inmediatamente, quisiera uno saber en qué estadio se encuentra. Es lo que pasa con el joven o el alumno mayor que aprende mecanografía: quisiera saber cuántas palabras por minuto puede escribir ya. O el estudiante, el aprendiz que aprende a usar la calculadora: quisiera saber si puede realizar un cálculo dado con ella. ¿Qué padre, qué madre no han escuchado: «pregúntame algo»? Detrás de todas estas reacciones está la necesidad básica de probarse, de examinarse. Una estimación realista de sí mismo es también un resultado importante de la educación y el desarrollo. Se conocen las formas poco felices de una falsa autoestima; decisiones irreales, falsas esperanzas, desengaños. La vida no le perdona a nadie la ocasión de probar lo que realmente es. Debe uno saber entonces de qué es capaz.

Con la estimación de sí mismo se relaciona el problema de la autovaloración. No se trata de que sólo la persona que rinde sea la que vale. Pero una primera reacción conduce con frecuencia a identificar rendimiento y valor personal. Basta con ver las fotografías de Heckhausen, donde niños de tres años compiten con adultos en la construcción de torres, y pierden (Heckhausen, 1963). Un objetivo pedagógico importante consiste en diferenciar valor personal y capacidad de rendimiento, y hacer tomar conciencia a las personas de que hay algo más que la mera aprobación social ganada con el rendimiento. Pero esta comprensión no se logra cerrando los ojos ante las propias capacidades de rendimiento. Hay que conocerse a sí mismo, y a partir de allí aprender y experimentar que también existe el reconocimiento inmerecido.

Los exámenes escolares pueden tener la función de mostrar al joven su capacidad de rendimiento y de indicarle el avance de su aprendizaje. Pero también tienen una segunda función importante. Posibilitan al maestro evaluar críticamente su enseñanza y estimar sus efectos en los que aprenden. Se podría argüir que esos efectos son percibidos constantemente en la clase. Con seguridad puede percibirse algo. Pero, incluso para el maestro experimentado, es sorprendente todo lo que se le pasa por alto. Lo puede constatar, por ejemplo, cuando observa los trabajos de examen de sus alumnos. Ambas retroalimentaciones son importantes: la observación de los alumnos durante la clase y la información de retorno que dan los trabajos, incluso los de examen, acerca del logro. Ellas incitan al maestro a evaluar su misma clase y, dado el caso, a modificarla.

No se trata sólo de la clase como medio didáctico. Se trata también del conocimiento del alumno. Ahí radica la tercera función de los exámenes. Se necesita el conocimiento del alumno individual y de la clase como un todo, a fin de adaptar la enseñanza a sus características y a su nivel; también son importantes porque el maestro es con frecuencia el consejero del alumno y de sus padres, en lo tocante a decisiones educativas y de orientación vocacional. ¿Debe el niño hacer el bachillerato clásico? ¿Qué debe estudiar el joven? ¿Hacia qué oficio debe orientarse?

Finalmente, el maestro tiene una responsabilidad ante la sociedad; más en concreto, frente al nivel escolar siguiente, al instructor de formación profesional, al superior en el trabajo. Estos esperan que el certificado sobre las aptitudes del alumno contenga en cierta manera indicaciones válidas, que permitan respaldar la decisión sobre si el alumno puede realizar estudios superiores o capacitarse en un oficio. Si no los contiene, ¿en dónde entonces informarse? ¿En la caligrafía del alumno? ¿En su estrato social de origen? Puede verse entonces que los exámenes y certificados escolares pueden también introducir un elemento de justicia en el desarrollo de la carrera de una persona.

Vemos que los exámenes suministran información para diverso tipo de destinatarios: el alumno mismo, el maestro, los padres, eventualmente también inspectores y autoridades, niveles escolares ulteriores e instructores de formación profesional, con los cuales tendrá que ver más tarde el alumno. La diversidad en las necesidades de información de estos destinatarios implican que los exámenes sean también diversos, y diversa la manera de calificarlos. Lo veremos en éste y en el próximo capítulo. Antes, sin embargo, es necesario clarificar algunas cuestiones fundamentales.

La naturaleza de los exámenes

Todo trabajador, incluso el alumno, puede conocerse en su trabajo. También puede el maestro, como se ha dicho, formarse un juicio sobre el rendimiento de los alumnos a partir de su comportamiento en clase y de sus trabajos. Lo que se llama comúnmente «juicio del maestro», se basa esencialmente en estas impresiones. Son, en parte, más comprensivos y mejor fundamentados que las calificaciones de los exámenes, ya que implican una buena cantidad de observaciones diferentes. Pero un juicio sobre los alumnos basado en impresiones tiene también sus limitaciones y sus inseguridades características. Con frecuencia no sabe exactamente el maestro cómo se hayan producido los resultados escritos del alumno, especialmente cuando éstos son hechos en casa. También ocurre que los grados de dificultad en las tareas asignadas son diversos; a uno se le hace una pregunta, al otro otra. Igualmente se producen sesgos característicos; se sabe de alumnos extrovertidos, adaptables y flexibles, que obtienen buenas notas gracias a su actitud atenta y a que dan señales de comprender y estar de acuerdo, sin que necesiten decir nada. Por estas razones, hasta los maestros desconfían de su «juicio de la experiencia». Por lo menos quisieran confirmarlo con los resultados de exámenes. ¿Por qué?

Los exámenes organizados correctamente imponen las *mismas condiciones* a todos los examinandos. Ello es así, en la medida en que a todos se les asignan las mismas tareas o tareas comparables. Se preocupa uno porque en los exámenes todos tengan a su disposición los mismos medios, y porque las explicaciones sean dadas de tal manera, que a ningún examinando se le dé ventaja con respecto a los otros. Un trabajo libre puede ser interesante: el uno escribe mientras el otro dibuja, uno representa un tema con cifras y el otro con gráficos. Esta libertad, sin embargo, no debe ser la regla general en los exámenes, puesto que puede dificultar la comparabilidad de los resultados.

Aún más; un examen normalmente está referido de manera más intencional al tema y al *procedimiento de aprendizaje*, que los problemas planteados de manera improvisada en el transcurso de la clase. En la construcción de la prueba hemos pensado detenidamente cuáles sean los elementos y nexos centrales en la temática, e intentamos que sean de nuevo visualizados en el examen. También hemos reflexionado detenidamente sobre los procesos de aprendizaje realizados en clase, y diseñamos el examen de manera pertinente. Cuando los alumnos han automatizado un procedimiento normal, los examinamos de manera diferente que cuando sólo han entendido las ideas fundamentales. Es posible realizar, en el primer caso, un examen que implique rapidez y seguridad; en el segundo, debe proporcionarse al alumno tiempo suficiente para reconstruir y formular de nuevo las ideas. Pero también puede ser posible que dediquemos un examen o algunos puntos de un examen a saber algo sobre el *talento general* del alumno. Lo hacemos en la medida en que no orientamos las tareas directamente hacia los temas aprendidos, sino que planteamos un problema nuevo. Si aclaramos a los alumnos el porqué del examen y nos aseguramos de que lo han comprendido correctamente, ese proceder es del todo legítimo. Puede facilitarnos conocer mejor al alumno y tener mejores bases para un trabajo de orientación, que si sólo nos basáramos en los resultados de exámenes sobre los objetivos de aprendizaje. Debemos ser conscientes, sin embargo, de que en estos casos penetramos en el terreno de los tests psicológicos, lo cual requiere algún saber y saber hacer, preparación especial y tacto.

Exámenes-procesos de aprendizaje-situaciones vitales

En lo que sigue partimos del supuesto de que diseñamos nuestros propios exámenes. Por más que se digan cosas contra tal tipo de exámenes —como la falta de preparación técnica necesaria—, la *unidad de enseñanza y examen* es tan importante, que está por encima de cualquier otro tipo de exigencias. Eso se ve claro desde las consideraciones anteriores, tocantes a la función de retroalimentación de los exámenes. A continuación desarrollamos esas ideas y profundizamos en ellas.

Pensamos que el diseño y realización de exámenes brinda al maestro y a la maestra la oportunidad única de tomar distancia de su propia práctica y de juzgarla críticamente. Un examen construido correctamente comienza con nuestra meditación sobre la clase y el aprendizaje de los alumnos. Nos hacemos las preguntas siguientes:

1. ¿Cuáles fueron mis objetivos de aprendizaje?
2. ¿Para qué servía establecerlos?
3. ¿Qué pueden lograr mis alumnos después de haber asistido a la clase?

Primera pregunta:
¿Cuáles fueron mis objetivos de aprendizaje?

Examinamos una vez más cuáles fueron nuestras intenciones al enseñar. A ésta, antecede otra pregunta: ¿Era el tema de la clase una cuestion *relacionada con cosas,* un *saber* y un *saber hacer,* o se trataba de una *técnica de comunicación* en el ámbito del aprendizaje social, del desarrollo de la facultad de decirle algo a alguien, de aclarar, convencer, etc., o el asunto era una *técnica* de representación intelectual o artística o de producción de un tema, como la habilidad para describir oralmente una escena, desarrollar un diálogo o ejecutar un cuadro plástico? ¿Hemos aprendido a trabajar prácticamente en el asunto mismo o nos hemos movido en el medio del lenguaje? Plantearse de nuevo estas preguntas —ya han debido ser planteadas en la preparación de la clase— hace bien, puesto que sirven a la clarificación retrospectiva de la intención de la clase; esta clarificación se hará con preparaciones semejantes. Al mismo tiempo, las reflexiones pertinentes determinarán el tipo de examen.

En muchos casos, los contenidos relacionados con cosas están en el primer plano de las intenciones de clase. En estos casos nos preguntamos por su *estructura*. ¿Cómo se manifiesta la red de nexos que quería transmitir, cuáles son sus elementos centrales, cuáles las relaciones importantes? Cuando se trata de objetivos comportamentales, ¿cómo es el proceso que quería transmitir? ¿Cuáles son las subrutinas, los subprocesos? Estas preguntas se hacen para las actividades prácticas, como también para los logros elementales en lengua materna o extranjera. Todo ello está involucrado en conceptos objetivos. Pensamos los objetivos como conceptos del «tema».

En *12 formas básicas de enseñar* distinguimos entre contenidos que son meramente objeto de comprensión, y otros, a los cuales damos además una forma determinada y los automatizamos. Cuando la *comprensión* está en el primer plano, ¿se elaboró la operación, el concepto, y se hizo con ello *móvil*? ¿Qué variaciones ejercitamos (inversiones, intercambio entre lo planteado y lo buscado, modificación del punto de vista)? ¿Hemos solucionado *problemas de aplicación*? ¿Cómo fueron los pasos de transferencia? De eso depende que los problemas de aplicación en un examen sean fácil o difícilmente solucionados.

Si a estas medidas conducentes a la comprensión se añadió la *automatización*, hay que preguntarse cuánto abarcó, y si se trabajó bajo presión de tiempo. Es muy probable que esa presión de tiempo se manifieste de nuevo en algunos alumnos en el examen y que produzca una carga emocional. Si es una condición nueva, el examen debe tener otro criterio de calificación, que si se hubiera ya presentado (lo cual ocurre también en las situaciones vitales), con cuidado y dosificación, en clase.

Viene también la pregunta por el *medio* en el cual ha aprendido el alumno a expresar sus ideas y en el cual las almacena. En el caso de la geografía, ¿se ha asimilado el ciclo del agua como imagen (mar, nubes, lluvia, aguas que regresan al mar) o como aclaración oral? ¿O el medio en el cual el estudiante ha adquirido y almacenado su saber y saber hacer es la *acción*? Si el alumno ha aprendido a instalar un carburador, ¿le haremos decir en el examen cómo se instala, o haremos que nos muestre con la acción práctica lo que ha aprendido a hacer?

Segunda pregunta:
¿Para qué servía intentar lograr esos objetivos de aprendizaje?

Bajo ese título se dirige nuestro examen retrospectivo hacia cosas fundamentales. Se trata de la fundamentación y justificación de los objetivos que hemos perseguido. Ello nos conduce a una pregunta previa: ¿el tema de nuestra clase era un fin en sí mismo, o un medio para otro fin? Si era un fin en sí, debemos poder afirmar retrospectivamente que lo que tratamos en clase era digno de ser transmitido, por sí mismo, por su *valor intrínseco*. Pertenece a las cosas con las cuales habrá de alimentar el alumno su vida intelectual. Habrá que ver en el examen si logramos acercar al alumno, de la forma descrita, al asunto.

Pero muchos objetivos de clase no son fines en sí mismos, sino que juegan el papel de medios con respecto a fines que están más allá. Pensaremos entonces en las *situaciones vitales,* en las *situaciones-problema,* a cuyo dominio puede contribuir la clase realizada. O, más exactamente y con un poco de escepticismo, ¿ayudarán verdaderamente al alumno las cualificaciones que tratamos de darle en el manejo de situaciones-problema que habrá de afrontar en su vida futura? No es necesario que cada clase concreta esté orientada a una situación-problema específica. (Pero tampoco estaría mal que así fuera). Puede también suceder que tengamos en mente las intelecciones, actitudes, maneras de comportarse y de proceder importantes en situaciones distintas. Aun así, sigue siendo válido el planteamiento de intentar ver estas cosas, lo más plásticamente posible, en la vida futura de nuestros alumnos.

De ahí pueden resultar consecuencias importantes para el diseño de los exámenes. Puede ser que el problema del examen *refleje una situación vital,* hacia la cual estuvo orientada la clase.

> Es posible, por ejemplo, que el objetivo de la clase de lenguaje fuera lograr que el alumno pudiera escribir una carta a un diario, con el objeto de que fuera publicada y convencer al lector. En el examen escrito le damos un artículo de un diario, ante el cual debe reaccionar y escribir una carta de respuesta.

> O pensamos que toda persona alguna vez en su vida tiene que pintar un mueble o empapelar de nuevo una habitación, para lo cual debe comprar la cantidad necesaria de pintura o de rollos de papel. En ese caso, un problema adecuado sería el cálculo del área de un mueble o de las paredes de una habitación de determinadas medidas, para poder saber cuánta pintura o cuántos rollos de papel se necesitan.

Tercera pregunta:
¿De qué son capaces ahora mis alumnos, después de haber seguido mi clase?

Esta pregunta es importante porque, por regla general, los objetivos de una sesión de clase no se definen en términos de rendimiento o comportamientos específicos. Se tiende más bien a la construcción de una *base de comportamiento,* que posibilita una gama de rendimientos diferentes. Eso es una gran ventaja, como hemos visto. Pero también existe un peligro: que nunca pensemos seriamente en aquellas formas de comportamiento que se hacen posibles a partir de los contenidos conceptuales y de los significados adquiridos. Ahora podemos afirmar, con razón, que el diseño de un examen nos obliga a encontrar problemas ante los cuales el alumno produzca formas concretas de comportamiento. Pero la práctica nos muestra que en muchas ocasiones se selecciona cualquier tipo de problemas de examen, relacionados muy superficialmente con la temática de las clases. No basta con preguntar cualquier cosa al alumno en el examen; lo que se le pide debe tener algún sentido. Con ello se pone de manifiesto de nuevo el punto de vista de la segunda pregunta: ¿Se trata de formas de comportamiento que alguna vez serán requeridas en situaciones vitales concretas?

«Evaluación formativa»:
ayudar al alumno a procesar el examen

Durante la reflexión que establece relaciones entre el aprendizaje del alumno y el examen que hay que diseñar, debe el maestro tener en cuenta todavía otro contexto importante: los efectos del examen en el comportamiento futuro del alumno en el aprendizaje y, más aún, en su actitud hacia los asuntos educativos y hacia sí mismo.

Todo comienza con su percepción de la prueba. ¿Comprende las intenciones específicas que dan pie a cada una de las tareas? ¿Sabe qué es lo que espera el maestro, qué es lo que entiende éste por respuestas correctas o soluciones correctas de problemas? Tanto mejor lo sabrá, cuanto más relacionados estén las tareas tratadas y los trabajos realizados en clase, por una parte, y las preguntas del examen, por otra. Si el maestro presenta un nuevo tipo de problemas, es importante que haga explícitos su sentido y las expectativas y exigencias correspondientes; y es mejor que no lo haga en el momento mismo del examen, sino al final de la sesión de clase. Al autor le ha llamado siempre la atencion que los alumnos tiendan a percibir de manera muy simple el sentido de los exámenes, como si pensaran que el examinador quisiera ante todo preguntar datos y solicitar la ejecución de automatismos. Preguntas como ¿«debemos aprenderlo todo de memoria»? o ¿«hay que saber todas las fechas»?, son testimonio de estas falsas expectativas. Las explicaciones previas sobre el sentido y el método del examen tienen el importante efecto de que el alumno se prepare correctamente. Cuando se plantean problemas de distinto tipo, el examen mismo debe plantear bien claramente la función de cada uno. Generalmente basta con un comentario de pocas palabras.

Independientemente de todas las declaraciones oficiales sobre la función de los exámenes en una escuela, su diseño tiene efectos bastante amplios en el comportamiento del alumno en su aprendizaje. Cuando éste es examinado correctamente, y el maestro se preocupa de que perciba correctamente las intenciones y los métodos de las pruebas, aprende bien. Si ello no sucede, se da pie a una enseñanza sin vida, un aprender sin sentido, apoyado con frecuencia incluso por los padres. Las reuniones con los padres deben también ser aprovechadas para explicarles el sentido de las asignaturas y las concepciones que fundamentan los exámenes.

Todo esto es importante también desde otros puntos de vista. Los exámenes y sus resultados no sólo influyen en el aprendizaje de los alumnos. Como ya explicamos en la introducción a este capítulo, los alumnos también ven con frecuencia en los resultados de los exámenes un reflejo de su capacidad de rendimiento y de su talento. Y estas deducciones, a su vez, no es raro que constituyan el fundamento de su *autoimagen* y del *sentimiento de su propio valor*. «He fracasado», es un reconocimiento que puede ser difícil de digerir para un niño o un joven inseguro.

Por eso se plantea con frecuencia, después de los exámenes, un problema de orientación. Es necesario hablar con el alumno del resultado y sus causas, y ayudarle a procesarlos. En este punto el problema didáctico del examen se transforma en pedagógico y humano; el profesor de cualquier nivel no puede entonces argumentar que no le interesan esos aspectos de su tarea. Los exámenes constituyen en nuestro mundo escolar momentos decisivos del proceso didáctico y del encuentro entre maestro y alumnos. Con su diseño, realización y calificación se le presenta la oportunidad y la necesidad de reflexionar a fondo sobre su quehacer educativo y didáctico, y de examinar sus métodos y objetivos, sus resultados a corto y largo plazo, y los efectos sobre el comportamiento en el aprendizaje y sobre la evolución del alumno.

Observando el conjunto de dichos procesos, puede reconocerse la justificación del concepto «evaluación formativa», dado a conocer por Bloom, Hastings y Madaus (1971), que ha jugado un papel importante sobre todo en la literatura francesa (Allal, Cardinet y Perrenoud, 1981; Cardinet, 1984). Los exámenes no son para entregar calificaciones a los alumnos y asignarles un puesto. El joven es un ser que aprende, que evoluciona. Ha dado lo mejor de sí en el examen, para satisfacer determinadas exigencias. Hay que procesar el resultado de ese esfuerzo. En la entrevista individual le ayudamos a comprender su propio proceso de aprendizaje. Se intentará especialmente buscar respuestas a los interrogantes: ¿quién soy yo? ¿Qué he logrado? ¿En qué debo todavía mejorar? ¿Debo intentarlo de nuevo para mostrar que sí puedo?; así como a los interrogantes más generales: ¿Aprendí correctamente? ¿Qué debo cambiar o mejorar en mi aprendizaje? Es clara la relación de esto con el aprender a aprender, con el aprendizaje autónomo. Hemos visto, finalmente, que la discusión de los resultados del examen puede ayudar al alumno a comprenderse más profundamente y a desarrollar una imagen más positiva y realista de sí mismo. Como en el procesamiento de los exámenes también juegan un papel importante los padres, es a veces indicado que el maestro mencione los resultados en sus contactos con ellos y que, en la medida de lo posible, les ayude también a hacerse una idea clara al respecto.

Estas cosas son tan importantes y en parte tan difíciles, que puede ser recomendable, además, que el maestro intente discutirlas y cooperar con los colegas que tengan el mismo problema. Se trabaja —y se sufre— demasiado individualmente en nuestras escuelas. El trabajo de equipo, el diseño y procesamiento en común de los problemas de examen, conducen a mejoras en las clases y en los exámenes mismos.

Tests psicológicos, tests de rendimiento académico y exámenes

Después de lo dicho no cabe duda de que los tests prefabricados, que se consiguen en el mercado, de ningún modo pueden reemplazar a los exámenes diseñados por el maestro; aquellos no están orientados al proceso de aprendizaje previo. A pesar de eso, los tests de rendimiento académico pueden proporcionar información útil en determinadas circunstancias. Se basan en los temas fundamentales de un nivel escolar dado y, por tanto, pueden mostrar al maestro cuál es el rendimiento de sus alumnos, en relación con el rendimiento medio de los alumnos del mismo nivel escolar. De esa manera, puede controlar sus propios juicios sobre los logros de sus alumnos. Veremos que esto puede tener importancia en la calificación de los exámenes elaborados por él mismo. Además, cuando un test de rendimiento está bien diseñado, puede revelar debilidades específicas en un aprendizaje e indicar al maestro cuándo es necesario complementar o profundizar en sus clases.

Los tests psicológicos tienen otra función. Están diseñados para referirse lo menos posible a los efectos específicos provenientes de la educación, la escuela y, en general, el medio de los jóvenes, para, por otro lado, detectar lo mejor posible las potencialidades y rasgos de personalidad (inteligencia, temperamento, etc.) innatos o tempranamente adquiridos. Aunque eso nunca es del todo posible, los tests psicológicos logran, sin embargo, acercarse mucho más a los rasgos fundamentales de la personalidad, que los tests escolares y los exámenes referidos directamente a la enseñanza previa (Aebli, 1969).

Pero existe todavía otra relación entre exámenes y tests psicológicos; ambos tienen muchos problemas metodológicos similares. El diseñador de exámenes escolares puede aprender mucho de la teoría de los tests. Muchos puntos de vista y metodologías, incluso los que aportaremos en los siguientes apartados, han sido tomados directamente de la teoría de los tests. El lector interesado podrá consular las obras de Cronbach (1970[3]), Anastasi (1971[3]) e Ingenkamp (1977[7]).

Exámenes orientados a los objetivos de aprendizaje y exámenes referidos al grupo

Si los exámenes tienen como misión reflejar al estudiante su propio aprendizaje, y si los maestros nos imponemos la tarea de ayudarlo con la tutoría individual en la clarificación y procesamiento de sus resultados, hay entonces que preguntarse cómo deben ser diseñados para que ese efecto se logre de la mejor manera posible. Para ello, hay que distinguir con claridad entre exámenes orientados a los objetivos de aprendizaje y exámenes referidos al grupo; los primeros informan sobre la marcha y el resultado de los procesos de aprendizaje, los segundos sobre la posición del alumno en el grupo de referencia, lograda tras un rendimiento progresivo.

Hemos visto que la construcción de exámenes es ocasión para que el maestro se pregunte qué objetivos de aprendizaje ha perseguido en las clases anteriores. Los resultados de los exámenes le indican si, y en qué medida, dichos objetivos se han logrado. Pero ésas también son preguntas importantes para el alumno. Es él quien aprende, quien intenta alcanzar el objetivo. Quisiera también saber si lo consiguió. Al considerar conjuntamente con él los resultados del examen, puede afirmar: «Ahora domino la multiplicación sencilla, o la compuesta (o me falta todavía, debo continuar trabajando). Puedo enumerar las ciudades más importantes de Sudamérica, y sé dónde están. He entendido de qué trata el drama de Schiller *Don Carlos* (o se me pasaron por alto algunas ideas importantes, debo repasar mi cuaderno). Puedo traducir un texto del *Times,* que el maestro nos copió». En estos casos, el examen estaba orientado a los objetivos de aprendizaje; el alumno ha podido verificar algo sobre su cumplimiento.

La evaluación formativa consiste en que, juntamente con el alumno, saquemos las consecuencias referentes a la competencia adquirida y al proceso de aprendizaje. El juicio es, por tanto, ampliamente cualitativo. En la consideración del trabajo hablamos del contenido, no de una nota.

A este respecto, se ha planteado la pregunta de si es posible expresar con notas la medida en que hayan sido logrados esos objetivos de aprendizaje. Eso es muy difícil, aunque no del todo imposible (Klauer, Fricke, Herbig, Rupprecht y Schott, 1972, 1977). Podemos, sin embargo, certificarle al alumno que ha logrado un determinado nivel de rendimiento y que posee la competencia correspondiente (dominar la multiplicación compuesta, etc.).

Pero, ¿cómo expresar eso con una cifra? Podemos naturalmente decir que ha logrado el objetivo planteado de una manera «suficiente, satisfactoria, buena o muy buena», y eso podemos expresárselo también con notas. Pero ¿tan exigentes fueron los objetivos asignados por nosotros? Hay maestros con los cuales todos los alumnos tienen muy buenas notas; sus exigencias son mínimas. Con otros es lo contrario; nadie es capaz de alcanzar los objetivos que imponen.

Las cosas se complican cuando intentamos expresar el logro parcial de los objetivos de aprendizaje. ¿Cómo expresarlo en porcentajes? ¿Qué significa haber comprendido un tema en un 90 %, o en un 60 %? ¿Entender en un 90 % la regla de tres? ¿Comprender los motivos de Hamlet en un 60 %? ¿Manejar correctamente una máquina en un 50 %?

De ahí surgen las ideas y los métodos de una evaluación de los exámenes referida al grupo. Mientras que la evaluación orientada a los objetivos de aprendizaje compara el logro del alumno con los objetivos asignados, comparamos ahora al alumno con sus compañeros. Lo situamos en el grupo de referencia y le asignamos en él, de acuerdo con su rendimiento, su rango correspondiente. Qué reflexión fundamental implica eso y cómo se procede en cada caso, lo explicamos en el capítulo que trata de las calificaciones.

Por ahora, afirmamos que los exámenes orientados a los objetivos de aprendizaje y los referidos al grupo deben ser diseñados de manera diferente. Se trata del nivel de dificultad de la prueba, de lo difíciles que deben ser las preguntas más difíciles que planteamos. Hay dos posibilidades. Podemos establecer los objetivos de aprendizaje de tal manera, que puedan ser alcanzados por el 60 % o el 70 % (o el 90 %...) de la clase. De manera similar planteamos los ítems del *examen orientado a los objetivos de aprendizaje;* el 60 ó 70 % de los alumnos debe tener capacidad de responderlos. Eso tiene como consecuencia que en nuestro examen no pueden distinguirse los alumnos buenos en promedio, de los muy buenos. Sólo el 40 ó 30 % (ó 10 %...) de los alumnos responde mal o con errores. Con ellos se establecen ejercicios de recuperación. Si las cosas marchan, también éstos alcanzarán el objetivo. Eso es lo que los anglosajones llaman *mastery learning* (Bloom, Hastings y Madaus, 1971).

Las notas deberían proporcionar más información que las simples afirmaciones:

el alumno A ha alcanzado o no ha alcanzado un objetivo de aprendizaje (desconocido para el destinatario), o un grupo de objetivos (naturalmente difíciles de resumir), ha aprobado o no ha aprobado el examen. En especial, las escuelas de formación profesional y los empleadores potenciales quisieran tener un cuadro diferenciado de las calificaciones del candidato. Por ello es necesario concebir exámenes que discriminen la amplia gama de rendimientos. Eso lo hacen los *exámenes referidos al grupo*. Entre los ítems planteados se deben encontrar problemas tan difíciles, que discriminen también el rendimiento bueno del excelente. Eso posibilita clasificar al alumno de acuerdo al rendimiento demostrado. Las notas dan información sobre su puesto en el rango. El grado de dificultad, el techo, de tales tareas es tan alto, que los alumnos pueden mostrar en él su verdadera estatura. Con los exámenes orientados a los objetivos, los muy altos deben inclinarse, porque el techo es bajo.

Se necesitan ambos tipos de exámenes. La pregunta es, cuánto de cada uno. Opinamos que en la mayor parte de las escuelas se realizan demasiados exámenes referidos al grupo y muy pocos orientados a los objetivos de aprendizaje. Estos últimos deberían ser la regla, puesto que ayudan al alumno a seguir adelante, son «formativos». En la mayor parte de las escuelas es suficiente con 2 calificaciones anuales; los maestros necesitan por tanto, cada 20 semanas escolares, según la asignatura, hacer 2 ó 3 exámenes referidos al grupo, bien diseñados. El resto de los exámenes, que son la mayoría, son informales, relativamente fáciles, y orientados a los objetivos de aprendizaje. Se podría argüir que con ello se aburrirán los alumnos más dotados y no tomarán en serio las exigencias escolares. Pero, ¿qué nos impide poner a los alumnos más dotados problemas adicionales más difíciles para su autoevaluación, y discutirlos con ellos?

En este concepto se plantea otra pregunta: a partir de qué grado escolar se deban entregar certificados de notas y efectuar por tanto exámenes referidos al grupo. Pensamos que ello es innecesario en el primer año de primaria. Un informe escolar escrito, destinado a los padres, los orienta más y establece una relación más natural entre ellos y la escuela. Todavía en el segundo año las notas para la mayoría de los alumnos deberían estar cercanas al promedio, señalando con ello que el juicio es todavía provisional. Debería imponerse aún el informe con palabras. A partir del tercer grado, son posibles los exámenes referentes al grupo, pero deberían aplicarse todavía con prudencia.

Se trata, por tanto, de liberar el aprendizaje escolar de la carga de los exámenes referidos al grupo. El alumno debe aprender a trabajar por interés. Queremos que desarrolle intereses intrínsecos. Y sabemos que precisamente el aferramiento terco a los exámenes socava los intereses intrínsecos (Lepper y Greene, 1978). Por eso la regla general de la cotidianeidad escolar deberían conformarla los exámenes orientados a los objetivos de aprendizaje, completados con tareas adicionales de autoevaluación para los alumnos más dotados.

24. EXAMENES VALIDOS Y FIABLES

Comenzamos este capítulo con un ejemplo conocido de todo maestro: el examen de aptitud docente al final de su formación. Esos exámenes finales están en el punto de intersección entre la escuela y la práctica laboral. Aquí se manifiesta la doble relación de cada examen. Por un lado se refiere a lo aprendido en el pasado, pero por el otro intenta prever los rendimientos futuros del examinando. El candidato al magisterio ha adquirido un repertorio de conceptos y aptitudes pedagógico-didácticas. El examen debe mostrar de qué calidad son; es, por decirlo así, una mirada al instrumental disponible (a la caja de herramientas, diríamos de una manera gráfica). Examinamos por tanto la calidad del trabajo de aprendizaje pasado; pero finalmente no nos interesa el pasado. El examinador quisiera prever si será bueno el rendimiento del maestro en su actividad práctica, en el ejercicio de su profesión. Parecen a primera vista dos perspectivas totalmente diferentes. Pero rápidamente se les ven los nexos intrínsecos. El joven maestro se desenvolverá en su práctica laboral con ayuda del instrumental que ha adquirido en su formación. Si éste es bueno, saldrá airoso. (En seguida se reconocen también las complicaciones posibles. Mencionemos sólo el interrogante principal: ¿cómo es de relevante el repertorio adquirido para el ejercicio profesional?).

Lo que es válido para el examen de docentes, lo es también en cierto sentido para todo examen escolar. Se refiere por un lado al *repertorio adquirido* de contenidos intelectuales y de formas de comportamiento, y busca por el otro —de manera específica o general— predecir los *rendimientos futuros* del examinando. Los exámenes de bachillerato evalúan la temática aprendida en secundaria. Al mismo tiempo intentan pronosticar el rendimiento probable en la universidad. Un examen de admisión para una universidad se refiere a logros que han debido realizarse en el nivel anterior. Busca también discriminar a los alumnos aptos para el nivel que sigue, de los que se han equivocado de camino. También un examen de formación profesional implica realizaciones aprendidas durante la formación e, igualmente, busca proporcionar al futuro empleador un pronóstico de las posibles capacidades laborales del examinando.

El valor diagnóstico o validez de un examen

Estamos en disposición ahora de precisar un grupo de exigencias que deben hacerse a un buen examen. En la medida en que todo examen realiza prácticamente sólo un muestreo del repertorio de saberes y de comportamientos del examinando, y una pequeña porción de éste puede ser indagada en situaciones reales; en la medida en que se selecciona y se visualiza, por tanto, sólo un pequeño grupo de resultados representativos del repertorio global de logros; en esa medida hay que exigir que la muestra sea válida. La muestra de resultados debe —en otras palabras— proporcionar un reflejo fiel del repertorio total y hacer visibles todas sus cualidades y debilidades.

Algunos ejemplos. Cuando en segundo grado de primaria se aprende la multiplicación simple, tenemos un repertorio de logros aritméticos identificable; son $10 \times 10 = 100$ multiplicaciones posibles. Si un examen comprende 20 de tales multiplicaciones, éstas tendrán que constituir una muestra representativa de las 100.

En los exámenes de idiomas extranjeros son posibles reflexiones similares con respecto al vocabulario del examinando. Puede en principio conocerse la extensión de éste, y puede pensarse en un examen que refleje una muestra representativa.

Pero si se tienen en mente los logros en sintaxis del examinando, las cosas se complican, puesto que las reglas sintácticas son, como lo enseña la lingüística moderna, de naturaleza *generativa*. Al hablar puede construirse un número ilimitado de frases a partir de pocas reglas. Lo mismo puede decirse de muchas áreas del comportamiento.

Muchas veces el problema no es precisamente el de delimitar cuantitativamente un repertorio. Nos interesamos más bien por las características cualitativas del logro del alumno. Al bajar a casos concretos comienzan, pues, a acumularse los problemas. A pesar de todo, sigue siendo legítimo y correcto el principio de la validez; el examen debe ser un reflejo lo más fiel posible del repertorio de saber y de comportamientos e informar sobre sus características cualitativas. En ese caso decimos que es válido.

Para cumplir este requisito, en la construcción del examen tenemos presente, de la manera más completa y exacta posible, los temas transmitidos y el tipo de rendimientos que se intentaban alcanzar por su mediación. Las tareas de los exámenes deben ser concebidas de tal manera, que cubran bien todo el ámbito de temas que le corresponde estudiar al alumno, y que al mismo tiempo puedan expresarse todas las características importantes de los logros correspondientes. Uno conoce exámenes en que no ocurre eso; tocan complejos temáticos irrelevantes o marginales, y no dejan traslucir adecuadamente ni las capacidades de realización ni las debilidades de los alumnos. El alumno termina con frustración el examen; no ha podido mostrar lo que de verdad había adquirido.

Puesto que esta forma de validez de un examen tiende a realizar un diagnóstico lo más fiel posible de lo adquirido por el alumno, hablamos en ese caso del *valor diagnóstico o validez* de un examen.

El valor pronóstico y el problema
de los exámenes de acceso

Las pequeñas pruebas que hace el maestro en el transcurso del año escolar, sirven por lo general a objetivos de diagnóstico; se quiere saber cuáles fueron los resultados de la enseñanza, con el fin de orientar correspondientemente los procesos que siguen[1]. Cosa distinta ocurre con los exámenes realizados en el paso de un año escolar a otro, de un nivel al otro, o al final o al inicio de un período de formación, bien sea en secundaria, en la formación profesional o en la universidad. Se trata entonces de exámenes con función ante todo de pronóstico.

El problema de validez lo plantea aquí el interrogante de si saldrán airosos los alumnos que, gracias al resultado de un examen, han sido admitidos en un nuevo tipo de escuela o en una formación especial. Si, por el contrario, a los alumnos rechazados se les hubiera dado la oportunidad de ingresar en el nuevo nivel de formación, ¿hubieran fracasado éstos realmente? ¿Fue, por tanto, justo haberlos dejado de lado? De inmediato puede verse que si los alumnos aceptados no salen adelante y si se puede concluir, valiéndose de algunos elementos de referencia, que los alumnos rechazados sí lo hubieran hecho, entonces hay algo que no funciona en el examen. Ha fallado en la predicción, es un mal instrumento de pronóstico.

Los exámenes de admisión son siempre, por tanto, exámenes de pronóstico. Sin embargo, en ellos puede hacerse algo más que la simple discriminación entre los que se admiten y los que se rechazan, entre los que saldrán airosos y los que no. Podemos sacar más conclusiones. Supongamos que ordenamos después de un examen de admisión a los examinados según un rango que va del mejor al peor resultado obtenido; y los colocamos de nuevo, pasados dos o tres años, en un rango construido a partir de sus promedios de notas en la nueva etapa escolar. ¿Cuál es el cuadro resultante? La figura 6 muestra cuatro resultados teóricamente posibles. El caso 4 refleja lo que puede esperarse de un examen bien construido; la correspondencia no es perfecta; aun así, los mejores en el examen de admisión son también los mejores en el rendimiento en la escuela, y viceversa. Si miramos el extremo izquierdo del rango y pensamos en los alumnos que no fueron admitidos en la escuela (alumnos V a Z), puede pensarse con seguridad que quizá algunos de ellos, de ser admitidos, hubieran tenido un rendimiento aceptable, algunos quizá estuvieran a la «cola de la clase», y hubieran tenido que abandonarla posteriormente por su insuficiente nivel.

Ello quiere decir que se debe proceder con cierta liberalidad con los casos que se sitúan en la zona fronteriza de los resultados del examen de admisión, y dar a los alumnos que parecen débiles la oportunidad de salir adelante, es decir, admitirlos.

Con eso se define el concepto de la validez como pronóstico de los exámenes de admisión; éstos serán tanto más válidos, cuanto más se correlacionen sus resultados

---

[1] En los ámbitos lingüísticos inglés y francés se habla de evaluaciones «sumativas» (Bloom, Hastings y Madaus, 1971; Cardinet, 1984). Creemos que no es una expresión feliz, puesto que da la impresión de que se examina un conjunto aditivo de elementos de saber. Nosotros nos interesamos más bien por la calidad de las estructuras del saber. Por eso hablamos de su diagnóstico y de exámenes de diagnóstico.

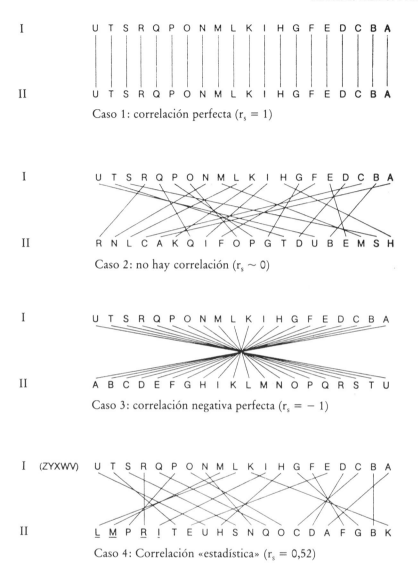

I U T S R Q P O N M L K I H G F E D C B A

II U T S R Q P O N M L K I H G F E D C B A

Caso 1: correlación perfecta ($r_s = 1$)

I U T S R Q P O N M L K I H G F E D C B A

II R N L C A K Q I F O P G T D U B E M S H

Caso 2: no hay correlación ($r_s \sim 0$)

I U T S R Q P O N M L K I H G F E D C B A

II A B C D E F G H I K L M N O P Q R S T U

Caso 3: correlación negativa perfecta ($r_s = -1$)

I (ZYXWV) U T S R Q P O N M L K I H G F E D C B A

II L M P R I T E U H S N Q O C D A F G B K

Caso 4: Correlación «estadística» ($r_s = 0,52$)

Fig. 6. *En cada uno de los 4 «casos», I significa el rango de los estudiantes, según el resultado del examen de admisión y II el rango según el promedio de notas de la nueva fase escolar. El alumno A es el mejor en el examen de admisión, B el segundo mejor, C el tercero, etc. En el caso 1 se da una correspondencia perfecta entre el resultado en el examen de admisión y el rendimiento en la escuela correspondiente; en el caso 2 no hay ninguna correspondencia; en el caso 3 una correspondencia perfectamente inversa. El caso 4 muestra cierta correspondencia, tal como se da con un examen bien construido. Aquí se pusieron entre paréntesis cinco alumnos más, que no fueron admitidos en la escuela (véase el texto para cualquier aclaración al respecto). Suponemos, además, que los alumnos identificados con letras subrayadas querrán o tendrán que abandonar de nuevo la escuela, debido a su rendimiento insatisfactorio. El caso 3 es puramente teórico. Supondría que los alumnos en el examen de admisión y en los resultados durante la escuela, ocuparían rangos exactamente inversos, o sea que el primero en el examen sería el de peor rendimiento, y el último en el examen el de mejor rendimiento. El caso nunca se presenta en la práctica.*

317

con el logro en la nueva etapa de formación. El grado de correspondencia, la correlación, puede ser expresado por medio de un coeficiente de correlación (r_s). Cuanto más cercano a + 1 sea dicho coeficiente, tanto mayor será la validez del examen[2].

Se puede ver la universalidad del punto de vista aquí sugerido. En un examen final de docencia sus resultados deben corresponder con el rendimiento en el oficio; cuando una compañía de aviación selecciona candidatos a pilotos, el desempeño en el vuelo debe estar correlacionado con el examen de admisión, etc.

Sólo se necesita plantearse este problema con la misma precisión con que lo hemos hecho aquí, para tomar conciencia de las dificultades que implica una solución satisfactoria. Supone que las escuelas más grandes, para el diseño de los exámenes de admisión, cuentan con la ayuda de expertos, es decir, de psicólogos escolares formados para ello. Además de los resultados de estas pruebas, ¿qué otras informaciones deben ser tenidas en cuenta? Entre otras cosas, hay que mencionar el juicio del maestro del nivel escolar recién terminado y un buen test de inteligencia (Ingenkamp, 1969). A partir de la combinación de estos tres elementos —resultado del examen de admisión, juicio del maestro y test de inteligencia— puede lograrse una predicción para el nivel siguiente, mejor que la que arrojaría cada uno de ellos por separado.

Lo que decimos a propósito de los exámenes de admisión en general, puede naturalmente referirse también a los exámenes para cada una de las asignaturas. Puede entonces el maestro preguntarse si la materia o materias a su cargo contribuyen a que el alumno salga airoso en su nivel de estudios siguiente y en su praxis vital. En ese caso, los exámenes correspondientes deben estar correlacionados con esos logros. Si ello no fuera así, entonces, ¿qué es lo que se examina? Nos enfrentamos de esta manera a la idea de que la enseñanza debe calificar al alumno para salir airoso en las situaciones vitales que habrá de encontrarse y que habrá de configurar.

Pero el problema de la validez de los exámenes, especialmente de los organizados en el transcurso del año escolar y de los referidos a la enseñanza dada, se complica por el hecho de que con frecuencia no sabemos qué exigencias específicas irá a plantear la praxis futura de la vida. Quizá el profesor de matemáticas de secundaria pueda saber cuánto le servirán a un futuro físico, de entre sus alumnos, las matemáticas que aprende en el bachillerato. Y quizá también el profesor de lenguaje se imagine lo que puedan servir esos conocimientos al futuro abogado. Pero, ¿cuál es el significado de los conocimientos matemáticos para el futuro abogado, y el de los del lenguaje para el futuro físico?

Además, si observamos los primeros niveles escolares, la distancia entre la formación y la realización en la praxis vital es tan grande, que es bien difícil captar sus nexos. Es, por tanto, comprensible que el maestro de primaria piense ante todo en la realización de las siguientes etapas escolares, y no en la de la vida. A pesar de ello, no se debe perder de vista esa realización final. Los maestros deben intentar

---

[2] En nuestro ejemplo empleamos una interpretación y un cálculo sencillos de la correlación, el de la «correlación de rangos». Hay otras maneras de medir la correspondencia entre dos series de medidas, especialmente la correlación producto-momento, tratada en estadística. Schröder (1974) proporciona una introducción sencilla al tema.

configurar su enseñanza de tal manera, que contribuya a ella; los exámenes deben obtener su validez pronóstica refiriéndose no sólo a la siguiente etapa escolar, sino también a la realización en la vida.

¿Qué consecuencias prácticas se siguen de este pensamiento? Las escuelas que establecen exámenes de admisión deberían controlar frecuentemente su validez pronóstica, comparando sus resultados con las calificaciones, no sólo del año siguiente, sino del resto del período escolar. Si la correlación es baja, deben ser analizados y mejorados los exámenes correspondientes. Puede darse el caso, por ejemplo, de que se suprima el dictado del examen de admisión o que se reduzca el peso relativo de las tareas aritméticas, que sólo prueban la habilidad para el cálculo numérico, frente a tareas que plantean problemas de aplicación.

El maestro individual, que hace dichos exámenes por su cuenta y que los puede realizar por sus propios medios, debe preguntarse continuamente por la utilidad que tienen para el alumno en el período siguiente, y finalmente en la vida, el saber y el saber hacer adquiridos con su enseñanza. La pregunta no debe ser planteada sólo de manera abstracta e impersonal, sino en concreto: el alumno A ha trabajado conmigo, y en mis exámenes, de tal manera, ¿cómo lo ha hecho posteriormente en secundaria, en la formación profesional, en la universidad, en la vida laboral? ¿Qué ha logrado? ¿Qué ha sido de él?

Se trata de tareas todas solucionables a largo plazo. Implican que los maestros y la escuela conserven la documentación correspondiente a los alumnos, y que la retomen en momentos determinados. Pero también implican, ante todo, que el maestro conserve el contacto con sus ex-alumnos y se entere de su desarrollo ulterior. Eso no es sólo beneficioso para su enseñanza y para sus exámenes; eso también lo enriquece humanamente.

Fiabilidad de los exámenes

El que un examen escolar no tenga valor pronóstico, puede deberse a dos razones. Puede que esté bien construido desde el punto de vista diagnóstico y que incluya lo tratado en la enseñanza previa, pero que las calificaciones obtenidas no tengan correlación con los logros ulteriores. Quien pensara, por ejemplo, que las calificaciones escolares en matemáticas estuvieran correlacionadas con los ingresos futuros o con la posición social, sufriría una gran decepción; la correlación se aproxima a cero, por más que los exámenes de matemáticas estuvieran construidos correctamente. Puede suceder el caso contrario: que en principio deba darse una buena correlación entre el logro obtenido en una prueba y el rendimiento en la situación verdadera (por ejemplo, entre un examen de natación y la capacidad de salvarse en un accidente acuático), pero no se haya manifestado claramente, debido a la manera cómo se organizó y realizó el examen (de natación). Ese es un problema frecuente en la construcción de pruebas. Conduce a una baja *fiabilidad* del examen. Como ocurre con la validez, también la fiabilidad de un examen tiene diferentes aspectos, que trataremos a continuación. Con ello nos aproximamos al problema técnico de la construcción y realización de los exámenes.

Errores de medición, que tienen sólo efecto momentáneo

Un examen se puede comparar con una medición. Se mide al examinando. Por decirlo así, se le pesa. Pero su peso, o la operación de medida, puede ser falseado por los factores irrelevantes (se les denomina *errores de medición*). Los errores pueden deberse a condiciones externas en la realización de la prueba, tales como la distracción de los examinandos durante el examen, condiciones atmosféricas desfavorables, en caso de calor o humedad extremas. La falta de materiales o materiales defectuosos pueden irritar al examinando, como cuando ha olvidado llevar el diccionario o el compás, cuando se le derrama la tinta, etc. También pueden influir en el examen situaciones externas desacostumbradas, tales como excitación, miedo, cansancio. En el resultado de los exámenes orales puede influir la falta de relación o incluso el antagonismo con el examinador.

Son factores que parten del examinando. Pero también pueden ocurrir en el examinador. Puede estar cansado después de un largo día de exámenes orales, y comienza a preguntar mal, no reacciona bien a las respuestas del examinando, deja de registrar ciertas partes o aspectos de ellas. También en la corrección de pruebas escritas se pueden presentar errores diversos, que no necesitamos mencionar aquí.

En la medida en que estos factores han influido de manera sólo temporal y sólo con algunos alumnos, pueden detectarse al repetir el examen, cuando no hay correspondencia alguna entre los resultados del primero y los del segundo examen. Se habla en ese caso de falta de *estabilidad* de la prueba; los resultados varían con las diferentes aplicaciones. En la psicología de los tests se controla este efecto con la repetición del test. Se habla entonces de la fiabilidad test-retest, o sencillamente de la estabilidad en las repeticiones.

En los exámenes escolares las repeticiones colectivas son la excepción. Pero es importante. Implica la tarea de los responsables de estar atentos y probar concienzudamente si existen condiciones especiales que puedan falsear los resultados del examen. Los exámenes deben ser entonces estables e independientes de la influencia temporal de los factores de perturbación.

Errores de medición que dependen del contenido y de la forma del examen

El logro inducido en el examen puede incluir elementos que no tienen nada que ver con el aspecto que nos interesa. Así, puede ser que para solucionar un problema sea necesario un saber o un saber hacer especial, que no es objeto de la prueba. Por ejemplo, para que un examinando pueda solucionar un problema de matemática aplicada, puede ser necesario que conozca determinado nexo técnico, un vocablo o una expresión verbal. En un examen escrito debe tener la capacidad de escribir con cierta velocidad durante cuatro horas. Quien tiene un calambre se encuentra en desventaja. En el cálculo de una pendiente se le ocurre a uno la idea de simplificar, mientras que el otro se complica con una división larga. Un aspecto especialmente irrelevante del logro son las fórmulas aprendidas, los automatismos, que hacen aparentar comprensión donde no existe. El alumno puede haber aprendido que a la frase «cálculo del área», tiene que reaccionar con operaciones aritméticas que no comprende (Aebli, 1973[5]). O sabe que cuando hay que aplicar la regla de tres en un trabajo determinado, y el número de trabajadores cambia, debe entonces hacer lo contrario de lo que se hace normalmente: dividir cuando se multiplicaría y multiplicar cuando se dividiría. Una tercera característica irrelevante es la familiaridad o no familiaridad con determinadas formas de tareas y exámenes. Eso le sucedió al autor del libro, recién llegado a Estados Unidos en calidad de estudiante, ante un examen que, en lugar de plantear un tema para su desarrollo, contenía 130 preguntas de elección múltiple; era un tipo de examen que, como europeo, sólo conocía de oídas.

También puede una tarea de examen contener muchos pasos parciales ligados entre sí. Un error inicial puede perjudicar los cálculos o reflexiones siguientes, por más que el examinando estuviera en la posición de reaccionar adecuadamente. Los desarrollos de temas son también construcciones complejas parecidas. Quien comienza mal, y se enreda en una ramificación secundaria, está en desventaja. No nos oponemos por ello a este tipo de exámenes, sino que advertimos que el planteamiento de los problemas debe hacerse con cuidado.

Expresando las cosas de manera positiva, decimos que el contenido y la forma del examen deben estar libres de elementos irrelevantes. Puesto que estos errores de medición se hacen parcialmente visibles cuando se diseña un nuevo examen, se habla entonces de la *independencia de la forma (alternate-form-reliability)* de un examen. Quiere decir que su resultado no depende de la forma de presentación, que casualmente se haya seleccionado.

25. COMO SE CONSTRUYEN EXAMENES ESCRITOS Y COMO SE PROCEDE EN EXAMENES ORALES

Si se quiere construir correctamente exámenes escritos y proceder adecuadamente en los orales, hay que tener en cuenta una serie de reglas. Estas comprenden desde el análisis de lo que acontece en el examen, la diferenciación de los tipos diversos de preguntas y tareas, hasta las reglas de procedimiento al examinar y calificar el rendimiento del examinando.

Reglas generales para la elaboración de exámenes

A continuación mencionamos tres reglas generales para la elaboración de exámenes. Son válidas para exámenes escritos, orales y de tipo práctico.

Regla 1:
Calificar por separado aspectos independientes
del logro (calificación diferenciada)

Casi todos los logros intelectuales se descomponen en funciones parciales, relativamente independientes unas de otras. Tiene, por tanto, sentido juzgarlas y calificarlas separadamente. Así, la solución de muchas preguntas requiere por un lado comprensión, entendimiento y saber fundamentado, mientras que otras demandan habilidades del más diverso tipo. *Ejercicios aritméticos aplicados* implican primariamente la comprensión de las relaciones entre conjuntos y números, pero también exigen automatismos que funcionen rápida y seguramente. Para escribir una buena *composición*, debe tener el alumno algo que decir. Necesita un vocabulario para expresar sus pensamientos con claridad y viveza. Lo cual implica que los significados, que el alumno liga a las palabras, no sólo sean sustanciales sino también claros. Igualmente debe dominar la forma, la ortografía y la puntuación. La buena *lectura* implica tanto comprensión del lenguaje como habilidad mecánica de lectura. Incluso en la *gimnasia* son funciones bastante independientes la fuerza y la motricidad fina.

Si las tareas del examen implican estos resultados tan complejos, debe entonces

322

calificarse cada función parcial con una nota específica. Sólo así podrá un observador externo comprender el significado de las notas. De esta manera, en las tareas de matemática aplicada, debe darse al menos una nota para el método de solución elegido (comprension del problema) y una adicional para los resultados de los cálculos (habilidad aritmética). Las notas de las composiciones escritas deben distinguir al menos entre contenido, ortografía y caligrafía. Sin embargo, por cuestión de principios, a veces es difícil separar forma de contenido. Según la tarea, pueden incluirse puntos de vista adicionales en el juicio, y calificarse separadamente (originalidad, riqueza de la presentación, etc.).

En el juicio de logros complejos el maestro debe tener en cuenta los efectos positivos y negativos de los sesgos característicos, que hacen que el rendimiento en ciertos aspectos se refleje en el de otros. De esta manera, las tareas de matemáticas e idioma, escritas con pulcritud y presentadas ordenadamente, son fácilmente mejor calificadas en los otros aspectos que las mal escritas. Con la ortografía se produce igualmente un sesgo en el juicio del contenido. Así mismo, los niños pulcros, guapos y obedientes, son con frecuencia tomados por más inteligentes que los sucios, feos y difíciles.

Regla 2:
Tratar funciones parciales
en exámenes independientes

En el epígrafe anterior partimos del presupuesto de que sólo teníamos una respuesta para calificar diferentes funciones parciales. El reglamento de exámenes y otras circunstancias difíciles de modificar, obligan frecuentemente a examinar de esa manera. Pero debe preferirse, desde el punto de vista de un diseño válido y fiable de las pruebas, probar funciones parciales en exámenes independientes. La razón es que en muchos resultados complejos los logros parciales se influyen mutuamente. Se sabe que los alumnos lentos en la escritura o en el cálculo están en desventaja seria en los exámenes de composición y de aritmética. Un alumno que escribe oraciones más complejas tiene más probabilidad de cometer errores de puntuación que uno que sólo encadena frases cortas. Un alumno que comete muchos errores en cálculo está en desventaja cuando se trata de solucionar problemas, no sólo porque pierde más tiempo corrigiendo sus operaciones, sino también porque resultados parciales falsos pueden entorpecer o hacer imposible el seguir adelante. Por otro lado, un alumno con buena habilidad en las operaciones puede que no tenga oportunidad de demostrarla, si en un problema aplicado no acierta a encontrar un camino de solución.

Se logrará descartar la interferencia mutua de las funciones parciales, si se reserva para cada una un examen especial o una parte especial del examen. Así, cada parte del examen puede estar orientada al logro correspondiente. Sería entonces correcto que la ortografía y la puntuación se calificaran mediante dictados, o que la primera se hiciera mediante simples listas de palabras, independientemente de la redacción. Narraciones reconstructivas muestran la comprensión de textos y la precisión en la expresión, mientras que el texto libre debe ser juzgado ante todo desde el punto de vista de la forma y el contenido. Naturalmente también pueden ser juzgados los otros aspectos, pero éstos deben pasar a un segundo plano, como mediciones no tan fiables. En la aritmética los ejercicios sencillos de cálculo se refieren a la habilidad correspondiente; los problemas aplicados, que implican cálculos sencillos, se refieren a las relaciones matemáticas. Es fácil ver la aplicación de estos principios en las demás asignaturas.

Regla 3:
Poner tareas cortas,
independientes unas de otras

Si un examen incluye una cadena larga de acciones y operaciones, en la cual cada paso depende de la solución correcta del anterior, el resultado final puede entonces dar con facilidad una imagen falsa de la capacidad de rendimiento del examinando; porque los errores en una fase inicial pueden influir negativamente en las fases subsiguientes. Sabemos que una decisión inicial errada en la clasificación de una planta (por ejemplo, si el ovario se encuentra por encima o por debajo del nacimiento de los estambres), puede hacer fracasar el trabajo ulterior de clasificación. Lo mismo sucede con las tareas matemáticas cuyo resultado es alcanzable tras una cadena de resultados parciales; cualquier error pone en peligro el proceso de solución restante. Pero las composiciones escritas son también cadenas largas de ideas ligadas unas a otras. Siempre que el objetivo no sea que el alumno demuestre precisamente esa capacidad (la cual también es importante y debe ser examinada de vez en cuando), es más indicado, en lugar de una composición larga, solicitar más bien una serie de respuestas cortas (de pocas líneas, máximo una página) a problemas precisos. Tales exámenes son especialmente oportunos cuando se trata del saber y de la capacidad de pensamiento con respecto a un área técnica concreta, como en las ciencias naturales, la geografía, la historia o la cívica. El muestreo sobre el saber y el saber hacer del alumno logrado de esta manera, es más representativo de la temática que se examina, que la medición en profundidad realizada con la composición extensa (Lindquist, 1951). El principio general es, entonces, que los exámenes sólo en casos excepcionales deben exigir largas cadenas de operaciones mentales. Por regla general, es mejor plantear tareas cortas, independientes entre sí.

Clases de ítems

Se pueden distinguir los ítems desde muy diferentes puntos de vista. Pensar que existe una taxonomía (clasificación) única de ítems de examen (o incluso de objetivos cognitivos de aprendizaje, Bloom et al., 1972), es muestra de una mala comprensión de la psicología y de la didáctica. A continuación mencionamos los puntos de vista que nos parecen más importantes.

1. Tareas en tres medios:

Bruner (1971) dijo que el saber se manifiesta de tres maneras. El saber original del niño está totalmente contenido en la *acción*. No puede traducirlo ni en la representación ni en palabras. Bruner lo llama «saber enactivo». Así también, un alumno puede haber aprendido determinadas tareas en la clase de trabajos manuales o en la formación profesional. En ellas está implicado un saber sobre el material y sobre las herramientas. Puede ser que el alumno acierte mal, o no acierte a verbalizarlo con palabras. Sin embargo, en las asignaturas teóricas o en los niveles escolares más altos este saber enactivo juega un papel muy reducido. Pero es precisamente en este punto donde flaquean muchas clases, en las que se habla de muchas cosas, que podrían aprenderse mejor como acción o como habilidades.

El saber enactivo, práctico, se puede examinar bien; sólo que se necesita algo de previsión organizativa. Para ello es necesario que el alumno haga algo, y no simplemente que hable sobre el tema del examen. Por ejemplo, en el examen oral de una lengua extranjera hablamos en ese idioma con el alumno, para establecer si nos entiende y puede expresarse. Lo mismo hacemos en gimnasia, donde le solicitamos que haga un ejercicio, o en clase de natación, donde le pedimos que nade, y no que hable sobre ello. En la interpretación de mapas no hay examen mejor ni más directo que el ejercicio sobre el terreno. Finalmente, en un examen final de formación profesional hay que pensar muy bien lo que se le plantee al aprendiz o lo que se le pregunte. Si sólo se le hace hablar, se procede injustamente con los que son buenos en la práctica, pero tienen poca facilidad de expresión oral.

El segundo «medio» en que se puede encarnar nuestro saber es la *representación espacial*. El alumno, por ejemplo, debe estar en capacidad de representarse imaginativamente, los caminos marítimos que conducen de Génova a Batum en el Mar Negro, o de Río de Janeiro a Lima. No debemos pedirle que nos los describa por medio de nombres de lugares, canales y mares, sino que *muestre* las vías marítimas en el mapa. Le haremos *reproducir mediante el dibujo* otras representacionoes, como un esquema de España (a grandes rasgos), con los ríos y ciudades más importantes, la cornamenta de los venados, sus huellas en el bosque, un corte frontal de la rosa o uno transversal de un tulipán, quizá también el hábito y la vestimenta de los misioneros españoles en las colonias. También es claro que una forma así de examinar tiene sus efectos, con seguridad favorables, en la clase. Con ello se reprime un poco el difundido verbalismo y se exige una clase más visual y concreta.

Finalmente, se da también aquel saber y saber hacer acuñado en el *medio del lenguaje*. Aquí tiene sentido plantear al alumno la tarea de tal manera, que éste tenga que hablar o escribir, o sea que dé a conocer su saber hablando o escribiendo. Puede suceder también que provoquemos un *intercambio de medios*. Por ejemplo, pedimos al alumno que explique verbalmente lo que se muestra gráficamente o que ponga en un esquema lo que se dice verbalmente. Tales problemas, *de traducción de un medio a otro*, son indicados para aquellos casos en que queremos evitar que el alumno reproduzca un automatismo, que nos reproduzca una serie de frases no comprendidas, o que muestre en un objeto algo que no ha entendido.

Como regla fundamental, el alumno debe mostrar su saber y saber hacer en el medio adecuado: su saber actuar, en acciones; su saber icónico, figurativo, dibujando o mostrando en el objeto; su saber acuñado verbalmente, hablando o escribiendo.

2. Tareas que prueban la comprensión:

El saber comprendido implica estructuras transparentes y móviles. El saber hacer comprendido significa acción comprensiva, reflexiva; en el mejor de los casos, «operar». Por el contrario, las habilidades son automatismos que se pueden derivar de los niveles más elementales de conciencia. Por ello es diferente examinar la comprensión o las habilidades.

La comprensión no puede ser examinada o medida directamente. Hay que abordarla de una manera indirecta. ¿Cómo se hace? Una cosa es segura. La recitación de leyes, reglas o textos de memoria no tiene absolutamente nada que ver con ella. También pueden memorizarse temas no entendidos en absoluto. Los vocablos, que quizá tienen algo de sentido para el maestro, pueden representar para el alumno meros encadenamientos de palabras, automatismos verbales. Tampoco los demás procedimientos automatizados necesitan ser comprendidos. Las construcciones geométricas, las operaciones aritméticas e incluso las reglas de gramática pueden ser aplicadas con carencia total de comprensión, sólo con haberlas practicado lo suficiente.

Se puede comprobar la comprensión si se le pide al alumno: 1) referise a los *nexos;* 2) *reelaborar* su saber, y 3) *aplicar* su saber y saber hacer.

Regla 4:
No preguntar por saber aislado,
sino por nexos (relaciones intrínsecas)

En los exámenes se pregunta con frecuencia por cosas aisladas. Se pide definir conceptos individuales («¿qué significa legislativo?»), mencionar fenómenos individuales («¿cómo se llaman los períodos entre glaciar y glaciar?») o mencionar atributos aislados de un objeto («¿cuántos miembros tiene el parlamento?»). Con ello no se puede demostrar la comprensión de un asunto. Comprender quiere decir intuir los nexos, poseer una visión global sobre los mismos. Las peculiaridades pueden también conocerse sin dicha intuición y visión global. Las definiciones de los conceptos dados pueden aprenderse fácilmente de memoria. No es difícil memorizar atributos aislados de una sunto; se necesita más empeño que comprensión. Los elementos del saber, «parlamento» y «100 miembros», pueden asociarse fácilmente.

Por tanto, cuando se trata de examinar el saber, la regla elemental es que no se pregunte por saber aislado, sino por nexos. Causas y efectos en los fenómenos inanimados, motivos e intenciones en las acciones humanas, representan los nexos más importantes. En la medida en que el alumno informa sobre éstos, muestra que su saber no consta de elementos aislados, sino que tiene consistencia. También aquí la forma del examen influye mucho en la enseñanza; cuando en el examen pasan a un primer plano los nexos causales y finales, ganan también un lugar preeminente en la clase. Con todo, no sólo deben predominar en el examen preguntas tales como «¿por qué?», «¿con qué consecuencias?», «¿para qué?»; el alumno debe, en general, ser inducido a referirse coherentemente a los grandes nexos entre las cosas.

Regla 5:
Hacer reestructurar el saber

Las reversiones y las variaciones de las soluciones y argumentos, clarificar un asunto desde un nuevo punto de vista, todo ello implica *reestructuraciones (transformaciones)* del propio saber y saber hacer.

La reversión. Una de las tesis fundamentales de la teoría de Piaget dice que las operaciones son reversibles en la mente. Los hábitos, las habilidades y las cadenas de reflejos son irreversibles. Si puedo realizar dichos actos en una dirección determinada, no necesito para ello ser capaz de realizarlos también en la dirección opuesta. Otra cosa ocurre cuando se trata de operaciones comprendidas. La mayor parte de las operaciones comprendidas pueden revertirse de inmediato y sin ejercicio previo. Así el alumno de primer grado, quien ha entendido que 3 nueces y 4 nueces dan 7 nueces, sabe también que de 7 nueces quedan 3, cuando se quitan 4. El alumno que ha aprendido a elevar al cuadrado un número de dos cifras, como 25, siguiendo la fórmula $(a + b)^2 = a^2 + 2ab + b^2$, para obtener $25^2 = 20^2 + 2 \times 20 \times 5 + 5^2$, debe ser estimulado igualmente para realizar la operación mental en sentido inverso. De igual manera, una amplificación realizada debe poder ser revertida mediante la simplificación, y una multiplicación mediante la división correspondiente.

Este es también el fundamento del valor formal que tiene el control de los cálculos realizados mediante su inverso. Con él el alumno no controla el resultado externamente, sino usando la reversibilidad, la cual a su vez es criterio de comprensión.

Pero no sólo las operaciones matemáticas son reversibles. También los procesos físicos pueden pensarse siempre en dos direcciones. Se puede seguir una cadena de causalidad ascendentemente, de los resultados a las consecuencias, o descendentemente, de las consecuencias a los resultados. Puedo partir de que la tala desmedida de bosques lleva a la erosión de la tierra, que por lo tanto muchos sedimentos son depositados en el lecho del río, éste se hace menos profundo, el río se desborda entonces más allá de sus orillas, produciendo inundaciones que anegan el valle, etc. Pero puedo también partir de la última consecuencia mencionada e ir clarificando causa por causa, hasta llegar a la primera. Cuando hay que controlar si el alumno ha entendido una cadena causal semejante, no debemos hacer que la reproduzca siempre en el mismo sentido, sino ocasionalmente pedirle también que la reproduzca en el sentido inverso.

La variación del itinerario de solución. De la intuición de los nexos se sigue la posibilidad de variar un camino de solución, una vez recorrido. Ya la psicología animal había reconocido que la posibilidad de recorrer caminos alternativos es síntoma de la apropiación de la situación espacial. Mientras que un perro o un chimpancé llegan al alimento realizando un desvío, la gallina corre con ciega terquedad hacia el obstáculo (una malla de alambre, por ejemplo) que bloquea el camino directo. Los problemas de caminos alternativos pertenecen siempre al repertorio de los tests de inteligencia para niños pequeños.

En la enseñanza escolar, las posibilidades más próximas de aplicación de esto se encuentran en el área de las matemáticas. Un alumno que haya entendido que los tantos por ciento son centésimos, podrá calcular el 5 % de una magnitud dada de muy diversas maneras: 5 % = 5 veces 1 %; 5 % = 1/20; 5 % = medio décimo; 5 % = un décimo de la mitad. También los problemas matemáticos verbalizados pueden solucionarse de diferentes maneras. Después de desarrollar una solución en conjunto con la clase, con frecuencia se le solicita al alumno, para examinar su comprensión, que mencione y ejecute otras vías de solución. En todas las áreas técnicas, donde se utiliza la matemática aplicada, son posibles variaciones en la solución.

La reproducción a partir de un nuevo punto de vista. Otra tesis básica de Piaget (1972) dice que quien ha entendido un tema, puede representárselo desde diferentes puntos de vista. Eso no sólo tiene aplicaciones posibles en el ámbito espacial; también puede referise a las realidades humanas.

Supongamos que se habla, a propósito de una fotografía áerea, de una central hidroeléctrica. El alumno puede demostrar su comprensión representando esquemáticamente la hidroeléctrica. Los muros de contención, la presa, las galerías de conducción del agua, las compuertas, los conductos del agua a presión y la central generadora de energía serán visualizadas en sus relaciones mutuas; las diferencias de altura, la caída del agua, etc. deberán ser representadas adecuadamente.

Aquí también atañe el que el alumno pueda reconocer y representar, *en todas sus variantes,* las construcciones espaciales y las construcciones geométricas relacionadas con ellas. Por ejemplo, las pruebas del teorema de Pitágoras no deben ser realizadas sólo en una posición determinada de la figura (con la hipotenusa horizontal, por ejemplo).

De aquí pasamos al área de las relaciones sociales, tal como son representadas en las clases de historia, de literatura y de geografía. Dondequiera que entren en juego las relaciones humanas, ya sea que se trate de Fausto y Mefistófeles, de las partes en un conflicto bélico o de grupos culturales y sociales enfrentados (blancos y nativos en un sistema colonial), las partes corresponden a puntos de vista diferentes. Hacemos que éstos varíen en los exámenes, a fin de poder controlar la comprensión.

La reconstrucción con las propias palabras. Finalmente, mencionemos una forma de reestructuración, de lógica menos exigente, pero que sin embargo es útil en todas las asignaturas, especialmente en lenguaje: la reconstrucción de un hecho con las propias palabras. Un logro similar, aunque un poco más amplio, es la clarificación e interpretación de un elemento dado, como un texto, un objeto o una situación. El alumno representará el asunto *con sus propias palabras, con su propio lenguaje.* No importa que su expresión no sea tan elegante como la formulación original, aprendida de memoria. Se tendrá cuidado más bien en la corrección temática del contenido.

Regla 6:
Hacer aplicar el saber y el saber hacer

Con todo, la manera clásica de examinar la comprensión es por medio de la *aplicación*. Esta constituye una función cognitiva fundamental, puesto que la aplicación no se da sólo en el campo de lo práctico, sino también en el de los conceptos y de las operaciones. No necesitamos explicar aquí qué entendemos por aplicación. Lo hicimos en el capítulo pertinente de *12 formas básicas de enseñar*. Sólo queremos recordar que existen dos formas básicas de aplicación, una de reconocimiento y otra productiva.

En el caso de la *aplicación de reconocimiento* le presentamos al examinando un objeto concreto o abstracto. Este debe aplicarle conceptos y operaciones adquiridos, y de esa manera aclararlo, o sea reconocerlo. Lo hacemos cuando presentamos al alumno una fórmula, un texto, un cuadro o un objeto. En los exámenes orales no tenemos más que hacer, que decir: «¿Qué ves ahí?». Esperamos que el alumno tome de su repertorio intelectual los conceptos relevantes y que los aplique al asunto en cuestión. En otros casos le ayudamos, indicándole qué concepto, qué estructura, qué método o qué procedimiento debe aplicar. Por ejemplo: «Los dos textos que acabas de leer, fueron escritos por Pestalozzi en los años 1780 y 1815. ¿Puedes reconocer en ellos la transformación de sus ideas acerca del Estado?». El concepto que hay que aplicar aquí es «la idea de Estado en Pestalozzi», que se trabajó (así lo suponemos) anteriormente en clase de literatura, historia o pedagogía. El alumno debe reencontrar y entresacar del texto los nexos correspondientes. Iluminado por ellos, podrá establecer las diferencias. De manera semejante podrá reconocer en cuadros de paisajes fenómenos geográficos o geológicos característicos, aplicando los conceptos correspondientes (como volcánico, valle fluvial, acantilado, sabana, etc.). Caracterizará una planta que se le presente, encontrará una relación matemática en una situación o un proceso físico o reconocerá una determinada concatenación de operaciones en una situación descrita oralmente, en un problema textual.

La otra forma de aplicación, más exigente, es la *productiva*. Aquí se da una nueva situación, en la cual se debe realizar, o sea producir, una estructura. El problema de la central hidroeléctrica pertenece a esta categoría: planear, incluso dibujar o hacer en arena, una hidroeléctrica en el meandro de un río. De igual manera, en el examen de química sugiere el alumno un método para producir una sustancia determinada o, en el examen de un idioma extranjero, construye una frase a propósito de una situación social. Finalmente, el aprendiz que en la prueba final de su formación profesional produce un objeto o lleva a cabo una reparación, está aplicando procedimientos aprendidos. Debe reconstruirlos en la situación-problema, o sea re-producirlos.

Las *habilidades (automatismos)* son examinadas de manera diferente. Nuestra expectativa aquí es que se puedan producir con seguridad y rapidez. Tiene sentido, por tanto, fijar límites de tiempo o esperar que en un tiempo determinado sea realizada correctamente una cantidad dada de reacciones. Eso sucede, por ejemplo, en clase de cálculo aritmético o de idioma o en ciertas disciplinas prácticas. De ninguna manera hay que confundir esos exámenes de habilidades con exámenes de comprensión.

3. Tareas de reproducción/reconstrucción frente a tareas de reconocimiento, preguntas de elección múltiple:

En todos los ejemplos citados hasta aquí se trataba de reproducir o reconstruir un saber, un concepto, una operación o un procedimiento. Pero existe otra forma clásica de examen, que se refiere exclusivamente a la recognición, o sea al reconocimiento: los ítems llamados de elección múltiple *(multiple choice)*. Se aplica en ciertas pruebas colectivas, y se alaba en ella la objetividad del procedimiento. Es cierto que en la corrección no hay lugar a factores subjetivos por parte del examinador; además, pueden ser corregidos mecánicamente, si se aplican las hojas de respuesta apropiadas. Bloom proporciona algunos ejemplos de preguntas interesantes, entre los cuales citamos uno a continuación (B es la respuesta correcta):

«El criterio usado por *Darwin* en el capítulo II del *Origen de las especies*, para distinguir las especies más variables de las menos variables, consiste en:

    A. El número de individuos de una especie.
    B. La frecuencia en las diferencias individuales de una especie.
    C. El número de variaciones de una especie.
    D. El número de especies próximamente relacionadas.
    E. El número de condiciones climáticas diferentes, bajo las cuales vive una especie.»

(Bloom, Engelhart, Fürst y Krathwohl, 1972).

Sin embargo, se ha demostrado en la práctica que es muy difícil plantear preguntas de opción múltiple didácticamente buenas. Contra su intención, los diseñadores de tales exámenes caen una y otra vez en preguntas sobre saber elemental o sobre la realización de operaciones muy simples.

El peligro serio consiste en que los comportamientos de aprendizaje de los alumnos se modifiquen desfavorablemente bajo el influjo de tales exámenes. Se dan cuenta que deben saber muchos detalles individuales y que se piden siempre procedimientos muy cortos. Dejan entonces de reflexionar sobre los grandes nexos, de estructurarlos activamente. Es una pérdida grande. Por tanto, los problemas de elección múltiple deben ser utilizados con moderación, y debe observarse cuidadosamente qué efectos produce su aplicación en el aprendizaje de los alumnos.

La reproducción/reconstrucción se diferencia de la re-cognición en que el tema no está dado de antemano. Más bien hay que reproducir, reconstruir el saber. En este logro no esperamos ni transformación ni aplicación. Hay que reproducirlo tal como se asimiló y aprendió en la lección correspondiente. Cuando el maestro pide al alumno, con buenas razones, que se apropie de una expresión oral bien lograda o de la realización óptima de una operación, tiene sentido que le solicite reproducir este logro.

Hay que tener en cuenta, sin embargo, que existe el peligro grande de que el alumno no reproduzca el asunto a partir de su comprensión, sino que lo haga meramente a partir de la secuencia de palabras o de signos, de memoria. En los exámenes orales, puede esperarse que la manera como son dichas las frases indique algo de la comprensión lograda (también aquí hay que ir con cuidado). Eso generalmente no es posible en las reproducciones escritas. El maestro debe ser entonces consciente de las limitaciones de los exámenes por sola reproducción. Siempre que se quiera examinar la comprensión, de ninguna manera es suficiente la reproducción o la reconstrucción de una idea en una forma preestablecida. Hay que añadir las transformaciones o las aplicaciones mencionadas arriba.

Exámenes orales

Cuando se escribe sobre los problemas en los exámenes, se piensa generalmente en los exámenes escritos. Pero en la escuela juegan también un papel significativo los exámenes orales. Por ello damos aquí algunas indicaciones al respecto. Los exámenes orales se caracterizan en que un examinador, que es tenido por experto en el área del examen, busca con preguntas adecuadas y mediante el planteamiento de problemas diagnosticar el saber y el saber hacer del examinando. Con frecuencia amplía su juicio también a las características comportamentales y de personalidad del examinando. Eso es legítimo, si puede fundamentarse, puesto que dichas características juegan un papel en los logros presentes y futuros del examinando, con respecto al área objeto del examen. Es el caso, por ejemplo, cuando se ven en el examinando intereses favorables para el desarrollo de su competencia o cuando, en caso contrario, encontramos que un rasgo de su personalidad, puede ser la superficialidad o la arrogancia, le impedirá superar las debilidades de su saber y saber hacer.

El examinador tiene ante sí dos problemas principales:

1. ¿Cómo interrogo al examinando? y
2. ¿Qué debo tener en cuenta cuando conteste?

La respuesta a ambas preguntas debe partir de una imagen del saber y saber hacer que se juzgan. La psicología cognitiva moderna nos enseña a entender el saber y saber hacer el examinando como un entrecruzamiento reticular de relaciones. El saber y saber hacer tiene carácter de sistema. Pero, también al interior de este entrecruzamiento de relaciones se dan elementos a los que hay que apelar. El saber y saber hacer tienen, entonces, carácter de repertorio (Aebli, 1980-81). Hay, pues, que examinar ambos aspectos del saber: los *nexos* en los sistemas de saber y la *disponibilidad* de los elementos del saber.

También tenemos presente que todo saber puede ser presentado en un medio de representación. Con ello se entiende ante todo, en el examen oral, el lenguaje. Nos fijamos, por tanto, en el lenguaje del examinando; pero procuramos enviarlo también, si es necesario, a la pizarra, a fin de que esboce un gráfico o un esquema; o le presentamos un objeto o un cuadro, para que los interprete. En los exámenes de práctica, le hacemos actuar de manera práctica y fundamentar oralmente sus pasos. Con ello nos apartamos de la forma clásica de examen oral, de acuerdo con las reflexiones que siguen.

La mejor opción consiste en que el examinador se acomode al hilo de pensamiento del examinando, lo siga y le haga así justicia. Ello requiere, de parte del examinador, dominio considerable de los temas tratados y flexibilidad mental. Los exámenes orales son también pruebas para el examinador, no sólo para el examinando.

Para que este hilo de pensamiento sea perceptible, es necesario que le demos la palabra al examinando. Este debe tener la oportunidad de hablar coherentemente durante un espacio suficiente de tiempo, a fin de que pueda mostrar una porción de su saber y pensar. Eso es posible si le planteamos problemas sustanciales. Interrogar sobre nimiedades es una mala manera de examinar. Ello conduce al examinando a que memorice elementos inconexos de saber. Los alumnos que han profundizado en una temática y que se mueven con seguridad en sus relaciones, no podrán mostrar este logro.

Los planteamientos correctos de problemas implican dos cosas: preparación y presentación explícita. No puede examinarse partiendo de la nada. Un buen examen oral, lo mismo que una buena clase, debe ser preparado. Y un buen problema no puede plantearse con cinco palabras. Para ello hay que formular algunas frases.

El examinador no debe desempeñar siempre el papel del interlocutor omnisciente. Debe hacer el papel del novato, del principiante, del observador externo y hacer que el asunto sea explicado desde sus fundamentos.

El examinador describirá con más precisión su papel si crea una situación ficticia. Dirá, por ejemplo, «Supongamos que soy un marxista ortodoxo (idealista). Intenta refutar mi posición, de que la actividad económica es la base de todo fenómeno social, incluso del arte (o, en caso contrario, muestra cómo los fenómenos culturales no pueden explicarse exclusivamente a partir de las corrientes espirituales)».

Un examen oral puede compararse a una serie de sondas de profundidad en un complejo de saber. ¿Cuántas sondas se necesitan? Hay dos extremos falsos: un número muy grande de pequeñas sondas y una sola muy profunda. En el primer caso llenamos al examinando de preguntas, y no puede elaborar su discurso ni su hilo de pensamiento. Por eso debemos permanecer al menos dos o tres minutos en un problema parcial. Pero, por otra parte, cuando sólo arrojamos una sola sonda profunda, puede suceder que no toquemos elementos esenciales del saber y saber hacer del examinando. Quizá desarrolle con nosotros una discusión interesante. Con todo, terminará con cierta frustración el examen. No habrá podido mostrar todo lo que sabe y sabe hacer. Aunque no puede mostrarnos *todo*, debe estar en posibilidad de manifestar una muestra significativa de su saber.

¿Cómo deben ser de estructurados los problemas que planteemos? Su estructuración debe ser tal que sean claros e inciten a la reflexión. Pero cierto grado de ambivalencia es legítimo, especialmente en las ciencias no exactas. Eso le concede al examinando algún margen de juego, para precisar por sí mismo la pregunta, seguir determinados puntos de vista propios y mostrar su procesamiento personal del tema.

¿Con qué rapidez debe contestar el examinando? No se trata de interrogatorio fiscal. La mayor parte de los examinandos comienzan a responder de tres a cinco segundos después de que el examinador ha planteado la pregunta. Eso no está bien. Un buen ejemplo requiere reflexión. La respuesta rápida del examinando es señal de su tensión interior. Impedimos, por tanto, que responda inmediatamente y le instamos a que reflexione al menos durante 30 segundos. Bien puede tomarse un minuto. Es un tiempo largo; casi ningún examinando reflexiona durante tanto tiempo.

En la psicología cognitiva se distingue entre el *saber conceptual* y el *saber fáctico*. ¿Cuál queremos observar en el examen oral? El punto crítico está en el saber conceptual, puesto que quien posee conceptos claros y bien fundamentados tiene posibilidad de solucionar muchos problemas nuevos. Lo hemos repetido una y otra vez en *12 formas básicas de enseñar:* los conceptos son las herramientas de nuestro pensamiento. Quien posee una caja de herramientas bien dotada, está preparado para situaciones y problemas nuevos. Pero ¡ojo! La figura de la caja de herramientas tiene también sus límites. Un buen repertorio de conceptos tiene forma de red. Los conceptos individuales se relacionan entre sí. El uno apoya y clarifica al otro. Por eso no nos interesamos por definiciones aisladas de conceptos. Hacemos que el examinando muestre las relaciones entre los conceptos.

Pero el saber conceptual sin el saber fáctico es estéril. El alumno debe disponer en su memoria de los datos fundamentales de un área del saber. Precisamente al comenzar un examen, suele ser indicado hacérselos mencionar durante un tiempo, permitiendo así que demuestre su saber fáctico. Entonces retomamos algunos conceptos y preguntamos:

— «¿Qué quieres decir, cuando hablas de...?».
— «¿Cómo le explicarías a un lego, lo que entiendes por...?».
— «¿Qué relación existe entre el concepto X y el concepto Y?».

Con frecuencia haremos que el examinando *aplique* su saber conceptual a situaciones y asuntos concretos, que le mencionamos o que le mostramos por medio de gráficos, cuadros u objetos. Con ello creamos un contexto clave, en el cual el alumno debe dominar una situación nueva con ayuda de su repertorio intelectual. La *comparación* de dos fenómenos tiene efectos similares; el examinando debe poseer los puntos de vista, o sea los conceptos, por medio de los cuales se puedan ver las correspondencias y las diferencias. Por el contrario, la exigencia de que mencione y elabore por sí mismo un ejemplo de aplicación, que no haya sido tratado en clase, puede ser muy difícil. Planteamos tal tipo de preguntas sólo en caso de que nosotros mismos seamos también capaces de producir varios ejemplos nuevos en poco tiempo.

El examinando debe estar también en condiciones de responder *contraargumentos y objeciones*. Pero debemos dejar en claro que nuestras objeciones tienen un carácter didáctico, y darle al examinando la oportunidad de clarificar determinados aspectos de la pregunta planteada. Cuando aportamos nuestras objeciones sin relativizarlas de esa manera, producimos inseguridad en el examinando temeroso, cosa que no pretendíamos.

Evaluación de las respuestas

¿En qué nos fijamos cuando responde el examinando? Ya se han dicho la mayoría de las cosas. Lo más importante para nosotros son las muestras de *claridad* conceptual, de *intuición* y de *comprensión*. En la solución de problemas que apelan al pensamiento deductivo, observamos con cuidado la *coherencia lógica* del hilo del pensamiento. El alumno debe fundamentar sus deducciones y poder mostrar que éstas se siguen necesariamente de las premisas. En el saber fáctico se trata naturalmente de la *corrección objetiva.* El saber conceptual y el fáctico deben ser intrínsecamente *coherentes.* Por otro lado, en las situaciones-problema el saber debe estar *disponible.* El saber aprendido de memoria, sin comprensión, no es ni disponible ni coherente en sí. Puede recitarse sólo en el orden aprendido (Aebli, 1951-73³). La disponibilidad del saber y el hecho de que haya sido comprendido se muestra de manera óptima en las tareas de aplicación, como lo dijimos arriba.

También debe el examinando relacionar su saber con su experiencia personal. Esperamos *saber procesado, asimilado.* Quisiéramos ver que el examinando ha aprendido a contemplar el mundo a la luz del saber adquirido y a clarificar sus experiencias prácticas con ayuda de sus conceptos. Igualmente, esperamos que *aplique* en su lenguaje, *espontáneamente,* los conceptos adquiridos.

Esperamos, por tanto, un lenguaje claro y un vocabulario preciso. Por eso nos alegramos cuando el alumno muestra también en el examen su capacidad comunicativa, comprende nuestras preguntas y puede seguir nuestro discurso. Lo cual no quiere decir que produzcamos largas disquisiciones en los exámenes, ni que pongamos buenas notas por el hecho de obtener una aprobación entusiasta a nuestras exposiciones ricas en contenido. También somos conscientes de que existen examinandos capaces, que en general, o debido a la tensión del examen, tienen poca capacidad comunicativa. Con todo, la relación entre el saber teórico y la experiencia cotidiana concreta se manifiesta con frecuencia en un lenguaje vívido y gráfico. Eso también debemos tenerlo en cuenta.

Nos fijamos también en cualquier señal de interés personal, de juicio independiente, de originalidad y de creatividad. Cuando se manifiestan tales características del pensamiento, solicitamos al examinando que desarrolle sus ideas. Aun cuando no estemos de acuerdo con todos los puntos, mostraremos un interés benevolente, puesto que sabemos que esas cualidades habrán de jugar un papel preeminente en la vida intelectual futura del examinando.

También nos interesa la *capacidad de crítica.* Debe sin embargo quedar claro bajo qué puntos de vista y con qué criterios se hace la crítica. En otras palabras, hay que fundamentar la crítica expresada. El examinando tiene también el derecho a manifestar sus convicciones.

En este contexto ponemos atención a las *señales de reflexividad.* ¿Ha desarrollado su gusto por la reflexión? ¿Lo hace por necesidad propia? ¿Lo ha conducido ella a intuiciones autónomas? Si es así, estamos seguros de que el examinando, aun sin nosotros, habrá de continuar por cuenta propia. Por eso nos alegramos también por las señales del procesamiento del tema del examen, que van más allá del campo de lo puramente intelectual: cuando el examinando saca a la luz puntos de vista éticos o de concepción del mundo, como también estéticos. Valoramos de manera positiva tales signos de madurez personal.

Hasta aquí los elementos de una teoría general de los exámenes orales. Naturalmente se plantean todavía muchos problemas particulares, como las interpretaciones de textos solicitadas en los exámenes o las soluciones de problemas complejos. Estos temas deben ventilarse y solucionarse a la luz de la didáctica específica correspondiente.

26. COMO SE CALIFICAN LOS EXAMENES. LAS NOTAS

Cuando traducimos un logro en notas, hacemos el intento de comprenderlo cuantitativamente, de cuantificarlo. Usamos la escala numérica con que estemos familiarizados para expresar los diferentes niveles de logro: 1 es mejor que 2, 2 mejor que 3, etc; o también, 10 es mejor que 9, 9 es mejor que 8... Conformamos, por tanto, *rangos*. Se trata de un procedimiento bastante familiar incluso para los pequeños. Basta con verlos cuando, en clase de gimnasia, tienen que trepar por una escala de cuerda: «yo fui el primero», «yo el segundo», «el tercero»...

Se ha argumentado siempre que una cifra no puede expresar la diversidad cualitativa de los logros del alumno, ni mucho menos su personalidad. Es cierto; pero ¿quién dice que un certificado debe expresar dichas características cualitativas? La pregunta es, qué queremos dar a entender, y qué no, con esa cifra. Cuando alguien se pesa en una báscula, sabe muy bien que mide sólo su peso, y no la belleza de su cuerpo ni su salud. Y cuando constatamos que uno lanza la jabalina o el disco más lejos que el otro, somos también conscientes de que tras ese resultado se pueden esconder subprocesos de movimiento diferentes y motivos bien distintos. Con todo puede ser interesante expresar los logros de manera que puedan ser comparados, ya sea en el mismo deportista, ya sea entre deportistas diferentes. La medición cuantitativa de un logro no es por sí misma incorrecta. Lo es, cuando a partir de esas mediciones comenzamos a proyectar cosas que no están contenidas en ellas, y cuando se espera de una cifra lo que ni puede ni pretende expresar.

El hecho de que las notas expresan los logros escolares de una manera abstracta y poco profunda, tiene también sus ventajas, precisamente por el hecho de que no pretenden incluir «toda la personalidad». Supongamos que el maestro se planteara esta tarea tan exagerada. ¿No podría suceder que fuera injusto con algún alumno? ¿Le sería posible esbozar un cuadro caracteriológico de cada alumno? Al no lograrlo, los perjuicios serían sin duda alguna más serios, que si se hubiera equivocado por medio punto, o por un punto al poner una nota.

De ahí sacamos la primera conclusión. Las notas son afirmaciones más superficiales sobre el alumno, que los juicios verbales; y deben serlo. Eso puede explicársele a los alumnos y a sus padres, y les ayudará a interpretar correctamente las notas.

A continuación exponemos un sistema de calificaciones, que se basa en la idea de la comparación del alumno con un grupo de referencia. Diferencia de los alumnos dentro de la amplia gama de las posibilidades de logro. En la medida en que el maestro establezca —racionalmente— sus objetivos de aprendizaje de tal manera que puedan ser alcanzados por una buena parte de la clase, hace posible detectar aquellos alumnos que rinden más de lo que él exige. Eso es ciertamente lo que en nuestra sociedad esperan los destinatarios de los registros de notas y de documentos similares: que diferencien del promedio tanto a los candidatos con especial potencial de rendimiento, como a los más débiles. (Hay tareas que sólo son dominadas por unos pocos, sin que necesariamente tengan que estar imbuidos del espíritu de competencia. Puede también tratarse de tareas sociales y políticas...).

Opinamos que este sistema de calificación no es necesariamente perjudicial. Todo depende de cómo se interpreten y procesen las diferencias detectadas. Los alumnos conocen muy bien, en distintos campos, sus capacidades relativas de logro. No se trata de engañarse, sino de verlas objetivamente y de comprender qué significan y qué no. Especialmente, el maestro debe preocuparse de no hacer juicios de valor o de no valor con respecto al alumno. Por el contrario, tiene la tarea de ayudarle a desarrollar el sentido del propio valor, independientemente de sus logros.

En las reflexiones siguientes clarificamos en primer lugar las posibilidades básicas de definir las notas. En un segundo paso mostramos cómo pueden ser calificados los trabajos de clase. Se trata, por tanto, en primer lugar, de una cuestión de definición. Las definiciones se establecen, y no por eso son ni verdaderas ni falsas. Son convenientes o inconvenientes, fáciles o difíciles de manejar.

Cómo no deben definirse las notas

Digamos primero cómo no hay que definir las notas. No se trata de una digresión innecesaria. Lo que describimos aquí como procedimiento incorrecto se práctica todavía hoy en muchas clases y escuelas. Pongamos dos ejemplos.

En una escuela de primaria organiza la maestra un examen de aritmética. Plantea doce tareas. En el sistema solar correspondiente se aplica una escala con base 6. 6 significa «muy bien», 5 «bien», 4 «suficiente», 3 «insuficiente», 2 «deficiente» y 1 «muy deficiente». Entonces la maestra aplica un sistema de cómputo sencillo: por cada dos respuestas correctas asigna un punto, o sea que doce respuestas correctas tiene la nota 6, diez respuestas correctas la nota 5, ocho la nota 4, seis la nota 3, etc. Se reconoce la idea de la correspondencia lineal entre el número de tareas resueltas y la nota. En un dictado procede de manera semejante otro maestro, en cuyo sistema escolar se aplica una escala con base uno. Establece que por cada dos errores se quita media nota de la máxima. O sea que con ningún error los alumnos obtienen la nota 1, con dos errores la nota 1 1/2, con cuatro errores la nota 2, con seis la nota 2 1/2, etc. La idea es la misma: hay proporcionalidad entre número de errores y calificación.

Las consecuencias de esta práctica pueden verse en las investigaciones sobre promedios de notas en escuelas diferentes y para años diferentes. Undeutsch (1969) halló los promedios en diferentes escuelas de un distrito escolar de Westfalia (República Federal Alemana), para aritmética y dictado, que habían estado incluidas durante 6 años consecutivos en la prueba de acceso a la enseñanza secundaria. Los promedios en aritmética fueron los siguientes: 1954, 4,1; 1955, 4,9; 1956, 4,7; 1957, 5,1; 1958, 5,0 y 1959, 4,9. En dictado, en los mismos años, fueron 3,9; 3,8; 3,6; 3,8; 4,1 y 4,8. Los porcentajes de alumnos que obtuvieron «suficiente» o más, variaron entonces entre 38,4 % y 10 %. El número de alumnos era tan grande, que no era probable que los promedios de rendimiento variaran tanto de un año a otro. Más bien debe suponerse que los maestros procedieron en las calificaciones tal como hemos descrito, y que ésa fue la razón de unas desviaciones tan insólitas, ya que en la aplicación de este procedimiento las notas dependen absolutamente de la dificultad de las tareas asignadas. Y ésta no es, como lo muestra la experiencia, siempre fácil de estimar, ni siquiera para los maestros experimentados.

Con ello obtenemos las primeras conclusiones: no debemos asignar notas escolares de acuerdo a una escala establecida de antemano, que presupone una dependencia lineal entre número de errores y calificación. Necesitamos un modelo mental que asegure que el promedio de notas de un número amplio de examinandos permanezca constante de año en año y que dé un significado claro a los logros extremos. Eso sólo es posible si referimos las notas a un grupo de referencia bien definido, lo que significa que sólo se establece una correspondencia entre puntos de logro y calificación, cuando se tiene una visión de conjunto de todos los logros de la clase y se adecúa a ella la escala de calificaciones. Se debe proceder de la siguiente manera.

Cómo se definen las notas
con ayuda de rangos porcentuales
en un grupo de referencia

En favor de la claridad de la exposición, hacemos antes algunas afirmaciones, que no son fáciles de cumplir en la práctica. Suponemos que buscamos notas que definan un logro determinado con precisión, por ejemplo la longitud de los saltos en gimnasia. Como primera medida, establecemos con respecto a qué grupo de referencia deben ser definidas las notas. Elegimos a todos los estudiantes de un año escolar dado en una región geográfica, por ejemplo una ciudad o varios pueblos cercanos, en los cuales se dan clases de gimnasia similares y oportunidades similares de entrenamiento. Supongamos que hemos registrado los resultados, en salto de longitud de todos los alumnos de un año escolar dado en esa región. Comenzamos por ordenar a todos esos alumnos según el orden ascendente de sus resultados (fig. 7).

Por otro lado, observamos la escala de calificaciones que queremos aplicar. Comprende siete niveles. Tal cantidad de niveles ha mostrado su bondad especialmente allí donde los logros no se pueden medir, sino que son estimados según su calidad. Unas diferenciaciones más precisas rara vez son fiables. Pero, por otro lado, si establecemos menos niveles, los examinadores tendrán la impresión de no poder expresar diferencias que perciben con exactitud. Lo más sencillo sería que las notas se extendieran de 1 a 7, sin medias notas. En la práctica, son frecuentes escalas como 1, 1 1/2, 2, 2 1/2, 3, 3 1/2, 4, ó 10, 9, 8, 7, 6, 5, 4, (en una escala con base 10 no necesitamos, por tanto, las notas de 1 a 3).

Nuestra primera decisión atañe a las medias. Con 7 notas enteras sería 4; en una escala con base 1 y con medias notas, la nota media sería 2 1/2; y en una escala con base 10 (sin medias notas), la nota media sería 7. En todos los casos contamos por encima y por debajo de la media con tres niveles de resultado. Esta nota media debe entonces corresponder a un resultado medio. Nos referimos con ello al logro del niño que está exactamente en la mitad del grupo de referencia (hablando en términos estadísticos, se trata de la nota para el valor central, la mediana). Eso quiere decir, que para 1.000 niños se trata del que ocupa el puesto 500, para 99 niños el puesto 50 y para 9 el quinto (quien tiene 4 mejores y 4 peores que él).

Eso es ya una decisión importante. Hemos renunciado a establecer por anticipado qué largo deba ser el salto de un niño para que obtenga la nota de 2 1/2 ó de 7, en contra del procedimiento descrito en el apartado anterior. Hemos definido la nota media por medio del logro del niño que se encuentra en el medio del grupo de referencia. Si se supone que el resultado del examinando, colocado en el punto medio del rango, representa también el resultado promedio de todo el grupo (lo cual es el caso, cuando la distribución es «normal»), no puede suceder entonces que el promedio del grupo entero varíe de año en año, dependiendo de la exigencia de nuestras expectativas o de la calidad de la pista de saltos. Hemos *establecido* y definido arbitrariamente que 2 1/2 (ó 7) será «el resultado que logre el alumno colocado en el medio del grupo de referencia», o «el resultado medio del grupo de referencia».

VALOR CENTRAL
Rango de los alumnos según el orden ascendente de resultados

Cifras absolutas	50	100	200	300	200	100	50	total: 1.000
Segmentos porcentuales	5 %	10 %	20 %	30 %	20 %	10 %	5 %	100 %
Notas (escala con base 1)	4	3 1/2	3	2 1/2	2	1 1/2	1	
Notas (escala con base 10)	4	5	6	7	8	9	10	

Fig. 7. *La definición de una escala de calificaciones, por medio de porcentajes de un grupo de referencia de alumnos, que obtienen las notas correspondientes.*

Pero esa nota no la asignamos a uno solo de los 1.000 alumnos. Debemos delimitar un grupo medio, al cual se le asigne esa nota. De nuevo procedemos de manera libre y arbitraria: asignamos la nota de 2 1/2 (ó 7) al 30 % de los alumnos que se encuentran exactamente en la mitad del grupo, 15 % por encima y 15 % por debajo del hasta ahora mencionado alumno del medio (del valor central). ¿De qué gama de resultados se trata? Podemos responder la pregunta, puesto que hemos ordenado los alumnos de acuerdo a sus resultados. Sólo necesitamos dar el mejor y el peor resultado de ese 30 % de alumnos, para conocer los logros máximo y mínimo del grupo que recibe la nota media.

Nos faltan entonces definiciones para el resto de las notas. Vemos que podemos distinguir más subgrupos en el interior del grupo de referencia total. Sus logros definen las notas por encima y por debajo de la nota media. Hay que hacer, sin embargo, una consideración: los logros extremos son menos frecuentes que los del promedio. Aunque ello no puede ser probado sin más en los resultados escolares, puede sin embargo ser una suposición plausible. Es válida con seguridad en el salto de longitud. Por eso, reservaremos muy buenas y muy malas notas para subgrupos más pequeños que los que tienen notas más cercanas al 1 1/2 (ó 7). Una sugerencia: definimos las notas 2 y 3 (ó 8 y 6) de tal manera, que sean asignadas a los logros de alumnos del segmento correspondiente, en cada caso, al 20 % del rango total. Caracterizamos los siguientes segmentos, cada uno del 10 %, con las notas 1 1/2 y 3 1/2 (respectivamente, 9 y 5). Quedan entonces dos segmentos, cada uno del 5 %, que definen las notas 1 y 4 (ó 10 y 4) (fig. 7).

Si una escala de calificaciones en lugar de siete, tiene cinco niveles, y se parte también de que la mejor y la peor nota son definidas por los resultados del 5 % mejor y peor del grupo de referencia, resultan entonces segmentos más amplios dentro del rango total, para los niveles restantes de notas. Si, en aras de la sencillez, queremos distribuir los porcentajes para las notas 1, 2, 3, 4 y 5, tenemos entonces lo siguiente: nota 1, 5 %; nota 2, 25 %; nota 3, 40 %; nota 4, 25 % y nota 5, 5 %.

Con ello ha sido construido el modelo. Queremos subrayar una vez más que no se trata de resultados empíricos, sino de una definición de la escala. Los rangos porcentuales corresponden entonces a rangos en el logro, que se pueden expresar en atletismo con medidas, en aritmética con la cantidad de tareas resueltas o de errores, en la composición de puntos asignados. En cada área conocemos entonces dos cosas: la participación porcentual del grupo correspondiente, dentro del grupo de referencia, y el máximo y mínimo de sus logros.

Pongamos un ejemplo: el grupo más sobresaliente corresponde al 5 % mejor de los alumnos, el segundo en logro al 10 % siguiente, el tercero al 20 % siguiente, etc. Además, conocemos el puntaje en los resultados del mejor y peor alumno para cada segmento. Así, el mejor alumno del grupo superior —es lo mismo que el mejor de la población total de 1.000 alumnos— ha saltado 4,15 m y el peor de dicho segmento (o sea el del puesto 951, entre 1.000), 3,75 m. Lo mismo pudo haber saltado el mejor del segmento siguiente, o sea el del puesto número 950, mientras que el peor de este segmento, en el puesto 851 entre 1.000 alumnos, ha saltado 3,42 m, etc. Cuando a tales grupos les asignamos las notas 1, 1 1/2... (10,9...), podemos en todo caso explicar qué logros se esconden bajo esas notas. Pero los logros dependen, como dijimos, de las circunstancias bajo las cuales se producen.

Cuando resumimos los resultados de áreas diferentes en una sola nota, ya no es posible decir cuál era el rendimiento de cada una de ellas. *Con todo, la referencia al grupo posibilita una afirmación comprensible para el observador externo.* Aun cuando éste no conozca el contenido y los detalles de la ejecución de los exámenes, puede comprender que quien ha obtenido la nota 1 pertenece al 5 % de los mejores; quien ha obtenido la nota media de la escala, pertenece al grupo medio, que abarca al 30 %, etc.

Así es posible caracterizar relativamente los logros, aunque no estemos capacitados para decirle al observador externo qué logros individuales corresponden a las notas. Es una suposición realista. Piénsese en la variedad de logros que puede haber tras materias como literatura, geografía o manualidades.

Pero hay que tener cuidado con otro malentendido. Hemos argumentado hasta aquí cómo podríamos asignar notas en caso de que hubiéramos tenido la oportunidad de examinar a un grupo entero de referencia. Pero ése es un caso excepcional[1]. Generalmente no es posible examinar al grupo entero de referencia. Los examinandos de un examen dado representan apenas un pequeño subconjunto del grupo completo de referencia; decimos que es una *muestra* (en inglés, *sample).*

La clase como muestra del grupo de referencia: la calificación, teniendo en cuenta ese carácter de muestra

Ahora sí podemos mostrar cómo puede proceder el maestro en la práctica, cuando quiere asignar notas a los exámenes escolares. Primero mostramos un procedimiento práctico simple. En un segundo paso es necesario añadir, una vez más, ciertas consideraciones fundamentales respecto a la relación a un grupo de referencia, cuyas características de logro conocemos sólo de manera incompleta.

Primer paso:
Asignar puntos de valor o calificaciones provisionales y elaborar un rango

En primer lugar, hay que tomar una decisión básica, ¿es posible distinguir resultados parciales en el rendimiento que hay que evaluar, o hay que evaluar el resultado de una manera global? Cuando se proponen tareas diferentes o hay posibilidad de contar los errores, se trata del primer caso. En él asignamos puntos positivos a las tareas resueltas correctamente o a otro tipo de logros parciales positivos, y/o puntos negativos a los errores o carencias. Otros logros son evaluados de manera global, como el contenido de una composición, la corrección de un salto o

---

[1] El caso sólo se da, cuando en una comunidad amplia se llevan a cabo exámenes escolares o de formación profesional de manera centralizada.

341

de una zambullida o la calidad de un trabajo autónomo en ciencias. En tales casos asignamos al logro una nota provisional. La manejamos tal como lo hacemos con cualquier puntuación.

En el ejemplo siguiente partimos de que en una clase asignamos un valor teórico máximo de 20 puntos en un examen. En la práctica, el mejor alumno ha obtenido 18 puntos, el peor 5. En las hojas de examen hemos puesto el número de puntos arriba al pie del nombre y organizado dichas hojas en orden ascendente, según la puntuación. Para visualizarlo, expresamos gráficamente el resultado, haciendo aparecer horizontalmente (eje de las X) el rango ordenado de todos los 20 alumnos, desde el peor (extremo izquierdo) hasta el mejor (extremo derecho), o sea el rango total de los 20 examinados. En el eje vertical consignamos los puntos obtenidos (fig. 8).

Nota (escala con base 10)	4	5	6	7	8	9	10
Nota (escala con base 1)	4	3½	3	2½	2	1½	1
Segmento porcentual	5	10	20	30	20	10	5

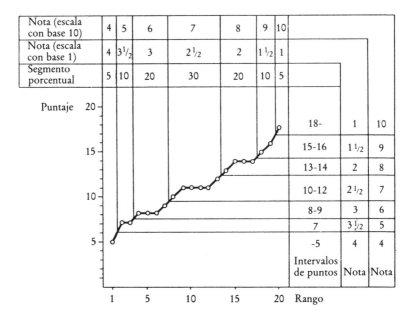

Intervalos de puntos	Nota	Nota
18-	1	10
15-16	1½	9
13-14	2	8
10-12	2½	7
8-9	3	6
7	3½	5
-5	4	4

Fig. 8. *Gráfico que muestra el rango y los puntajes de los examinandos. El promedio y los valores extremos corresponden a los valores del grupo de referencia, conocidos por el maestro con base en su experiencia o en los tests de rendimiento disponibles. Aquí se halla representado un caso excepcional, según el cual las notas son asignadas exactamente de acuerdo a los segmentos porcentuales definidos en el grupo de referencia.*

Segundo paso:
Asignar notas a los segmentos del rango

Contemplemos en primer lugar el grupo del medio. ¿Corresponden sus resultados a lo que podría considerarse como «promedio», de acuerdo a nuestra experiencia y según expectativas razonables? ¿O se trata de una clase mala, cuyo promedio está por debajo del grupo de referencia? ¿O, aunque se trata de una clase con resultados normales, se ha comportado en este examen peor de lo que suele hacerlo? ¿O las tareas del examen han sido muy difíciles o muy fáciles? La nota de los 6 alumnos del grupo del medio será asignada de acuerdo a estas consideraciones [en nuestro caso asignamos 2 1/2 (ó 7); el rendimiento de la clase corresponde al promedio].

Miramos entonces los resultados extremos. ¿Corresponde el mejor resultado al rango normal del comportamiento del 5 % mejor, para ese tipo de escuelas y para esa edad? ¿O, aunque el mejor alumno es bueno, no se encuentra, sin embargo, entre los sobresalientes? Asumimos en nuestro ejemplo que se trata de lo primero, y adjudicamos al mejor de los 20 alumnos (al 5 %) la nota 1 (ó 10).

Contemplamos ahora al alumno de peores resultados. ¿Pertenece al grupo del 5 %, cuyo rendimiento caracterizaríamos en el grupo de referencia como «insuficiente»? ¿O son aceptables sus resultados? ¿Dónde está el límite? ¿Son 5 puntos en realidad muy poco, podemos decir que los 7 puntos del que sigue también son inaceptables? ¿Le daremos, por tanto, al peor la nota de 4 (en ambas escalas), y al siguiente la de 3 1/2 (ó 5). En ello no se considerarán naturalmente los puntos, sino el logro concreto, y se harán igualmente todas las consideraciones en torno al valor diagnóstico y pronóstico del examen, como lo hemos expuesto en el capítulo anterior.

Finalmente, se considerará de manera similar el resto de los alumnos. Hay que tener cuidado especialmente de no diferenciar de manera muy mecánica los segmentos porcentuales, de tal manera que se asignen notas diferentes a alumnos con los mismos puntajes. Es mejor establecer las fronteras entre nota y nota allí donde los saltos entre niveles de puntos, o sea de rendimiento, son mayores.

En nuestro ejemplo partimos del caso excepcional, de que tanto los resultados extremos, como los medios y los que están entre éstos, corresponden a los rangos de rendimiento del grupo de referencia. Por tanto, asignamos las notas exactamente de acuerdo a los rangos porcentuales del grupo hipotético de referencia. Un alumno (= 5 % de los 20 alumnos) obtiene la nota 4, dos (= 10 %) la nota 3 1/2, cuatro (= 20 %) la nota 3, seis (= 30 %) la nota 2 1/2, cuatro (= 20 %) la nota 2, dos (= 10 %) la nota 1 1/2 y uno (= 5 %) la nota 1[2].

---

[2] Si hubiéramos tenido que aplicar una escala de seis niveles, en la cual, según el modelo, hubiéramos debido establecer dos grupos, a izquierda y derecha del valor central, cada uno del 30 %, hubiéramos encontrado dificultades para este caso; hubiéramos tenido que asignar notas diferentes a los cuatro alumnos del medio, cuando cada uno tenía 11 puntos. Aquí se ven los inconvenientes de las escalas pares de notas, o sea sin una nota media; con frecuencia obtiene un buen número de alumnos, que se encuentran precisamente en el centro del rango, la misma cantidad de puntos. Este es el caso de las escalas con base 5 ó 10, empleadas en algunos países de habla hispana, que sólo cuentan con 6 niveles de notas: 10, 9, 8, 7, 6, 5; ó 5, 4 1/2, 4, 3 1/2, 3, 2 1/2.

Con una escala de 5 niveles la cosa hubiera sido fácil. El segmento medio del 40 % hubiera comprendido a 8 alumnos, es decir a los que tenían entre 9 y 13 puntos.

Correcciones en los trabajos de una clase,
cuyo valor medio se desvía del grupo de referencia
(fig. 9)

A continuación partimos del presupuesto de que una distribución de los logros, tal como la hemos visto en la figura 8, corresponde exactamente a la del grupo de referencia (estadísticamente hablando, conforman una muestra representativa, o sea que representan un modelo reducido, pero fiel, del grupo de referencia). Los logros correspondientes han sido representados en la figura 9, una vez más, por medio de círculos pequeños.

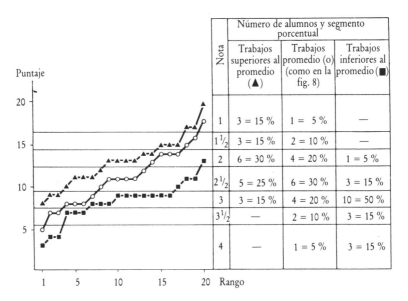

Puntaje	Nota	Número de alumnos y segmento porcentual		
		Trabajos superiores al promedio (▲)	Trabajos promedio (o) (como en la fig. 8)	Trabajos inferiores al promedio (■)
	1	3 = 15 %	1 = 5 %	—
	1½	3 = 15 %	2 = 10 %	—
	2	6 = 30 %	4 = 20 %	1 = 5 %
	2½	5 = 25 %	6 = 30 %	3 = 15 %
	3	3 = 15 %	4 = 20 %	10 = 50 %
	3½	—	2 = 10 %	3 = 15 %
	4	—	1 = 5 %	3 = 15 %

Fig. 9. *Tres grupos diferentes de trabajos escolares con sus puntajes y rangos. A la derecha las notas asignadas y su frecuencia en las tres clases.*

Contemplemos ahora los resultados de dos clases, cuyo valor central y distribución de logros se desvían del grupo de referencia. La curva superior, identificada con pequeños triángulos, representa los trabajos de una clase superior al promedio. Pueden proceder de una clase que se ha preparado especialmente, o de una clase con capacidad de rendimiento superior al promedio, que se ha preparado normalmente. La curva inferior representa los resultados de una clase, inferiores al promedio. ¿Cómo asigna el maestro en estos casos las notas? Hace consideraciones similares a las del primer ejemplo, llegando sin embargo a conclusiones diferentes.

Contemplemos el trabajo de la clase superior al promedio. Primero el grupo del medio: hay cuatro alumnos que lograron 13 puntos y dos que lograron 14. Después de que el maestro ha considerado una vez más dichos resultados en sus características

344

cualitativas, llega a la conclusión de que son mejores de lo que normalmente hubiera esperado, teniendo en cuenta también el conjunto de las clases a las que ha enseñado. Decide entonces dar a este grupo medio, no la nota media de 2 1/2 (ni, en una escala de base diez, 7), sino más bien 2 (ó 8). La consideración de los mejores resultados también lo confirma: el mejor tiene 20, dos han obtenido 17 puntos. Los tres obtienen la nota 1(ó 10). Los tres intermedios obtienen la nota 1 1/2 (ó 9). Entonces considera el maestro la mitad inferior. El resultado peor corresponde a 8 puntos. Le parece suficiente. Incluso le parece mejor de lo que normalmente se espera del mínimo resultado satisfactorio. Le asigna a este trabajo, juntamente con los dos que le siguen en orden ascendente, la nota 3 (6). Queda así sólo un grupo intermedio de cinco alumnos, que han rendido lo que rinde normalmente el grupo medio; les adjudica la nota 2 1/2 (7).

Las consideraciones pertinentes al trabajo de la clase inferior al promedio son análogas. Lo que rinde en este caso el grupo medio (posiciones 7 a 16 del rango), es inferior al promedio. Todos ellos obtienen la nota 3. Sólo tres alumnos obtienen un 2 1/2, y uno un 2. Tres notas corresponden al nivel suficiente inferior (3 1/2), tres alumnos, el 15 %, obtienen en este trabajo una nota insuficiente de 4.

Se puede ver que, aunque hemos diseñado un modelo para la definición de las calificaciones, no lo aplicamos a ciegas. Este más bien nos sirve como medida, junto con nuestras observaciones acerca de las calidades concretas del trabajo, para asignar calificaciones. Puesto que nos desviamos de los rangos porcentuales del modelo al tener en cuenta la calidad del trabajo, podría alguien preguntarse qué sentido tiene todo el aparato estadístico. Respondemos que sólo así se asegura que los maestros en el conjunto de sus notas (o el conjunto de las notas en un sistema escolar) se acerquen a unos rangos porcentuales definidos y den a sus notas su significado objetivo y comparable. Eso no es del todo obvio. Hemos visto el ejemplo de un examen de admisión en una escuela secundaria. El número de examinados era mayor de 200; era, por tanto, de suponer que la calidad promedio de los logros variara poco de año en año, y que los casos extremos también tuvieran una frecuencia aproximadamente igual. A pesar de eso, variaron considerablemente los promedios de un año al otro, con la consiguiente falta de justicia en el acceso a la secundaria. Ello no hubiera sucedido, si se hubiera procedido tal como lo proponemos aquí.

Además, se sabe que en toda escuela hay profesores cuyo promedio de notas está crónicamente por encima o por debajo de los valores correspondientes de sus colegas. En esos casos, algo debe andar mal en su definición de las notas, con sus expectativas o en su percepción del logro de los alumnos. Conocemos igualmente escuelas (y aun centros de educación superior) enteras, en las cuales ha tenido lugar una inflación de notas tal, que prácticamente las únicas calificaciones asignadas son las dos más altas de la escala. Todo eso deja de ser posible cuando el examinador tiene en cuenta un modelo claro, que defina la frecuencia de cada nota con relación al grupo de referencia.

¿Qué grupo de referencia?

Hay profesores que dan cada vez mejores notas a los alumnos, durante el transcurso del año, o de los años escolares en que enseñan. Las notas medias cada vez más elevadas deben mostrar, aparentemente, que los alumnos aprenden algo, que progresan. Estos profesores amplían inconscientemente el grupo de referencia de sus juicios, desde el grupo de coetáneos hasta un grupo que incluye varios años. Los más jóvenes aparecen como los peores, los de más edad como los mejores. Eso es inaceptable. El grupo de iguales debe ser el único grupo de referencia. Hay «excelentes» alumnos de primer grado, así como hay «excelentes» bachilleres y doctorandos. La nota no debe expresar el rendimiento absoluto, sino una capacidad de rendimiento relativa, referida a la edad, y con ello a las posibilidades del que aprende. Otra cosa se plantea cuando, en ciertos lugares o naciones, los alumnos de una misma edad se encuentran matriculados en diferentes tipos de escuelas (bachillerato clásico y técnico, por ejemplo). En este caso los grupos de referencia deben ser definidos separadamente, según el tipo de centro y, por tanto, según las oportunidades de aprendizaje. No se trata de que aquellos tipos de escuelas, donde van los alumnos menos dotados, no den buenas notas o den las mejores con menos frecuencia que los institutos de bachillerato. Hay que tener una conciencia clara de que una nota dada, por ejemplo un 2, tiene un significado distinto en un bachillerato clásico y en una escuela de artes y oficios.

Resumen del procedimiento práctico en la asignación de notas

A continuación resumimos el procedimiento práctico de la asignación de notas:

1. Ponerse de acuerdo el claustro de profesores sobre el grupo de referencia, frente al cual deben ser definidas las notas (el grupo de referencia es el año escolar; pero, ¿de qué área?, ¿qué tipos de escuelas incluye?).
2. Ponerse de acuerdo sobre los segmentos porcentuales, a los cuales se les asignará cada una de las notas de la escala en el grupo de referencia. (El número de notas en la escala debe ser impar. Se reservará una sola nota para los logros inaceptables). El resultado de tales deliberaciones se consigna en una tabla parecida a la de la figura 7.
3. Después de realizados los trabajos, asignar un puntaje o una nota provisional a cada uno, y consignarlo al lado del nombre del examinando.
4. Ordenar los trabajos de manera ascendente, según el puntaje o la nota provisional.
5. Considerar el grupo central (el que está a ambos lados del rango medio), de alrededor del 30 %.
6. Preguntarse si los resultados de este grupo medio coinciden aproximadamen-

te, o son mejores o peores, con los que habría obtenido el grupo correspondiente de referencia.

7. Preguntarse si el grupo medio en el *trabajo presente* ha trabajado para el examen como lo hace generalmente por término medio.
8. Asignar una nota al grupo medio; si antes se habían asignado calificaciones provisionales, hacer los ajustes necesarios.
9. Considerar los mejores trabajos (uno a tres, del 5 al 10 % de los examinandos).
10. Hacer las consideraciones correspondientes a los números 6 y 7.
11. Asignar la nota (definitiva) a los mejores trabajos.
12. Asignar la nota al grupo intermedio entre el medio (del punto 5) y el mejor (del punto 9).
13. Proceder de manera correspondiente con los trabajos por debajo del medio.
14. Controlar la frecuencia de asignación de cada una de las notas. Realizar eventualmente un gráfico como el de la figura 8.

¿Y las calificaciones cualitativas?

En muchos sistemas escolares existen, al lado de las notas, comentarios cualitativos. Así 1 (ó 10) generalmente quiere decir «excelente» o «muy bien», 2 (8) «bien», 3 (6) «suficiente», etc. Es correcto emplearlos, pero no hay que hacerse ilusiones sobre su capacidad explicativa. ¿En qué sentido es bueno un «excelente» o un «bien»? De nada aprovecha buscar explicaciones verbales adicionales. Sólo tienen un sentido, cuando se relaciona directa o indirectamente a las frecuencias en el grupo de referencia, tal como se explicó en la figura 7. Los predicados restantes, tales como «sin errores sustanciales», «notables», etc., no dicen prácticamente nada. Siempre puede hacerse la misma pregunta: ¿qué es un «error sustancial»? ¿Qué significa «digno de mención»? Lo único que queda es clarificar la relación con el grupo de referencia y la frecuencia de un resultado.

Otra cosa sucede, naturalmente, cuando el maestro se empeña en comentar con palabras el trabajo de los alumnos, y cuando complementa las notas del certificado con ciertos comentarios verbales. Lo primero tiene que hacerlo de todas maneras. Lo hemos mencionado en el capítulo sobre los exámenes. Hay que decirle al alumno, con toda la precisión posible, qué está bien en su trabajo y qué puede mejorarse. Pero, por otro lado, si en los registros de notas comenzamos a consignar algo más que los logros del alumno, y realizamos anotaciones verbales sobre rasgos más complejos y profundos de su personalidad, debemos ser conscientes de que eso tiene sus ventajas y sus inconvenientes. Con los alumnos pequeños pueden ser oportunas algunas frases motivadoras, así como algunas notas críticas, formuladas con cuidado. Con los alumnos mayores es más problemático. No es deseable, especialmente en los certificados que debe presentar en solicitudes de trabajo y otras oportunidades, que éstos contengan anotaciones definitivas sobre las dificultades de su personalidad, que pueden ser de naturaleza pasajera. Lo fundamental es que estas cosas sean objeto de entrevistas confidenciales entre el maestro y los padres, o entre el profesor-tutor y los alumnos mayores. Ocasionalmente pueden consignarse en una comunicación escrita, que se anexa al certificado de estudios. Pero los certificados de los alumnos mayores, en sí mismos, deben limitarse fundamentalmente a la consignación de los logros escolares. Con eso dicen lo que pretenden, lo cual —como puede concluirse al considerar su futuro— no es mucho. Resultados son resultados. Pero la vida no la manejamos sólo a partir de nuestros logros, ni mucho menos sólo a partir del rendimiento académico. Eso podría inquietarnos, pero a la vez sirve de consuelo para los alumnos, y para nosotros los maestros.

BIBLIOGRAFIA

ADLER, A. (1912): *Uber den nervösen Charakter*. Bergmann, Munich. (Trad. esp.: *El carácter neurótico*. Paidós, Buenos Aires, 1978.)

AEBLI, H. (1951): *Didactique psychologique. Application à la didactique de la psychologie de Jean Piaget*. Delachaux et Niestlé, Neuchâtel. (Trad. esp.: *Una didáctica fundada en la psicología de Jean Piaget*. Kapelusz, Buenos Aires, 1958.)

— (1958): «Die drei Quellen der Autorität des Erziehers», en *Schweiz. Lehrerzeitung*, núm. 8.

— (1969): «Die geistige Entwicklung als Funktion von Anlage, Reifung, Umwelt- und Erziehungsbedingungen», en ROTH, H.: *Begabung und Lernen*. Klett, Stuttgart.

— (1976^9): *Grundformen des Lehrens*. Klett, Stuttgart.

— (1980-81): *Denken: Das Ordnen des Tuns*. Klett-Cotta, Stuttgart. (Trad. esp.: *Doce formas básicas de enseñar*. Narcea, Madrid, 1988.)

— (1984): «What is intentionality and who has intentions in a structuralist model of knowledge, action and thought», en *Dialectica*, núm. 38, págs. 231-243.

— (1985): «Bildungsaufgaben vor einer veränderten Arbeitswelt», en *Wirtschaft und Recht*, núm. 37, págs. 287-299; en *Magazin Primarschule*, núm. 3, 1/9-16.

— (1986): «Anlage und Umwelt, Reifung und Lernen: Woran soll sich der Erzieher halten?», en SVILAR, M.: *Erbanlage und Umwelt*. Peter Lang, Berna.

— (1987a): «Mathematik und Sprache», en *Schweizerisches Forum für Mathematikunterricht*. Sekretariat der Erziehungsdirektorenkonferenz, Berna, núm. 10.

— (1987b): «Mental Development: Construction in a Cultural Context», en INHELDER, B.; DE CAPRONA y CORNU-WELLS, A.: *Piaget Today*. Tradespools Ltd, Frome, Somerset, págs. 217-232.

AEBLI, H.; MONTADA, L. y SCHNEIDER, U. (1968): *Uber den Egozentrismus des Kindes*. Klett, Stuttgart.

AEBLI, H.; RUTHEMANN, U. y STAUB, F. (1986): «Sind Regeln des Problemlösens lehrbar?», en *Zeitschrift für Pädagogik*, núm. 32, págs. 617-638.

AEBLI, H. y RUTHEMANN, U. (1987): «Angewandte Metakognition: Schüler vom Nutzen der Problemlösestrategien überzeugen», en *Zeitschrift für Entwicklungspsychologie und Pädagogische Psychologie*, núm. 31, págs. 14-19.

AESCHBACHER, U. (1986): *Unterrichtsziel: Verstehen. Uber die psychischen Prozesse beim Denkenlernen und Verstehen*. Klett, Stuttgart.

AESCHLIMANN, B. (1983): *Tempo 60 - das Sanduhr-Rechentraining (mit Lehrerheft)*. Profax-Verlag, Küsnacht.

ALBERTI, R. E. (1977): *Assertiveness*. Impact, San Luis Obispo.

ALBERTI, R. E. y EMMONS, M. L. (1974): *Your perfect right: A guide to assertive behavior*. Impact, San Luis Obispo.

ALLAL, L. (1980): «Estrategias de evaluación formativa: concepciones psicológicas y modalidades de aplicación», en *Infancia y Aprendizaje*, núm. 11, págs. 4-22.

ALLAL, L.; CARDINET, J. y PERRENOUD, Ph. (1981): *L'évaluation formative dans un enseignement différencié*. Lang, Berna.

ALLPORT, G. W. (1939): *Persönlichkeit*. Klett, Stuttgart. (Trad. esp.: *La personalidad. Su configuración y desarrollo*. Herder, Barcelona, 1977.)

ANASTASI, A. (1971³): *Psychological testing.* Macmillan, Londres. (Trad. esp.: *Tests psicológicos.* Aguilar, Madrid, 1977.)

ATKINSON, J. W. y BIRCH, D. (1972): *An introduction to motivation.* Van Nostrand, Nueva York.

ASTKINSON, J. W. y RAYNOR, J. O. (1974): *Motivation and Achievement.* Winston, Washington, D. C.

AGUSTÍN DE HIPONA (400): *La ciudad de Dios.*

BALLAUFF, Th. (1975): «Weshalb Schule?», en *Vierteljahresschrift für wissenschaftliche Pädagogik,* núm. 51, págs. 372-391.

BANDURA, A. (1969): *Principles of behavior modification.* Holt, Reinhart and Winston, Nueva York. (Trad. esp.: *Principios de modificación de conducta.* Sígueme, Salamanca, 1983.)

— (1973-1979): *Agression: A social learning analysis.* Prentice Hall, Englewood Cliffs, N.J. (Trad. esp.: «Análisis del aprendizaje social de la agresión», en BANDURA, A. y RIBES, E.: *Modificación de conducta: Análisis de la agresión y la delincuencia.* Trillas, México, 1980, págs. 307-347.)

— (1977): *Social learning theory.* Prentice Hall, Englewood Cliffs, N.J. (Trad. esp.: *Teoría del aprendizaje social.* Espasa-Calpe, Madrid, 1984.)

BANDURA, A. y JEFFREY, R. W. (1973): «The role of symbolic coding and rehearsal processes in observational learning», en *Journal of Personality and social Psychology,* núm. 26, págs. 122-130.

BECK, A. T. (1976): *Cognitive therapy and the emotional disorders.* International Universities Press, Nueva York. (Trad. esp.: *Terapia cognitiva de la depresión.* Desclée de Brouwer, Bilbao.)

BECK, E.; BORNER, A. y AEBLI, H. (1986): «Die Funktion der kognitiven Selbsterfahrung des Lehrers für das Verstehen von Problemlöseprozessen bei Schülern», en *Unterrichtswissenschaft,* núm. 3, págs. 303-317.

BECK, H.; IPFLING, H. J. y KUPSER, P.: *Das Betriebspraktikum für Schüler und Lehrer.* Klinkhardt, Bad Heilbrunn.

BERNHEIM, R. (1986): «Die Industriefeindlichkeit der britischen Elite. Neigung zu einem aristokratischen Lebensstil», en *Neue Zürcher Zeitung,* núm. 159, pág. 5.

BINET, A. (1922): *L'étude expérimentale de l'intelligence.* Alfred Coster, París.

BLANKERTZ, H. (1973³): *Curriculumforschung - Strategien, Strukturierung, Konstruktion.* Neue deutsche Schule, Essen.

— (1981): «Didáctica», en SPECK, J. y WEHLW, G.: *Conceptos fundamentales de pedagogía.* Herder, Barcelona.

BLOOM, B. S.; ENGELHART, M. D.; FURST, E. J.; HILL, W. H. y KRATHWOHL, D. R. (1956): *Taxonomy of educational objectives.* David McKay, Nueva York. (Trad. esp.: *Taxonomía de los objetivos de la educación. T. I. Ambito del conocimiento.* Marfil, Alcoy, 1972.)

BLOOM, B. S.; HASTINGS, J. Th. y MADAUS, G. F. (1971): *Handbook of formative and summative evaluation of student learning.* McGraw-Hill, Nueva York. (Trad. esp.: *Evaluación del aprendizaje.* Troquel, Buenos Aires, 1976.)

BOBBITT, F. (1918): *The curriculum,* Mifflin, Boston.

BONSCH, M. (1978): *Ideen zu einer emanzipatorischen Didaktik.* Ehrenwirth, Munich.

BOWER, G. H. e HILGARD, E. R. (1981-1983): *Theorien des Lernens.* Klett-Cotta, Stuttgart.

BRUNER, J. S. (1960): *The process of education.* Harvard University Press, Cambridge, Mass. (Trad. esp.: *El proceso de la educación.* Uteha, México, 1972.)

— (1956): *Astudy of thinking.* John Wiley, Nueva York. (Trad. esp.: *El proceso mental en el aprendizaje.* Narcea, Madrid, 1978).

BRUNER, J. S.; OLIVER, R. R. y GREENFIELD, P. M. (1966): *Studies in cognitive growth.* Wiley, Nueva York. (Trad. esp.: *Investigaciones sobre el desarrollo cognitivo.* Aprendizaje, Madrid, 1981.)

CARDINET, J. (1984): *Pour apprécier le travail des élèves.* Institut romand de recherches et de documentation pédagogiques, Neuchâtel.

— (1988): «La objetividad de la evaluación», en VARIOS: *Temas actuales sobre Psicopedagogía y Didáctica.* II Congreso Mundial Vasco, Narcea, Madrid, págs. 92-102.

CERVANTES, M. (1605-1615): *Historia del ingenioso hidalgo D. Quijote de la Mancha.*

CHOMSKY, N. (1969): *Aspekte der Syntax-Theorie .* Suhrkamp, Frankfurt. (Trad. esp.: *Aspectos de la teoría de la sintaxis.* Aguilar, Madrid, 1976.)

CLAPARÈDE, E. (1931): *L'éducation fonctionelle*. Delachaux et Niestlé, Neuchâtel. (Trad. esp.: *La educación funcional*. Espasa Calpe, Madrid, 1932.)

COHN, R. (1975): *Von der Psychoanalyse zur themenzentrierten Interaktion*. Klett, Stuttgart.

COOLEY, M. L. y HOLLANDSWORTH, J. G. (1977): «A strategy for teaching verbal content of assertive responses», en ALBERTI, R. E.:*Assertiveness*. Impact Publishers, Inc., San Luis, California, págs. 75-81.

CORMIER, W. H. y CORMIER, L. S. (1985²): *Interviewing strategies for helpers*. Brooks/Cole, Monterrey, Calif.

CRONBACH, L. J. (1970³): *Essentials of psychological testing*. Harper, Nueva York. (Trad. esp.: *Fundamentos de la exploración psicológica*. Biblioteca Nueva, Madrid, 1972.).

DE CHARMS, R. (1968): *Personal causation*. Academic Press, Nueva York.

— (1973): «Ein schulisches Trainingsprogramm zum Erleben eigener Verursachung», en EDELSTEIN, W. y HOPF, D.: *Bedingungen des Bildungsprozesses*. Klett, Stuttgart.

DERBOLAV, J. (1975): «Probleme der Lehrplanerneuerung», en DERBOLAV, J.: *Pädagogik und Politik*. Kohlhammer, Stuttgart.

DEWEY, J. (1916): *Democracy and education*. Macmillan, Nueva York. (Trad. esp.: *Democracia y educación*. Losada, Buenos Aires, 1982.)

DÖRNER, D.; KREUZIG, H. W.; REITHER, F. y STÄUDEL, Th.: *Lohhausen. Vom Umgang mit Unbestimmtheit und Komplexität*. Huber, Berna.

DUBS, R. (1978): *Aspekte des Lehrerverhaltens*. Sauerländer, Aarau.

— (1982): *Der Führungsstil des Lehrers im Unterricht*. Institut für Wirtschaftspädagogik, St. Gallen.

— (1986): «Curriculum-Entwicklung: Versuch einer Standortbestimmung», en *Bildungsforschung und Bildungspraxis*, núm. 8, págs. 25-42.

DUBS, R.; DELHEES, K. y METZEGER, Ch. (1974): *Leistungsmessung und Schülerbeurteilung*. Sauerländer, Aarau.

DWECK, C. S. (1986):«Motivational processes affecting learning», en *American Psychologist*, núm. 41, págs. 1.040-1.048.

EDELSTEIN, W. y KELLER, M. (1982): *Perspektivität und Interpretation*. Suhrkamp, Frankfurt.

EIGLER, G. (1983): «Lernen Lehren - erziehungswissenschaftlich betrachet», en *Unterrichtswissenschaft*, núm. 11, págs. 335-349.

EIGLER, G. y KRUMM, V. (1972): *Zur Problematik der Hausaufgaben*. Beltz, Winheim.

EIGLER, G. y STRAKA, G. A. (1978): *Mastery learning - Lernerfolg für jeden?* Urban und Schwarzenberg, Munich.

ELASHOFF, J. D. y SNOW, R. E. (1971): *Pygmalion reconsidered*. Wadsworth, Belmont, Calif.

ELLINGTON, H.; ADDINALL, E. y PERCIVAL, F. (1982): *A Handbook of game design*. Kogan Page, Londres.

FEIKS, D. (1981): «Unterrichtshygienische Gesichtspunkte zum Hausaufgagenproblem», en FEIKS, D. y ROTHERMEL, G.: *Hausaufgaben - Pädagogische Grundlagen und praktische Beispiele*. Klett, Stuttgart.

FEIKS, D. y ROTHERMEL, G. (1981): *Hausaufgaben - Pädagogische Grundlagen und praktische Beispiele*. Klett, Stuttgart.

FEND, H. y HELMKE, A. (1981): «Die Konstanzer Untersuchungen über Verbreitung und Bedingungen psychischer Risikofaktoren», en ZIMMER, D.: *Gesundheit und Persönlichkeitsentwicklung von Kindern und Jugendlichen, Band 1*. Campus, Francfort.

FESHBACH, N. D. (1979): «Empathy training: A field study in affective education», en FESBACH, S. y FRACZEKA: *Agression and behavior change: Biological and social Processes*. Praeger, Nueva York.

FILIPP, S. H. (1979): *Selbstkonzept-Forschung*. Klett-Cotta, Stuttgart.

FLAVELL, J. H. (1975): *Rollenübernahme und Kommunikation bei Kindern*. Beltz, Winheim.

— (1982): *Desarrollo cognitivo*. Aprendizaje, Madrid.

FRANKIEWICZ, H. (1977): «El papel del trabajo en el proceso formativo y educativo», en *U.U.L.L.*, núm. 3, septiembre, págs. 43-50.

FRANKIEWICZ, H.; ROTHE, B. y VIETS, U. (1986): *Handbuch produktiver Arbeit der Schüler*. Volk und Wissen, Berlín (Ost).

FREINET, C. (1979²): *Die moderne französische Schule*. Schöningh, Paderborn. (Trad. esp.: *Modernizar la escuela*. Laia, Barcelona, 1972.)

FREINET, E. (1981): *Erziehung ohne Zwang. Der Weg Célestin Freinets*. Klett-Cotta, Stuttgart.

FÜGLISTER, P. (1978): *Lehrzielberatung*. Kösel, Munich.

GAGE, N. L. y BERLINER, D. C. (1986): *Pädagogische Psychologie*. Beltz, Weinheim.

GAGEL, W. (1986): *Unterrichtsplanung: Politik und Socialkunde*. Leske, Opladen.

GEIPEL, R. (1975): «Qualifikationsermittlung in der Geographie», en FREY, K.: *Curriculum-Handbuch*. Piper, Band II, Munich.

GEISSLER, E. y PLOCK, H. (1970): *Hausaufgaben - Hausarbeiten*. Klinkhardt, Bad-Heilbrunn.

GIEL, K.; HILLER, G. y KRÄMER, H. (1974-1975): *Stücke zu einem mehrperspektivischen Unterricht*. Klett, Stuttgart.

GLARNER, H. (1971): *Unser Kind lernt mit dem Profax*. Profax Verlag, Zurich.

GORDON, Th. (1981): *Lehrer-Schüler-Konferenz*. Rawohlt, Reinbek.

GERZESIK, J. (1979): *Unterrichtsplanung*. Quelle and Meyer, Heidelberg.

GUILFORD, J. P. (1959): «The three faces of intellect», en *American Psychologist*, núm. 14, págs. 469-479.

— (1977): *La naturaleza de la inteligencia humana*. Paidós, Buenos Aires.

GUYER, W. (1949): *Grundlagen einer Erziehungs- und Bildungslehre*. Huber, Fraunenfeld.

HABERMAS, J. (1975): *Erkenntnis und Interesse*. Suhrkamp, Francfort. (Trad. esp.: *Conocimiento e interés*. Taurus, Madrid.)

HAMEYER, U.; FREY, K. y HAFT, H. (1983): *Handbuch der Curriculumforschung*. Beltz, Winheim.

HARTER, S. (1983): «Developmental perspectives on the self-system», en MUSSEN, P. H.: *Handbook of child psychology, vol. IV*. Wiley, Nueva York, págs. 275-386.

HECKHAUSEN, H. (1964): *Hoffnung und Furcht in der Leistungsmotivation*. Hain, Meisenheim.

— (1974): *Leistungsmotivation und Chancengleichheit*. Hogrefe, Göttingen.

— (1976): «Lehrer-Schüler-Interaktion», en WEINERT, F. E.; GRAUMANN, C. F.; HECKHAUSEN, H. y HOFER, M.: *Pädagogische Psychologie, Teil IV*. Beltz, Weinheim.

— (1980): *Fähigkeit und Motivation in erwartungswidriger Schulleistung*. Hogrefe, Göttingen.

— (1980): *Motivation und Handeln*. Springer, Berlín.

— (1982): «Motivo y motivación», en HERRMANN, Th. y otros: *Conceptos fundamentales de psicología*. Herder, Barcelona, págs. 366-384.

— (1983): «The development of achievement motivation», en HARTUP, W. W.: *Review of child development research*. University of Chicago Press, Chicago, págs. 600-668.

— (1986): «Intentionsgeleitetes Handeln und seine Fehler», en HECKHAUSEN, H.; GOLLWITZER, P. M. y WEINERT, F. E.: *Jenseits des Rubikon: Der Wille in den Humanwissenschaften*. Springer, Berlín.

HECKHAUSEN, H.; BECKMANN, J.; GOLLWITZER, P. M.; HALISCH, F.; LÜTKENHAUS y SCHÜTT, M. (1986): *Wiederaufbereitung des Wollens*. Max Planck Institut für Psychologische Forschung.

HELMKE, A. (1983a): *Schilische Leistungsangst - Erscheinungsformen und Entstehungsbedingungen*. Lang, Francfort.

— (1983b): «Prüfungsangst. Ein Uberlick über neuere theoretische Entwicklungen und empirische Ergebnisse», en *Psychologische Rundschau*, núm. 4, págs. 193-211.

HÖRMANN, H. (1976): *Meinen und Verstehen*. Suhrkamp, Francfort. (Trad. esp.: *Querer decir y entender*. Gredos, Madrid, 1982).

HUIZINGA, J. (1977¹¹): *Herbst des Mittelalters*. Kröner, Stuttgart. (Trad. esp.: *El otoño de la edad media*. Alianza Editorial, Madrid, 1981.)

HUME, D. (1739-1740): «A treatise on human nature». (Trad. esp.: *Tratado de la naturaleza humana. Acerca de la moral*. Paidós, Buenos Aires, Biblioteca del Hombre Contemporáneo, núm. 32).

INGENKAMP, K. (1969): «Möglichkeiten und Grenzen des Lehrerurteils», en ROTH, H.: *Begabund und Lernen*. Klett, Stuttgart.

— (1977⁷): *Die Fragwürdigkeit der Zensurengebung*. Beltz, Weinheim.

JONES, K. (1980): *Simulations. A handbook for teachers*. Kogan Page, Londres.

KANT, I. (1781): *Kritik der reinen Vernunft*. (Trad. esp.: *Crítica de la razón pura*. Alfaguara, Madrid, 1981.)

— (1785): *Grundlegung zur Metaphysik der Sitten*. (Trad. esp.: *La metafísica de las costumbres*. Tecnos, Madrid, 1987.)

KELLER, M. (1976): *Kognitive Entwicklung und soziale Kompetenz*. Klett, Stuttgart.

KERSCHENSTEINER, G. (1928a): *Begriff der Arbeitsschule*. Oldenbourg, Munich, 1953[10]. (Trad. esp.: *Concepto de la escuela del trabajo*. La lectura, Madrid, 1928.)

— (1928b): *Wesen und Wert des naturwissenschaftlichen Unterrichts*. Oldenbourg, Munich, 1952[4]. (Trad. esp.: *Teoría de la estructura de la educación*. Labor, Barcelona, 1940.)

KLAFKI, W. (1958): «Didaktische Analyse als Kern der Unterrichtsvorbereitung», en *Deutsche Schulle*, num. 10, págs. 450-471.

— (1959): *Das pädagogische Problem des Elementaren und die Theorie der kategorialen Bildung*. Beltz, Weinheim.

— (1963): *Studien zur Bildungstheorie und Didaktik*. Beltz, Weinheim.

— (1969[10]): *Didaktische Analyse*. Schroedel, Hannover.

KLAFKI, W.; SCHEFFER, U. (1981): *Schulnahe Curriculumsentwicklung und Handlungsforschung*. Beltz, Weinheim.

KLAUER, K. J. (1974): *Methodiken der Lehrzieldefinition und Lehrstoffanalyse*. Schwann, Düsseldorf.

KLAUER, K. J.; FRICKE, R.; HERBIG, M.; RUPPRECHT, H. y SCHOTT, F. (1972):*Lehrzielorientierte Tests*. Schwann, Düsseldorf.

— (1977): *Lehrzielorientierte Leistungsmessung*. Schwann, Düsseldorf.

KLAUER, K. J. y LÜHMANN, R. (1983): «Sequentieller Aufbau eines Curriculums», en HAMEYER, U.; FREY, K. y HAFT, H.: *Handbuch der Curriculumforschung*. Beltz, Weinheim, págs. 457-462.

KOHLBERG, L. (1974): *Zur kognitiven Entwicklung des Kindes*. Suhrkamp, Francfort.

— (1987): «El enfoque cognitivo-evolutivo de la educación moral», en JORDAN, J. A. y SANTOLARIA, F. F.: *La educación moral hoy. Cuestiones y perspectivas*. PPU, Barcelona, págs. 85-114.

KÖHLER, W. (1921): *Intelligenzprüfungen and Menschenaffen*. Springer, Heidelberg, 1963[2]. (Trad. esp.: *La inteligencia de los chimpancés*. Debate, Madrid, 1989.)

KUHL, J. (1983): «Leistungsmotivation: Neue Entwicklungen aus modelltheoretischer Sicht», en THOMAE, H.: *Enzyklopädie der Psychologie: Motivation und Emotion*. Hogrefe, Göttingen, págs. 505-624.

KUHL, J. y WALDMANN, M. R. (1985):«Handlungspsychologie: Vom Experimentieren mit Perspektiven zu Perspektiven fürs Experimentieren», en *Zeitschrift für Sozialpsychologie*, núm. 16, págs. 153-181.

LE BON, G. (1895): *Psychologie des foules*. (Trad. esp.: *Psicología de las masas*. Morata, Madrid, 1986.)

LEHMANN, J. (1977): *Simulations- und Planspiele in der Schule*. Julius Klinkhardt, Bad Heilbrunn.

LEHTINEN, E.; OLKINUORA, E. y SALONEN, P. (1986): *The research project on interactive formation of learning difficulties*. Report III: A preliminary review of empirical results. Annales universitatis turkuensis. Series A, Tom 171.

LEPPER, M. R. y GREENE, D. (1978): *The hidden costs of reward: New perspectives on the psychology of human motivation*. Erlbaum, Hillsdale, N.J.

LENZEN, D. (1973[3]): «Eine edukative Strategie für Curriculum-Konstruktion», en BLANKERTZ, H.: *Curriculumforschung - Strategien, Strukturierung, Konstruktion*, Neue deutsche Schule, Essen.

LINDQUIST, E. F. (1951): *Educational measurement*. American Council on Education, Washington.

LOCH, W. (1979): «Curriculare Kompetenzen und pädagogische Paradigmen», en *Bildung und Erziehung*, núm. 32, págs. 241-266.

LORENZ, K. (1949): *Tiergeschichten*. Borotha-Schoeler, Viena. (Trad. esp.: *El anillo del rey Salomón, estudios de psicología animal*. Labor, Barcelona, 1962.)

LUCHT, V.; MUENKEMÜLLER, W. y OELKERS, H. (1978): «Soziales Lernen im Primarbereich», en PRIOR, H.: *Soziales Lernen in der Praxis*. Juventa, Munich, págs. 22-58.

LURIA, A. R. y JUDOWITCH, J. (1970): *Die Funktion der Sprache in der geistigen Entwicklung des Kindes*. Schwann, Düsseldorf. (Trad. esp.: *Lenguaje y desarrollo intelectual en el niño*. Siglo XXI, Madrid, 1984.)

MACCOBY, E. E. y MARTÍN, J. A. (1983): «Socialización en el contexto familiar: interacción padres-hijos», en MUSSEN, P. H.: *El desarrollo psicológico del niño*. Trillas. México.

MAGER, R. F. (1971): *Lernziele und programmierter Unterricht*. Beltz, Weinheim. (Trad. esp.: *Formulación operativa de objetivos didácticos*. Marova, Madrid, 1977, 2.ª ed.)

— (1973): *Zielanalyse*. Beltz, Weinheim. (Trad. esp.: *Análisis de metas*. Trillas, México, 1975.)

MARÍAS, J. (1985): *España inteligible*. Alianza, Madrid.

MCCLELLAND, D. C. (1951): *Personality*. Holt, Rinehart and Winston, Nueva York.

— (1961): *The achieving society*. Irvington, Nueva York. (Trad. esp.: *La sociedad ambiciosa. Factores psicológicos en el desarrollo económico*. Guadarrama, Madrid, 1977.)

— (1985): *Human motivation*. Scott, Foresman and Co., Glenview, (trad. esp.: *Estudio de la motivación humana*. Narcea, Madrid, 1989).

MEGARRY, J. (1977): *Aspects of simulation and gaming*. Kogan Page, Londres.

MEICHENBAUM, D. (1977): *Cognitive-Behavior Modification*. Plenum, Nueva York.

— (1981): «Una perspectiva cognitiva-comportamental del proceso de socialización», en *Análisis y modificación de conducta*, núm. extraordinario, págs. 85-113.

MEIER, U. P. (1987): *Pestalozzis Pädagogik der sehenden Liebe*. Haupt, Berna.

MONTAIGNE, M. E. (1580): *Ensayos*.

— (1968): *Ensayos pedagógicos*. Anaya, Madrid.

MURRAY, H. A. (1938): *Explorations in personality*. Oxford University Press, Nueva York. (Trad. esp.: *Exploración de la personalidad*. Paidós, Buenos Aires, 1964.)

NEBER, H. (1983): «Denkforschung und Denkförderung», en *Unterrichtswissenschaft*, núm. 11, págs. 350-360.

NESTLE, W. (1975): *Fächerübergreifender Unterricht in der Haupt- und Sonderschule*. Metzler, Stuttgart.

— (1980ff.): *Unterrichtsmaterialien: Arbeits- und Lehrerhefte für Unterrichtsprojekte*. Metzler, Stuttgart.

NICHOLLS, J. G. (1979): «Quality and equality in intellectual development. The role of motivation in education», en *American psychologist*, núm. 34, págs. 1.071-1.084.

NEUWAHL, N. M. E. y VAN DEN BOGAART, P. H. M. (1984): «Enkkeli onderwijs-psychologische aspecten van huiswerk», en *Pädagogische studien*, núm. 61, págs. 296-303.

OELKERS, J. (1978): «Soziales Lernen und pädagogisches Handeln im Hochschulunterricht», en PRIOR, H.: *Soziales Lernen in der Praxis*. Juventa, Munich, págs. 215-253.

OLKINUORA, E.; SALONEN, P. y LEHTINEN, E. (1984): *Toward an interactionist theory of cognitive dysfunctions*. Research project on the ineractive formulation of learning difficulties. Report II. Faculty of Education. University of Turku Publications.

OSER, F. (1976): *Das Gewissen Lernen*. Walter, Olten.

— (1981): *Moralisches Urteil in Gruppen, soziales Handeln, Verteilungsgerechtigkeit*. Suhrkamp, Francfort.

OVERMIER, J. G. y SELIGMAN, M. E. (1967): «Effects of inescapable shock upon subsequent escape and avoidance learning», en *Journal of Comparative and Physiological Psychology*, núm. 63, págs. 23-33.

PAKULLA, R. (1966): *Hausaufgaben. Empfehlunge für Lehrer und Erzieher*. Volk und Wissen VEB, Berlín.

PESTALOZZI, J. H. (1780): *Abendstunde eines Einsiedlers*.

— (1781): *Lienhard und Gertrud*.

— (1799): *Pestalozzis Brief an einen Freund über seinen Aufenthalt in Stans*.

— (1801): *Wie Gertrud ihre Kinder lehrt*. (Trad. esp.: *Cómo Gertrudis enseña a sus hijos*. Porrúa, México, 1976.)

— (1815): *An die Unschuld, den Ernst und den Edelmut meines Zeitalters und meines Vaterlandes*.

— (1826):*Schwanengesang*.

— (1988): *Cartas sobre educación infantil*. Tecnos, Madrid.

PIAGET. J. (1926): *La réprésentation du monde chez l'enfant*. Alcan, París. (Trad. esp.: *La representación del mundo en el niño*. Morata, Madrid, 1978.)

— (1932): *Le jugement moral chez l'enfant*. Alcan, París. (Trad. esp.: *El criterio moral en el niño*. Fontanella, Barcelona, 1977.)

— (1936): *La naissance de l'intelligence chez l'enfant*. Delachaux et Niestlé. Neuchâtel. (Trad. esp.: *El nacimiento de la inteligencia en el niño*. Crítica, Barcelona, 1987.)

— (1945-1969): *La formation du symbole chez l'enfant*. Delachaux et Niestlé, Neuchâtel. (Trad. esp.: *La formación del símbolo en el niño*. Fondo de Cultura Económica, México, 1961.)

— (1947-1980): *La psychologie de l'intelligence*. Colin, París. (Trad. esp.: *Psicología de la inteligencia*. Psiqué, Buenos Aires, 1955.)

— (1972): *Essai de logique opératoire*. Dunod, París. (Trad. esp.: *Ensayo de lógica operatoria*. Guadalupe, Buenos Aires, 1977.)

PIAGET, J.; INHELDER, B. (1971): *Die Entwicklung des räumlichen Denkens beim Kinde*. Klett, Stuttgart.

PIAGET, J.; INHELDER, B. y SZEMINSKA, A. (1948): *La géométrie spontanée de l'enfant*. Presses Universitaires de France, París.

POEYDOMENGE, M. L.: *La educación según Rogers*. Narcea, Madrid, 1986.

POLYA, G. (1967²): *Die Schule des Denkens*. Francke, Berna.

POSTMAN, N. (1983²): *Das Verschwinden der Kindheit*. S. Fischer, Francfort.

RADKE-YARROW, M.; ZAHN-WAXLER, C. y CHAPMAN, M. (1983): «Children's prosocial dispositions and behavior», en MUSSEN, P.: *Handbook of childe psychology, vol. IV*. Wiley, Nueva York, págs. 469-545.

REETZ, L. y SEYD, W. (1983): «Curriculumtheorien im Bereich der Berufsbildung», en HAMEIER, U.; FREY, K. y HAFT, H.: *Handbuch der Curriculumforschung*. Beltz, Weinheim.

RHEINBERG, I. (1982): «Selbstkonzept, Attribution und Leistungsanforderung im Kontext schulischer Bezugsgruppen», en TREIBER, B. y WEINERT, F. E.: *Lehr-Lern-Forschung*. Urban and Schwarzenberg, Munich.

RIEGEL, K. (1980): *Foundations of dialectical psychology*. Ruth Riegel, Ann Arbor.

RITTER, J. (1972): *Historisches Wörterbuch der Philosophie*. Wissenschaftliche Buchgesellschaft, Darmstadt.

RIESMAN, D. (1950): *The lonely crowd*. Yale University Press, New Haven. (Trad. esp.: *La muchedumbre solitaria*. Paidós, Buenos Aires, 1971.)

ROBINSOHN, S. B. (1967, 1973²): *Bildungsreform als Revision des Curriculum*. Luchterhand, Neuwied a.Rh.

ROGERS, C. R. (1961): *On becoming a person. A Therapist's view of psychotherapy*. Houghton and Mifflin, Boston. (Trad. esp.: *El proceso de convertirse en persona. Mi técnica terapéutica*. Paidós, Buenos Aires, 1977.)

ROSENTHAL, R. y JACOBSON, L. (1968): *Pygmalion in the classroom*. Holt, Nueva York. (Trad. esp.: *Pigmalión en la escuela. Expectativa del maestro y desarrollo intelectual del alumno*. Marova, Madrid, 1980.)

ROUSSEAU, J. J. (1762): *Emile ou de l'éducation*. (Trad. esp.: *Emilio o la educación*. Fontanella, Barcelona, 1972.)

SARASON, S. B.; DAVIDSON, K. S.; LIGHTHALL, F. F.; WAITE, R. R. y RUEBUSH, B. K. (1960): *Anxiety in elementary school children*. Wiley, Nueva York.

SCHARRELMANN, H. (1928): *Die Kunst der Vorbereitung auf den Unterricht*. Westermann, Braunschweig.

SCHERRER, J. (1972): *Anderungen von Lehrerattributierungen und deren Auswirkungen auf Leistungsverhalten und Persönlichkeitsmerkmale von Schülern*. Diplomarbeit am Psychol, Institut der Ruhr-Universität Bochum, Bochum.

SCHIEFELE, H. (1978²): *Lernmotivation und Motivlernen: Grundzüge einer erziehungswissenschaftlichen Motivationslehre*. Ehrenwirth, Munich. (Trad. esp.: *Motivación del aprendizaje y aprendizaje de los motivos*. Oriens, Madrid, 1980.)

SCHOTT, F. (1975): *Lehrstoffanalyse*. Schwann, Düsseldorf.

SCHOTT, F.; NEBB, K. E. y WIEBERG, H. J. W. (1981): *Lehrstoffanalyse und Unterrichtsplanung*. Westermann, Braunschweig.

SCHORÖDER, H. (1974): *Leistungsmessung und Schülerbeurteilung*. Klett, Stuttgart.

SCHULZ VON THUN, F. (1981): *Miteinander Reden: Störungen und Klärungen*. Rowohlt, Reinbek.

SELIGMAN, M. E. (1979): *Erlernte Hilflosigkeit*. Urban and Schwarzenberg, Munich.

SKINNER, B. F. (1938): *Behavior of organisms*. Appleton-Century-Crofts, Nueva York. (Trad. esp.: *La conducta de los organismos*. Fontanella, Barcelona, 1975).

SPRANGER, E. (1921): *Lebensformen*. Halle. (Trad. esp.: *Formas de vida, psicología y ética de la personalidad*. Rev. de Occidente, Madrid, 1961.)

SPRECKELSEN, K. (1972): *Naturwissenschaftlicher Unterricht in der Grundschule - Lehrgang für den Physikalisch-chemischen Lernbereich*. Diesterweg, Francfort.

STRAKA, G. A. y MACKE, G. (1979): *Lehren und Lernen in der Schule*. Kohlhammer, Stuttgart.

STRAUMANN, M. (1987): *Berufsleben. Eine hermeneutische Interpretation der Berufsbiographien von Fernmelde- und Elektronikapparatemonteuren und Mechanikern in der Schweiz. Elektro- und Maschinenindustrie.* Fakultät der Universität Bern, Berna.

TAUSCH, R. y TAUSCH, A. M. (1971[6]): *Erziehungspsychologie.* Hogrefe, Göttingen. (Trad. esp.: *Psicología de la educación.* Herder, Barcelona, 1981.)

TENNSTÄDT, K. Ch.; KRAUSE, F.; HUMPERT, W. y DANN, H. D. (1986[6]): *Das Konstanzer Trainingsmodell (KTM): Ein integratives Selbsthilfeprogramm zur Bewältigung von Aggression und Störung im Unterricht.* Sozialwissenschaftliche Fakultät, Fachgruppe Psychologie, Konstanz.

THIEMAN, K. (1978[2]): *Planspiele für die Schule.* Hirschgraben-Verlag, Francfort.

TINBERGEN, N. (1955): *Tiere untereinander.* Parey, Berlín.

TOLMAN, E. Ch. (1932): *Purposive behavior in animals and men.* University of California Press, Berkeley. (Trad. esp.: *Principios de conducta intencional.* Nueva Visión, Buenos Aires, 1977.)

UNDEUTSCH, U. (1969): «Zum Problem der Begabungsgerechten Auslese beim Eintritt in die Höhere Schule und während der Schulzeit», en ROTH, H. (1976[10]): *Begabung und Lernen.* Gutachten und Studien der Bildungskommission Bd. 4, Deutsch her Bildungstrat, 377-405.

UNMUTH, W. (1981): «Hausafgaben als Koordinationsproblem im Schulalltag», en FEIKS, D. y ROTHERMEL, G.: *Hausaufgaben - Pädagogische Grundlagen und praktische Beispiele.* Klett, Stuttgart.

WADE, B. E. (1981): «Highly anxious pupils in formal and informal primary classrooms: The relationship between inferred coping strategies and classroom behavior», en *British Journal of Educational Psychology*, núm. 51, págs. 50-57.

WAGENSCHEIM, M. (1970[3]): *Verstehen lehren.* Beltz, Weinheim.

WAGNER, A. C. (1976): *Schülerzentrierter Unterricht.* Urgan and Schwarzenberg, Munich.

WATSON, J. B. (1924): *Behaviorism.* University of Chicago Press. Chicago. (Trad. esp.: *El conductismo.* Paidós, Buenos Aires, 1976.)

WATZLAWICK, P.; BEAVIN,, J. B. y JACKSON, D. D. (1972): *Menschliche Kommunikation.* Huber, Berna. (Trad. esp.: *Teoría de la comunicación humana.* Herder, Barcelona, 1986.)

— (1976): *Cambio. Formación y solución de los problemas humanos.* Herder, Barcelona.

— (1980):*Interaktion.* Huber, Berna.

WEINERT, F. E. (1982): «Refuerzo», en HERRMANN, Th. y otros: *Conceptos fundamentales de psicología.* Herder, Barcelona, págs. 483-492.

— (1983): «Ist Lernen lehren endlich lehrbar?», en *Unterrichtswissenschaft*, núm. 11, págs. 329-334.

WELTNER, K. (1978): *Autonomes Lernen.* Klett-Cotta, Stuttgart.

WHITE, R. W. (1959): «Motivation reconsidered: the concept of competence», en *Psychological Review*, núm. 66, págs. 297-333.

WIENER, M. J. (1981): *English culture and the decline of the industrial spirit 1850-1880.* Cambridge University Press, Cambridge.

WITTMANN, B. (1970): *Vom Sinn und Unsinn der Hausaufgaben.* Luchterhand, Neuwied.

WOLPE, J. (1958): *Psychotherapy by reciprocal inhibition.* Stanford University Press. (Trad. esp.: *Psicoterapia por inhibición recíproca.* Desclée de Brouwer, Bilbao, 1976.)

— (1973): *The practice of behavior therapy.* Pergamon, Nueva York. (Trad. esp.: *Práctica de la terapia de la conducta.* Trillas, México, 1977.)

WYGOTSKI, L. S. (1934-1969): *Denken und Sprechen.* Fischer, Francfort. (Trad. esp.: *El pensamiento y lenguaje.* La Pléyade, Buenos Aires, 1977.)

ZIMMER, J. (1973): *Curriculumentwicklung im Vorschulbereich.* Piper, Munich.

INDICE DE AUTORES

TOMAS DE AQUINO: 273

UNDEUTSCH, V.: 337
UNMUTH, W.: 183

VAN DEN BOGAART, P.H.M.: 176
VIETS, V.: 71
VOLTAIRE: 246
WADE, B. E.: 143
WAGENSCHEIN, M.: 278, 286
WAGNER, A. C.: 277
WALDMANN, M. R.: 58
WATSON, J. B.: 274
WATZLAWICK, P.: 81, 83, 193

WEINERT, F. E.: 135, 161
WELTNER, K.: 162, 167, 168
WHITE, R. W.: 133
WIEBERG, H. J. W.: 271
WILDE, O.: 246
WITTMANN, B.: 176
WOLPE, J.: 231
WYGOTSKI, L. S.: 44, 106

ZAHN, C.: 91
ZIMMER, J.: 278

INDICE TEMATICO

Motivo: **113-150**; 15, 36, 38, 48, 73, 79, 91, 105, 198, 207, 247, 250, 268
Mostrar: 42, 44, 47, 130, 131, 132, 138, 201, 288
Movilidad: 108, 276

Narración: 42, 44, 159, 243
Necesidad: 38, 57, 59, 60, 79, 88, 90, 91, 96, 98, 115, 121, 122, 123, 132, 134, 142, 146, 219, 233, 234, 235, 236, 304, 305
Norma: 58, 60, 62, 63, 73, 79, 80, 81, 88, 114, 121, 122, 187
Notas: **336-348**; 16, 303, 312, 313

Obediencia: 82, 83, 86, 210
Objetivo: **265-279, 282-288, 306-308, 311-313**; 15, 16, 21, 23, 40, 48, 50, 57, 71, 72, 73, 74, 76-85, 86, 94, 104, 116, 117, 123, 125, 128, 134, 137, 138, 156, 167, 168, 169, 178, 179, 180, 183, 193, 197, 199-200, 205, 235, 242, 246, 247, 281, 289, 290, 294, 295, 304
Observación: **100-102**; 22, 25, 26, 28, 29, 34, 41, 42, 43, 44, 45, 47, 49, 65, 66, 77, 83, 84, 88, 126, 128, 130, 132, 154, 156, 161, 162, 163, 173, 175, 177, 178, 181, 191, 225, 273, 284, 287, 288, 304, 332
Operación: **268-269**; 28, 33, 42, 127, 129, 131, 179, 249, 250, 251, 256, 262, 274, 284, 289, 290, 322, 324, 327, 329, 330
Orden: 20, 24, 26, 34, 37, 39, 48, 50, 80, 81, 86, 88, 89, 90-94, 123, 194, 210, 215, 216, 217, 220, 223, 227, 228, 229, 253, 255, 258-264, 277, 279
Organización: 20, 59, 63, 169, 175, 217, 226, 253-264, 275, 285, 325
Orientación educativa: 64, 160, 168, 173, 188, 192, 199, 202, 207, 217, 306, 310, 316

Participación: 29, 73, 85, 217, 225, 241
Pensamiento: 61, 68, 71, 72, 98, 102, 103, 107, 127, 128, 129, 131, 137, 160, 176, 236, 243, 248, 250, 275, 276, 278, 287, 289, 324, 332, 333, 334
Percepción: 42, 43, 47, 57, 60, 78, 81, 101, 116, 117, 129, 131, 174, 187, 193, 194, 195, 214, 233, 304, 309
Personalidad: 37, 44, 58, 81, 93, 97, 119, 122, 123, 140, 146, 156, 160, 165, 196, 203, 209, 231, 249, 311, 331, 336, 347
Pertenencia: 80, 81, 120, 146
Plan de enseñanza: **241-252, 289-292**; 15, 16, 32, 222, 266, 268, 272, 274, 277, 280, 281, 282, 286, 288
Prácticas docentes: 160, 218, 280, 283, 288, 293, 294, 295, 300
Praxis: 16, 22, 23, 25, 26, 30, 41, 71, 220, 232, 248, 249, 250-251, 278, 279, 318
Preconcepto: 289
Predicción: 20, 314, 318
Preparación de la clase: **280-300**; 16, 307
Prerrequisito del aprendizaje: 289
Procedimiento: **268-269, 289-292**; 22, 94, 102, 103, 105, 127, 128, 129, 132, 133, 141, 143, 158, 159, 161, 162, 164, 165, 166, 173, 175, 179, 181,

182, 226, 236, 247, 248, 249, 251, 254, 262, 278, 282, 288, 294, 305, 329, 330, 346-347
Proceso: **161-162, 306-309**; 20, 23, 26, 28, 34, 41, 42, 43, 44, 45, 46, 51, 56, 63, 71, 83, 87, 94, 95, 97, 98, 99, 101, 103, 105, 108, 124, 125, 127, 128, 130, 132, 133, 157, 160, 163, 164, 166, 167, 177, 195, 201, 203, 209, 210, 236, 241, 242, 248, 251, 255, 272, 285, 310, 316, 322
Producto: 22, 25, 47, 48, 49, 55, 56, 95, 127, 132, 133, 284, 286, 329
Profesor novato: **221-225, 294-299**; 50, 81, 136, 180, 215, 216, 217, 218, 280, 281, 288, 291, 293, 300, 314
Programa: 19, 28, 29, 51, 167, 168, 241
Pronóstico: **316-319**; 314, 343
Proyecto: 27, 41, 47, 60, 72, 75, 95, 101, 129, 181, 241, 278, 279, 286, 288
Psicología del aprendizaje: 44-46, 156, 160, 333
Psicología social: 57, 77, 91, 156, 160, 231, 267

Reacción: **95-97**; 43, 78, 88, 102, 142, 143, 144, 200, 225, 226, 235, 236, 237, 269, 273, 281, 287, 303, 330
Realidad: 21, 23, 26, 27, 28, 30, 33, 34, 35, 39, 42, 55, 58, 65, 66, 67, 70, 71, 72, 237, 258, 267, 268, 272, 278
Recompensa: 46, 79, 91, 92, 97, 98, 100, 156
Reconocimiento: 22, 23, 136, 146, 216, 243, 247, 251, 267, 274, 278, 284, 329, 330
Reflexión: 28, 86, 87, 88, 89, 90, 101, 102, 104, 114, 136, 161, 172, 173, 175, 179, 198, 199, 232, 235, 281, 283, 284, 285, 287, 288, 290, 291, 332, 333, 334
Reflexividad: 78, 79, 86, 334
Refuerzo: **42-43;97-100**; 51, 102, 124, 125, 128, 132, 177
Reglas: **174-175**; 78, 80, 81, 85, 86, 88, 89, 96, 109, 162, 169, 171, 172, 173, 179, 189, 192, 207, 214, 225, 254, 276, 322, 331
Relaciones interpersonales: 37, 51, 55, 56, 59, 60, 66, 70, 73, 76, 79, 82, 90, 94, 95, 104, 187, 188, 200, 210, 212, 216, 221, 228, 233, 237
Rendimiento: **310-311**; 20, 35, 99, 100, 141, 142-143, 145, 156, 188, 190, 192, 193, 199, 213, 225, 304, 305, 308, 313, 314, 317, 318, 322, 324, 337, 338, 341, 343, 345, 346, 348
Representación: **161-162, 288**; 21, 22, 23, 24, 25, 27, 30, 34, 39, 42, 43, 44, 60, 72, 74, 76, 88, 94, 95, 106, 107, 116, 118, 129, 159, 171, 174, 187, 237, 243, 253, 264, 267, 281, 283, 295, 306, 325, 328, 331
Representación enactiva: 56, 288, 325
Representación icónica: 288
Representación simbólica: 23, 24, 29, 39, 40, 42, 43, 46, 51, 55, 56, 268, 288
Requisitos del aprendizaje: **246-248**
Responsabilidad: 22, 40, 62, 75, 83, 84, 86, 91, 92, 241, 304
Resultado: 20, 28, 29, 30, 31, 33, 56, 83, 97, 108, 119, 125, 127, 131, 133, 136, 137, 139, 141, 144, 145, 158, 161, 162, 167, 172, 173, 176, 178, 190,